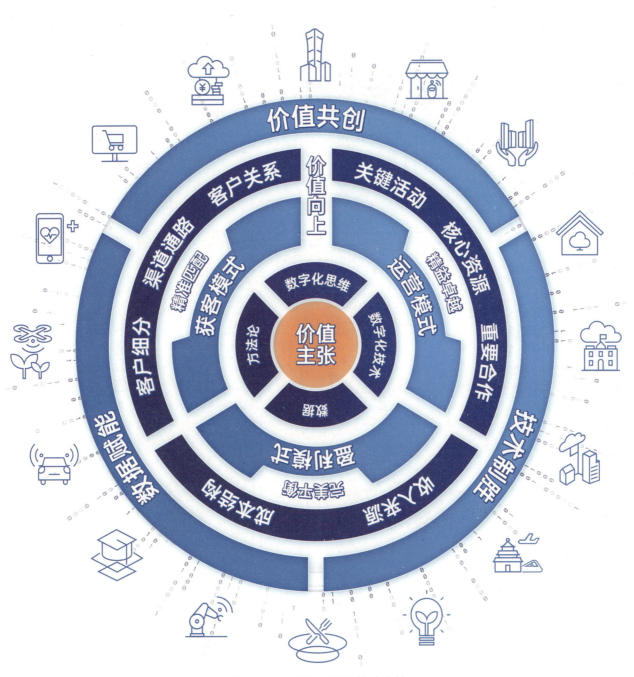

图 1-2-21　数字化商业模式之轮

数字化商业模式画布

环境因素 →

← 竞争因素

获客模式
- 客户细分
- 渠道通路
- 客户关系

+

价值主张
- 价值主张
- 产品和服务

+

运营模式
- 重要合作
- 关键活动
- 核心资源

+

盈利模式
- 收入来源
- 成本结构

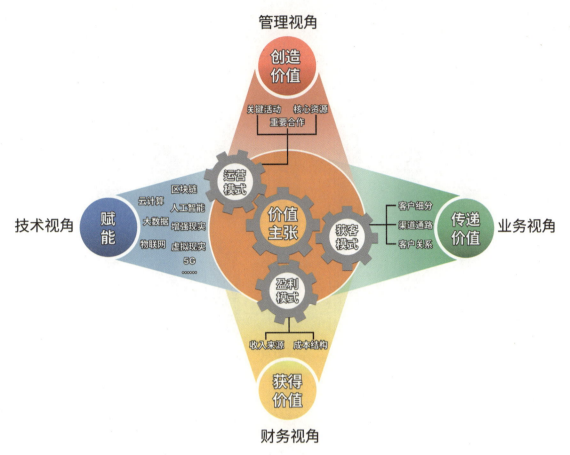

图 1-2-1　数字化商业模式的总体设计框架

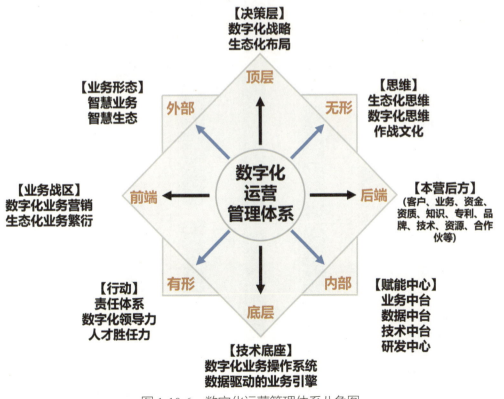

图 1-10-6　数字化运营管理体系八角图

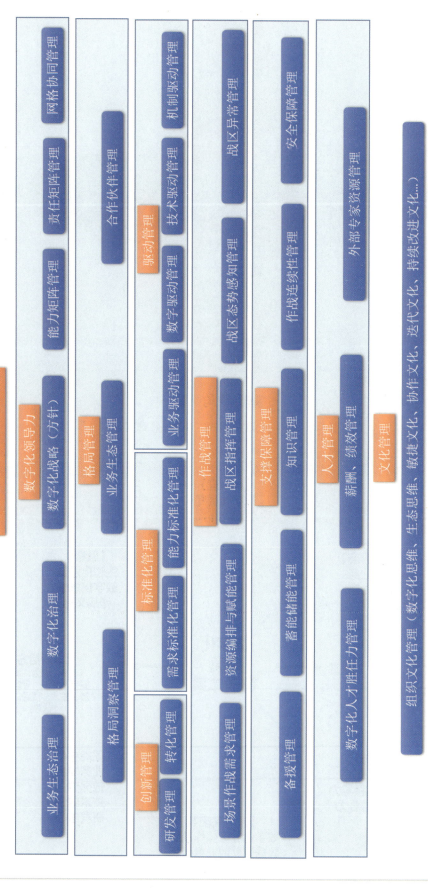

图 1-10-8 数字化运营管理体系总体框架图

数字化商业模式

DIGITAL BUSINESS MODEL

一张画布轻松描绘数字化转型

邓宏 主编

清华大学出版社
北京

本书封面贴有清华大学出版社防伪标签，无标签者不得销售。

版权所有，侵权必究。举报：010-62782989，beiqinquan@tup.tsinghua.edu.cn。

图书在版编目(CIP)数据

数字化商业模式：一张画布轻松描绘数字化转型 / 邓宏主编. —北京：清华大学出版社，2022.8（2024.2重印）
ISBN 978-7-302-61455-5

Ⅰ.①数… Ⅱ.①邓… Ⅲ.①商业模式－数字化－研究 Ⅳ.① F71

中国版本图书馆 CIP 数据核字 (2022) 第 135038 号

责任编辑：张立红
封面设计：钟　达
版式设计：方加青
责任校对：赵伟玉　梁　钰
责任印制：杨　艳

出版发行：清华大学出版社
　　　　　网　　址：https://www.tup.com.cn，https://www.wqxuetang.com
　　　　　地　　址：北京清华大学学研大厦 A 座　　邮　　编：100084
　　　　　社 总 机：010-83470000　　邮　　购：010-62786544
　　　　　投稿与读者服务：010-62776969，c-service@tup.tsinghua.edu.cn
　　　　　质 量 反 馈：010-62772015，zhiliang@tup.tsinghua.edu.cn
印 装 者：三河市东方印刷有限公司
经　　销：全国新华书店
开　　本：210mm×285mm　　印　张：23.5　　插　页：2　　字　数：580 千字
版　　次：2022 年 10 月第 1 版　　印　次：2024 年 2 月第 3 次印刷
定　　价：99.00 元

产品编号：095050-01

编委会 | EDITORIAL COMMITTEE

主 编
邓 宏

副 主 编
周 昕　萧 枭

参 编
张银雪　方华明　冯 林
曹佳宁　高建芳　林 浩
李天玉　张园园　吴子豪

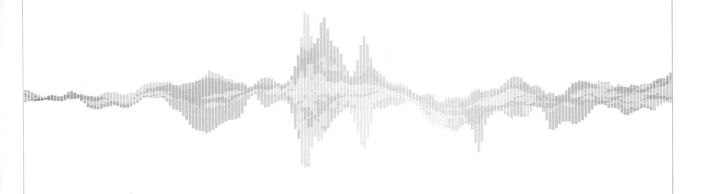

推荐语 RECOMMENDATION

近年来，数字经济已成为全球经济发展新引擎，发展数字经济是把握新一轮科技革命和产业变革新机遇的战略选择，更是我国"十四五"发展纲要的重点，是我国经济发展的必然趋势。毫无疑问，数字经济已经深入人心，客观存在于各行各业。如何深刻认识数字经济，并主动进行数字化转型，成为每个企业、每个区域、每个产业必须面对的重大问题。

《数字化商业模式：一张画布轻松描绘数字化转型》一书的出版恰逢其时，书中提出的理论框架、指导原则、成功案例为企业数字化转型提供了难得的有价值的参考。

数字化不仅是技术与商业的变革，更是认知与思维的革新，涉及企业战略、组织、运营、人才等系统变革与创新。《数字化商业模式：一张画布轻松描绘数字化转型》有助于企业管理者更好地理解数字化逻辑，看懂商业新模式，实现知行合一，对于企业未来在数字经济时代的发展大有裨益。

——科技部中国民营科技促进会常务理事、副秘书长　孙小林

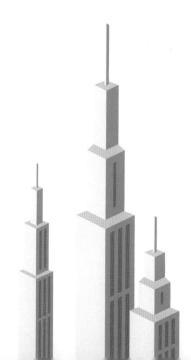

纵观世界文明史，人类先后经历了农业革命、工业革命、信息革命，每一次产业技术革命都给人类的生产生活带来巨大而深刻的影响。当前，世界百年未有之大变局加速演进，新一轮科技革命和产业变革方兴未艾，在云计算、物联网、人工智能和虚拟现实技术的快速发展下，数字技术也日新月异，全球迎来了数字化时代。2017年，"数字经济"被正式写入党的十九大报告。"十四五"规划与2035年远景目标纲要提出打造数字经济新优势，实施"上云用数赋智"行动，推动数据赋能全产业链协同转型。从"互联网+"到全面数字化，我国数字经济加快推进，为经济社会发展注入强劲动力。数字化时代，企业的数字化创新能力已成为企业发展战略和方向的核心竞争力。

数字化既是信息化的产物，也是信息化的演进阶段之一，更是构建智慧企业的首要前提。采取数字化转型的企业一般都会追寻新的收入来源、产品、服务和商业模式，因此，数字化转型是技术与商业模式的深度融合，数字化转型的最终结果就是商业模式的变革。

在如今产业结构升级的情况下，企业进行数字化转型是一个必然的发展趋势，数字化是推动企业可持续发展的动力。面向未来，传统企业将如何顺应趋势，在数字化背景下进行数字化转型，以更好地面对外部客户需求的变化，提升企业的竞争优势？本书为迫切需要数字化转型的组织在商业模式设计上提供了切实可行的方法论作为参考。

本书作者邓宏先生拥有近30年从业经验，目前致力于金融行业数据中心管理咨询工作和企业数字化转型的创新研究，本书结合金融、交通及物流、能源及环保、制造、医疗、教育、文旅等15个领域进行数字化变革的36个案例，对传统企业进行数字化变革的必要性、数字化变革的类型和数字化变革的实施方法等进行了深入的分析，提炼其数字化商业模式，让读者更加生动地理解本书阐述的核心观点与方法，是企业管理者的重要参考。

相信本书凭借有深度的内容、生动的插图、科学的文字、翔实的案例，能够给读者带来启发和思考。非常值得一读！

——国家互联网数据中心产业技术创新战略联盟理事长（原中国银行数据中心副总经理） 杨志国

数字化时代，企业积极拥抱云计算、物联网、人工智能等新兴技术，通过生态合作构建"人机物"三元融合，实现万物智能互联生态。而企业的数字化转型，不仅需要运用新兴技术提升科技先进性，还要设计全新的商业模式，以保持竞争优势，更要培养数字化人才，以提高转型作战能力，实现"新兴技术、商业模式、数字化人才"三位一体，破解数字化转型难题！

——中关村物联网产业联盟秘书长　**王正伟**

2020年突如其来的新冠肺炎疫情，使得数字化得到了空前的重视，且在全社会达成了共识。这背后是云计算、大数据、人工智能等多个技术领域数年来发展的积累，也是从电商到政府、金融等各行业数字化实践深化的结果。

作为一个新生事物，数字化也面临知易行难的挑战。人们很容易想到的是把传统的线下业务和流程搬到线上，进而提高效率或者降低成本，这可以看作数字化的起步阶段。而真正意义上的数字化，不仅改变了业务的流程，也开始深刻地影响企业的组织乃至整体运作。

由邓宏先生主编的《数字化商业模式：一张画布轻松描绘数字化转型》就是站在这一制高点的力作。本书没有拘泥于各项技术细节，而是从数字化思维入手，提出了数字化首先需要价值共创的核心观点。从梳理企业价值链切入，推导出业务生态化的终极目标，进而指导企业管理者构建包括客户细分、渠道管理、运营管理等在内的数字化商业模式。

我和邓宏先生相识于十年前，当时我们一起合作开展上海证券交易所ITIL服务管理体系的规划。这些年来，我一直从他这里获取大量新鲜的创意，而他的焦点也日益对准数字化时代如何创新商业模式和组织。本书不仅有系统化的思考、鲜活的案例，还是他多年工作的丰硕成果，值得我们共同反复阅读和思考。

——东吴金融科技有限公司董事长　**郑刚**

地球上最早的生命遗迹，可追溯到38.5亿年前的前寒武纪（距今46亿～5.43亿年），人类出现在新生代的第四纪（约300万年前）。在300万年间，人类的技术与社会一直缓慢地发展与进步，直到18世纪60年代，始于英国、以蒸汽机的广泛使用为标志的"第一次工业革命"开创了以机器代替手工劳动的时代，人类社会由此开始了蒸汽时代。19世纪60年代后期，以电器的广泛应用为显著特征的第二次工业革命从欧洲各国、美国和日本开始，人类社会进入电气时代。20世纪四五十年代，以原子能、电子计算机、空间技术和生物工程的发明和应用以及一系列信息控制技术的出现为主要标志的第三次工业革命开始，也称为"第三次科技革命"，人类社会的信息和自动化时代由此到来。

2013年，工业4.0（Industry 4.0）的概念，首先出现在德国汉诺威工业博览会上，其核心是利用物联信息系统（Cyber-Physical System，CPS）将生产中的供应、制造、销售信息数据化、智慧化，最后达到快速、有效、个性化的产品供应，通过信息化技术促进产业变革，提升制造业的智能化水平，建立具有适应性、资源效率并基于基因工程学的智慧工厂，在商业流程及价值流程中整合客户及商业伙伴，从而提高整体工业的竞争力，其技术基础是网络实体系统及物联网。人类社会智能化时代的第四次工业革命的序幕由此拉开。

人类社会智能化的基础和前提是世界万物表达形式的数字化、万物间相互关系的数字化、生产和运营模式的数字化、商业运作模式的数字化、人类生活方式的数字化，以至思维模式、社会运行和发展方式的数字化等一系列数字化转型。其范围绝不仅限于工业领域，而是涉及全世界、全人类、全社会、全行业的全面数字化转型。从工业领域开始，迅速发展并被运用到其他各行业的"数字孪生"（digital twins）技术为世间万物的实物存在形态构造了孪生的数字存在形态。尚在构建初期的元宇宙（metaverse），则是利用科技手段进行链接与创造的、与现实世界映射和交互的虚拟世界，具备新型社会体系的数字生活空间。新型数字化企业、运营模式、商业模式、思维方式，乃至生活方式将迅速替代其传统形式，并在日渐激烈的各种竞争中脱颖而出。由此可见，全人类的数字化转型已然开始，"未来已来"。

在邓宏先生供职于德国企业西门子期间，我们曾共同见证了西门子在研究开发、工业制造、IT服务、企业运营、商业模式等多个领域的数字化转型。我们肩并肩合作，实现了西门子中国IT服务部门基于ITIL的数字化和专业化转型，并使IT部门的服务运营业务获得了ISO 20000、ISO 9001和ISO 27001等一系列国际认证。我们和邓宏先生以及他所领导的团队一直保持着紧密的合作，并帮助本人目前供职的西门子能源公司在业务实践中推进数字化转型，以数字化驱动价值创造，为客户提供有效、高效、安全的数字化能源解决方案和转型服务。

《数字化商业模式：一张画布轻松描绘数字化转型》一书，源于邓宏先生多年理论与实践经验的总结，深入浅出且生动形象地描述了诸多复杂和抽象的理论知识，提炼出数字化商业模式的4大指导理论、9大理论模块、4大赋能要素和3大模式特征，并结合农业及水利、制造、零售、社区、文旅、企业服务、交通及物流、能源及环保等领域的36个成功案例，展现了各个领域在完成数字化转型、建立数字化商业模式后所表现出的强大生命力与竞争力。《数字化商业模式：一张画布轻松描绘数字化转型》一书，为即将进行数字化转型和数字化转型期间的企业和组织提供了宝贵的理论指导和实践参考，也为读者展现了一个全新的数字化未来。

——西门子能源有限公司大中华区IT负责人　**刘辉**

邓宏先生以自然生态观照商业生态的洞见，让我们看到，自然生态中，适应自然环境的变化才能生存，商业生态中，适应新的数字空间游戏规则的企业才能在未来更好地生存。企业如何做才能成功转型，从现实空间走入数字空间，找到适应数字空间的新模式？邓宏先生的《数字化商业模式：一张画布轻松描绘数字化转型》为企业管理者提供了一本新模式、新生态的设计手册和实用指南，有心又善于思考的读者们一定会从中受益，找到走向新空间的成功路径。

——北京优锘科技有限公司 CEO **陈傲寒**

2018 年 4 月，国务院办公厅印发了《关于促进"互联网 + 医疗健康"发展的意见》，明确提出医疗行业要"创新服务模式，提高服务效率，降低服务成本，满足人民群众日益增长的医疗卫生健康需求"。智慧医疗也是"十四五"规划中明确指出的重点发展领域，将数字化技术应用于整个医疗过程的一种新型的现代化医疗方式能够有效解决医疗资源不充足的问题，这是未来公共医疗的一个发展趋势。《数字化商业模式：一张画布轻松描绘数字化转型》一书为数字化转型的企业提供了普适性的指导原则、设计框架和丰富的参考案例，对医疗行业的数字化发展和转型有非常实际的借鉴和学习价值。在医疗行业落实《"健康中国 2030"规划纲要》和《国务院关于积极推进"互联网 +"行动的指导意见》的工作中，特别是在当前国家推行疾病诊断相关分组付费（DRGs）和基于大数据的病种分值付费（DIP）转型及鼓励公立医院高质量发展的大背景之下，对于管理者拓宽发展思路、创新服务模式都有参考价值，是一本值得一读的好书。

——环球医学资讯创始人 **杨殿平**

PREFACE 前言

我们生活在大自然中，太阳是能量之源，万物以能量传递的形式联系在一起，每一株植物、每一个动物都在与外界进行能量交换，生命得以延续。在商业环境里，组织与组织同样有机相连，它们之间传递的是价值。大自然中能量传递紧密相连的一个区域构成一个生态圈，在商业环境里，业务紧密相连的一群组织同样也构成生态。而随着科技进步与文明发展，这一商业生态也越来越呈现出与大自然生态相仿的特征。

大自然的不断演化构成分形[①]，商业的不断演化形成色彩斑斓的繁华世界，充满故事与传奇！

每个生命体是一个或大或小的能量体系，每个组织同样是一个或大或小的价值体系。影响每个生命体的核心物质叫基因，生命在基因和外界大自然环境的共同作用下，形成个体独有的生命运动模式。每个组织也有基因，组织在基因与外部商业环境、社会环境的作用下形成组织特有的商业模式。当大自然环境变了，那些能够适应外部环境的生命体得以存活和延续；大数据、人工智能等数字化技术涌现，新的业务形态、新的商业模式层出不穷，以及新冠肺炎疫情带来的不可逆的商业环境变化，让世人惊呼世界变了！那些完成数字化转型的组织才能更好地生存与发展。

数字化转型不仅是一款产品的数字化创新，也是一项业务的数字化升级，还是运营模式的数字化优化。数字化转型的本质是组织变革、是全新数字化商业模式的构建！我们需要用数字化的思维重新审视、设计我们的商业模式，这是一道在数字化时代适应万物互联生存法则的必答题！

- 大自然的能量交换构成食物链，商业环境中的价值交换构成价值链。
- 大自然生态中能量传递呈现出复杂的网状连接，商业生态的业务连接也同样呈现从点到点，再到链，再到网络结构的复杂关联。
- 大自然存在能量闭环，商业的价值链也同样存在价值闭环。
- 大自然生态中存在蜜蜂传播花粉受种的现象，商业生态存在渠道引流业务成交的情况。
- 大自然的演进遵从"适者生存"的淘汰法则，商业生态也同样遵从"大鱼吃小鱼、快鱼吃慢鱼"的生存法则。

---

① 分形（fractal）：通常被定义为"一个粗糙或零碎的几何形状，可以分成数个部分，且每一部分都是整体缩小后的形状"，即具有自相似的性质。其原意是不规则、支离破碎等。

- 在大自然的生命运动中存在着内在的节拍和韵律，像呼吸、溪流、雨滴，这个节拍和韵律与个体的运动节奏、个体的生命周期、环境的周期性变化息息相关。在商业生态中，同样存在业务的节拍和规律，组织间业务关联越紧密，供需节奏越同频，蝴蝶效应就越明显。
- 在一个生态圈中会有一汪水源滋润这片肥土，有在食物链顶端的王者俯瞰它的领地。在生态化业务中同样存在一个强大的业务引擎，对庞大的多边业务交易进行智能编排，有一个"超强大脑"在驾驭这部生态机车的运转。
- 大自然通过生态治理可以使青山绿水常在，商业生态同样需要治理和监管，才能得以健康发展、持续繁荣。

致谢

近年来，数字经济已成为经济社会全面发展的强大牵引力和经济高质量发展的助推力。新兴技术的发展在全球范围内掀起了数字化转型的浪潮，在这个大环境下，每个组织都在思考如何转型、如何实现价值重塑等核心命题。《数字化商业模式：一张画布轻松描绘数字化转型》一书由此应运而生，并得到了各界朋友们的帮助与支持才能把更全面、更务实的内容展现给每位读者。在这里，非常感谢国家互联网数据中心产业技术创新战略联盟理事长杨志国对本书给予的指导，感谢国际信息科学考试学会（EXIN）亚太区经理、国际数字化能力基金会（IFDC）副主席孙振鹏和中国信息协会技术协作部主任贾春阳对本书的大力支持。

我们深知中国的企业正在经历一场深刻的数字变革，构建数字化商业模式是数字化转型必须攻克的难关。感谢中信集团、中国建设银行、北汽鹏龙汽车服务贸易股份有限公司等企业，在本书撰写的过程中提供了翔实的数字化转型实践案例，让广大读者能够更加透彻地了解到企业数字化转型所面临的业务场景与挑战，探究了其中成功的经验与模式。

在此，特别感谢清华大学出版社张立红主任及其领导的编辑团队对我们的大力支持，他们在书籍内容、设计、出版策划等方面提出了专业建议；感谢苏宗雷、崔牧芊对视频、插图的精心设计与制作；还要感谢金毅、陈淑敏两位行业专家，在本书撰写初期为我们献计献策。后续，我们将研究商业生态价值体系，为建设健康、绿色、高效、智能、可持续发展的商业生态而努力！

CONTENTS 目录

上　开启数字化商业模式之旅

第一章　拥抱数字化 / 002

　　第一节　数字化转型——众说纷纭却都在做的一件事 / 002

　　第二节　数字化商业模式——数字化转型的本质 / 004

　　第三节　商业模式的目的和意义——一张蓝图指引各方行动 / 006

第二章　数字化商业模式要览 / 008

　　第一节　总体设计框架——四个视角下的数字化商业模式 / 008

　　第二节　四大赋能要素——打破传统藩篱 / 013

　　第三节　四大指导原则——前行的指南针 / 018

　　第四节　三大模式特征——数字化商业模式的标签 / 019

　　第五节　可信数字生态——彰显三大特征的案例 / 022

　　第六节　推动数字化商业模式之轮 / 026

第三章　生态化是数字化商业发展的高级阶段 / 028

第一节　生态化的演进——从"长尾"理论说起 / 028
第二节　九大特征——认清生态化的本质 / 029
第三节　三大定律——揭示生态化的未来发展路径 / 031

第四章　价值主张——商业模式的灵魂 / 036

第一节　价值主张——价值观的体现 / 037
第二节　从哪里入手——价值主张还是客户 / 037
第三节　组织基因与外部环境——产生价值主张的两股合力 / 038
第四节　价值向上——数字化商业模式的总体指导原则 / 039
第五节　ToB 业务的价值向上——了解客户价值取向和需求 / 044
第六节　价值主张的转化——用产品和服务承载价值主张 / 045
第七节　守正创新——数字化商业模式的基石 / 046
第八节　价值协作——价值主张无法独立存在 / 046
第九节　价值迭代——价值向上是一个无止境的追求 / 047

第五章　获客模式——找到业务起源的方法 / 048

第一节　获客模式的目的和意义——以终为始理解数字化获客模式 / 049
第二节　组成与相互关系——数字化获客模式的三个模块 / 049
第三节　精准匹配——数字化获客模式的指导原则 / 050

第六章　客户细分——众里寻他千百度的目标客群 / 052

第一节　客户定位——寻找你的目标客户 / 053
第二节　选赛道——数字化时代的市场细分 / 056
第三节　找客户——数字化助力客户细分 / 062
第四节　自我认知的突破——让我们重提赛道选择 / 067

第七章　渠道通路——价值传递的桥梁 / 069

第一节　渠道类型——数字化时代连接客户的方式 / 070
第二节　渠道与客户的匹配——价值传递的最优解 / 071
第三节　渠道新生机——数字化技术激活无限可能 / 072
第四节　重构渠道通路——构建立体、多元的渠道组合 / 074
第五节　数字化渠道能力评估——"五星"模型 / 080

第八章 客户关系——孕育业务需求的摇篮 / 083

第一节 客户关系内涵之变——需求、场景、营销方式 / 084
第二节 新型客户关系——悄然出现在你身边的变化 / 086
第三节 运营策略——数字化客户关系管理的四个关键 / 089

第九章 运营模式——价值工厂的工程宝典 / 098

第一节 运营模式的目的和意义——高效的价值创造 / 099
第二节 组成与相互关系——数字化运营模式的三个模块 / 099
第三节 关键点——优化与升级、重构与颠覆 / 101
第四节 精益卓越——数字化运营模式的指导原则 / 101

第十章 关键活动——让价值流动起来的动力 / 104

第一节 优化活动——基于方法论和场景的价值流优化 / 105
第二节 优化管理——构建数字化运营管理体系 / 109

第十一章 核心资源——以小博大的关键 / 125

第一节 组织的八类资源 / 126
第二节 数据资源——开启数字化之旅的金钥匙 / 128
第三节 技术资源——为业务插上数字化飞翔的翅膀 / 131
第四节 实物资源——可利用数字化"盘活"的资源 / 133
第五节 财务资源——借助数字化在组织中加速流动的"血液" / 134
第六节 人力资源——让其他资源创造更高价值的生产要素 / 136
第七节 品牌资源——数字化时代能让你赢得更多信任的标签 / 138
第八节 文化资源——内化于心、外化于行的精神财富 / 139
第九节 市场资源——一片组织赖以生存和成长的土壤 / 141
第十节 数字化时代的资源建设——回答赋能与融合 / 143

第十二章 重要合作——赋能生存与发展的外部力量 / 145

第一节 风火轮——数字化时代的重要合作 / 146
第二节 第一曲线重要合作——供应链上的助推器 / 147
第三节 第二曲线重要合作——创新发展的催化剂 / 152
第四节 合作锦囊——转变思维、依托技术、打造生态 / 157

第十三章　盈利模式——数字化业务的财务答卷 / 159

第一节　盈利模式的目的和意义——"大佬"期待的一份答卷 / 160
第二节　组成与相互关系——数字化盈利模式的两个模块 / 160
第三节　关键点——盈亏平衡点左移与业务模式转化 / 161
第四节　完美平衡——数字化盈利模式的指导原则 / 163

第十四章　收入来源——增收是数字化转型的硬道理 / 165

第一节　特色的数字化收入来源——免费、微利+、组合 / 166
第二节　时代让收入来源改变——数增型、类增型、替代型 / 167
第三节　影响收入来源的因素——营销、产品、战略、跨界、生态 / 169
第四节　增收策略连连看——四个维度话增收 / 178

第十五章　成本结构——适配与平衡是最好的选择 / 180

第一节　成本结构五大关注点 / 181
第二节　关注"价值"——以预期价值为驱动 / 181
第三节　关注"聚焦"——以价值实现为核心 / 182
第四节　关注"转变"——以业务赋能抓改变 / 183
第五节　关注"精细"——以精细管控促发展 / 186
第六节　关注"平衡"——以平衡兼顾做转型 / 187
第七节　追求满意的投资回报 / 188

第十六章　数字化商业模式的评价——数字化转型的陀螺仪 / 190

第一节　评价的三个目的——判断、改进与机遇 / 190
第二节　评价模型——数字化商业模式的刻度尺 / 190
第三节　五级成熟度——数字化商业模式的进阶路径 / 193
第四节　评价结果——有目标的迭代从评价开始 / 195

下　剖析数字化商业模式之路

智慧交通及物流领域 / 199

蔚来汽车：定位用户，企业践行价值共创 / 199
北汽鹏龙：传统车企数字化觉醒后的新模式 / 203
12306："铁"有所应的数字化服务体系 / 209
京东物流：引领数字化物流新趋势 / 213
联海实业：数字化冷链之路 / 217

智慧能源及环保领域 / 221

国网电商："互联网 + 能源"服务新范式 / 221
数秦科技：数字化赋能"双碳"行动 / 225

智能制造领域 / 230

飞利浦：数字化跃迁三部曲 / 230
三一集团：依托数字化转型和多元业务生态克服经济周期焦虑 / 234

智慧农业及水利领域 / 239

云洋物联：智慧农业的数字化种植、服务和营销领域的探索与实践 / 239

智慧教育领域 / 243

西安交通大学"智慧学镇" / 243
中国国家图书馆：数字化思维重塑知识传播 / 249
松鼠 Ai：人工智能推进教育的数字化探索 / 252

智慧医疗领域 / 255

平安好医生：建立零距离医患关系的数字连接 / 255

智慧文旅领域 / 259

数字敦煌：科技赋能与新文创下的文化保护与传承 / 259
哔哩哔哩：以用户为中心的数字化价值共同体 / 264

上海文交所：以数字化深耕文化产权交易 / 268

阿克塞尔·施普林格集团：传统媒体的数字飞跃 / 271

智慧社区领域 / 276

龙湖智创生活：以数字化技术为翼打造空间服务生态圈 / 276

智慧家居领域 / 280

美的：跨越式发展背后的数字化经营模式 / 280

小米：互联网基因助推企业数字化迭代 / 284

智慧政务领域 / 288

中国建设银行：大行担当下的智慧政务 / 288

智慧金融领域 / 292

招商银行：金融科技引领银行零售 3.0 / 292

ING 银行：数字化焕发直销新生机 / 296

山西证券：技术制胜加速证券业务数字化转型 / 300

数字零售领域 / 305

沃尔玛：打造传统商超的全渠道新零售 / 305

乐高：跨界融合突破惯性发展 / 309

古驰：重塑与数字化时代相融的时尚潮流 / 312

数字企服领域 / 316

欧洲核子研究组织：基于 ITIL 的数字化服务体系 / 316

海企通：数字化赋能多场景企业服务 / 320

用友云生态：企业服务生态化发展新征程 / 324

原生电商领域 / 329

小红书：挖掘价值空地，打造数字之城 / 329

拼多多：在红海中挖掘蓝海的"下沉市场"突围战 / 334

智慧餐饮领域 / 338

  西贝餐饮：餐饮企业的数字化破局与重生 / 338
  飞鹤乳业：数字化刷新民族乳业新高度 / 341

金融与实业并举的大型综合性跨国企业 / 344

  中信集团：集团企业数字化转型的探索实践 / 344

数字化商业模式的 19 个核心观点 / 356

开启数字化商业模式之旅

第一章　拥抱数字化

工业化时代、信息化时代、互联网时代、数字化时代，组织每一次穿越时光隧道都是适应时代的一次蜕变，如图 1-1-1 所示。

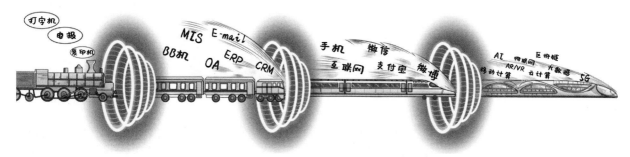

图 1-1-1　每个组织犹如穿越时光隧道的列车

组织如同一辆搭载我们穿越时光隧道的列车，给我们的生活、工作留下了挥之不去的时代烙印。在蒸汽时代，我们使用打字机、复印机、电报，提升文字处理和信息传播的效率；在绿皮火车的时代，我们使用电子邮件、MIS（管理信息系统）、OA（办公自动化）、ERP（企业资源计划）、CRM（客户关系管理）等系统，提高业务和信息的管理能力；在高铁的时代，我们使用万维网、微博、微信等移动互联网软件，及时获取全球各地的资讯、实现互联；当我们在谈论云计算、大数据、区块链、人工智能等数字化技术时，数字化时代已经到来。数字化转型是时代赋予组织的必答题，只有顺利通过数字化转型考验的组织才有机会继续向新时代迈进。

◇ 什么是数字化转型？
◇ 数字化转型的本质是什么？
◇ 什么是商业模式？
◇ 数字化商业模式与传统的商业模式有什么不同？
◇ 构建数字化商业模式的目的和意义是什么？

本章将回答以上问题。

 数字化转型——众说纷纭却都在做的一件事

数字化转型（digital transformation）的话题如火如荼。由于所在行业、职位、认知程度，以及看问题的视角不同，人们对数字化转型的理解众说纷纭。在工程师眼里，数字化转型就是要实现自动化、智能化的生产流水线，提高生产效率；在销售人员眼里，数字化转型就是能够通过线上、线下更为丰富、灵活的方式为企业获客、活客和留客；在管理层眼里，数字化转型就是实现企业的数字化营销、生产、交付、运营和协同管理；在投资人眼里，数字化转型是企业商业模式的一次重大升级，成功的数字化转型意味着企业营收、利润、投资回报率等各项财务指标空前向好；在企业"一把手"眼里，数字化转型是在新时代开辟企业"第二曲线"的绝佳机遇。对数字化转型的理解出现"盲人摸象"的情况一点都不奇怪，如图 1-1-2 所示，这正说明数字化转型仍处于初期阶段。

图 1-1-2　对数字化转型的理解众说纷纭

表 1-1-1 摘录了知名机构和专业人士对数字化转型的定义。

表 1-1-1　知名机构和专业人士对数字化转型的定义

编号	对数字化转型的解读	提出者
1	数字化转型是指数字化技术应用为全组织各个层面带来的变革，包括从销售到市场、产品、服务乃至全新的商业模式。	国际数字化能力基金会[①]
2	数字化转型是利用数字技术和支持能力来创建一个强大的新数字商业模式的过程。	Gartner[②]
3	数字化转型是利用数字化技术和能力来驱动组织商业模式创新和商业生态系统重构的途径。数字化转型的目的是实现企业业务的转型、创新、增长。	IDC[③]
4	数字转型的关键领域包括重新配置客户价值主张——提供什么，以及重塑运营模式——如何交付。	IBM

---

① 国际数字化能力基金会（International Foundation for Digital Competences，IFDC），成立于 2017 年。IFDC 的发起机构包括国际信息科学考试学会（EXIN）、荷兰范哈伦出版集团（VHP）、英国计算机学会（BCS）等众多数字化能力管理国际知识产权方。作为非营利组织，IFDC 致力于通过开放社区的形式来推广数字化转型知识体系和行业实践。

② Gartner 是一家全球知名的 IT 研究与顾问咨询公司，其研究范围覆盖全部 IT 产业，就 IT 的研究、发展、评估、应用、市场等领域为客户提供市场分析、技术选择、项目论证、投资决策等服务。

③ IDC（国际数据公司）是国际数据集团旗下全资子公司，全称是 International Data Corporation，是信息技术、电信行业和消费科技市场咨询、顾问和活动服务专业提供商。

续表

编号	对数字化转型的解读	提出者
5	数字化转型是建立在数字化转换、数字化升级基础上,进一步触及公司核心业务,以新建一种商业模式为目标的高层次转型。数字化转型是开发数字化技术及支持能力以新建一个富有活力的数字化商业模式。	陈劲、杨文池、于飞[①]

在以上普遍认同的观点和定义中有两个共同的关键词：**一是商业模式[②]，二是数字化技术**。因此，我们可以进一步认识到，商业模式伴随着组织的存在而存在。有业务活动便有模式，有经营便有模式，只不过有的商业模式先进，有的商业模式陈旧。数字化转型的目标是追求更高效的价值创造和更好的客户体验，是一个通过数字化思维、数字化技术、数据等要素优化、重构适应时代发展的商业模式的过程。**数字化转型的本质是实现全新的或升级的数字化商业模式。商业模式没有发生变化不能称为数字化转型成功。**

面对新时代的来临，没有一个组织能躲在原来的商业环境里独善其身。在"适者生存"的法则下，组织如果不在新时代中脱胎换骨，便会在新时代惨遭淘汰。比如，在信息化时代，组织要将信息化的优势注入商业模式；在互联网时代，组织要将网络互联的能力融入商业模式；在数字化时代，组织要利用数字化赋能要素构建数字化的商业模式，以迈向即将到来的数字孪生[③]、万物互联的世界。

组织的商业模式升级是一个持续演进的过程。新的商业模式从概念到形成，标志着一次模式变革的完成，如同组织穿越一段时光隧道，数字化转型是组织在数字化时代必经的一次商业模式迭代。**数字化转型在触及商业模式的数字化转变的时候才真正开始，数字化转型的核心价值在完成商业模式的数字化转变之后才真正得以实现。数字化商业模式既是数字化转型的起始点，也是数字化转型的成果。**那些不适应时代发展的组织将消失在时代的时光隧道中。

第二节 数字化商业模式——数字化转型的本质

一、经典的商业模式

亚历山大·奥斯特瓦德（Alexander Osterwalder）、伊夫·皮尼厄（Yves Pigneur）等多位商业管理专家所著的《商业模式新生代》是商业模式领域研究中的经典之作。在这本书里，商业模式被看作一个组织运作的基本原理，而组织运作又可以分解为创造价值、传递价值和获得价值三种基本活动。

---

① 数字化转型中的生态协同创新战略——基于华为企业业务集团（EBG）中国区的战略研讨。
② 对于非营利机构，商业模式可以理解为业务模式。
③ 数字孪生是通过对标的物的一切物理实体进行虚拟仿真，"克隆"出一个数字双胞胎兄弟，使用者可以在虚拟场景中对未来可能会面临的各种场景预判进行精细模拟和优化，并将优化反馈到实际场景。

书中创造性地提出了商业画布的概念，为商业管理案例分析、业务创新的探讨提供了统一的业务逻辑框架。

商业模式画布高度提炼了商业模式要回答的四个基本问题：

◇ 提供什么？

◇ 为谁提供？

◇ 如何提供？

◇ 成本和收益是什么？

而这四个问题，可以分别对应到商业画布中的九个模块。如图1-1-3所示。

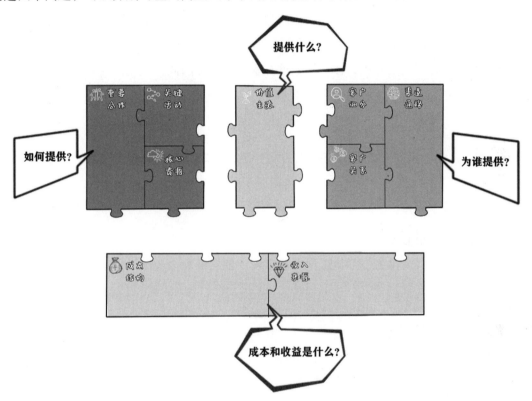

图 1-1-3　商业模式画布对应的四个问题

◇ 提供什么，对应价值主张；

◇ 为谁提供，对应客户细分、渠道通路、客户关系；

◇ 如何提供，对应关键活动、重要合作、核心资源；

◇ 成本和收益是什么，对应成本结构和收入来源。

二、数字化商业模式

1. 数字化商业模式是什么？与经典的商业模式有何不同？

数字化商业模式与经典商业模式在结构上没有本质区别。

数字化商业模式同样可以用商业模式画布这个逻辑框架来设计与描述。不同的是，**数字化商业模式在经典商业模式的九个模块上体现出数字化赋能后所展示出的新理念、新范式、新特征、新属性、新手段、新要素等。**

举例来说，在数字化时代，数据已经成为第五类生产要素，是商业模式中不可或缺的核心资源之一，其价值在于重建了人们对客观世界理解、预测、控制、价值创造的新体系、新模式。而数字化赋能的结果最终将体现在业务能力和业务模式上的重

> 一个商业模式描述的是一个组织创造、传递以及获得价值的基本原理。
> ——《商业模式新生代》

大升级。正如 ITIL®4 的教程《高速 IT》（*High-velocity IT*）一书中所说，利用数字技术使一个组织目标的实现有重大改善，而这些目标是非数字手段不可能实现的。通过数字化实现非数字手段不可能实现的目标以及如何利用好数字化赋能要素设计出全新的数字化商业模式，是本书的重点。

2. 以商业模式画布为逻辑框架思考数字化商业模式

在本书中，用商业模式画布作为设计和描述数字化商业模式的工具。商业模式画布不但可以用于描述经典的商业模式，也可以用来描述现有的商业模式和数字化转型后的全新商业模式。

数字化商业模式与经典商业模式在结构上没有本质差别，因此，大家所熟知的商业模式画布在绘制数字化商业画布时也同样适用。

商业模式的目的和意义—— 一张蓝图指引各方行动

一、数字化商业模式的目的

数字化商业模式的目的是为数字化转型的各领域、各层级参与者提供一张清晰统一的数字化转型蓝图。

二、数字化商业模式的意义

数字化商业模式对组织的不同角色有不同的意义。

- ◇ 组织的"一把手"通过提出清晰的价值主张，指导组织的各项经营和业务活动。通过设计数字化商业模式，指导组织的各个部门、各业务单元充分利用数字化赋能要素，有机地形成新的业务价值体系，将价值主张转化为业务结果。
- ◇ 对组织的高层管理者而言，通过构建数字化商业模式，优化组织的价值创造、价值传递和价值获得的方式，提高整体价值链的效率，并形成新的核心竞争力。
- ◇ 对于中层管理者和普通员工而言，数字化商业模式指明了组织未来的发展方向，理解变革的目的和影响，减少变革带来的阻力，同时为团队的能力培养和知识补充提供指引。
- ◇ 对数字化转型官（DTO）[1]而言，可以使用数字化商业模式画布展现全新的商业模式，与管理层在统一的模型框架下探讨数字化变革，同时作为变革管理和数字化成熟度的评价依据。

---

[1] 数字化时代新涌现的角色，荷兰的国际信息科学考试学会（EXIN）2021 年在全球发布了"数字化转型官（digital transformation officer，DTO）"的高级岗位资格认证。

❶ 人类经历了工业化时代、信息化时代，现在正经历着数字化时代。在穿越时光隧道时，不适应时代变化的组织将止步于隧道中，消失在人们的视野里。

❷ 数字化转型在触及商业模式的数字化转变的时候才真正开始，数字化转型的核心价值在完成商业模式的数字化转变之后才真正得以实现。

本章核心观点

❶ 随着数字化时代的到来，你所处的行业发生了哪些重大变化？

❷ 在你所处的行业，哪些企业正在做数字化转型？数字化转型前后，企业在业务创新、客户管理、运营管理及商业模式等方面发生了哪些变化？请举例说明。

本章思考

第1讲：拥抱数字化

第二章　数字化商业模式要览

组织变革就像点燃蜡烛的过程，我们从蜡烛的顶端开始点燃是最容易的。数字化转型是一次组织级变革，无疑由"一把手"推动，从顶层设计开始，俯视整个组织，到底哪些业务、哪些职能、哪些资源、哪些能力、哪些管理要发生变化？朝着什么方向变化？为了更好地完成数字化变革这个系统工程，我们有必要在着手数字化商业模式设计之前搞清楚一些基本问题：

◇ 数字化商业模式的设计框架是什么？
◇ 构建数字化商业模式有哪些赋能要素？
◇ 数字化商业模式有哪些特征？或者说一个商业模式具备哪些特征就可以称为数字化商业模式？
◇ 数字化商业模式有哪些指导原则？

本章将回答以上问题。

第一节　总体设计框架——四个视角下的数字化商业模式

商业模式是一个组织运作的基本原理，就像一台由多个齿轮连接运转的机器。为了更好地设计数字化商业画布，我们将画布中的九个模块进一步有机组合，形成数字化商业模式的总体设计框架，如图1-2-1所示。

一、一个核心

价值主张是商业模式的核心，一个组织提出价值主张受内因和外因两方面的影响。内因主要是受组织基因的影响，组织基因是以信仰为基础的组织精神和核心经营理念，主要受组织的创始人、所有者、实际控制人的意志的影响，组织的愿景、使命、价值观、文化是组织基因的外在表现；外因

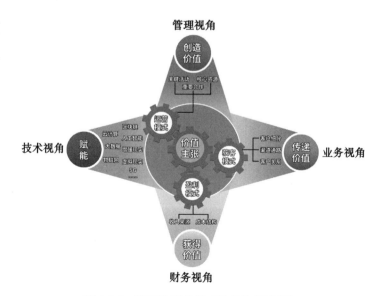

图1-2-1　数字化商业模式的总体设计框架

主要体现在外部环境变化带来的影响,包括政治、经济、社会、技术、法律等因素。我们已经跨入数字化时代,数字化技术、商业环境、法律法规正发生着深刻的变化。一个组织生存在一个生态环境里,不可能不为外界所动,唯有对价值主张的再思考、再定位,才能适应不断演进的外部环境,适应时代的步伐。

图 1-2-2　决定组织发展的内因与外因

数字化商业模式的形成受内外因素的影响。在组织的内部,在组织传承的种子里蕴含着组织基因,是以信仰为基础的组织精神。数字化思维、数字化技术、数据和方法论等数字化赋能要素是外部因素,犹如阳光、水分、空气和土壤,如图 1-2-2 所示。在内因与外因的相互作用下,组织提出新的价值主张,培育出新的商业模式。价值主张变了,必将影响组织运作的创造价值、传递价值和获得价值这三个基本活动。由于每个组织基因不同,所以不同组织创新出来的商业模式都不相同。种子的生根发芽是生命的一次迭代,组织孕育出新商业模式意味着组织开启第二曲线,与旧组织相比是一次脱胎换骨。数字化转型是一次商业模式升级,是一次组织变革,是一次新我战胜旧我的较量。

二、三个模式

什么是模式?模式是解决某一问题的方法论,可操作性强,可重复性强,系统性强,相对稳定。将商业模式的九个模块有机组合就可以将商业模式分解如下:

商业模式 = 价值主张 + (获客模式 + 运营模式 + 盈利模式)

其中,获客模式对应商业模式中的传递价值,运营模式对应创造价值,盈利模式对应获得价值。

数字化转型意味着对商业模式的数字化再思考:

◇ 提出什么样的新价值主张?

◇ 如何优化或重构获客模式?

◇ 如何优化或重构运营模式?

◇ 如何优化或重构盈利模式?

获客模式关注的是在商业模式中如何将价值传递给客户。因此,客户定位、市场细分、客户触达,以及客户的反馈与互动、客户关系管理,都是获客模式所要关注的重点。获客模式对应到商业模式画布是客户细分、渠道通路和客户关系三个模块。

运营模式关注的是在商业模式中如何创造价值,即针对客户需求,通过高效生产创造业务价值。明确客户定位以及客户需求是运营模式的前提条件。提高价值流效率、提高组织协同、优化资源配置以及构建生态合作是运营模式所要关注的重点。运营模式对应到商业模式画布是关键活动、核心资源和重要合作三个模块。

盈利模式关注的是商业模式中的成本结构与收入来源。如何创造新的盈利点，如何构建可持续提升业绩的商业模式，如何优化成本结构，如何开源节流、降本增效，以及如何构建生态化的业务关系是盈利模式所要关注的重点。盈利模式对应到商业模式画布是成本结构和收入来源两个模块。

基于以上，通过数字化对商业模式再思考这一复杂问题，就可以将其简化为四个相对简单的问题：

◇ 如何利用数字化的手段设计一个获客模式来优化价值传递的过程？
◇ 如何利用数字化的手段设计一个运营模式来优化价值创造的过程？
◇ 如何利用数字化的手段设计一个盈利模式来优化价值获得的过程？
◇ 如何将这三个模式以价值主张为核心，有机地连接起来协同运转？

获客模式、运营模式和盈利模式，既相对独立，又相互影响。价值主张是商业模式的核心，会影响获客模式、运营模式和盈利模式，进而会影响客户细分、渠道通路、客户关系、关键活动、重要合作、核心资源、成本结构和收入来源等八个模块。

三、两个隐含要素

商业模式除了九个模块和三个模式，还有"产品和服务"及"外部因素"这两个隐含要素，其中，"外部因素"主要指竞争因素和环境因素，它们在设计数字化商业模式时非常重要，但在经典的商业模式画布中没有独立的区域显现出来。由于在本书的理论篇和案例篇中都会涉及这两个隐含要素，因此在经典的商业模式画布中增加了"产品和服务"以及"外部因素"这两个要素。更新的数字化商业模式画布如图 1-2-3 所示。

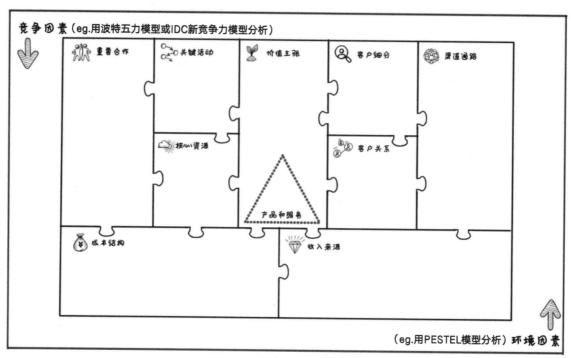

图 1-2-3　数字化商业模式画布

1. 产品和服务

产品和服务是价值主张的具体表现，组织的价值主张通过产品和服务进行表达。同时，有了对产品和服务的定位与设计，可以很好地提醒商业模式设计者要将产品和服务与获客模式、运营模式、盈利模式三个模式紧密关联，如此一来，商业模式就变得更加聚焦。

◇ 聚焦产品和服务，将价值更加清晰并精准地传递给客户。

◇ 聚焦产品和服务，有助于实现卓越运营，通过数字化的手段达成降本增效、提质增收的目标。

◇ 聚焦产品和服务，成本结构和收入来源才会变得更加清晰透明。

2. 外部因素

外部因素主要有两个方面需要考虑：一方面是竞争因素，另一方面是环境因素。

◇ 竞争因素不仅要考虑当前市场的竞争，还要考虑将来跨界而来的新的市场进入者，包括竞品分析、竞争对手分析、竞争态势分析。借助 SWOT、波特五力模型等工具，将有助于对优势、劣势、机会、威胁，以及竞争的规模和程度的战略分析，如图 1-2-4，是 IDC（国际数据公司）在后疫情时代背景下提出的新竞争力模型[①]。

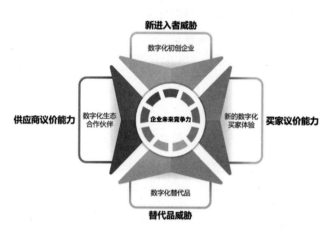

图 1-2-4　IDC（国际数据公司）在后疫情时代背景下提出的新竞争力模型

◇ 环境因素是指政治、经济、社会、技术、法律法规等外部环境的限制和影响。数字化时代的到来，这些环境因素正在发生着深刻变化，可以借鉴 PESTEL 分析模型[②]进行详细分析。

外部因素分析除了让我们清晰地理解组织周围的情况变化，也提示我们既要时刻关注哪些新事物可能从环境因素衍生出来而成为竞争因素，也要积极地将竞争因素转化为环境中的合作要素和驱动要素，使之成为生态的一部分。

四、四个视角

我们经常发现这样的情况：不同人甚至是相同的人从不同的视角对看到的同一件事物会有不同的反应和想法。在这里需要解释一下**视点**、**视角**、**视图**这组概念。**视点**是一个人在什么位置来看待事物；**视角**是一个人以什么角色、什么角度来看待事物；而**视图**指从不同的视点、以不同的视角，看到的结果。

在一个组织里，在数字化转型的大背景下，不同职能、不同岗位的人对商业模式有着不同的视点和视角。人们对转型的理解、受变革的影响、产生的反应通常是不一样的。我们不难发现：

◇ 组织的创始人、所有者、股东、负责人、CEO（首席执行官）、CIO（首席信息官）、IT 部门负责人、研发负责人、服务负责人、产品经理等会从战略高度到执行层面对价值主张格外关注；

---

① Adapting to the New Competitive Forces in a Post-Pandemic World，March 2021，IDC.

② PESTEL 分析模型是分析宏观环境的有效工具，其中，P 指政治因素（political），E 指经济因素（economic），S 指社会文化因素（sociocultural），T 指技术因素（technological），E 指环境因素（environmental），L 指法律因素（legal）。

- ◇ CEO、事业部负责人、中层管理人员会从不同的视点，以管理视角看商业模式；
- ◇ CCO（首席客户官）、事业部负责人、营销总监、销售主管、客户经理、产品经理会更关注商业模式中的获客模式；
- ◇ COO（首席运营官）、部门负责人更关注商业模式中的运营模式；
- ◇ 创始人、股东、投资人、CFO（首席财务官）、产品经理更关注盈利模式；
- ◇ DTO（数字化转型官）、CIO、IT部门负责人更加关注如何让数字化技术和数据赋能一个崭新的数字化商业模式。

不同的角色关注重点是不同的，但有一点是明确的：组织变革必须有统一的方向。尽管各自的职责不同，但认识必须是统一的，这个模式才能够协同运转。

因此，在本书中提出从管理、业务、财务和技术四个视角全面地分析、认知组织的数字化转型是非常有必要的。实际上，自上而下、自下而上、不同层面、不同领域的人对数字化转型有一致的理解是数字化转型成功的基石，而这正是设计组织级、统一的数字化商业模式的意义所在！

在组织"一把手"的领导下，通过各个领域的共同参与，设计出一体化的模式、方案、流程、技术平台是落实数字化转型的关键。而组织级的协调统一是组织"一把手"当仁不让的职责。换句话说，在数字化时代，数字化技术是不可或缺的生产要素，相应地，对组织"一把手"的要求也就提高了，"一把手"不仅要提出数字化的价值主张，更要把获客模式、运营模式和盈利模式完美地融合在一起，从管理、业务、财务、技术四大视角审视崭新的数字化商业模式，使之良好运转。"一把手"的角色犹如交响乐队的指挥，调动各个声部协同演奏出声势宏大、思想深邃、格调高雅、旋律优美的乐章，如图1-2-5所示。

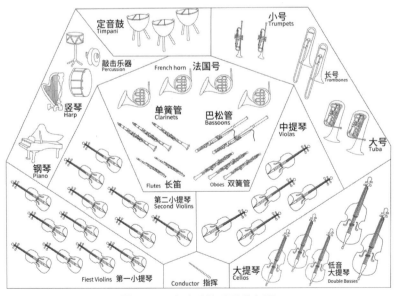

图1-2-5 交响乐队乐器分布图

组织的"一把手"不仅要在数字化时代提出新的价值主张，更要指挥各个职能条线在新的模式下协同运转。

第二节 四大赋能要素——打破传统藩篱

我们从思维、技术、生产要素和管理四个方面总结出数字化的四大赋能要素，包括数字化思维、数字化技术、数据和方法论。

一、数字化思维

数字化转型是组织从旧我到新我的转变。如果观念和思维模式不转变，数字化转型过程必将长期伴随新旧习惯、新旧势力间的冲突，例如，从思想上的抵触和反对到行动上的摩擦和对抗。

思维是对事物本质的探索过程，组织需要变换思维方式才能创新地设计出一个具有突破传统业务逻辑的数字化商业模式。组织要有拥抱变化的心态，数字化商业模式的设计者必须首先从转变思维做起，尝试用新思维来解决问题，通过创新思维、跨界思维、混序思维、多中心思维、断点思维、迭代思维、生态思维等新的思维模式来思考。只有跳出传统的思维逻辑和原有的思维空间进行深度的再思考，才可能实现突破性的乃至颠覆性的转变。有"火星人"之称的埃隆·马斯克（Elon Musk）倡导的"第一性原理"[①]便是很好的新思维示例。

🐜 一只蚂蚁的启发

（1）一只蚂蚁想从 A 点爬到 B 点，如图 1-2-6 所示，如何阻碍这只蚂蚁？

（2）在线段 AB 的中间任意一点 C 点滴一滴蜂蜜，蚂蚁被蜂蜜粘住，就一时半会儿爬不到 B 点了，如图 1-2-7 所示。

（3）这只蚂蚁想从一张 A4 纸的 A 点爬到对角线的 B 点去，显然在线段 AB 的中间滴一滴蜂蜜是挡不住这只蚂蚁的，它可以绕过去，如图 1-2-8 所示。

（4）我们用蜂蜜从 D 点画一道线到 E 点，这只蚂蚁就无法从纸的这一面爬到 B 点了，如图 1-2-9 所示。

（5）场景换成了一个木制立方体。这只蚂蚁会打洞，它从 A 点穿越立方体的中心到达对角线 G 点，我们如何阻碍这只蚂蚁？如图 1-2-10 所示。

（6）这时候蜂蜜就不管用了，我们在 C、B、E、H 4 个点上用钢板把木制立方体隔开，这下蚂蚁就无法到达对角线 G 点了，如图 1-2-11 所示。

（7）那么问题来了，我们如何阻碍一只在四维空间中穿越的蚂蚁？

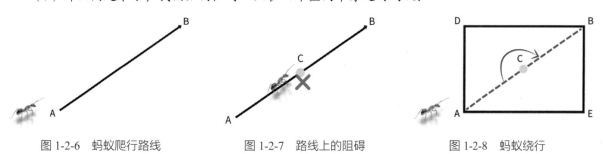

图 1-2-6　蚂蚁爬行路线　　　图 1-2-7　路线上的阻碍　　　图 1-2-8　蚂蚁绕行

---

① 第一性原理指的是回归事物最基本的条件，将其拆分成各要素进行解构分析，从而找到实现目标最优路径的方法。

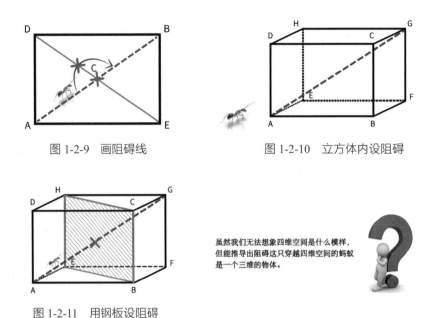

图 1-2-9 画阻碍线　　　　图 1-2-10 立方体内设阻碍

图 1-2-11 用钢板设阻碍

虽然我们无法想象四维空间是什么模样，但能推导出阻碍这只穿越四维空间的蚂蚁是一个三维的物体。

其实，这个故事告诉我们要通过升维思考、降维打击的方法来找到答案。

二、数字化技术

云计算、大数据、物联网、区块链、人工智能、移动互联网、虚拟现实和增强现实（AR/VR）等数字化技术区别于信息化技术（IT），这些新技术在数字化应用的场景里，称为数字化技术（digitization technology，DT）。当前，数字化技术在零售互联网和产业互联网领域已广泛应用。数字化技术用在获客模式上，能够表现出更精准的数据洞察能力及客户触达能力；用在运营模式上，能够起到降本增效、提质增收的效果；用在盈利模式上，能够增加收入来源，优化成本结构。

在《ITIL4 数字化和 IT 战略（DITS）》一书中已将数字化战略独立出来，详细阐述了数字化战略及 IT 战略对业务战略的支撑关系（如图 1-2-12 所示），以及数字化战略与 IT 战略的关系。数字化战略是业务战略的一部分，是基于数据、运用数字化技术来实现业务战略目标的。不容置疑，数字化战略 +IT 战略＞IT 战略，兼顾数字化战略和 IT 战略的组织将比只用 IT 战略的组织更具竞争力。

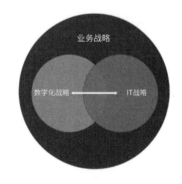

图 1-2-12 数字化战略、IT 战略和业务战略的关系

近年来，随着互联网、大数据、云计算等数字化技术的迅速发展，我们已进入数字化时代。数字化技术应用于企业生产经营、政府治理、居民生活等方面，对经济发展和人民生活产生了巨大影响。中国作为数字化技术发展比较迅速的国家之一，以数字化技术为主要手段、以数据作为关键生产要素的数字经济正在快速发展。

"十四五"规划明确指出了七大数字经济的细分领域，包括云计算、大数据、物联网、工业互联网、区块链、人工智能、虚拟现实和增强现实（如表 1-2-1 所示）。本书所述的数字化技术更为广泛，泛指一切新涌现的、能够对业务创新赋能、对数字经济助力的技术。

表 1-2-1　数字经济七大重点产业

序号	产业	"十四五"规划相关内容
1	云计算	加快云操作系统迭代升级，推动超大规模分布式存储、弹性计算、数据虚拟隔离等技术创新，提高云安全水平，以混合云为重点培育行业解决方案、系统集成、运维管理等云服务产业。
2	大数据	推动大数据采集、清洗、存储、挖掘、分析、可视化算法等技术创新，培育数据采集、标注、存储、传输、管理、应用等全生命周期产业体系，完善大数据标准体系。
3	物联网	推动传感器、网络切片、高精度定位等技术创新，协同发展云服务与边缘计算服务，培育车联网、医疗物联网、家居物联网产业。
4	工业互联网	打造自主可控的标识解析体系、标准体系、安全管理体系，加强工业软件研发应用，培育形成具有国际影响力的工业互联网平台，推进"工业互联网+智能制造"产业生态建设。
5	区块链	推动智能合约、共识算法、加密算法、分布式系统等区块链技术创新，以联盟链为重点发展区块链服务平台和金融科技、供应链管理、政务服务等领域应用方案，完善监管机制。
6	人工智能	建设重点行业人工智能数据集，发展算法推理训练场景，推进智能医疗装备、智能运载工具、智能识别系统等智能产品设计与制造，推动通用化和行业性人工智能开放平台建设。
7	虚拟现实和增强现实	推动三维图形生成、动态环境建模、实时动作捕捉、快速渲染处理等技术创新，发展虚拟现实整机、感知交互、内容采集制作等设备和开发工具软件、行业解决方案。

三、数据

数据作为数字化时代的"新石油"，逐渐成为组织数字化转型的"加速器"，并成为与土地、资本、劳动力、技术并列的**第五大生产要素**。

数据从所有权来讲，既包括内部数据，例如组织拥有的在业务和经营过程中产生的销售、生产、仓储、服务等数据，也包括外部数据，例如供应商、合作伙伴、行业机构等由企业从外部组织获取而来的数据。从范围来讲，数据既包括"小数据"，例如存在关系型数据库里的产品信息、客户关系、交易记录等，还包括数字、文字、系统日志、图片、语音、视频、地理位置信息等不同形式的"大数据"。其中，大数据具有大量（volume）、高速（velocity）、多样（variety）、低价值密度（value）、真实性（veracity）特征。不同形式的数据收集，对企业来说蕴藏着巨大的商业价值。对数据的价值挖掘和利用是数字化时代组织优化经营管理、实现数字变革、在新时代重塑核心竞争力的主要手段。

在数字化时代，数据如何赋能组织呢？

作为生产要素，数据的神奇之处在于数据可复制、可整合、可价值挖掘、可赋能、可交易。数据在企业经营中所发挥的作用主要体现在以下三个方面。

◇ **赋能业务创新**：主要表现为可以通过数据及时精准地知晓天下，洞察市场变化，提高客户触达能力，赋能产品创新和模式创新，减少试错成本，驱动业务持续迭代。

> 普华永道的研究表明：高达62%的组织高管更多地依赖经验和直觉而不是数据进行业务决策，但高度数据驱动的组织在决策方面取得显著改善的可能性要高3倍。

- 助力降本增效：通过数据赋能，可以实现精准营销、精益生产、敏捷交付，用最少的浪费创造价值、传递价值。
- 优化管理决策：主要表现为优化资源配置和赋能业务决策。

随着数字经济走向成熟，数据聚合形成的数据资产的价值将被各行各业重视。组织的数据资产必将成为公认的衡量一个组织价值的"第四张报表"，数据资产将成为衡量组织价值的一个新标准。

另外，随着数据的不断累积与数字化技术的不断革新，数据将在商业领域发挥不可估量的作用。换言之，数据驱动未来，谁掌握了数据，谁就掌握了市场的先机和业务的主动权，谁就拿到了财富大门的钥匙！

四、方法论

在数字化转型这个话题中为什么要提方法论？

方法论是人们在总结组织经营管理活动经验的基础上形成的标准、模型、框架等知识沉淀。它涉及的领域包括公司治理、组织建设、文化和价值观建设、投融资、战略制定与执行、营销管理、财务管理、人力资源管理、信息技术管理等。事实证明，众多的优秀企业恰恰是因为采纳和借鉴了这些方法论才让组织运作更加规范、高效和稳健，同时提高了业务的盈利能力、业务连续性和抗风险能力。

构建数字化商业模式，方法论是不容忽视的，既要借鉴已有的成熟的方法论，也要参考新近涌现的标准和良好实践。这些知识体系和实践案例是管理成功经验的提炼和总结。方法论数量众多，组织应根据自身需要进行筛选、对标。这些方法论包括但不限于：

- 战略与组织领域的波特五力分析模型、PESTEL 分析模型、麦肯锡 7S 模型、RGT 战略框架运作—成长—变革框架（Run-Grow-Transform framework，RGT）、3C 战略三角模型等；
- 营销服务领域的创新扩散理论、产品的五个层次、8P 服务营销模型等；
- 财务管理领域的 EVA 模型、财务五力分析模型、杜邦分析法、SAS 财务分析模型等；
- 人力资源领域的人力资源管理 6P 模型、OKR 模型、胜任力模型、欧盟 ICT 人员能力评估框架（e-Competence Framework，e-CF）等；
- 生产管理领域的精益管理、全面质量 TQM、戴明环（PDCA）、ISO 9001 等；
- 项目管理领域的 PMP、PRINCE2、MSP、MoP、P3O 等；
- 风险与业务连续性管理领域的风险管理（Management of Risk）、ISO 22301 等；
- 治理与审计领域的 COSO 内部控制框架、信息及相关技术控制目标（Control Objectives for Information and related Technology，COBIT）、开放组架构框架（The Open Group Architecture Framework，TOGAF）、数据管理知识体系指南（DAMA-DMBOK）、《信息技术服务—治理 第 5 部分：数据治理规范》等；
- 信息技术管理领域的能力成熟度模型集成（Capability Muturity Model Integration，CMMI）、敏捷开发方法论（SCRUM）、大规模敏捷（Scaled Agile Framework，SAFe）、IT 服务管理方法论（Information Technology Infrastructure Library，ITIL）、IT 服务管理体系标准（ISO 20000）、

数据中心服务能力成熟度模型（GB/T 33136）、服务集成和管理（SIAM）、开发运维一体化（DevOps）、智能运维（AIOps）等；

✧ 信息安全领域的 ISO 27000 系列标准、国际信息系统审计师（Certified Information Systems Auditor, CISA）、ISO/IEC 27701 隐私管理体系，以及个人信息安全领域的《信息安全技术—个人信息安全规范》（GB/T 35273）等。

以上是具体领域的方法论。目前，针对组织整体数字化转型有两个重要的、值得参考的国际方法论，分别是 ITIL4 和 VeriSM™。

1. ITIL4

ITIL 这个方法论诞生于 1989 年，早期是基于 IT 运维管理的最佳实践，后来被誉为"IT 运维行业的圣经"。2007 年，ITIL V3 的发布标志着 ITIL 已经完成了向 IT 服务管理最佳实践的转化。到 2019 年 ITIL4 发布，ITIL 的内容发生了显著变化：以价值为中心，提出组织数字化转型的四大支柱，包括客户与员工体验，卓越运营，价值观、行为和文化，业务模型，如图 1-2-13 所示。ITIL4 的范围变得更为广泛，覆盖整个组织，包括数字化战略、驱动利益相关方价值、指导规划和改进、高速 IT、创造交付和支持等领域，为数字化转型提供了自上而下、可落地的方法论。

图 1-2-13　ITIL 数字化转型的四大支柱

2. VeriSM™

VeriSM™ 是数字化转型与创新管理的国际最佳实践知识体系。VeriSM™ 被誉为为企业数字化转型量身打造的"圣经"，是迄今为止全球唯一由行业非营利组织——国际数字化能力基金会（IFDC）凝聚全球专家智慧的扛鼎之作，同时是国际权威认证机构国际信息科学考试学会（EXIN）"数字化转型官"国际资格认证的必修课之一。VeriSM™ 是一本组织开启数字化转型之旅的必备工具书，它为组织的数字化转型提供理论框架、指导原则、管理模型和最佳实践，在组织数字化过程的各个阶段和关键节点协助组织做出正确的选择。

VeriSM™ 从组织层面描述了一套服务管理方法，以端到端的视角阐述，而不是聚焦在某一个部门，从而在正确的时间向客户提供正确的产品或服务。与其说 VeriSM™ 是一种规范的工作方式，不如说它是一套可灵活裁剪的模型（如图 1-2-14 所示）——通过整合服务管理实践，帮助组织响应客户需求并交付客户价值的模型。VeriSM™ 允许组织根据业务类型、组织规模、业务优先级、组织文化单个项目或服务的性质，量身定制。

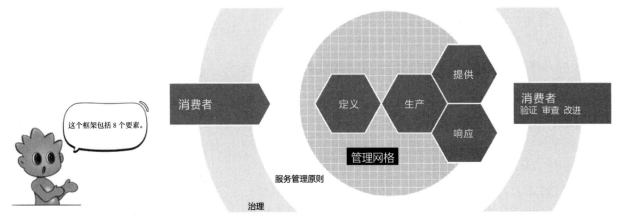

图 1-2-14 VeriSM™ 管理模型

组织在进行数字化转型，向数字化商业模式转化时，是对组织的流程再造、资源的重新配置、运营的重构、价值的重塑、客户体验的升级和业务生态化的构建。在参考方法论时没有对错，只有是否适配。运用数字化思维，将数字化技术、数据、方法论等赋能要素有机结合，并恰如其分地融入组织，取得预期成效是硬道理。

在数字化思维、数字化技术、数据和方法论这四大赋能要素的影响下，我们需要对组织重新思考和再定位：

◇ 我是谁？
◇ 我身边正在发生哪些变化？
◇ 我能利用哪些新武器？
◇ 我将做哪些改变？
◇ 谁可能是我新的客户？
◇ 我将如何创造更具价值的产品或服务？
◇ 我将如何让客户体验变得更好？
◇ 如何开拓新的收入来源？
◇ 如何让业务收益增长且可持续？
◇ 如何让组织的数据和知识不断沉淀，并转化成更有价值的产出？

四大指导原则——前行的指南针

指导原则是引导思想和行动的准则，是思想和行动的指南。在各行各业中，不同组织的数字化商业模式是千姿百态、千差万别的。然而，通过解析众多的实践案例，我们发现优秀的商业模式都有一些共通之处可以供其他组织借鉴。在设计数字化商业模式的时候，我们可以暂时没有答案，但必须有努力方向。我们将数字化的努力方向进一步提炼，总结出设计数字化商业模式的四大指导原则。

第一指导原则：价值向上

提出数字化的价值主张是设计数字化商业模式的核心。很多组织困惑于如何提出数字化的价值主张。如果有一个努力方向作为参考，这将帮助组织更快速、更精准地找到答案，这个方向就是价值向上。"价值向上"的具体含义是什么，我们将在第四章中详细阐述。

第二指导原则：精准匹配

获客是组织的最基本的生存本领。获客包含两重含义：一是供需匹配，二是完成交易。匹配是交易的前提，精准匹配将极大提高交易的成功率。另外，"精准匹配"还是数字赋能的价值体现。在数字化的业务背景下，数字化赋予获客模式哪些能力，数字化获客模式的本质是什么，怎样才是一个好的数字化的获客模式，精准匹配怎样实现，我们将在第五章中详细阐述。

第三指导原则：精益卓越

产品和运营是在明确客户、客户需求价值之后，以最高效的价值流，缔造出顺畅的流程、环节，多快好省地提供产品和服务，满足客户的极致体验，从而不断提高市场占有率。在数字化的商业模式下，卓越体现在哪些方面，运营需要具备哪些能力才能做到精益和卓越，数字化的运营管理体系包括什么，我们将在第九章中详细阐述。

第四指导原则：完美平衡

在设计商业模式的时候，在准备投资创新或转型项目的时候，在商业模式运转起来看实际收益的时候，盈利模式都是各方关注的重点。各类收入来源要平衡，成本结构要平衡，各相关方利益要平衡，投入规模与产出预期要平衡，投入期与收益期的时间长短要平衡……只有追求完美平衡，数字化的商业模式才能沿着健康的、接近预期的、生态化的成长曲线发展。我们将在第十三章中详细阐述。

第四节 三大模式特征——数字化商业模式的标签

特征是对事物特点、运行规律的高度抽象概括，抑或事物的标志，就像人们总结哺乳动物的特征，又用哺乳动物的特征去鉴别动物是不是哺乳动物一样。通过恒温、有骨骼、生有皮毛、用肺呼吸、胎生母乳喂养等特征可以鉴别动物是不是哺乳动物；同理，**通过价值共创、技术制胜、数据赋能三个特征可以快捷地鉴别一个商业模式是不是数字化商业模式**，如图1-2-15所示。

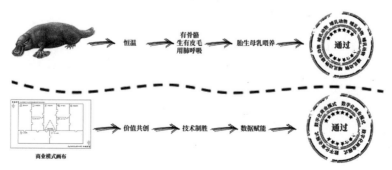

图1-2-15　数字化商业模式特征

一、第一特征：价值共创

德国物理学家克劳修斯提出了熵增的概念，其原理是一个系统若不与外界保持能量交换，会慢慢地走向无序和衰败。在商业领域同样存在着熵增的规律。一个组织要想做到对抗熵增，必须持续做"熵减"，建立合理的耗散结构，不断优化自身的短板，同时保持开放性和竞争性，与生态合作伙伴进行能量转换，这样才能得以运作和延续，并保持活力。"熵减"的过程就是一个实现价值共创的过程。

生态化是组织数字化转型到高级阶段，与外部多个数字化组织形成的，紧密连接、相互依赖且具有一定共生关系的商业形态。生态化的商业环境允许企业从生态中快速高效地获取资源。从整体商业环境上来看，商业形态越来越呈现出生态化的发展趋势。脱离生态化而单独发展的道路会越来越窄。

1. 价值共创是在理念上从个体获益的内观思维向利益共同体的开放式思维转变

价值共创是构建生态化商业模式的思想基础。

- ◇ 价值共创是以客户为中心的思想，而不是以产品为出发点的商业思维。以客户的实际需求为出发点，在数字化技术的支撑下，更多地让客户参与产品和服务的价值创造过程。通过数据技术来获取客户旅程的反馈、建议，按日益提升的需求来优化产品和服务，甚至让客户直接参与产品的创新过程。

- ◇ 价值共创还包括与合作伙伴、供应商乃至有一定竞争关系的组织形成的共赢关系。通过构建生态形成相互依赖、共生共存、共创共赢、共同发展的商业生态①。这与传统的以比较优势理论为基础，追求最高效率，以便在业务中获得竞争优势的业务逻辑不同。价值共创体现出以生态的方式参与竞争，而非单打独斗、孤军奋战、唯我独尊。传统的商业竞争更多地体现为企业间的个体竞争，数字化时代，一个企业会带着一个生态参与竞争。一个是短兵肉搏，一个是立体化多兵种作战。

> 用价值共创的眼光看世界，您将会发现更多的朋友。用比较优势的眼光看世界，您将满眼充盈着竞争对手。

2. 生态中每个成员都可以从中获益

- ◇ 构建生态化的组织是生态的核心节点，它可以通过平台整合资源构建生态，并从庞大的业务群体中挖掘并产生自身独特的价值。

- ◇ 生态参与方则可以依托生态，获取更大的市场需求、更快捷的市场动态、更高效的资源共享、更强大的整合能力、更多元的产品组合、更快速的研发、更多样的渠道通路、更敏捷的业务实现、更强的抗风险能力等，这些优势在组织的业务数字化后将体现得尤为明显。

数字化转型既是一个组织的个体行为，也是产业的整体联动行为。数字化转型是对自身的变革，为的是能够实现多个组织呈现生态化合作，乃至整个产业都在向生态化的业务方向发展。在信息化时代没有计算机，在移动互联网时代没有智能手机，是寸步难行的。我们可以想象，在未来生态化的时代，那些没有将自身数字化改造的组织会渐渐地与外界失联，甚至可能消失在生态化的商业世界里。

> 数字化转型是组织对内而言的，是对组织自身的数字化改造；生态化是对组织外部关系而言的，不是对一个组织而言的，是多个组织通过数字化手段形成的、有紧密业务关系的商业群体。

---

① 在大自然中，是指地球上所有的生物与其环境的总和；在商业活动中，是指各利益相关者通过合作共同建立一个价值平台。

二、第二特征：技术制胜

将数字化技术纳入组织的技术体系，是构建数字化商业模式的基石。技术制胜有两层含义：一是"没它不行"，二是"唯快不破"。

一方面，在数字化时代，善于利用数字化技术的组织似乎具有超能力。与只会运用IT技术的组织不在一个层次上，尤其是在与外界连接的能力、商机的洞察与把握能力以及业务快速构建与决策能力等方面，毕竟DT+IT>IT。技术制胜这个特征在一个创新性或颠覆性的商业模式中会显现得尤为突出，通俗地说，就是"没它不行，没这项技术实现不了！"。无论是业务的数字化创新还是商业模式的数字化升级与颠覆，都需要将数字化技术应用到业务上才能得以实现。

另一方面，数字化技术更新迭代非常快，将新技术快速巧妙地应用到业务中也是一个跨越。如果以云计算作为技术制胜的底座，PaaS和SaaS则是业务赋能的关键。为什么在技术制胜里会提到"云"？云的理念蕴含着敏捷、开放、弹性、共享，这与数字化思维是充分吻合的。云也可以理解为能力和资源的载体，以服务的形式灵活地对外输出。在数字化时代，唯快不破！云可以将各种资源和能力按需且快速地输出到业务创新和业务运营当中。我们不难发现，在行业的头部企业抑或是创新的黑马企业中，将业务中台、技术中台、数据中台用于业务创新和商业模式创新的不乏其数。在"一切皆服务"（XaaS）的云化世界里，区块链可以以服务的形式对外输出形成BaaS，数据可以以服务的形式对外输出形成DaaS，将来还会有更多的新技术、新能力、新应用在云端实现，支撑着数字化商业模式去实现那些在传统眼光中的"不可能"，缔造一个个商业奇迹。

三、第三特征：数据赋能

数据已经成为全新的关键生产要素，通过数据赋能激活商业模式新动能，是数字化商业模式不可或缺的驱动力。数据赋能体现在数据驱动和数据变现两个方面。

1. 数据驱动

数据驱动是从数据中洞察、识别、分析，提炼出信息以支持业务决策和业务推进。数据驱动是数字化商业模式的动力组成要素，具有为客户创造价值、传递价值过程的关键特征。如图1-2-16所示，基于数据智能分析，能为影院提供高效、准确、符合观影人士预期的排片计划。

图1-2-16　数据辅助决策的场景示例

2. 数据变现

数据变现体现在两个方面：一是让价值创造的过程更加高效，即利用数据赋能业务以获得更高的回报；二是利用数据直接变现，将数据转化为商业服务的方式，直接为组织创造价值。

数据的获取和使用与国家安全和个人隐私密切相关。因此，当一个组织开始采用以数据作为驱动力和变现的商业模式时，必须充分调研适用的法律法规、监管要求和组织的管理原则，搞清楚红线在哪里。这些红线犹如道路两旁的"护栏"，如图1-2-17所示。组织的创新过程就是探索和突破旧模式的过程，在陌生领域要特别注意不能冲出"护栏"以免招致风险。尤其是在跨界创新的情况下，识别红线是第一要务。

图1-2-17　跨界创新的"护栏"

价值共创、技术制胜和数据赋能是数字化时代赋予商业模式的三大特征。反过来，满足这三个特征的商业模式便是数字化商业模式。

数字化商业模式的三大特征也提示我们在设计数字化商业模式时，要注意：

◇ 首先，要基于价值共创的理念，而不是以"唯我独尊"为出发点来思考、设计商业模式。
◇ 其次，要充分理解数字化技术的本质，寻觅未来业务场景，实现原来看似不可能发生的事情。
◇ 最后，要充分利用数据这个第五生产要素。在数字化商业模式中，价值运算不是简单的加法。当生产要素配置组合得当，"五个生产要素"的产值可以远远大于"四个生产要素"的产值。

可信数字生态——彰显三大特征的案例

为了更好地理解数字化商业模式的三大特征，我们特别甄选了中信梧桐港供应链管理有限公司（以下简称中信梧桐港）构建可信数字生态的案例。中信梧桐港是中信集团2018年在数字化转型的大背景下成立的新公司。通过这个案例，大家能更生动地理解为什么"价值共创""技术制胜"和"数据赋能"是数字化商业模式的三大特征，更有借鉴意义的是，这个案例解释了生态化业务是如何在传统业务环境里孕育出来的。

> 我们通过数字化技术让业务真实可见，我们通过区块链平台让业务参与方建立信任。在数字孪生的世界里，我们用可信连接赋能产业协作，与生态伙伴一同共创价值！
> ——中信梧桐港供应链管理有限公司总经理王海英

中信梧桐港是一家从事大宗商品数字供应链基础设施建设与运营的平台化公司，致力于通过物联网、区块链等数字化技术，打造可信电子仓单，重构大宗商品供应链信用体系，借助开发、建设的数字供应链管理服务平台为中小实体企业提供多种供应链服务，为金融机构提供风险可控、流动性强的可信数字资产。

针对大宗商品的资金密集型且具有价值公允、相对透明、流通性强、贸易模式特殊等行业特点，以及贸易商、产业方、仓储方、金融机构、产业平台等市场痛点（如图1-2-18所示），中信梧桐港与中信集团内外部伙伴共同构建了大宗商品数字化基础设施。以可信仓单为载体，利用数据要素市场化配置解决了供应链或产业链上利益相关方的痛点。

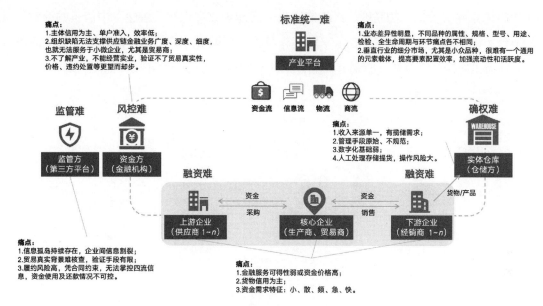

图1-2-18 各利益相关方需求关系图

一、重塑产业活力，实现生态价值共创

中信梧桐港通过建生态、搭平台、引资金、降成本等手段，构建了可信电子仓单环境，确保了实体仓库仓单签发的真实性与可靠性。有效地改善了供应链效率，实现主体信用、资产信用、数据信用的逐渐过渡和统一，重塑产业活力和韧性，从而建立产业链上下游和跨行业融合的数字化生态体系。

- ◇ 建生态：集合资金流、信息流、物流、商流战略伙伴，在紧密互助协同的基础上，保障企业客户供应链上的资源可信与价值评估，并助力企业客户成长为企业联盟。
- ◇ 搭平台：基于生态圈的紧密互助协同、信息共享的机制，由认证服务机构来核实生态圈内流转的企业客户资源，证实其货权、货单一致，形成可流转的电子仓单。
- ◇ 引资金：基于可信仓单在生态圈内评估其资源价值，以引导配套的融资服务，有效降低企业客户寻求融资的机会成本，并扩大融资提供方在资金运用上的服务出口。
- ◇ 降成本：配合供应链企业融资使用目的，助力其发展的各类服务提供方降低融资成本，盘活企业资金。

由此可见，建立可信仓单的生成、管理体系是一个复杂的系统工程，涉及金融机构、征信机构、物流企业、电商平台、保险机构、评估机构、监管机构、期货公司、交易所等，这不是一个组织可以实现的，因此需要建立一个互惠共赢的数字化生态圈。

数字化技术是构建生态圈的核心要素，它驱动着产业链上各利益相关方的跨界连接，促成了相对稳定、安全的价值链，实现了数字资产的动态重组。

二、数字化技术赋能，打造智慧供应链体系

仓单作为商品流通环节的重要物权凭证，具备很强的金融属性，本应服务于仓储、贸易业务、融资等领域的联动。但是由于对仓单的真实性、权利是否清晰没有有效的管理和评价体系，导致仓单在商品流通、融资和交易环节的功能受限，无法满足贸易商、银行、交易所等行业参与者的巨大业务需求。

中信梧桐港运用大数据、物联网、区块链、人工智能等数字化技术搭建了中信梧桐港数字供应链综合服务平台（以下简称综合服务平台），解决仓单在质押融资环节的信用问题及仓单交易环节标准化的问题，助力供应链升级改造，驱动着产业链上各利益相关方的跨界连接，如图1-2-19所示。

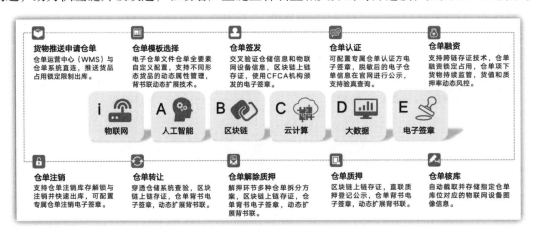

图 1-2-19 数字化技术在业务各流程上的应用

◇ 大数据：既帮助企业在主体信用、价格管理、授信评估、项目风险等方面通过多层次、多维度的数据有效地实现对融资主体的交叉验证，又帮助银行等金融机构实时捕捉供应链金融数据，及时进行分析、演算和预测，从而有效控制供应链金融风险，促成了相对稳定、安全的价值链。信息数据越广，对融资主体的风险画像也将越具体、清晰。

◇ 物联网：利用物联网门禁、视频监控与分析等技术，改造现有仓储基础设施，提供物联网设备，如视频传感器、RFID、电子围栏、温湿度设备等综合物联网设备，打造智能设备监管体系，同时利用综合服务平台为仓储物流企业提供完善、可靠、高效的系统软件，降低仓储物流企业自身的运营成本，提高企业的信息化水平，为融资企业和仓储物流企业提供更多的服务价值。

◇ 区块链：借助区块链上的数据不可篡改、可溯源的特性，中信梧桐港通过区块链BaaS平台、区块链电子仓单、区块链溯源系统、区块链存证系统，构建了企业身份认证、关键数据存证、核心业务共识控制的高度信任的透明化供应链金融体系[①]。电子数据存证证书如图1-2-20所示。

图 1-2-20 中信梧桐港电子数据存证证书

---

① 区块链是点对点通信、数字加密、分布式账本、多方协同共识算法等多个领域的融合技术，具有不可篡改、链上数据可溯源的特性，将充分提高供应链条中数据的真实性，同时锁定企业关键业务数据，帮助其信用在供应链中自由流转，实现数字资产的动态重组。

得力于数字化技术,各业务场景将会产生海量的数据。对商业模式、客户体验、运营流程、企业组织的改造,可让业务能够基于数据进行驱动,为产业链上下游提供中立、可靠、可信的数据服务,实现更好的客户体验、更高的组织效能,形成新的价值。

三、数据赋能,激活资产重建信用

综合服务平台通过对行为数据和交易数据的分析和归纳,确保数据所代表的资金流、信息流、物流和商流的四流合一,没有遗漏、错报、误报,即完成数据的唯一性、可信度、可复用性和准确性,赋予数据资产属性。

1. 数据赋能金融:采集工业生产数据,延伸融资赋能

综合服务平台将以积累的技术沉淀与资金方进行有效的对接。在生产加工企业布局互联网系统、物联网、区块链、人工智能软硬件产品,将企业的日常生产经营数据进行可视化、透明化,能够使企业的日常经营数据和设备生产运营状态清晰地反映给金融机构,从而让金融机构全面了解企业的真实情况,能够将企业的半成品作为有效资产进行盘活,大大提高企业的生产经营状况。

2. 通过区块链技术,实现电子可信仓单,重建信用体系

综合服务平台基于区块链技术,发布电子仓单。通过去中心化共识机制去维护一个完整的、分布式的、不可篡改的账本数据库,让区块链中的参与者在无须建立信任关系的前提下实现一个统一的账本系统。在传统的供应链中,数据多由核心企业或参与企业分散孤立地记录并保存在中心化的账本中。当账本上的信息不利于其自身时,存在账本信息被篡改或者被私自删除的风险。

综上所述,综合服务平台通过区块链技术的链上数据不可篡改和加盖时间戳的特性,保证包括仓单的生产、储存、运输、销售及后续事宜在内的所有数据都不被篡改。通过足够透明的信息,增加企业间的彼此信任,满足企业、金融机构、第三方服务企业之间利益的同时提升运行效率,避免仓单重复开具和重复质押,打造可信的仓单体系。

中信梧桐港的案例让我更加深入理解"价值共创""技术制胜""数据赋能"这三大特征了。

中信梧桐港的商业模式充分诠释了价值共创、技术制胜与数据赋能的独特属性,以"信"为链,贯穿着产业链上的关键节点,结合供应链核心企业运作特点,通过其以往业务交易量、企业信用等维度,充分挖掘并围绕其在资金流、信息流、物流和商流等方面的需求。此外,中信梧桐港还帮助制造类企业进行动态融资,提升了供应链金融运作效率,甄选相关领域的战略合作伙伴,夯实高质量、高信用的工业企业联盟,搭建起高效、可持续发展的供应链金融生态圈,通过生态圈内供应链金融服务的良性运转,不断提高参与企业之间的信任度和配合度,持续扩大生态圈内的服务范围,实现共赢。目前,中信梧桐港的业务规模已超过100亿元,注册客户6 000余家,系统对接金融机构10余家,交易平台/核心企业对接20余家,核心物流节点布局达到30个。

由此可见,数字化对重构商业模式起到了重要的推动作用。回顾今日,我们所做的一切只为了一个目的,就是用符合时代特征的数字化技术让商业环境更加可靠、可信和可用。

数字孪生技术创造了一个镜像在真实世界里的虚拟世界,形成客观存在的数字资产,从而使这些数字资产的使用者在行业的数字化技术运营中各得其所,消除了商业信用的顾虑。用数字化技术这个工具重构产业链环节的商业信用是这个时代赋予我们的使命。

无论在数据、技术，还是业务生态化方面，数字化转型成功的组织均具备独特的商业模式，深知数字化转型是全方位、全业态的，涵盖业务形态、商业模式、产品研发、项目建设、运营管理等各个方面。

第六节 推动数字化商业模式之轮

数字化商业模式的总体设计框架、赋能要素、指导原则以及三大模式特征，有助于组织更好地描绘一张数字化转型蓝图。基于全书内容，我们提炼并设计出数字化商业模式之轮，如图 1-2-21 所示，便于读者更好地理解数字化商业模式的内涵。

在数字化大潮到来之际，任何组织都需要审时度势，在外部环境和组织基因的双重作用下，提出适应时代发展的数字化价值主张。在数字化思维、数字化技术、数据和方法论四大赋能要素的影响下，重塑组织的商业模式，将新的价值理念、思维范式、业务逻辑、技术支撑、管理方法融入业务的获客模式、运营模式和盈利模式，将价值主张与客户细分、渠道通路、客户关系、关键活动、核心资源、重要合作、收入来源和成本结构组合成 9 个理论模块，将商业模式这道复杂题转化为简单题。我们将价值向上、精准匹配、精益卓越和完美平衡四大指导原则贯穿于数字化商业模式的设计过程，使商业模式能够像一组精美的钟表齿轮一样协同运转，并呈现出价值共创、技术制胜和数据赋能的数字化商业模式三大特征，展现出与传统业务逻辑不一样的商业风采。纵观各行各业数字化转型之路，这里既有高歌猛进的传统企业，也不乏新时代的弄潮儿。我们在有代表性的 16 个领域中甄选了 36 个经典案例，为各位读者献上一幅生机勃勃、千帆竞发、百舸争流、奔向未来生态化之路的锦绣宏图！

图 1-2-21 数字化商业模式之轮

❶ 在万物互联的数字化时代，数字化是对组织自身的变革，通过变革使组织更好地与外界互联。在生态化的世界里，没有进行数字化变革的组织将渐渐地与世界失联。

❷ 数字化思维、数字化技术、数据和方法论构成数字化商业模式的四大赋能要素，在思维、技术、生产要素和管理四个方面为数字化转型赋能。

❸ 价值共创、数据赋能和技术制胜是数字化商业模式的三大特征。这三大模式特征也是判断一个商业模式是不是数字化商业模式的三个条件。

❹ 价值向上、精准匹配、精益卓越和完美平衡是设计数字化商业模式的四大指导原则。

本章核心观点

❶ "读万卷书，行万里路。"请你与身边成功的数字化转型企业多交流，了解这些成功企业在以下方面都做了什么。
  ◇ 如何推动员工数字化思维转变？
  ◇ 如何运用数字化技术赋能？
  ◇ 如何挖掘数据的价值？如何管理数据资产？如何实现业务的数据驱动？如何将数据变现？
  ◇ 在引入一个新的方法论方面有哪些心得？取得了哪些收益？

❷ 数据已经成为与土地、资本、劳动力、技术并列的生产要素，请结合本组织的情况谈一谈在哪些方面可以更好地利用数据为组织赋能。

❸ 请思考，为什么说价值共创是数字化商业模式的第一大特征？

本章思考

第2讲：数字化商业模式之轮

第3讲：数字化商业模式的四个视角

第三章 生态化是数字化商业发展的高级阶段

一些组织刚刚开始做数字化,而另一些组织却在大谈生态化了。生态化与数字化是什么关系?有什么区别?生态化这个概念既然存在,就一定有其理由,就让我们一起探寻这个生态化概念"存在背后的存在"("Being as beings")吧!看懂未来,做好现在!

✧ 数字化转型后的组织更高级的存在形式是什么?
✧ 为什么说数字化让帕累托分布"失效"?
✧ 大家熟知的长尾理论和多边平台是什么关系?
✧ 多边平台和生态化是什么关系?
✧ 为什么行业的头部企业都在忙着建生态?
✧ 生态化的业务逻辑是什么?
✧ 业务生态化后会出现哪些特征?
✧ 业务生态化会遵循什么发展规律?

本章将回答以上问题。

生态化的演进——从"长尾"理论说起

长尾(the long tail)是《连线》杂志主编克里斯·安德森(Chris Anderson)在2004年10月提出的用来描述诸如亚马逊(Amazon)和奈飞(Netflix)之类网站的商业和经济模式。在此之前,帕累托分布(Pareto distributions)在商界被广泛认同,也就是"80%的业绩来自20%的产品"。帕累托分布让企业更加关注"头部"客户和"明星"产品,而忽视了"尾部"细分市场的贡献,如图1-3-1所示。

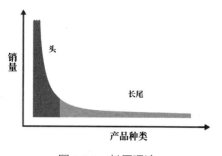

图1-3-1 长尾理论

长尾理论与网络经济是紧密相关的。互联网的兴起导致产品流通效率提升,交易成本大大降低,看似需求量不高的小市场开始活跃、繁荣。这些由众多的小市场组成的长尾市场,其总体市场份额甚至可以与主流产品的市场份额相当。网络经济、数字技术的发展将进一步激发小市场的活跃度,使得多边市场,也就是多边平台的业务模式变得备受追捧。于是很多组织开始做平台,构建生态化的业务模式。在这个多边平台的业务模式里，大大小小的商家构成供给端，大大小小的客户构成需求端，交易平台成为拉动供需平衡的引擎。在大数据、人工智能、物联网等数字化技术的影响下，交易的发现成本、沟通成本、流通成本大大下降。在多边平台的业务模式里，大家形成了相互依赖、开放共赢的生态伙伴关系。价值共创、技术制胜和数据赋能三大特征在多边平台的业务模式里体现得淋漓尽致。

由于平台是连接多边群体、整合多方资源的价值交换的枢纽，规模效应和网络化效应在这个业务模式上就体现得尤为突出。平台的连接规模越大，其业务活动的边际成本越低。所以组织一旦选择做多边平台，就选择了挖掘入口以获得客户流量，创新整合以孵化新业务的未来发展路径，因为扩大经营规模、拓宽业务范围是多边平台的组织基因。做平台的目标就是做生态，食物链的丰富性是大自然生态活跃性的表现，客户和产品的丰富性是平台业务活跃度的基础。云计算、大数据、物联网、区块链、人工智能、移动互联网、5G 等数字化技术助推了多边平台业务模式的发展，连接 C 端、B 端、B 端与 C 端混合的各类平台业务层出不穷，逐渐形成生态化的业务发展趋势。

第二节　九大特征——认清生态化的本质

多边平台是形成业务生态的基础，生态化是数字化业务的高级阶段。业务生态化呈现出与大自然生态相似的特征，了解这些特征有助于理解生态化业务的发展规律。

通过多边平台构建的生态化业务呈现以下九大特征，如图 1-3-2 所示。

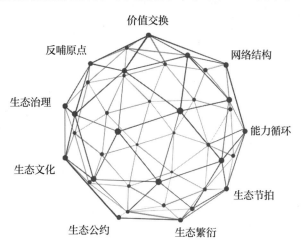

图 1-3-2　生态化业务的九大特征

一、价值交换

业务的核心是价值交换，没有价值交换的合作关系不能形成业务生态。价值交换的并发性、多样性、广泛性是生态化业务发展的原动力。如同大自然生态中的能量传递，价值流在业务流动中形成业务生态。

二、网络结构

生态化业务是逐渐形成的过程。从最初的点到点交易,到多点链接形成的星链结构,进而形成平面网络以及立体网络的生态结构,整个业务演进过程体现网络化的发展特征,如图1-3-3所示。

图1-3-3 生态化业务的形成过程

三、能力循环

除了价值交换,每个生态节点还会呈现出赋能、蓄能的能力循环,在提升个体能力的同时,整体的生态能力和能量也在提升。能力不是单向的,组织在生态中的学习能力是生态化业务发展的又一动力。值得一提的是,我们听到的"赋能"太多,关注"蓄能"的太少。没有蓄力如何发力?而生态为组织蓄力提供了丰富而开放的学习平台。

四、生态节拍

生态业务的有机连接会让生态中的相关业务节点呈现出有规律的业务节拍,也称为生态共振现象。宏观层面表现为业务周期性,微观层面表现为具体业务节奏、交易频次。业务节拍受需求的周期性变化和平台业务引擎的双重影响。

五、生态繁衍

生态具有繁衍的特征,生态网络上各个节点之间不断相互激发,会存在以客户为平台引流客户、客户创新激发平台创新的现象。这种驱动不是平台组织主动发起的,而是由生态内驱的动力自然形成的。这种"**客户引流客户、创新激发创新**"的现象促进了新客户、新需求、新产品在生态里不断繁衍。这也是生态化业务一旦形成正向循环就会迅猛发展的原因。

六、生态公约

生态的网络结构在供需关系的互补性和能力匹配上比传统点到点的业务模式更具优势,通过生态公约结成生态联盟,有形的、达成共识的生态公约是生态的"**第一稳定器**"。生态公约有助于提高整个生态对外界的应变能力和抗风险能力,提高生态弹性。

七、生态文化

每一个业务生态都具有自身的文化特征。这种特征的形成受生态的构建者和参与者的共同影响。文化的影响沿着生态向其他连接的节点辐射,并在同化作用下产生文化黏性。生态文化如同组织文化,约束着业务生态,是生态发展的"**第二稳定器**"。有时候一个生态参与者不是由于业务需求的不匹配而放弃加入一个生态，而是由于文化的不匹配。

八、生态治理

生态治理是生态业务发展的"第三稳定器"，是保证业务生态健康、可持续发展不可或缺的要素，应遵循业务生态公约，公平透明、和谐开放、共享共赢。

九、反哺原点

生态构建者为生态做出非常大的贡献，那为什么还会有很多组织，尤其是行业的头部组织在积极地搭建生态呢？"通过利他实现利己"的业务逻辑形成了价值反哺的特征。可反哺给原点组织的内容很多，包括经济收入、客户群体、供应链、业务数据、创新机会、业务资源、知识能力等。正因为生态具有价值反哺的特征，生态搭建与价值反哺才会形成良性的循环。

第三节　三大定律——揭示生态化的未来发展路径

我们由梅特卡夫定律（Metcalfe's law）结合业务生态化的九大特征推导出业务生态化的三大发展定律。

梅特卡夫定律是一个关于网络的价值和网络技术的发展的定律，是网络效应的最好解释，如图1-3-4所示。梅特卡夫定律其实是由乔治·吉尔德于1993年提出的，但以计算机网络先驱、3Com公司的创始人罗伯特·梅特卡夫的姓氏命名，以表彰他在以太网上的贡献。

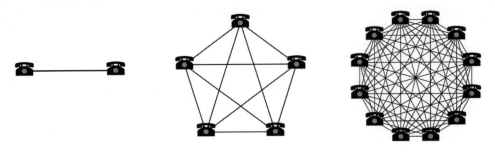

图1-3-4　梅特卡夫定律

梅特卡夫定律的内容是：网络的价值等于网络节点数的平方，网络的价值与联网的用户数的平方成正比。网络使用者越多，价值就越大。eBay、阿里巴巴等电子商务网站就是最好的例证。

$$网络的价值\ V = K \times N^2$$

其中，K为价值系数，N为用户数量。

梅特卡夫定律也揭示了业务生态化发展的三大定律。

第一定律：随着生态的业务节点不断增加，生态的总体价值也随之增加，且与互联的节点数的平方成正比。

第一定律提示做平台的组织要增加生态的节点数，扩大生态的规模，提高节点连通性和价值交换效率，这些是提升一个业务生态生产总值和生态影响力的关键。

第二定律：每个节点在生态中可以获取的价值随着与其连接的节点数和多样性的增加而增加。

第二定律提示那些要加盟到一个业务生态的合作伙伴优先选择规模大、活跃度高的生态。

第一、第二定律也解释了生态化发展到一定程度必然出现生态寡头的原因。互联网巨头 BATJ[①] 的形成就是一个很好的验证。

第三定律：当一个业务生态扩张到一定规模时，可以通过跨界与其他业务生态构建关联，从而形成更大规模的生态网络，如图 1-3-5 所示。

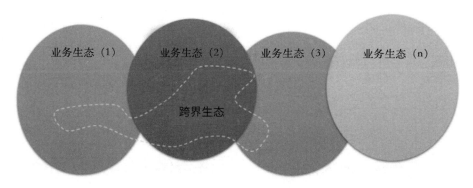

图 1-3-5　通过跨界连接形成更大规模的生态网络

值得注意的是，每一个组织都是社会的一个组成部分，但搭建平台、构建生态的组织较为特殊，它是这个生态的核心节点。由于它对生态的众多参与组织和个体有影响，其社会影响力在生态化业务的逻辑背景下可以通过量化的数据进行展示和考察。

2022 年 4 月 10 日，国务院发布《中共中央国务院关于加快建设全国统一大市场的意见》，明确指出加快建立全国统一的市场制度规则，打破地方保护和市场分割，打通制约经济循环的关键堵点，促进商品要素资源在更大范围内畅通流动，加快建设高效规范、公平竞争、充分开放的全国统一大市场。《意见》是对业务生态化发展的一大促进。随着生态化业务不断规模化，人们对一个生态范围内的生产总值关注度也在不断增加，需要建立一个新的统计术语加以管理，生态生产总值（gross ecosphere product，GEP）的管理概念应运而生。

GEP 是一个生态内所有成员生产活动的价值总和。GEP 既可以从政府的管理视角出发，也可以从生态核心企业的管理视角出发。例如，对于一个多元业务的集团化企业，它将是财务三张报表[②]之外，在生态化业务场景下需要关注的。当 GEP 这一指标一旦形成并成为分析、评估的参考依据，生态治理会变得更有意义。

数字化时代，出现了以多边平台型商业模式为核心而进行全产业链布局的生态型公司。供需两端群体越大，平台价值越大，从而能够吸引更多客户，自我加强的网络效应明显。成功的多边平台拥有边际成本低、轻资产、现金流好、议价能力强、自我加强等诸多优点。接下来我们就以大家熟悉的互联网平台型企业——阿里巴巴为例进行解析，如图 1-3-6 所示。

---

① BATJ 是百度、阿里巴巴、腾讯、京东四大互联网公司简称。
② 财务三张报表是指资产负债表、利润表和现金流量表。

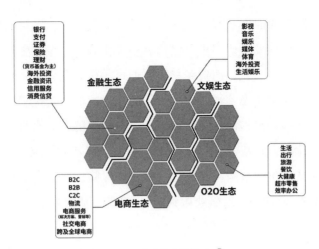

图 1-3-6　阿里巴巴生态[1]

1999年9月阿里巴巴成立，2003年5月淘宝网正式成立，自此开启阿里巴巴以电商为核心的发展之路。如图1-3-7所示，我们可以清晰地看到如今的阿里巴巴在电子商务领域已然构建出自己的业务生态。不仅有我们熟悉的做C2C的淘宝网、做B2C的天猫、做B2B的1688，还有以速卖通和天猫国际为代表的跨境及全球电商，同时阿里巴巴不断在海外投资电商平台，以实现国内国际协同发展生态。通过依托菜鸟裹裹形成的物流供应链和以阿里妈妈为代表的电商解决方案服务平台，加深了整个电子商务生态的连通，成功地形成了阿里巴巴的电商生态。

除了电商生态，阿里巴巴还有金融生态、O2O生态和文娱生态，如图1-3-8～图1-3-10所示。

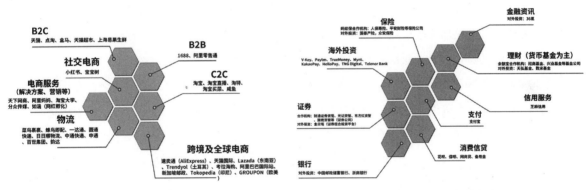

图 1-3-7　阿里巴巴电商生态　　　　　　图 1-3-8　阿里巴巴金融生态

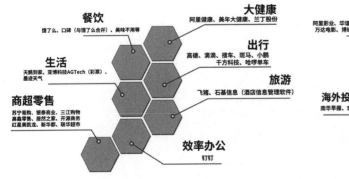
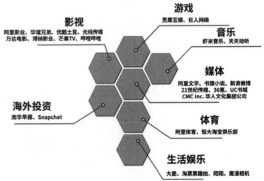

图 1-3-9　阿里巴巴O2O生态　　　　　　图 1-3-10　阿里巴巴文娱生态

---

[1] 阿里巴巴集团控股有限公司. 阿里巴巴2021财政年度报告[R]. 2021.

2003年10月,阿里巴巴就推出了第三方支付工具"支付宝"。支付宝最初仅是淘宝买卖双方交易的一个支付手段,后来逐步演变形成阿里巴巴的另一个生态——金融生态。支付宝无疑是阿里巴巴金融生态的核心,它是一种支付方式,消费者只需要通过手机就能完成支付,它也是一个平台,以这个平台为载体,阿里巴巴的金融生态才得以发展。依托支付宝的平台优势,阿里巴巴不仅推出了"借呗""花呗"等消费贷款产品,渗透消费贷款领域,还与诸多的商业银行、保险公司、证券公司以及基金公司形成连接。通过持有天弘基金51%的股份,成功入驻基金领域,推出理财产品"余额宝";通过与华泰保险合作,率先推出运费险,又通过投资众安保险,在支付宝平台上把保险销售玩得风生水起;曾试图收购德邦证券,意图将炒股事业搬到平台,未果,却依旧不影响其在证券领域的跃跃欲试。支付宝已然把它的触角延伸到金融领域的方方面面。再加上其在征信领域创立的芝麻信用、在金融基础设施服务平台领域创建的蚂蚁金融科技(前身叫蚂蚁金融云)以及在海外支付领域的投资等,支付宝已然在金融领域构建了庞大的金融生态圈。

阿里巴巴的电子商务生态和金融生态并不是两个相互割裂的独立个体,而是彼此连通、相互促进的。电商生态为金融生态提供获客场景和渠道,金融生态连接了电商生态中的成员,促进了电商生态的不断发展壮大。

每一个业务生态都在不断发展,但同时生态与生态之间又彼此通过价值共享实现共同发展。

截至2021年12月,阿里巴巴通过阿里云提供的技术与系统基建、蚂蚁金服提供的支付与金融服务基建、阿里妈妈形成的营销服务与数据管理平台的支撑、菜鸟裹裹形成的物流链的支撑,形成了多个业务生态,这些业务生态通过各自场景不断发展壮大,从而扩大业务生态的覆盖范围。同时阿里云、蚂蚁金服、阿里妈妈、菜鸟裹裹也逐步形成自己的生态,通过各自生态形成的场景与客户反哺其他生态。阿里巴巴的生态伴随着各业务生态的独自发展和交互发展日益强大。

生态的美妙之处在于新老世界的完美共存! 我们不得不感慨,大千世界,纷繁复杂,万物竞自由,世间任何存在的事物都有其道理。传统企业与互联网企业、初创企业同在一个时代,有过去年代感的商业模式和新涌现的商业模式在一片天地同台上演,形成古典与现代交相辉映、色彩斑斓的数字化商业世界。

鸟瞰梵蒂冈,古典与现代、人与建筑完美地融合在天际线下,如图1-3-11所示。我们身处的世界不正是包罗传统与现代商业模式的大千世界吗?

图1-3-11 城市天际线

一旦进入生态化的发展阶段，业务的发展速度、关联性、复杂度都将成倍上升，深入认知生态化业务的特征和发展规律有助于我们理解未来、驾驭未来。

本章核心观点

1. 为什么说数字化技术激活了长尾理论中的末端市场要素？请举例说明。
2. 请谈一谈你所处的行业都有哪些平台化的商业模式。
3. 有哪些平台化业务已经发展到生态化的阶段？
4. 请深入观察生态化的业务都有哪些共性特征，有什么发展规律。

本章思考

第 4 讲：从长尾到生态

第 5 讲：生态化的九大特征与三大定律

第四章　价值主张——商业模式的灵魂

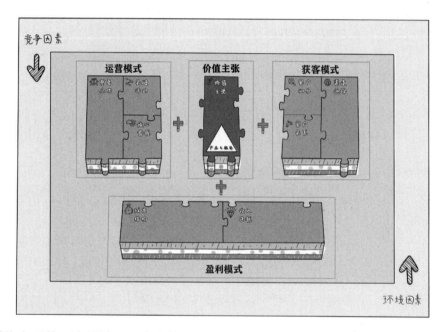

数字化时代充斥着不连续性和不确定性，固有的价值体系正在被破坏，产业结构在万物互联和虚实孪生的环境中被解构、重组，各个行业的边界都在被重新界定甚至消失。在这个新时代，创造价值的一些新元素和沉睡中的旧元素被数据和数字化技术激活，在轰轰烈烈的数字化转型大潮中，人们正在用全新的思维对价值链进行优化与改造。无论是成熟企业，还是创业公司，抑或是创新型组织，都在重新审视商业环境、客户诉求、战略定位上的变化，发现那些被忽视的需求、机会，重新识别行业边界、价值空地、组织痛点，重塑自身的商业价值。毕竟沿着旧地图，一定找不到新大陆，如图1-4-1所示。

图1-4-1　手持旧地图，找不到新大陆

◇ 什么是价值主张？
◇ 先明确价值主张还是先明确客户？
◇ 影响价值主张的因素是什么？
◇ 价值主张如何更好地落实到产品和服务中去？
◇ 价值主张如何传递到目标客户群体？
◇ 有什么指导原则可以帮助组织提出数字化的价值主张？

◇ 为什么要"守正创新"？

本章将回答以上问题。

第一节 价值主张——价值观的体现

相信很多人都听过价值主张这个名词，有的人是从各类商业管理书上看到的，有的人是在与市场、品牌、创新、经营战略相关的工作或学习中接触到的。

价值主张是对价值交付、沟通、确认的承诺，如图 1-4-2 所示。价值主张源自客户对组织的信任。

图 1-4-2 价值主张是对价值的承诺

在不同的场景下，价值主张可以是组织级的，也可以是某个产品和服务级的。组织级的价值主张可以是一系列产品和服务的价值主张的组合。

价值主张是一种声明，用于标识客户在选择特定产品和服务时能够获得的明确、可衡量和可证明的利益。产品和服务是价值主张的载体，价值主张被应用于说服客户，该产品和服务比市场上的其他产品和服务更合适。而客户选择特定的产品和服务，就是因为他们认为自己获得了更高的价值。因此，价值主张为组织带来的就是独一无二的被客户选择的理由。

例如，理想汽车的价值主张是"创造移动的家，创造幸福的家"。理想 ONE 车型针对新能源车潜在客户"里程焦虑"的痛点，搭载增程电动技术与智能科技，为家庭用户提供 6 座的舒适空间，是一款以"为家庭用户带来幸福感"为价值主张的智能电动 SUV，如图 1-4-3 所示。理想汽车微信公众号发布消息称，截至 2021 年 10 月，理想 ONE 连续 5 个月蝉联国内中大型 SUV 车型的销量冠军。

图 1-4-3 理想 ONE 汽车

价值主张是一个组织所提供的全部产品和服务的共性特征。许多组织会将其所提供的产品和服务的价值主张写成一份简短有力的宣言，通过简练的语言提出愿景并展示其能够给客户带来的价值。

价值主张是数字化商业模式的核心部分，明确价值主张，并根据价值主张来设计产品和服务是商业模式的关键步骤，也是整个商业模式的根基。在数字化时代，数字化思维、数字化技术、数据、方法论四大赋能要素为价值主张的实现创造了更多的可能，并由此激发了商业模式的其他模块，进而升级为具有价值共创、技术制胜和数据赋能三大特征的数字化商业模式。

第二节 从哪里入手——价值主张还是客户

情况一：先明确目标客户群体，再针对目标客户群体的需求提出产品和服务的价值主张。

情况二：根据组织自身禀赋和对未来的认知提出具有超前意识的价值主张，再定位目标客户群体。

根据客户使用产品和服务的体验,验证价值主张。

实际上,在众多的实际案例中以上两种情况都存在,而且是一个不断循环迭代、螺旋上升的过程,如图 1-4-4 所示。通过迭代让价值主张更加清晰,通过迭代让目标客户群体更加明确。先有鸡还是先有蛋其实并不重要,重要的是客户是否得到满意的产品和服务,价值主张和目标客户群体是否精准匹配,业务结果、价值回报是否令组织满意。

图 1-4-4　价值主张和客户需求螺旋上升

第三节　组织基因与外部环境——产生价值主张的两股合力

影响组织价值主张的主要内在因素是组织基因,是以信仰为基础的组织精神和核心经营理念,是深藏在组织"骨子"里的东西,往往世代沿袭。

影响组织价值主张的外在因素是数字化外部环境,包括政治和法律环境、经济环境、社会和文化环境、技术环境、客户需求等。

我们注意到不同的组织对数字化时代到来的反应是不同的,虽然每个组织的自身优势、自有资源等内在因素看似不同,但面对新情况的行为反馈主要是受组织基因的影响。

每个组织的组织基因和各自的优势不同,当数字化大潮来袭,其反应也是各不相同的,就像图 1-4-5 中 5 个买了蛋糕的人在路上突逢大雨,他们对同样的环境变化所采取的行动却是截然不同的。

图 1-4-5　不同的人对同样的外部环境变化的不同反应

(1) 面对数字化大潮,有的组织反应迟钝或无所作为,它们就像图中那个坐在地上、看着蛋糕掉落地上而无能为力的人;

（2）有的组织虽然资源匮乏，但努力寻找方法，它们就像图中用自己衣服保护蛋糕的人，虽然自己淋湿了，但蛋糕保全了下来；

（3）有的组织面对环境巨变善于寻求合作，就像图中借别人的雨伞避雨，也愿意与之分享蛋糕的人；

（4）有的组织有超强的预见能力，未雨绸缪，这类组织就像图中那个用玻璃罩子把蛋糕保护起来的人；

（5）有的组织应对环境变化有敏捷的应变能力，能积极面对挑战，通过创新、跨界，将危机转化为机会，它们就像图中那个飞毛腿小伙儿，还没有被雨淋到就跑到了山的另一头，那里是晴天，他还做了跨界创新，手中的蛋糕不仅完好无损，还有可能做出水果蛋糕。

第四节　价值向上——数字化商业模式的总体指导原则

《数字化转型与创新管理——VeriSM™揭秘与应用》一书中提到了VeriSM™的关键概念：无论服务提供者提供什么产品或服务，都无关紧要，重要的是，消费者的需求驱动着服务提供者的交付。数字化时代，商业模式应围绕客户建立，站在客户的角度，打造"以客户为中心"的服务体验。

不论是为原有的价值主张赋予新内涵，还是提出全新的符合数字化时代发展的新价值主张，价值向上是设计数字化价值主张的总体指导原则。这条原则为组织指出了一个努力方向：洞悉客户需求，与客户达到心灵共鸣，在追求客户价值最大化的过程中实现组织与客户的双赢，如图1-4-6所示。

图1-4-6　基于价值向上的价值主张

找到当下客户最关注的价值点，那是距离客户内心最近的地方。基于对未来的美好憧憬，努力提升价值，通过产品迭代诠释对客户的关注、理解和关爱，与客户一起价值向上。

那么，什么是价值向上呢？我们将从五个方面进行阐述。

价值向上的第一方面含义：基于马斯洛的需求层次，力求价值向上。

我们回顾一下马斯洛在1943年提出的需求层次理论。该理论初期将人的需求分为五大需求层次，如图1-4-7所示。

（1）生理需求（physiological need）：人们对食物、水分、空气、睡眠、性等方面的需要。它们在人的需要中最重要、最有力量。

图1-4-7　马斯洛需求层次理论

（2）安全需求（safety need）：人们需要稳定、安全、受到保护、有秩序、能免除恐惧和焦虑等。

（3）爱与归属需求（belongingness and love need）：一个人要求与其他人建立感情的联系或关系，如结交朋友、追求爱情等。

（4）尊重需求（esteem need）：马斯洛将此类需求分为两类，一类是尊重自己，包括尊严、成就、掌握、独立等，另一类是对他人的名誉或尊重，包括地位、威望等。

（5）自我实现需求（self-actualization need）：人们追求实现自己的能力或者潜能，并使之完善化。

马斯洛认为需求层次越低，力量越大，潜力越大。随着需求层次的上升，需求的力量相应减弱。满足需求不是全有或全无，在低级需求部分满足时就会产生高级需求，影响高级需求的因素比低级需求复杂，如图1-4-8所示。

图 1-4-8　需求的相对层次

我们注意到某一款产品和服务的核心价值主要针对客户需求的某一个层次，并同时尽可能多地覆盖到客户需求的其他层次。随着市场竞争的加剧，更多的增值需求、潜在需求被挖掘出来。数字化时代，丰富的数据源、庞大的数据量以及强大的数据处理能力使得我们有能力更好地分析客户需求（如图1-4-9所示），精准地定位客户价值。马斯洛的需求层次理论提出了一个框架，帮助组织在这个框架中识别价值空地，将0变成1。

核心需求：客户真正需要的需求。例如，客户购买智能手机的核心需求是与外界建立联系，智能手机具有通话功能、联网功能、蓝牙功能等。

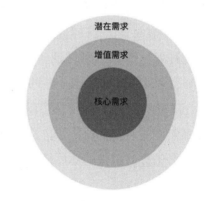

图 1-4-9　客户需求层次模型

增值需求：核心需求以外的、市场和行业都已认知并在交付满足的需求。例如，智能手机具有可长时间待机、屏幕可柔性折叠等功能。

潜在需求：超出客户预期的需求，行业与市场都未发掘，或仅限于行业研究，尚处在创意或实验阶段的需求。例如，智能手机可与更广泛的智能产品关联，形成更丰富的生态应用场景，实现跨界互联。

马斯洛的需求层次理论可以作为组织识别客户核心需求所在的层次，以及还有哪些层次的增值需求和潜在需求可以被挖掘。

结合客户需求层次模型，价值向上是指借助马斯洛的需求层次理论，识别哪些领域仍存在价值空地，在满足客户核心需求层次之上，通过产品和服务的创新、优化和组合，满足特定客户群体的个性化需求，创造更高的客户价值，如图1-4-10所示。客户的可选项减少了，客户的依赖性提高。

价值向上的第二方面含义：基于卡诺模型，为客户带来极致体验。

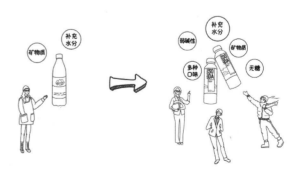

图 1-4-10　聚焦客户，提供个性化价值

数字化的客户体验，不论是让客户感觉多么方便、快捷、优质、超值、丰富、超出预期……其追求的目标都是价值向上。

我们再来回顾一下由日本学者狩野纪昭（Noriako Kano）1984年提出的对用户[①]需求分类和优先排序的有用工具——卡诺模型，该模型已被采纳为六西格玛[②]的一部分，用作改善用户体验的手段，如图1-4-11所示。

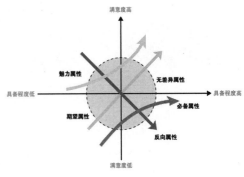

图 1-4-11　卡诺模型

卡诺模型体现了产品性能和用户满意度之间的非线性关系。在卡诺模型中，将产品和服务的质量特性分为五种类型：

（1）必备属性：这是用户最基本的需求。当趋于完全满足此需求的时候，客户满意度趋于不满意与满意的临界点；当趋于不满足此需求时，用户满意度会大幅降低。

（2）期望属性：用户满意度会随着此需求的满足程度线性提升或线性下降。

（3）魅力属性：用户想不到此需求，如果不满足此需求，用户也不会觉察，但当满足此需求，用户满意度会骤然提升。

（4）无差异属性：无论提供或不提供此需求，用户满意度都不会有改变，用户根本不在意。

（5）反向属性：用户根本都没有此需求，提供后用户满意度反而会下降。

在卡诺模型中，必备属性、期望属性、魅力属性这三条曲线尤为重要，分别对应客户不同类型的需求。而力求满足三条需求曲线带来的客户体验分别是趋于满意的客户体验、增益的客户体验和惊喜的客户体验。在以客户为中心、客户至上的数字化时代，在产品的必备属性达到一定程度或提高遇到瓶颈时，增益的客户体验和惊喜的客户体验无疑会成为突破口。在这里，寻找价值空地需要组织与客户建立新连接的锚点，是区别于其他竞争对手的制胜法宝。

因此，基于卡诺模型的价值向上原则，组织要不断满足其客户日益攀升的体验曲线，在增益的客户体验和惊喜的客户体验方面不断追求极致。

那么客户都有哪些正向的体验情绪呢？在2017年的客户体验指数中，弗雷斯特（Forrester）研究公司确定了影响客户体验的六种积极情绪，它们是"喜悦、欣赏、自信、快乐、尊重和价值"，而且这种体验可能是一种多元组合，例如让客户感到自信和尊重。

那么，一个有趣的问题来了，当卡诺模型遇到客户需求层次模型会发生什么？

图1-4-12展现了价值向上原则在客户需求层次模型和卡诺模型中的运用。通过马斯洛需求层次理论探寻能够填补价值空地的新需求，然后依托卡诺模型分析这些需求的实现可能会为客户带去怎样的客户体验。最后，借助马斯洛需求层次理论进行归类，分析该需求在客户心目中的位置和行业中的状况。组织将结合成本投入、研发周期、市场竞争等因素更为有效地对这些需求做出决策，例如，优先实现哪些需求，以达到怎样的客户体验。

---

① 在本书中，用户是产品和服务的使用者，客户是为产品和服务付费的人或组织。

② 最早，六西格玛旨在生产过程中降低产品及流程的缺陷次数，防止产品变异，提升品质。如今它成为企业改善流程管理质量的工具，能最大限度降低质量成本，增强企业的竞争力。

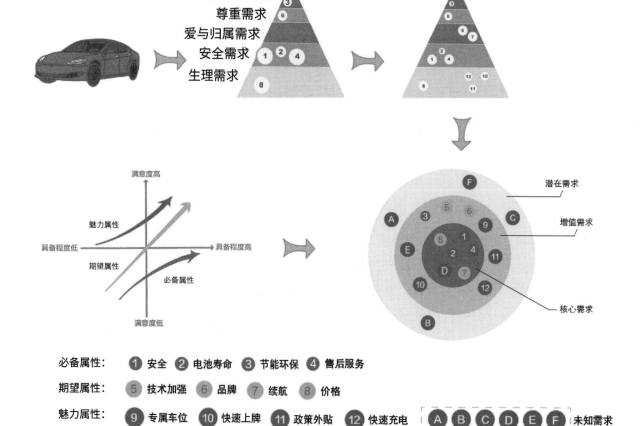

图 1-4-12　卡诺模型遇到客户需求层次模型

为了实现客户的极致体验,就要在客户的各个需求层次上力求让客户产生"喜悦、欣赏、自信、快乐、尊重和价值"的积极情绪,且时不时地让客户感到兴奋与惊喜!

价值向上的第三方面含义:基于客户生命周期,向更高的价值引导客户,并延长客户生命周期。

客户生命周期指一个客户对组织而言是有类似生命周期一样的阶段划分。不同行业对客户生命周期的不同阶段有不同的命名,但通常来讲可以分为引入期、成长期、成熟期、休眠期和流失期,如图 1-4-13 所示。

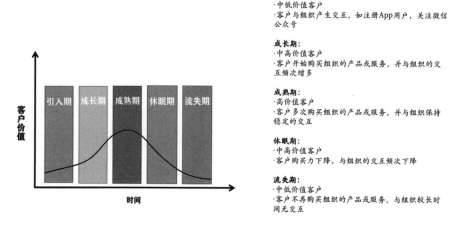

图 1-4-13　客户生命周期

基于客户生命周期管理的价值向上的价值主张体现在一个组织能够预判客户需求，一方面将客户向价值高的区域进行引导，另一方面延长客户的整个生命周期的时间长度，如图1-4-14所示。

基于价值向上，客户价值被拉高了，同时客户生命周期也被延长了。客户全生命周期产生的价值之和（即曲线下的面积）增大了。

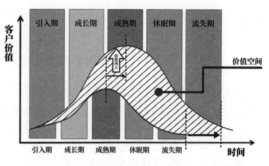

图1-4-14 受价值向上影响的客户生命周期

价值向上的第四方面含义：基于已经形成业务生态的情况，提高生态生产总值（GEP），肩负起更多的社会责任。

对于已经进入业务生态化发展阶段的情况，我们将视点提高，视角放大，便会找到价值向上更高层次的含义。那就是搭平台、做生态的核心组织应以生态的发展为己任，努力提升整个生态生产总值，肩负起更多的社会责任，实现生态所有成员收益的提升。生态治理是生态价值向上不可或缺的手段，提高生态的业务规模、活跃度，提高生态的业务质量是核心企业的职责。这里的价值向上是集体向上，而不是核心企业自己向上。这是价值共创、生态共赢的体现。

国务院国资委成立科技创新局、社会责任局

2022年3月，为切实推动中央企业科技创新和社会责任工作，经中央编委批准，国务院国资委成立科技创新局、社会责任局，并于近日召开成立大会。国资委成立科技创新局和社会责任局，是深入学习贯彻习近平总书记重要指示精神，坚决做到"两个维护"，进一步完善国资监管体制机制，更好发挥监管效能，建设世界一流企业的重要举措，有利于更好推动中央企业强化科技创新，履行社会责任，加快实现高质量发展。

会议强调，要突出抓好强化企业创新主体地位，加快推动中央企业建设创新型领军企业；突出抓好科技生态优化，更好激发中央企业创新创造潜能；突出抓好中央企业两化融合和数字化转型，大力推进中央企业创新链产业链深度融合。

价值向上的第五方面含义：构建积极向上的生态文化，实现文化制胜。

在实现技术制胜、业务强大之后，积极向上的精神、不断实现超越的信仰将成为一种精神力量，不断在生态中传播，释放正能量。这种能量是非物质的，它会形成文化自信，激励、感召生态中的每一个组织，体现在业务的每一个细节、每一次创新、每一次价值的创造与表达！

有人可能会问，数字化时代，为什么价值向上会成为数字化价值主张的指导原则？难道在信息化时代不是这样吗？

数字化时代，对数据挖掘和分析的能力与信息化时代已今非昔比。

数字化时代，计算、连接和数据成为最重要的技术原动力，驱动着数字化时代商业模式的发展与改变，也为价值主张转换为产品和服务创造了有利条件和更多可能性。

数字化时代的计算、连接和数据

计算：计算机芯片技术持续升级与发展，计算机处理器的性能遵循摩尔定律——每18个月提高1倍。1986—2002年，随着晶体管速度的加快，其性能每年能提高50%左右，但这在10年前就已经失效。分布式计算框架、云计算等应用改变了计算模式，算法的改进实现了更高的运算效率，进一步促进了计算能力的提升。《云计算白皮书（2021年）》提到我国云计算市场呈爆发式增长。2020年，我国云计算整体市场规模达2 091亿元，增速56.6%。其中，公有云市场规模达1 277亿元，相比2019年增长85.2%；私有云市场规模达814亿元，较2019年增长26.1%。

连接：数字化技术实现了万物互联。连接不仅是数字技术应用与实体环境设施的连接，也是人、设备与业务之间的相互连接。

社交关系的改变。原先人们平均能够建立联络的数量只有上百人，随着数字化技术的应用与推广，2018年，全球超过48亿人接入了互联网，并通过社交网络连接在了一起。移动互联网的发展为人们带来了全新的生活和社交方式，变革了从生活消费到社会商务的多个领域。

连接的智能设备指数增长。2008年，能够连接互联网的设备数量与世界人口数量相当。据波士顿咨询公司预测，2028年，连接互联网的移动设备数量将超过700亿台。

数据：数据技术应用是产生、管理和应用数据并创造价值的过程。交互和交易均产生数据，连接促进交互和交易的相互增长，从而带来数据的指数级增长。数据记录事实和过程，通过大数据分析发现数据价值。据IBM预计，世界上每年将会产生1倍的新增数据，预计到2025年，全球数据使用量将达到64ZB（1ZB=10万亿亿字节）。IDC在2018年发布的一项数字化研究指出：在过去的几年里，只有30%左右的客户信息具有分析价值，而实际上只有15%被分析过。预计到2030年，将有45%的信息可用于分析，将有20%的信息被分析过。可见，并非所有数据信息都有价值，且只有少量有价值的信息被分析过。

第五节 ToB业务的价值向上——了解客户的价值取向和需求

价值的流向有两类：一类是流向最终用户，我们称之为ToC的业务；另一类是流向组织，我们称之为ToB的业务。

- ToC业务的价值：满足个人需求，产品和服务的核心价值可以对应到马斯洛提出的五大需求层次中。
- ToB业务的价值：满足一个组织的需求，产品和服务的价值融入由多个上下游组织形成的供应链中，并传递到最终用户。

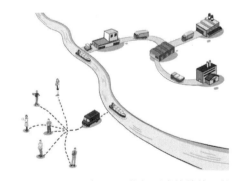

图1-4-15 ToB与ToC业务形成的价值网络

伴随着组织之间一次次的交易，产品从原料到半成品再到成品，如图1-4-15所示，交易的形成过程也是价值主张的匹配过程。上游组织通过识别下游组织的价值取向，下游组织了解上游组织的价值主张都将促进交易的形成。上下游组织通过价值创造和价值传递形成一张价值网络。价值经过多次创造和传递最终流到C端客户。

如何利用价值向上的指导原则优化和创新ToB业务？

（1）细化ToB业务的客户价值取向。虽然一个客户组织不会有马斯洛的五大需求层次，但任何客户都有其价值取向。例如，有的客户是品质优先，有的客户是成本优先，有的客户在意服务体验，有的客户更在意品牌带来的满足感。通过解析客户组织的价值取向，细分客户需求，同样可以找到价值空地，从0到1，从1到n，将产品和服务做到极致。

（2）ToB业务的价值在供应链中传递，往往进一步了解客户组织的客户需求也是实现产品和服务改进的一个突破方向，也就是帮助客户组织实现更高的价值，以满足其客户需求实现自身价值的突破。这是价值向上的又一种体现。

第六节　价值主张的转化——用产品和服务承载价值主张

将价值主张转化为产品和服务，首先要找到使用场景、消费场景。

> **筋膜枪的诞生**
>
> 随着人们对健康的关注度越来越高，2018年引入国内的健身圈"网红"——筋膜枪（肌肉筋膜放松按摩枪，如图1-4-16所示）逐渐被大众所熟知。该产品最初的使用场景是康复医疗，通过筋膜放松的高频次冲击进行理疗。起初，筋膜枪产品造型单一且通常因连接理疗设备而不易于移动，后来有商家将其进行改良，研发出具备多种按摩功能且携带方便的产品，用于健身或运动后的按摩和肌肉放松。随着筋膜枪逐步进入大众视野，产品设计更加人性化。具有智能定时、小巧便捷功能的各类筋膜枪产品开始陆续上市，以适应不同客户对于办公室久坐、搬运重物、长途旅行等使用场景的需要。
>
>
>
> 图1-4-16　筋膜枪

将价值主张转化为产品和服务通常经历三个阶段。

第1阶段：最小可行产品（minimum viable product，MVP）

最小可行产品是让价值主张有形化的最初的产品形态。我们发现曾经许多有可能成为伟大产品的创意却从未实现。这些创意在无休止的设计优化、技术研讨、追求完美以及管理层的严苛要求的重压下崩溃。所以，消除噪声并跨出第一步显得尤为重要。在拥有最小可行产品的情况下，客户体验就跨过了从无到有的巨大鸿沟。一旦实现了最小可行产品，就可以进入下一阶段。

第2阶段：走向成熟

在这个阶段，最严峻的考验是产品在多大程度上能够满足用户的需求，在多大程度上符合用户的预期。

使用用户故事来测试产品在不同场景中的功用（utility）[①]和功效（warranty）[②]。添加新功能看看用户有什么反馈？产品和服务的易用性、可靠性、安全性、兼容性、可扩展性等性能是否满足用户的需求？一旦产品运行良好并为用户带来成功，就可以再次提升价值水平。

第3阶段：追求卓越

在满足用户需求之后就进入持续改进的阶段。这个阶段的重点是帮助用户与产品和服务建立稳固的连接，让用户走向价值金字塔的塔尖。通过价值向上的指导原则，为用户带来愉悦和惊喜。

第七节 守正创新——数字化商业模式的基石

创新需要发挥大胆的想象力和创造力，但这并不意味着设计商业模式的时候可以天马行空。"没有规矩不成方圆"，守正创新是数字化商业模式的基石，如图1-4-17、图1-4-18所示。

图1-4-17　奖台前的守正创新

图1-4-18　奖台后的守正创新

守正创新里的"守正"即坚守正道，坚持按事物的本质与规律办事，这是创新能够持续与成功的前提。任何组织在将价值主张落实到为组织带来收益和回报的产品和服务时，都应始终将"守正"作为价值观的基石。

而法律法规与道德准则是对业务逻辑底线的最基本定义。因而，在创新的道路上，组织应坚守正道本心，坚持正确的价值主张，保护客户的利益，坚决避免误入"违法获取个人隐私""未授权使用信息数据""利用大数据杀熟"等歧途，以确保与客户实现持久的共赢。

守道德之正，守学问之正，守处世之正，守行事之正，坚守正道，方可"知常明变者赢，守正出新者进"。

第八节 价值协作——价值主张无法独立存在

一方面，价值主张在发挥其作用的同时还要依靠商业模式其他模块的共同作用，这包括关键活动、

[①] 功用是产品或服务为满足特定需要而提供的功能。功用经常被概括为"做什么"。
[②] 功效是对产品或服务会满足约定要求的承诺或保证。

核心资源和重要合作的支持。另一方面，价值主张需要传递给细分客户群体，在这一过程中需要通畅的渠道和融洽的客户关系。价值主张作为核心模块在整个数字化商业模式中扮演着关键角色，但离开了其他模块的紧密协作，价值主张是无法独立存在与实现的。

第九节 价值迭代——价值向上是一个无止境的追求

满足目标客户群体多层次、多样化的需求，并在各个需求层次上都达到愉悦的水平是一种理想状态。现实中由于存在太多的影响因素和意外变化，所以难以满足全部的、无止境的需求。但这不影响组织在数字化时代将价值向上的价值主张作为愿景和目标。

与生物一样，每个组织都有基因。基因是那些比愿景、使命和价值观更深层的东西，是组织的精神内核。数字化时代的价值主张是在组织基因和数字化外部环境双重作用下提出来的。

本章核心观点

❶ 发现你身边的数字化商业模式案例，尝试回答如下问题：
◇ 它们的价值主张是什么？
◇ 它们的价值主张是否很好地体现在产品和服务中？
◇ 它们的产品和服务在哪些方面做得还不够完美？
◇ 请结合"价值向上"的指导原则，用本章所述的客户需求层次模型和卡诺模型分析一下它们的产品和服务，并提出改进建议。
❷ 尝试为自己所在的组织提出数字化时代的价值主张。

本章思考

第6讲：让我们了解
价值主张

第7讲：价值向上的
指导原则

第五章 获客模式——找到业务起源的方法

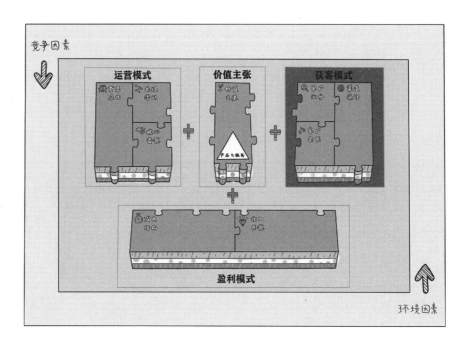

什么是获客模式？获客模式就是一种可操作、可重复、系统的和相对稳定的获客方式，在商业模式中对应的是价值传递的部分。

数字化时代，获客方式已经远不止实体网点、线下地推、电话营销等传统获客方式，各种新的获客、留客、活客的方式层出不穷。什么是数字化获客模式？数字化获客模式基于市场、业务和客户数据，通过数字化技术实现精准的营销与获客。这里的市场、业务和客户数据在很多情况下是海量的，没有数字化技术的赋能是无法开展数字化获客的。组织需要学会在这个数字孪生的商业世界里构建属于自己的、虚实融合的获客方式，这样才能在激烈的竞争环境中优雅地胜出，做到"乱云飞渡仍从容"。

在构建数字化获客模式时，要考虑如下问题：

◇ 数字化获客模式的目标和意义是什么？
◇ 数字化获客模式有哪些重要组成部分？它们之间的关系是什么？
◇ 构建数字化获客模式应遵循哪些指导原则？

本章将回答以上问题。

获客模式的目的和意义——以终为始理解数字化获客模式

一、构建数字化获客模式的目的

实现客户需求与产品和服务的精准匹配,并将价值传递给客户。

二、构建数字化获客模式的意义

数字化获客模式能为组织带来更强的获客能力、更高的获客效率、更好的客户体验、更优质的客户关系、更长的客户生命周期,能够让组织与客户形成更紧密的纽带关系。

组成与相互关系——数字化获客模式的三个模块

一、数字化获客模式的组成部分

获客模式主要由客户细分、渠道通路和客户关系三个模块组成。

1. 客户细分——分析市场、定位客户

数字化时代,组织与客户之间的接触方式发生了巨大变化,在更多情况下通过移动应用、互联网工具和数字化渠道实现交互。组织需要更准确的客户画像信息来识别客户并持续优化营销策略。

◇ 无论是创业还是投资,都要清楚"我们有什么?""客户要什么?"和"我们能做什么?"这三个核心问题,并通过市场与行业分析,选择适合自己的业务赛道。

◇ 准确的客户定位利于实现精准营销,针对不同的客户群体提供定制化产品和服务。

2. 渠道通路——触达客户、传递价值

数字化时代,各种数字化技术的高速发展促进了组织触达客户的渠道通路的构建,越来越多的组织通过数字化手段推动渠道升级,从而实现与目标客户的完美触达,并将价值主张、产品和服务用最恰当的方式传递给客户,让客户旅程精彩绝伦。

◇ 在数字化时代的高度竞争环境中,组织为了更好地触达全球客户,需要通过调整渠道布局、构建数字化渠道等方式重构组织的渠道通路。

◇ 渠道通路是否能有效实现价值传递应得到每个组织的重视,数字化时代对渠道的评价方法和内容有别于传统营销理论,组织应结合内外部环境和其他要素进行设计。

3. 客户关系——优化关系、生态共赢

数字化时代,客户关系对大多数组织来说,一次性解决痛点并不是最难的事,如何保持客户黏性、提高品牌忠诚度、保持和优化客户关系、实现价值共创的客户关系才是最大挑战。例如,组织可以利用数字化技术和大数据更好地识别新的消费场景和客户需求,定位客户,触达客户,促进客户消费,持续通过精细化客户运营来呵护、培育与客户的情感关系,促进已有客户的复购、推荐、自服务等行为,还可以借助数字化技术,让客户更多地参与价值共创活动,为客户提供最体贴、"最懂你"的产品和服务,

使组织与客户相互促进，形成生态共赢关系。

◇ 数字化时代涌现出许多新型的客户关系，组织应适应其变化，从单纯的价值交付向价值共创的理念转变，维系好客户关系。

◇ 数字化技术已重塑传统的客户关系管理，组织必须充分洞察客户需求，以客户为中心，通过数据助力营销决策，赢得客户认可，并形成持续的、不断改进的价值闭环。

二、数字化获客模式组成部分的相互关系

客户细分是获客模式的基础，对客户进行识别、定位、需求划分，为渠道选择和构建提供输入。渠道通路是手段，是触达客户、交付价值、反馈信息、实现闭环管理的重要连接，是客户关系的纽带。客户关系是获客模式的成果，是下一轮业务迭代的"蓄水池"，同时为不断改进的业务提供输入。

例如，在电商行业，很多组织关注四个关键指标：客流量、转化率、客单价、复购率。我们发现，良好的渠道通路和客户关系对引流有积极影响，独特的价值主张和精准的客户细分对转化率有积极的作用，产品的质量和客户细分对客单价有决定作用，客户关系直接影响复购率。

在图1-5-1中，湖水代表客户群体，水流量代表客流量，水渠代表渠道通路，水车的一个叶片的盛水量代表客单价，发电机的机电转化率代表客户转化率。通过水渠引入湖水，实现获客。水流湍急而下，带动两个水车持续运转，水车转动的同时带动发电机组转化成电力。小水车优先开始转动，代表着客户初次产生购买行为，而第二个水车转动，代表着客户的复购。通过增加第二个水车且增大水车的叶片，将流水的动能最大化地转化成电能。

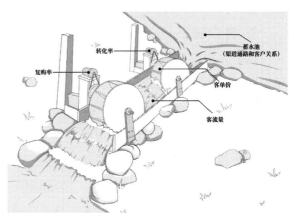

图1-5-1 渠道通路和客户关系对客流量的影响

精准匹配——数字化获客模式的指导原则

无论是过去还是现在，获客始终是营销活动的一个主要目的。在物资匮乏、商品种类较为单一的年代，如果企业有一款过硬的产品，获客不是难题。而我们现在身处在一个商品琳琅满目、客户选择困难的年代，传统的营销模式就显得事倍功半。数字化技术的赋能可以让获客效率大幅提升，获客成本大幅降低，其中的关键便是供需匹配的精准度。

精准匹配是设计数字化获客模式的指导原则。数字化商业模式里的精准匹配有以下五大含义。

1. 价值主张与目标客户群体要精准匹配

价值主张是针对目标客户的。价值理念与客户需求匹配，才能实现以客户为导向，高效地创造价值、传递价值。

2. 价值主张与产品和服务要精准匹配

价值主张是组织对客户的价值承诺，产品和服务是价值主张的载体。"言行一致"才能让客户在了解或使用产品和服务时，感受到组织向外传递的价值理念。

3. 产品和服务与客户需求要精准匹配

客户认同的是价值主张，但购买和体验到的是产品和服务。一旦产品和服务与客户需求是精准匹配的，业务成交便是水到渠成的事。获客的关键是要成交，成交的关键是供需匹配。

4. 客户细分与渠道通路要精准匹配

渠道是触达客户的途径。客户细分与渠道通路的精准匹配，可以让不同类型的客户都能轻易地获取所需的产品和服务。

5. 客户价值与客户关系要精准匹配

客户价值有高低，客户关系有多种，客户价值与构建怎样的客户关系要精准匹配。对等是组织与客户共同成长、实现共赢的基础。

精准匹配可以细化为5个更具体的指导原则。

获客的主要目的是找到匹配的客户，并用恰当的方式传递价值。数字化赋能的主要目的是实现客户的精准定位、精准识别、精准触达，以及业务的达成。如果这个业务价值传递的过程不够精准，就意味着价值链上存在浪费。这部分浪费不是由客户支付，就是由组织背负。精准匹配原则是价值向上的指导原则在获客模式中的具体体现。

大到商业巨头，小到创业公司，在一定程度上都需要重新审视数字化时代下的客户细分、渠道通路和客户关系。在探索数字化商业模式的过程中，遵循精准匹配的指导原则，一定能起到事半功倍的效果。

精准匹配是设计数字化获客模式的指导原则。

本章核心观点

❶ 寻找你身边的数字化转型案例，它们的获客模式有什么创新之处？在这些模式创新中四大赋能要素都起到什么作用？

❷ 请你举例说明"精准匹配"原则在实际业务案例中的运用。

❸ 请你尝试为自己所在的组织提出新的获客模式的建议。

本章思考

第8讲：精准匹配的指导原则

第六章 客户细分——众里寻他千百度的目标客群

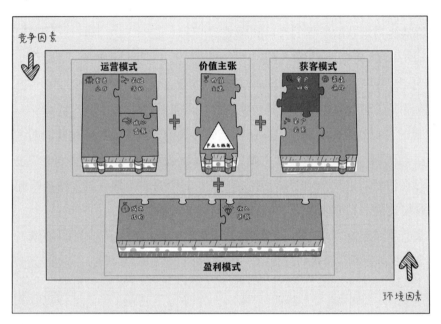

识别客户、触达客户、获得客户是商业模式运转的开始。我们很难想象一个客户群体和需求尚不清晰的商业模式如何有效运转。组织的管理者在驾驭一家新公司、探索一个组织的第二曲线或者是开拓一项新业务时，往往先要回答组织生存的"灵魂三问"："我的客户是谁？""我的产品是什么？""我用什么方式赚钱？"因为，拥有客户是任何组织赖以生存的基础。

以客户为中心而不是以产品为中心的思维方式能够让我们跳出原有的思维限制。客户在改变，永远追随客户的心是我们进入数字化时代需要做的一个重要的思维转变，尤其是在充分竞争、买方市场的大环境下，要求组织能够从全局视角、外部视角去看问题，洞察市场变化、深入分析、选择赛道，能够从客户视角看问题，对产品和服务的目标客户群体进行定位。仅从内部视角、依靠惯性思维在习惯的领域里打转，是难以有大格局或业务突破的。

◇ 谁是您的目标客户？
◇ 如何寻找目标客户？
◇ 市场细分与客户细分有什么区别？
◇ 如何进行市场细分？
◇ 如何进行客户细分？
◇ 为什么要重新审视赛道？

本章将回答以上问题。

第一节　客户定位——寻找你的目标客户

一、谁是目标客户？

目标客户是指有意愿购买或使用产品和服务的客户群体。

产品和服务的购买者是组织的客户，产品和服务的使用者是用户。当埋单的角色是一个组织时，这个埋单的组织是客户，组织中产品和服务的使用者是用户；当埋单的角色是个人时，客户在大多数情况下同时也是用户，除非将产品和服务赠予或转让他人。

二、目标客户的重要性

首先，我们要清楚地认识到寻找目标客户的底层逻辑是供需匹配。每个组织的资源都是有限的，不可能不计成本地为所有客户都提供满意的产品和服务，只能配置资源优先服务目标客户。其次，目标客户具备不同的客户心理与购买动机。组织需要在整个市场中，通过识别目标客户，寻求其不同的需求并不断给予满足。通过市场调研发现，由于客户群体属性是多样的，例如年龄（儿童、青年、老年等）、性别（男人、女人）、职业（老师、学生、医生等）、消费水平（高、中、低）等，所以每个组织应该运用一套方法对目标客户进行筛选和定位，这样就可以让组织为目标客户提供精准、优质的产品和服务，所谓"好钢用在刀刃上"。战略聚焦是精准匹配指导原则的意义所在，适合自己的才是最好的。从需求匹配到交付匹配，这样的价值链效率最高、阻力最小。积极正向的价值循环会提高客户的忠诚度，让客户成为组织品牌的传播者，实现组织和客户的价值共创。

如今，我们身处数字化时代，传统的粗放式营销已无法适应当下的商业竞争环境。在红海竞争中产品和服务趋于同质化，组织必须拥有与众不同的价值主张，匹配到目标客户群体，并给予客户最大程度的满足和极致的体验，这条由客户、组织、合作伙伴、供应商等组成的价值链才是运转流畅、连接稳定的。所以，精准地找到目标客户是构建价值链的关键一步。

三、如何寻找目标客户？

1. 市场细分与客户细分的区别

市场细分是从客户个性化需求的角度对客户进行分类，把实际客户和潜在客户划分为不同客户群体的市场分割过程。通过市场定位，识别目标市场，有利于组织更好地满足目标客户群体的需求，形成市场优势。市场细分是偏宏观、偏战略层面的市场选择、赛道选择。通过市场销售信息的反馈，全局掌握不同产品的市场份额，从而制订生产计划或产品供应方案，实现市场份额的最大化。

客户细分的重点是对客户行为及需求进行分析，建立客户数据库，并进行深度研究，制定针对性的营销策略。客户细分是偏微观、偏战术操作层面的客户分析。根据产品销售的反馈，分析客户的购买力，提供个性化的产品和服务，从而扩大销售，挖掘最有价值的客户群体。

图 1-6-1　市场细分和客户细分

如图 1-6-1 所示，展示了一家准备进入手机市场的厂商对当前手机市场的市场分析和客户分析。图左侧展示了根据手机的功能卖点进行市场占比的分析，即市场细分；图右侧展示了根据客户属性进行的客户画像分析，即客户细分。

2. 寻找目标客户的"两步法"

方向比努力更重要，明确目标客户同样如此。寻找目标客户通常有以下两个步骤。

第一步，选择适合组织发展的赛道。组织要以市场为导向，进行市场细分，明确组织服务的目标市场在哪里。海尔集团董事局名誉主席张瑞敏曾说过："没有成功的组织，只有时代的组织。"每个时代都会诞生"巨头"，就像国内互联网巨头 BATJ 等，它们在创业初期就把握了互联网时代的浪潮，找准了赛道。

一个组织首先要做一个决定：要坚持服务于大众市场还是要进入细分的小众市场？

坚持只服务于大众市场，则容易面对更多的竞争者，如果缺乏足以制胜的技术、品质、资质等门槛的保护，一些不断涌入的竞争者往往会持续挤压组织的利润空间。大众市场所要求的规模化生产往往会让这些大型组织在面临替代品出现时遭遇被颠覆的风险。BB 机、随身听曾经风靡一时，然而在市场退去的时候，便是在考验"大象转身"的时刻。

如果选择了产品更新速度快的业务，组织必须要有超强的产品迭代能力。以手机为例，1973 年，摩托罗拉研发出世界第一部手机——摩托罗拉 DynaTAC 8000X（如图 1-6-2 所示），它面向的也是大众市场，因为产品的功能属性是由生产商根据大众市场的客户需求决定的，大众市场中具备购买力的客户会为之埋单。随着人们对手机需求的日益增加，手机厂商变多了，手机型号更是不计其数。而如今的摩托罗拉已经被挤出手机品牌的一线梯队。

图 1-6-2　摩托罗拉设计的世界第一部手机

当我们决定进入小众市场，便是进入了细分的赛道。在细分的领域里，更容易出现蓝海。然而不可避免的是，新赛道随着时间的推移会逐渐变得拥挤。于是进一步细分新赛道，再次出现小蓝海。这个过程会循环下去，直到颠覆性的技术和产品出现。在这个不断细分市场另辟新赛道的过程中，组织比拼的是客户细分的能力和创新能力，既要会"选赛道"，又要会"造新车"！

组织为了更好地获得高效的价值回报，就需要持续不断地进行产品创新，洞察市场需求，根据客户反馈迭代产品，满足客户新需求。

第二步，在目标市场中进行客户细分。客户细分的核心目的是精细化营销，对不同的客户分别制定营销策略，提供精准匹配的产品和服务。众所周知，小米以低价高配的性价比而出名，小米手机不断在功能效用上采用市场上最新的、最受追捧的技术，例如在苹果公司即将发布 iPhoneX 这款具有人脸识别功能的手机时，小米抢先发布了具有人脸识别的 Note3，吸引了许多追求新功能、新技术的年轻人群。

所以，客户需求和组织的价值主张要一致，组织通过实现市场与客户的精准定位，为其提供优质的产品和服务，这是任何组织所期待的。

《市场营销原理》中清晰地展现了价值主张与利益的关系，如图 1-6-3 所示。其中，黑色的方格代表失败的价值主张，深灰色的方格代表边缘性的价值主张，浅灰色的方格代表成功的价值主张。

组织的客户定位对于目标细分市场与客户需求而言，是表达与其他组织与众不同的观念。例如，在 2007 年 1 月 9 日，苹果公司发布了初代 iPhone，创造了一个集合影音、娱乐、通讯多种功能于一体的终端设备，对于喜欢听歌、拍照的人群来说，不仅满足了通话需求，还提供了娱乐功能。

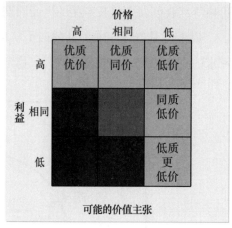

图 1-6-3　价值主张与利益的关系

定位好目标客户后，即可对客户的详细需求进行识别，通过产品创新，为其提供精准匹配的产品和服务。

说到产品创新，除了市面上极小比例的产品创新可被称为发明之外，绝大多数的产品创新是基于客户更高的需求和细分的需求而来的。产品迭代贯穿于产品生命周期，客户细分同样也遵循产品生命周期的规律。推出更匹配细分客户需求的产品是差异化竞争的必然之选，客户细分与产品创新就是一个"选赛道"与"造新车"的过程。

我们简单了解一下产品生命周期的四个阶段，有利于在不同时期选择不同策略。

（1）引入期

客户对产品还不了解，客户量增长缓慢，产品还在探索中，市场前景不太明朗。竞争对手在数量、销售量、创新能力方面均处于低谷，由于需要投入资金，利润为负数。该阶段的重点是打磨好产品和服务，并扩大营销宣传。

（2）成长期

客户对产品已经熟悉，通过创新能力的提升，客户量增长迅速，销售量与利润不断上升，市场方向明朗，竞争对手纷纷进入。该阶段的重点是不断扩大渠道通路，获取更多的客户。

（3）成熟期

通过扩大市场规模，让更多的客户认可产品价值。产品开始进入成熟期，试图保持稳定的盈利状态。竞争对手数量众多，市场竞争趋于饱和，创新能力开始逐渐下降。该阶段的重点是优化供应链、生产结构、产品功能等。

（4）衰退期

由于新产品或替代品出现，客户转向其他产品，使原有产品的客户量、利润、创新能力迅速下降，竞争者主动或被动地退出市场。这是大部分产品都会进入的时期，该阶段的重点是通过产品、销售、价格等组合创新来延长产品的生命周期。

以上就是产品生命周期的四个阶段（如图1-6-4所示），组织需要在各阶段实现价值主张与客户需求的精准匹配，才能获得持久、稳定的业务发展。

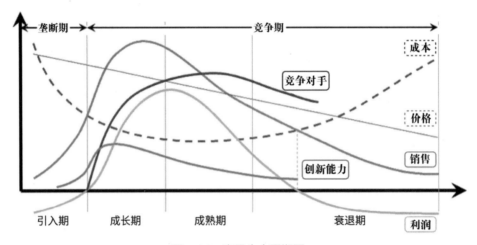

图1-6-4　产品生命周期图

接下来，我们重点介绍市场细分和客户细分的相关内容。

第二节　选赛道——数字化时代的市场细分

一、什么是市场细分？

市场细分的概念是美国市场学家温德尔·R.史密斯（Wendell R.Smith）于1956年提出来的[①]。按照客户欲望与需求把因规模过大导致组织难以服务的总体市场划分成若干个具有共同特征的子市场，而不同的子市场之间，需求存在着明显的差别。

市场细分是选择目标市场的基础工作。市场细分是根据潜在客户、行业内差别、目标精准定位后分类的市场，利于组织的营销方式从"大水漫灌式"向"精耕细作式"转变。组织可以更深刻地理解客户和产品的匹配关系，从而为不同的细分市场的客户提供符合其需求的产品和服务，同时也可以避免将产品信息传递给与产品不相关的客户，以最大限度地利用资源，获取最大效益。

---

① 市场细分指企业按照某种标准将市场上的顾客划分成若干个顾客群，每一个顾客群构成一个子市场，不同子市场的需求存在着明显的差别。

1. 产品演化与市场细分

当具有突破性创新或颠覆性创新的产品还处于引入期的时候，客户对于产品的认知还处于概念阶段，基本功能成为产品的购买驱动力。而随着整个市场逐渐进入成熟期，市场竞争加剧，产品越来越多样化，客户自身在不同阶段对于产品的需求发生了变化，更高层次的需求也随之产生，如图1-6-5所示。

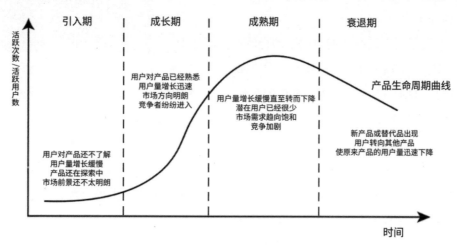

图 1-6-5　产品生命周期

以护肤品类市场为例，最初客户对于护肤产品的需求只是保湿功能，而随着市场参与者的增多以及大家护肤意识的加强，保湿功能已经远远不足以满足需求，除此之外，还会要求美白，甚至更深层次的需求，如提亮、抗衰老等。

所以，市场的发展和马斯洛需求层次理论一样，只有在市场发展到相对成熟的时候，需求才会呈现多样化，才有足够的动力去做市场细分。

2. 细分市场的分类

对市场进行细分有助于组织更好地找准定位、选好赛道，为产品规划打下基础。现代营销学之父——菲利普·科特勒在《营销管理》中提到，一端是本质上只有一个细分市场的大众化市场，另一端是定制化市场。在两者中间是多元细分市场和单一细分市场等，如图1-6-6所示。

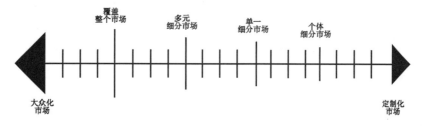

图 1-6-6　市场细分

①覆盖整个市场：组织试图用客户所需的所有产品来服务所有客户。
②多元细分市场：组织挑选所有可能细分市场的一个子集，每个细分市场都有望获利。
③单一细分市场：组织只向一个专门的细分市场进行营销。
④个体细分市场：组织向客户提供个性化产品和服务。

为了便于理解，我们根据以上内容将市场细分归纳为三类，即大众市场（覆盖整个市场）、多元市场（多元细分市场）和小众市场（单一细分市场、个体细分市场）。下面我们以汽车为例来分别解释。

（1）大众市场

面对大众市场，组织采用大众营销策略，即典型的产品导向方式。使用同样的营销组合针对每一个顾客。大众营销假设每一个人都是一样的，并且认为每一个人都是潜在顾客，试图把产品卖给每一个人。

例如，在20世纪世界最有影响力汽车的全球性投票之中，福特T型车（如图1-6-7所示）荣登榜首。从1908年第一辆

图1-6-7 福特T型车

T型车面世到退出市场，一共销售了1 500多万辆。这个销售量在今天看也许不算惊艳，但这发生在100多年前，是在一个汽车替代马车的时代所发生的事。T型车以其低廉的价格使汽车作为一种实用工具走入了美国的千家万户，让美国成为"车轮上的国度"。福特T型车也成为工业革命的一个时代象征。

福特T型车面向的是典型的大众市场，福特公司用同样的方式向市场上所有的客户提供同样的产品，批量生产、批量销售。请注意我们现在周边的高速公路和大街上跑的各种汽车，车型、品牌、颜色都比20年前丰富了很多。这正是客户需求越来越个性化引导的结果。需求不断被细化，客户不断被细分，产品的功用与功效就会不断贴近、契合客户的个性化需求。

颠覆性的技术创新往往带来颠覆性的产品创新。而在颠覆式产品面世的初期往往首先满足有此需求的大众市场。随着产品的广泛应用，客户的个性化、差异化需求会逐渐显露出来。随着时间的推移，有的产品仍坚持定位在有着共同需求的大众市场，而更多的新产品被创造出来并服务于从大众市场演化出来的许许多多的细分市场，即多元市场。

（2）多元市场

市场细分程度是衡量一个市场成熟与否的标志之一。仍以汽车为例，中国加入WTO后经济全球化程度的加深，以及二元经济结构带来的城乡之间经济发展的不平衡性，决定了汽车市场需求的多元化、差异化，也带来了市场的极度细分。没有哪个国家的客户像中国这样，有如此差异化的消费需求，也没有哪个国家的汽车市场像中国这样极度多元化、极度细分。比如，欧洲客户偏好本地车，与北美市场中美系、日系车占主导不同；中国汽车市场的品牌包容度极高，欧系、美系、日系、韩系，几乎世界所有国家的汽车品牌和产品在中国都有生存空间。从车型类别来看，无论是上百万的豪华车还是两三万元的入门级车，在中国都有市场。

市场极度细分，给汽车组织的发展模式提出了挑战。过去，一家组织拥有一两款有竞争力的主打车型，就可以支撑起大部分产能。如今，客户选择的多样性及多元市场车型的扎堆竞争，大大削减了"一枝独秀"的可能性。要想在市场上占据领先地位，就必须在多个细分市场上"全面开花"。

（3）小众市场

随着"85后"乃至"90后"年轻客户成为主流的客户群体，客户对于汽车文化和圈层的意识开始觉醒。业内表现较为明显的是，以赛车文化为出发点的领克03+，虽然一辆车的平均售价达到20余万元，但很多时候仍然一车难求，由此带动领克03+这款轿车的销量和认知度的节节攀升。另外，如奔驰有AMG、宝马有M系列、奥迪有主打性能车型的子品牌Audi Sport一样，具有高性能、赛车基

因的属性对于成熟的汽车品牌来说，更像是一种信仰。

所以，在车市从增量步入存量市场、客户细分再细分的背景之下，越来越多的车企开始重视"汽车文化"，并将其作为品牌与客户之间的连接。开始研发具有赛道基因的汽车，比如高性能赛车、勒芒赛车、英国BTCC赛车，以及国际汽联的TCR比赛赛车，都是其创新源泉。随着年轻客户的增多，市场不断细分，小众市场逐渐成为一种趋势。

价值向上是价值主张中的一个总体的指导原则。只有遵循客户需求的方向，觉察客户需求的细微变化，才能更好地满足客户，进而让不断改进的产品在市场中得以长期生存和发展。汽车是这样，手机也是这样，还有千千万万的产品的发展规律都是如此。

需要强调的是，小众产品需要细分客户以识别目标客户与需求，其实大众产品，虽然客户群体庞大，也要对客户的需求进行准确的把握，才能赢得大众的青睐。汽车市场是个竞争激烈的大众市场。宝马旗下的MINI汽车是一个为都市而生的品牌，以"用最少的资源，提供最丰富的体验，用智慧和创意解决都市问题"为使命，表达了MINI在汽车制造上或创造新的都市体验上，始终坚持创造性的空间利用和以人为出发点的设计理念，让自己的产品在激烈的市场竞争中打上了清晰的产品标签。

3. 细分市场的特征

在市场发展的不同阶段，客户的需求不断变化，组织的营销策略也随之改变。组织在前一个阶段行之有效的营销策略在另一个阶段可能不再有效。在不同阶段，组织需要面对不同的客户群体，市场规模、成长速度、商业资源、品牌影响都会发生变化。组织如果要持续发展，就必须及时响应。根据组织的客户定位，为目标客户群体提供精准的价值主张，是获得价值回报的有效路径。

如图1-6-8所示，横坐标代表市场分类，纵坐标代表数量。在大众市场，市场规模大，但产品多样性减少；在多元市场，市场规模和产品多样性均为中等；而在小众市场，随着市场规模的降低，产品多样性却随之增加。

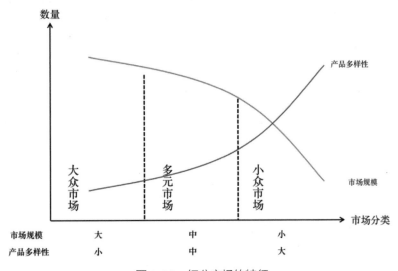

图1-6-8 细分市场的特征

值得强调的是，进入数字化时代，数字化技术与生态化的业务渠道有效地激活了处于"长尾"末端的、零散的、个性化的需求，使得"长尾"的活跃度和需求呈现明显的上升趋势。细分市场的特征与推广策略如表1-6-1所示。

表 1-6-1 细分市场的特征与推广策略

分类	市场特征	推广策略
大众市场	客户群体庞大，竞争比较激烈，利润普遍低下，市场空间大。价值主张不用聚焦到某一特定群体，渠道通路宜尽可能广泛覆盖。	这些具有共同需求的大众群体往往对价格较为敏感，偏向价格敏感型群体，他们关注的是物美价廉，既能满足客户的基本需求，又美观耐用。组织针对这些大众群体，要满足他们的需求，又要看市场和竞争对手生产什么，然后想方设法降低成本，能在同质化产品中脱颖而出。
多元市场	为满足不同客户群体的需求，原本一体化的市场被分化，价值主张以组合的形式出现。	组织推广的产品和服务，更多的是以组合的形式出现。组织分别推出旗舰产品（如价格高、销量少、利润高的产品）、大众产品（如价格与销量都适中、主要分摊运营成本的产品）、走量产品（如性价比高、销量好、利润低的产品）。
小众市场	特定客户群体。已经不再满足于生活的基本需求，而是追求更高层次的享受型需求，如个性、身份、地位的产品。价值主张和渠道通路也是需要根据客户来定制的。	针对特定人群进行市场调研，以掌握目标人群的消费心理和消费流程，为其提供独特品质、个性等高档或个性产品，为目标客户带来产品溢价与个性。

二、如何细分市场？

菲利普·科特勒还说过："营销上最大的错误是试图去取悦所有人。"并不是所有客户的需求都相同，只要存在两个以上的客户，需求就会不同。由于客户需求、欲望及购买行为是多元的，所以客户需求呈现差异化。数字化时代的客户需求越来越个性化，越来越细腻，这需要组织重新审视并识别目标客户。

大部分的营销战略都建立在 STP 理论的基础上。组织应该发现市场上的不同需求和客户群体，并以那些它们能更好满足的对象为目标，继而对其产品进行定位，以便目标市场能够识别出组织的独特产品和形象。

"S"（Market Segmenting）即市场细分，针对整个市场进行细分，梳理每个细分市场的不同特征。

通过市场调研来完成市场细分，形成一套客户生态细分的全景图，体现不同客户群体的相关属性，为组织后期各项业务的发展提供底层支持。当新的业务需要进行客户定位时，可在全景图上直接选取目标客户群体，再做针对性的客户细分。很多电商、快消品组织都会选择这种方式进行客户定位，这一步就是市场的前期调研，是提供选择的主要信息源。

"T"（Market Targeting）即目标市场[①]，就是寻找组织的目标客户，准备以精准匹配的产品和服务满足他们需求的一个或几个子市场。这一步是选择与取舍的过程。评估每个市场对组织的适配性，

---

① 目标市场由著名的市场营销学者杰罗姆·麦卡锡（E.Jerome McCarthy）提出，他认为应当把消费者看作一个特定的群体，称为目标市场。

仔细思考自身的产品和服务最能够满足哪个目标市场，针对适合自己的市场进行营销。

"P"（Market Positioning）即市场定位[①]，就是组织通过客户细分，选择市场，提供符合市场需求的产品和服务，获得竞争优势，提高客户对品牌的忠诚度。

定位的结果是成功地创造以客户为中心的价值主张，这是目标市场的客户群体愿意购买的理由。以下，我们通过哈雷摩托的营销案例，进一步理解STP理论。

哈雷摩托的营销案例

市场中常常听到这一句有关哈雷摩托的经典广告语："人一生一定要拥有过哈雷！"哈雷摩托成立于1903年，一开始是军用交通工具，如今成了许多重型机车迷最爱的百年经典。哈雷摩托的成功源于清晰的市场定位，会让人觉得拥有一辆哈雷摩托，代表着一种精神和生活品位。

近年来哈雷摩托调整目标市场，向年轻人市场靠拢。下面我们以哈雷摩托为例，分析哈雷摩托是如何运用STP理论进行目标客户的精准匹配的。

"S"（Market Segmenting）即市场细分：区分旗下不同系列的市场。

哈雷摩托针对不同人群进行了市场细分，例如，针对酷爱运动的人群提供了运动车系，针对热爱旅行的人群提供旅行车系，针对时尚人群提供了Softail软尾车系，满足了不同人群的消费需求。

"T"（Market Targeting）即目标市场：定位年轻男性。

虽然哈雷摩托以往给人的印象偏向中年男性，但其在评估摩托性能和市场后，锁定在18—35岁的年轻男性，以Instagram为主，让广大年轻群体接收到产品的广告和信息。

"P"（Market Positioning）即市场定位：基于客户画像，塑造独特的品牌形象与设计感。

哈雷摩托不断强调奔驰与自由的理念，并在相关主题英雄电影中出现，还推出周边商品，例如带有哈雷Logo的专属外套服饰等，塑造独特且富有精神的品牌形象，拥有庞大的忠实支持者。

哈雷摩托除了基本引擎及车架外，最有名的在于它没有一辆是相同的，哈雷摩托的零件有很多不一样的款式、颜色，随车主喜爱搭配，这充分展现了品牌与产品定位的高度定制化，强调每个人的独特性。

基于清晰的STP理论，哈雷摩托拥有独特的价值和清晰的品牌定位，在市场竞争中获得上佳的表现，客户也以"哈雷迷"而骄傲，它不仅是一种交通工具，更是一种自由与奔驰的象征。

那我们通常会用哪些客户特征做市场细分呢？

由于大部分组织会面临B端[②]或C端[③]市场，接下来，我们将针对这两类市场细分进行分析。

1. C端市场的细分

一种产品的整体市场之所以可以细分，是由于客户的需求存在差异性。在C端市场，市场是由以满足个人消费为目的的客户构成的，客户的需求和购买行为等具有许多不同的特性，这些不同的需求差异性因素便是C端市场细分的基础。由于引起客户需求差异性的因素很多，在实际操作中，组织一

[①] 市场定位是20世纪70年代由美国学者阿尔·里斯（Al Ries）提出的一个重要营销学概念。
[②] B端代表企业用户商家，英文是business。
[③] C端代表个人消费者，英文是consumer。

般综合运用有关标准来细分市场。简单地说，C端市场细分的标准主要有五类，即人口特征、心理特征、地理特征、需求特征、使用行为特征。

（1）人口特征：年龄、性别、教育、职业、婚姻、收入等。

（2）心理特征：社会阶层、生活方式、价值观、个性等。

（3）地理特征：地理区域、城市、天气等。

（4）需求特征：追求的利益、期待的功能、情感诉求等。

（5）使用行为特征：购买品类、购买价格、使用场景、使用频率等。

人口特征、地理特征和使用行为特征是组织在细分中使用较多的变量，这些变量既可以在组织的样本数据库中直接获取，也可以用于快速捕捉细分市场的目标人群。

心理特征和需求特征变量能更直观地反映出客户需求的差异，但因心理特征和需求特征变量数据获取的难度较大，需要通过大数据、人工智能进行全量获取与分析。

2. B端市场的细分

许多用来细分C端市场的标准同样可用于细分B端市场，但由于生产者与客户在购买动机与行为上存在差别，所以，除了运用上述C端市场细分标准外，还可用其他标准来细分。

（1）客户规模：大客户数量少，但每次购买量往往很大；而中小客户数量多，但每次购买量较小。客户规模不同，组织的营销策略也有所不同。在数字营销过程中，组织可以对客户按照采购数量实行分类管理，制定不同的营销策略。

（2）目标客户：依据产品的目标客户细分组织客户群体，在于强调某个产品在某个行业的具体用途。不同的目标客户对同一种产品追求的利益不同。组织分析产品的目标客户，就可以针对不同客户的不同需求制定不同的营销策略。

（3）组织采购状况：根据组织采购方式来细分市场。组织采购方式主要包括直接重复采购、重复采购及新任务采购[①]。由于采购方式、采购规模、决策过程等不同，因而可将整体市场细分为不同的子市场。

鉴于以上C端、B端市场细分的标准，组织在市场细分中，可以单独使用某一维度的变量做细分，也可同时使用多个变量一起分类再做细分。如果细分后，市场情况不理想，组织可能放弃这一市场；如果市场营销机会多，需求和潜在利润符合预期，组织可根据细分结果提出不同的目标市场营销策略。

确认好细分市场后，下一步就要针对细分市场寻找目标客户。

第三节　找客户——数字化助力客户细分

组织很难在巨大的市场中与所有的客户建立联系，但可以将市场划分为具有不同需求的客户群体或细分市场，为其提供价值主张。为此，组织需要对客户的消费行为进行深刻洞察，并制订合适的营销计划，才能获得价值回报。

---

① 新任务采购即生产者市场的用户第一次采购某种产业用品，例如购买大型的新机器设备等。这是一种最复杂的采购任务，新购的金额越大，成本越高，风险越大，所需要了解的信息也越多，参与购买决策的人员也越多。

一、什么是客户细分？

客户细分是指组织在明确的战略业务模式和特定的市场中，根据客户的属性、行为、需求、偏好以及价值等因素对客户进行分类，并提供有针对性的产品、服务和销售模式。

✧ 从满足客户需求的视角来看，客户多样化、差异化的需求，要求组织对客户群体按照不同的标准进行客户细分。

✧ 从客户价值贡献的视角来看，组织要区分出哪些是组织最有价值的客户，哪些是成长型客户，哪些是组织的潜在客户。

✧ 从组织的资源和能力的视角来看，如何实现有限资源的最优配置，如何设计组织的产品组合，需要对客户的需求进行客户细分。

数字化时代，面对更加多元化的市场，组织可以通过客户细分找到目标客户，识别不同客户之间存在的差异性与相似性，从而提供更加精准、个性化的产品和服务，优化成本结构与收入来源，实现价值创造和价值传递效率的最大化。

客户细分与价值主张有着很强的关联性，需要结合在一起考虑。客户定位是战略性选择，不是一蹴而就的，需要反复推敲、验证。价值向上是数字化时代价值主张的努力方向。价值向上与客户细分的理论是充分吻合的，尤其在当前丰富的数据源和强大的算力支持下，通过数据对客户群体进行分析，通过线上、线下多元的渠道实现客户的精准触达、精准营销及个性化产品和服务的提供。

二、如何做客户细分？

没有最好的产品，只有精准匹配客户需求的产品。组织为了找到客户，就需要精准定位自己的客户群体，需要将精力集中在最理想的客户群体这个子集上。大数据、人工智能、智能算法等数字化技术为客户细分创造了极其便利的条件。客户细分具有优先级，我们需要先确定细分市场，才能建立与之相对应的渠道通路和客户关系。先画圈，再做事！

1. 学会感知客户

我们在生活中会遇到许多不同类别的人——家人、朋友、同事、教师、教练等。我们不会以相同的方式与这些群体中的每一个人进行交流。例如，与家人聊天的方式很可能与同事的聊天方式不同。与这些群体中的每一个人进行互动也有不同的期望和方法，与客户的关系也是如此。在组织的客户群体中，不可避免地会有各种各样的人群。组成这些群体的人来自不同的地方，在沟通、支持等方面有着独特的需求、痛点和期望。

与不同客户群体建立和维护关系的关键是了解他们的首选沟通方式和独特需求，这有助于满足他们的期待。为了管理不同类别的客户，基于组织自身需求对客户进行有针对性的分类管理是最简单、行之有效的方法。模仿其他组织已有的客户细分可能并不总是奏效的，因为同一行业和相同规模的组织可能有不同的需求。

2. 确定客户细分的目标

为什么要在细分上花时间？客户细分后得到什么？在制定客户细分目标时要确定客户的首要特征和业务需求，将其作为客户细分的起点。同时需要注意，这不是一个一劳永逸的过程，需要持续迭代和优化。

客户细分的目标可以是以下这些：

◇ 识别新的业务机会，发现新的目标客户；

◇ 发现客户关注的是什么；

◇ 识别哪些是最重要的客户，哪些是成长型客户；

◇ 在什么地方会遇到这些目标客户；

◇ 找到引起目标客户共鸣和转化的方法；

◇ 发现提高特定客户群体的忠诚度的影响因素。

3. 数字化的客户触达

（1）通过数字化技术获得准确的客户画像

如今，很多组织利用全渠道营销获取越来越多的第一手数据，如线下门店、官方App、社交媒体、官网、微信等，与客户多点互动接触，同时收集客户数据。仅知道客户的名字、手机号码是不足够的，必须合法合规地掌握包括客户的购买习惯、频率和偏好在内的尽可能多的信息资料。

客户画像还能帮助我们预测客户的终生价值（customer lifetime value，CLV），并根据客户的不同情况制定营销方案，以最大限度地提高每位客户的价值。

（2）通过数字化实现全渠道标准化客户体验管理

大规模开展有效的个性化营销是非常困难的，组织在建立客户数据库、深入了解客户的生命周期旅程后，需要根据客户的细分市场进行相关的信息推送、产品推荐，并打通线上线下各渠道，实现无缝对接，真正带给客户全渠道、标准化的服务体验。

为了实现内容的标准化，组织需要一个能够共享所有客户数据并能够连通组织内外的客户数据平台，保证各部门在服务同一客户时，充分了解客户的全方位需求，为客户提供全渠道连接和丰富的内容，极大地提升客户体验，向客户提供更加灵活的渠道交付和标准化的服务支持。

（3）千人千面的个性化推荐

一个成熟的客户服务模型并不只是简单地对客户数据进行整合，组织需要具备对客户发展趋势的感知能力。

在数据赋能各行各业的数字化时代，组织需要借助数字化的手段，在建立客户数据平台的基础上，对客户进行全方位分析，进而对不同的价值客户采取针对性策略，以此指导组织的营销预算分配，提升组织资源的经营效率。

（4）业务场景与客户画像精准匹配

客户画像一定要基于业务场景化模型（如图1-6-9所示）进行客户标签的匹配，这样做出来的客户画像才有价值。

第一步：梳理具体的业务场景有哪些，需要解决什么问题。

第二步：梳理场景的关键指标有哪些，以及考核方法是什么。

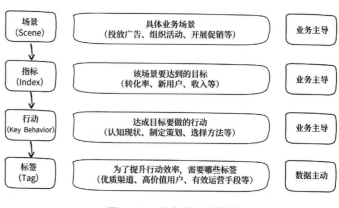

图1-6-9 业务场景化模型

第三步：梳理实现目标的关键行动有哪些。

第四步：筛选决定关键行动成败的标签。

下面，我们通过案例来学习基于场景化思维建立客户画像标签。

某组织计划对沉睡客户进行唤醒，以激活一笔消费为场景目标。

关键指标有唤醒率、唤醒人数、唤醒ROI[①]。

关键行动分为认知现状、制定策略以及选择方法。其中用户分层与选择合适的手段是重点。例如，关于唤醒的关键行动分为两类，一是在沉睡以前，客户的消费习惯、消费经历各不相同，因此要识别不同的客户特征，找到合适的激活方案，二是客户存在一定的自然回流概率，要避免唤醒资源的无效投放。

所以在关键行动层面，需要完成两个重要动作：一是区分过往消费偏好与消费层次；二是预测未来自然唤醒概率，区分自然唤醒客户。但这两个动作的实现方式是不同的：过往的需求分析是有数据可依的，可以通过历史数据进行客户分层；但未来唤醒情况则需要预测，需要算法模型的支持，如图1-6-10所示。

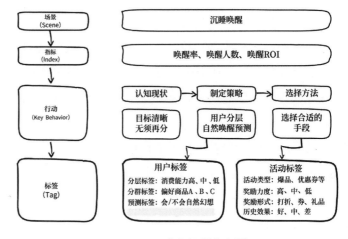

图1-6-10　业务场景化案例

（5）客户"万花筒模型"

图1-6-11依据数字化能力和支付能力两个维度将客户分为四类，我们可以将客户定位在其中的一类或几类。在此基础上，我们可以将客户进一步细分，在每一个坐标轴上加入新的维度，将客户再次细分，不断下钻。

这样的细分与下钻可以将客户分为更详细的类别。可以添加的类别是多样化的，添加的维度越多，越能描述客户多样化的特征。将被忽视的细分需求显现出来，最终找到准确的目标客户群体，如图1-6-12所示。

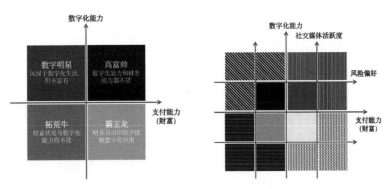

图1-6-11　一级分类的"客户万花筒"模型　　图1-6-12　二级分类的"客户万花筒"模型

① ROI：return on investment，投资回报率。

（6）客户画像的标签

确定客户画像需要相应的标签进行标识，如图 1-6-13 所示。客户画像分为客户属性画像和客户行为画像两类。

⋄ 客户属性画像：如性别、年龄、收入、兴趣爱好、活跃时间、居住地等静态画像。

⋄ 客户行为画像：根据客户以前和现在的行为，预测下一次行为，如点击内容、阅读时间、点赞、评论等动态画像。

图 1-6-13　客户画像

作为勾画目标客户、联系客户诉求与设计方向的有效工具，客户画像在产品规划阶段有助于确定产品定位、功能和优化，在产品设计阶段可以帮助确定设计风格，在产品营销推广阶段可用来指导确定广告投放对象、投放内容和投放渠道及产品推荐等。

亚马逊是利用客户画像工具进行产品推荐的鼻祖，亚马逊通过客户在站点的行为（包括浏览物品、购买物品、加入收藏夹等客户行为及评分等客户反馈方式）构成客户画像，并用于下列用途。

⋄ 当日推荐：根据客户近期浏览和购买记录，结合当下流行物品给出一个综合推荐。

⋄ 新品推荐：采取基于内容的推送机制，将一些新产品推荐给客户。由于新产品只有较少的客户喜好数据，基于内容推送就解决了这个问题。

⋄ 关联推荐：采用数据挖掘技术对客户的购买行为进行分析，找到经常被一起或被同一个人购买的物品集。在图书品类中，这类推荐就非常多。

⋄ 他人购买 / 浏览物品：通过产品的协同过滤推荐，客户能更方便地找到感兴趣的产品。

表 1-6-2　客户画像的分类标签举例

人口统计学	地理信息	行为特征	心理活动	交互设备	客户价值	客户需求
性别 年龄 职业 婚姻状况 家庭收入	住址 首选语言 交通 工作地点	客户生命周期 客户网站活动 客户网购记录	价值观 兴趣 个性	设备类型 浏览器类型 了解产品的路径	客户满意度 消费次数 平均消费金额	产品属性 服务需求 交货方式

表 1-6-2 是客户画像的分类标签举例，组织可根据实际的需要，自行增减与匹配。通过"客户万花筒"模型，可以设计不同类型、多维度的客户画像，方便精准定位目标客户。

"客户万花筒"模型为客户细分提供了方法，在数字化时代，大数据、人工智能等数字化技术为客户细分提供了"足够细"的可能和更丰富的应用场景。以阿里巴巴平台为例，其拥有海量客户与巨量 SKU（最小存货单位，stock keeping unit），通过人工智能获取客户在平台浏览、观看、交易等行为留下的痕迹（数据），按照一定的画像规则和目的进行客户画像，识别客户的需求偏好，比如价格偏好、品牌偏好等。同时，人工智能既用于客户画像，也用于产品画像，能够实现产品和客户的精准匹配。通过客户画像匹配，推送产品，达到提高成交率的目的。

运用好客户画像的同时，也要顺应时代潮流，融合市场与技术发展，充分激活"长尾"效应中的客户需求，实现组织在数字化时代的价值挖掘与突破。

第四节 自我认知的突破——让我们重提赛道选择

在本章的尾声，我们为什么要重提赛道选择？

赛道选完了，组织生存与发展的"灵魂三问"——"我的客户是谁？""我的产品是什么？""我用什么方式挣钱？"似乎就变得简单了。然而，在选赛道时，我们还有一道更基础的问题，那就是"我是谁的？"

季羡林[①]曾经说过，人生苦恼的根源是没处理好这三种关系：

（1）人与大自然的关系；

（2）人与人的关系；

（3）个人心中思想与感情的矛盾与平衡的关系。

这三个关系，如果能处理得好，生活就能愉快；否则，生活就有苦恼。

在数字化时代，可以把这三句话改写一下，选择赛道时组织需要处理好三个关系：

（1）组织与商业环境的关系；

（2）组织与生态的关系；

（3）组织发展与组织的"本我""自我"和"超我"的矛盾与平衡的关系[②]，如图1-6-14所示。

图1-6-14 "本我""自我"和"超我"的关系

---

① 季羡林，山东临清人，国际著名语言学家、文学家、国学家、佛学家、史学家、教育家和社会活动家。

② 本我、自我与超我，由精神分析学家西格蒙德·弗洛伊德（Sigmund Freud）于1923年提出。弗洛伊德将精神结构分为本我、自我和超我。本我是在潜意识形态下的思想，是人最为原始的、满足本能冲动的欲望，如饥饿、生气、性欲等。自我是人格的心理组成部分，是从本我中逐渐分化出来的，位于人格结构的中间层，其作用主要是调节本我与超我之间的矛盾，它一方面调节着本我，一方面又受制于超我，它遵循现实原则，以合理的方式来满足本我的要求。超我是人格结构中的管制者，由完美原则支配，属于人格结构中的道德部分。它位于人格结构的最高层，是道德化的自我，由社会规范、伦理道德、价值观念内化而来，其形成是社会化的结果。

本章核心观点

"我的客户是谁?""我的产品是什么?""我用什么方式挣钱?"是组织生存与发展的"灵魂三问",其背后是组织"自我""本我"和"超我"的思考。

本章思考

❶ 请阅读以下案例资料,并回答问题。

某电器公司正在推广15L、10L的电烤箱,以往北方电烤箱的零售额明显高于南方市场,且以15L左右的为主,南方则销量不佳。公司发现,南方人的生活习惯与北方不同,大多数南方人用电烤箱来制作一些甜点或饼干之类的食物,这说明南方动销的电烤箱以10L以下的为主。

基于这种认识,公司将营销方式进行了调整。由于北方市场以制作鸡翅、猪排为主,南方市场则以红薯、饼干、蛋糕为主,公司针对南方客户特别赠送蛋糕模具。结果,烤箱零售量获得了大幅增长。

结合本章内容,请思考:

(1)电器公司在客户细分的哪个维度上做了调整?

(2)从本案例中你得到了怎样的启发?

❷ 请你在所接触的实际业务中找出一个客户细分的案例,分析一下该案例在市场营销中客户细分的成功与不足之处。

第9讲:选赛道,找客户

第七章 渠道通路——价值传递的桥梁

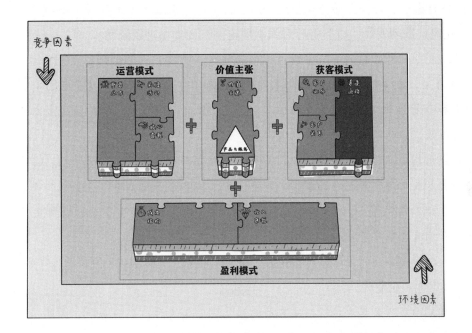

数字化转型的核心目标之一是实现更快的价值传递。就客户连接而言,需要组织从触达客户、获取客户、经营客户、维系客户等几个方面发力,尤其是业务最开始的触达客户,而渠道通路正是实现以上目标的重要一环。

"营销渠道是促使产品或服务被使用或消费的一整套相互依存的组织。"现代营销学之父菲利普·科特勒在《市场营销原理》一书中是这样对营销渠道下定义的——云计算、大数据、物联网、区块链、人工智能、移动互联网技术等数字化技术的高速发展促进了渠道的线上化。越来越多的组织把营销突破重点放在线上渠道,或者通过线上线下相组合,实现渠道通路的升级。

◇ 有哪些渠道通路类型?
◇ 如何通过渠道实现与客户的精准匹配?
◇ 数字化技术对渠道通路产生了哪些影响?
◇ 如何构建数字化时代的渠道通路?
◇ 如何评估渠道通路?

本章将回答以上问题。

第一节　渠道类型——数字化时代连接客户的方式

按照菲利普·科特勒的定义，渠道分为分销渠道和市场营销渠道，总的来说，是指产品和服务的供产销过程中取得其所有权或帮助转移所有权的所有的组织和个人，主要包括代理商、中间商、物流公司和广告公司等。

渠道包括自有渠道、合作方渠道和公众渠道三种类型，有线下渠道和线上渠道两种形态，其中线上渠道在数字化时代蓬勃发展，以下将针对线上渠道的三种类型进行说明。

- ◇ 自有渠道指组织所掌握的、有实际控制权的渠道，包括官方网站和自主开发运维的营销平台。以 App 为主，方便用户通过移动端采购产品和服务。"私域流量"就是在自有渠道内以增强重复购买和带货为导向的流量获取方式。其从 2019 年开始盛行，具备获客成本低、转化率高、可持续性强、互动频率高等显著优势。
- ◇ 合作方渠道指组织与其他方建立合作关系，借助合作方的渠道扩展其市场，需要为渠道使用付出财务成本或与合作方共享其掌握的资源、形成战略合作关系等，包括媒体平台广告投放（如电视台、视频网站等）、入驻电子商务平台（如 B2C 网上销售平台、社交型平台软件等）和社群资源拥有者推广带货等。
- ◇ 公众渠道指面向公众的渠道，包括博客、微博、微信、论坛/BBS 网络社区等自媒体平台。

以中国各大房地产企业为例：

- ◇ 自有渠道方面：各大房企纷纷搭建自己的线上化营销平台，如恒房通、置业佳、U 享家、凤凰云，功能覆盖 VR 看房、在线咨询、预约看房等。疫情防控期间，各大房企纷纷开启天猫店铺，开展线上售房，积极收集客户信息，构建用户画像，进行精准营销。
- ◇ 合作方渠道方面：贝壳、搜房、安居客等众多线上线下渠道是房企赖以生存的合作方渠道，房企在合作中，越来越关注合作方渠道的带客质量。例如，通过销售员 AI 跟客、门岗智慧接待等数字化手段赋能营销，实现客户筛选，精准定位客户。
- ◇ 公众渠道方面：万科集团的公众渠道涉及微博、微信公众平台，微博包括王石微博、郑州万科等，微信公众平台包括万科周刊、万科建筑研究中心、广州万科万客服务、合肥万科等，除了传统的产品宣发、营销活动以外，还通过公众渠道发布工地探班视频，方便消费者了解万科房产的建筑过程。

传统的线下渠道在数字化时代需要与时俱进，实现与线上渠道的协同和一体化发展。需要做的转变包括：

- ◇ 转变职能定位，将线下渠道打造为经营客户、维系客户的第一线，成为客户进行场景体验的渠道；
- ◇ 通过智能化设备投放、硬件改造、数字化技术等提升渠道智能化水平，提高服务水平和客户黏性；
- ◇ 汇聚线下流量并将其导入线上渠道，通过用户画像和营销活动将优质的线上客户向线下渠道引流，打造"专精特新"的业务渠道。

- "专"是指业务渠道服务的专业化；
- "精"是指业务渠道服务的精细化；
- "特"是指业务渠道服务的特色化；
- "新"是指业务渠道服务的创新化。

渠道与客户的匹配——价值传递的最优解

无论是线下渠道还是线上渠道，由于不同年龄、教育背景、职业和收入水平的客户群体在行为模式、服务感受以及对服务效率和服务体验方面的要求截然不同，需要针对不同的目标客户群体进行精准匹配，以渠道差异化应对客群差异化，实现触达客户、获取客户、经营客户的目的。

以中国建设银行为例，中国建设银行网点服务智能化建设，始终将客户体验放在首位，坚持客户至上、以客户为中心的经营理念，为客户提供贴心、细致、周到的金融服务，致力于打造"多快好省、智捷通达"的普惠金融生态圈。

- ◇ 多，即智慧服务功能"多"，金融业务种类多、服务的客户数量多、智能设备数量多，可为客户提供一站式服务。
- ◇ 快，即服务速度"快"，业务处理速度快、解决问题反应快、新品上线速度快，减少客户等待时间。
- ◇ 好，即服务体验"好"，智能操作界面友好、互动性好、纠错体验好，准确响应客户需求。
- ◇ 省，即客户办理业务成本"省"，省时、省力、省钱，为客户提供超值服务。
- ◇ 智，即信息处理"智"能，包括智能业务办理、智能客户营销、智能业务顾问，为客户提供智慧服务。
- ◇ 捷，即客户使用便"捷"，客户业务办理便捷，服务获取便捷，客户可方便使用智能设备。
- ◇ 通，即全渠道畅"通"，线上线下融通，全渠道相互贯通，设备智能联通，客户信息顺畅流转。
- ◇ 达，即"达"成普惠金融服务目标，通过科学的成本控制，广泛开展网点渠道转型、智能化险防控，达成普惠金融服务目标。

值得注意的是，面向不同的客户群体，服务模式和渠道类型有所不同，如图 1-7-1 所示。

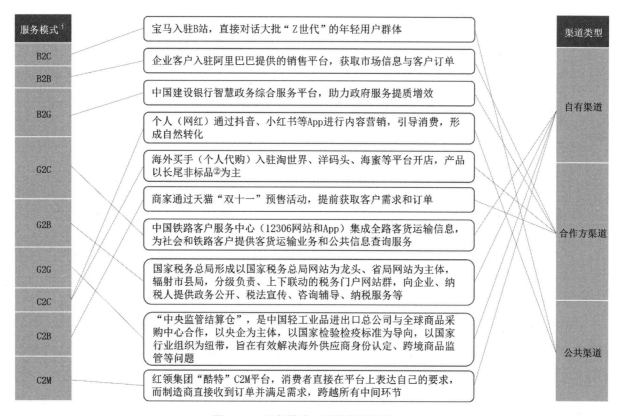

图 1-7-1 服务模式、渠道类型示例

第三节 渠道新生机——数字化技术激活无限可能

数字化时代,线上渠道和线下渠道的"智能化"发展和取得的显著成效离不开数字化技术的支持。尤其是线上渠道以"数据+技术"为驱动,利用云计算、大数据、物联网、区块链、人工智能等一系列数字化技术,打造通用互联的数据、商品、物流、搜索等中台体系,结合组织信息化建设和数字化管理水平的不断提升,实现在线交易和全流程数据及操作过程公开透明。

以下列举云计算、大数据、区块链等一系列数字化技术对渠道的影响。

一、云计算

随着业务环境的发展,传统渠道面临的问题日渐凸显。主要挑战如下:

◇ 自有渠道的建设和维护费用昂贵;

◇ 合作方渠道客户缺乏黏性;

◇ 自己的私域流量难以建立;

◇ 公众渠道数据管理难。

---

① 服务模式中包括 B 端、C 端、G 端和 M 端。G 端代表政府,goverment;M 端代表制造商,manufacturer。

② 根据高度异质化、个性化的需求生产的,无法进行规格化分类的产品。

云计算通过互联网按需提供 IT 资源，并且采用按使用量付费的定价方式，基于其具有的快速弹性等特征，全方位满足其对弹性、性能、稳定、独立、分析等多方位需求，帮助组织快速创新应变，打造独特的客户体验并实现业务转型。

云计算对渠道建设的价值体现在以下方面：

◇ 可快速搭建电商平台，完成所有资源的创建与配置；
◇ 根据业务需求变化可弹性扩展或缩减资源；
◇ 支持海量数据计算。

二、大数据

相对于传统的线下渠道，虚拟化线上渠道拥有海量、爆炸性增长的数据，包括消费者的浏览数据和购买数据，以及组织的交易数据、库存数据、客户数据等。

对渠道通路的价值体现在以下方面：

◇ 线上渠道利用大数据技术进行数据存储、整合、分析和处理；
◇ 助力实现千人千面服务，包括客户智能识别、风险画像、客户需求标识、商品或服务推送等；
◇ 在数据价值挖掘和业务流程精细化管理等方面提供基础支撑。

美的——构建数字化渠道通路

美的是一家全球运营的公司，其业务覆盖智能家居事业群、机电事业群、暖通与楼宇事业部、机器人与自动化事业部和数字化创新五大板块，提供多元化的产品种类与服务。

美的的渠道发展历程可分为四个阶段。

第一阶段是 2005 年以前，美的采用代理制渠道模式，链条为"美的集团—一级代理—二级代理—零售商"，代理商在美的集团的渠道中发挥了极为重要的作用，美的集团依托代理商建立自有渠道，出现了中间层级过多导致价格过高和窜货的问题。

第二阶段是 2005～2011 年，出于风险和自主性考虑，美的开始构建地方营销公司体制，渠道链条转变为"制冷/日电集团总公司营销总部—各销售公司"，更加扁平，更为敏捷。

第三阶段是 2011～2012 年，美的渠道回归代理机制，从强调收入规模到注重利润创造转变。

第四阶段是 2013 年至今，美的着手改造渠道形态和流程再造：（1）线上开拓电商渠道，先后成立电子商务公司，入驻京东、天猫、拼多多，并与苏宁、京东开展合作；（2）线下铺设旗舰店，致力融合线下与扁平化；（3）"T+3"模式变革，即以客户订单为周期始点（T），进行原料备货、制造生产及销售发货（+3），从而以最小化供应链库存实现产能最优。

经过多年的发展与布局，美的已形成全方位、立体式市场覆盖。在成熟的一、二线市场，与大型家电连锁卖场一直保持着良好的合作关系；在广阔的三、四线市场，以旗舰店、专卖店、传统渠道和新兴渠道为有效补充，渠道网点覆盖全市场，同时品牌优势、产品优势、线下渠道优势及物流布局优势也为美的快速拓展电商业务与渠道提供了有力保障。随着中国零售渠道越来越多元化，美的的渠道网络进一步扩大，产业链的整体效率进一步提高，完善的智能供应链体系为国内业务的稳步增长提供了坚实保障。

美的旗下科技创新型物流公司安得智联,在美的集团推动"T+3"业务模式变革的背景下,深入推动渠道物流变革,全面应用数字化管理技术,运用大数据技术实现对全国物流网络的优化管理,打造智能化和数字化的全网配送服务平台。

◇ 聚焦资源投入城乡配送领域,开通城际班车、城区长合车配送两大举措,持续提升配送时效,进一步为提升渠道流通效率提供有力支持,实现全国区、县、乡、镇无盲点全程可视化直配。

◇ 全面推进 ToC 物流能力建设,基于用户需求对全国仓网布局进行优化整合,强化末端网点的培育与拓展,为用户提供精准的送装一体服务,实现商品在线下零售环节直接送达用户,全面提升用户体验。

◇ 高度聚焦仓配一体核心业务,围绕"一仓发全国、多仓发全国"的业务场景,打造多行业、多品类、全场景的物流服务平台,同时通过强化零担、城市配送、送装一体核心能力建设,进一步提升客户满意度。

三、区块链

全球数字经济蓬勃发展,万物互联、安全可控的"智能+"时代加速到来,区块链具有防伪造、防篡改、可追溯、可提效的鲜明特点,能够推动上下游产业互信,实现数据高效共享,是拥抱数字化信用社会和全场景智慧化时代的重要技术手段。

区块链技术对渠道通路的价值体现在以下方面:

◇ 追踪产品流经渠道各个节点的轨迹和数据;
◇ 识别渠道冲突或重复数据,规避行业风险;
◇ 为渠道设置、营销策略、供应链管理等提供授信支持。

第四节 重构渠道通路——构建立体、多元的渠道组合

渠道是组织连接世界的纽带,是市场营销的基础。数字化的渠道通路为组织提供了全球皆可触达的可能性。渠道能力是业务拓展的核心竞争力。在数字化时代,渠道的布局、设计、整体策划是组织迫切需要做的。

一、渠道布局

数字化时代,客户需求更加个性化,消费场景更加丰富,这要求组织构建更加立体的渠道通路触达客户,通过更加灵活多元的产品和服务交付方式传递价值。在线上线下形成自有、公有、合作等多种渠道的组合,如图 1-7-2 所示。将目标客户的需求与产品和服务进行精准匹配是实现获客、活客和留客的关键。

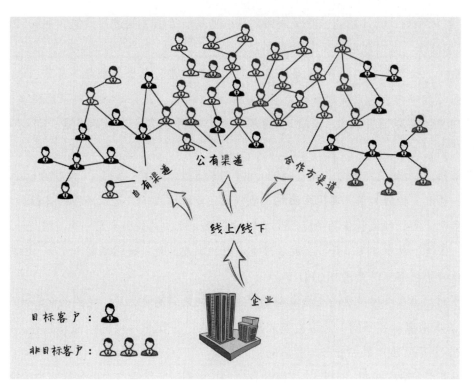

图 1-7-2 渠道布局

组织需要精细化设计渠道布局策略。为了清晰地展示客户群体、渠道类型、产品和服务三者的对应关系，我们以小米手机为例，介绍渠道通路与客户细分的关系。

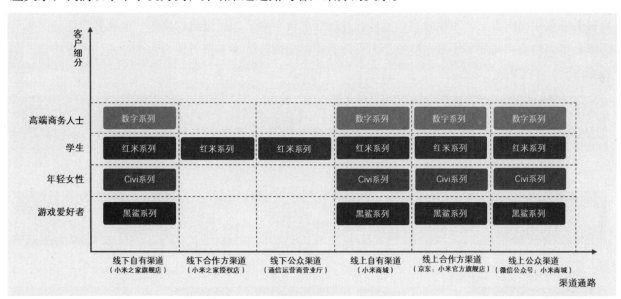

图 1-7-3 小米手机的渠道通路与客户细分关系示意图

图 1-7-3 中，纵坐标是客户细分，横坐标是渠道通路的类型，不同的产品和服务置于与之匹配的客户群体和渠道通路的交叉点上。客户群体是指通过客户细分万花筒识别出来的与产品和服务对应的目标客户。渠道通路包括线下和线上的自有渠道、合作方渠道、公众渠道等渠道类型，如线下的旗舰店、商场授权店、通信运营商营业厅，线上的官方网站、电子商务平台、自媒体平台等。

由于小米采取多元化渠道营销的策略，大部分线上、线下渠道会同时销售不同系列的小米手机，如数字系列、红米系列、Civi系列、黑鲨系列都是小米基于价值主张进行价值向上的转化。不同系列的产品可满足多层次、多样化目标客户群体的需求。

◇ 数字系列，如小米12、小米11等，定位高端旗舰机型，包含处理器、屏幕、电池、快充等，也是同时期市场上的顶级配置。主要针对游戏、拍照、商务等综合要求比较高的客户。在数字系列里，又分为青春版、pro、ultra等系列，细分了喜欢小屏的或者大屏的，满足不同客户的需求。

◇ 红米系列，主打的是极致性价比，主要针对年轻的学生。在红米系列里，又分为note、k、A等系列，把某一项配置特别加强，其他方面相应地减配，以减少成本，适应不同的目标群体。

◇ Civi系列，主打颜值和自拍功能，主要针对年轻女性。例如小米Civi1s，就是外观好看，自拍很强，但是，对于"理工男"，或者注重参数的朋友来说，使用的骁龙778，性能可能不够用，同价位的手机都可以上旗舰CPU了。

◇ 黑鲨系列，出自小米投资的生态链企业[①]，主打极致的游戏体验，主要面向游戏爱好者。

图1-7-3清晰地展示了不同的渠道类型面向不同的客户，提供不同的产品和服务，以满足不同消费场景的需求，从而实现产品和服务与客户的精准匹配。

为了进一步实现精准匹配，这里还可以利用在本书"价值主张"章节中提到的客户生命周期的概念，结合数字化客户运营策略[②]，在客户生命周期的不同阶段更深一层地细化渠道布局策略。

如图1-7-4所示，就某一款产品和服务的客户生命周期的各个阶段，设计出针对性更强的获客、活客、留客策略，并将客户运营策略落实到匹配的渠道通路。例如，针对具体的一款产品和服务，利用线下自有渠道直接面向客户，实现获客和活客；通过线上自有渠道，通过自助服务，提高客户体验，提升活客和留客能力；与消费场景高度重叠的合作方渠道采取线上线下全方位合作的策略，实现获客、活客和留客。

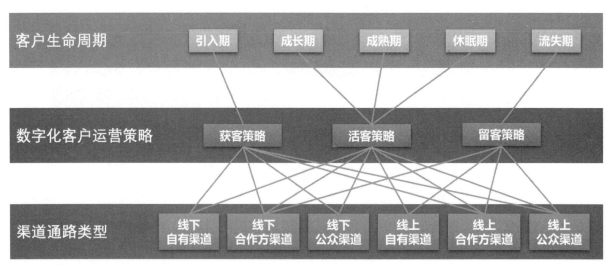

图1-7-4 客户生命周期、数字化客户运营策略、渠道通路类型关系示意图

---

① 小米公司对愿意接受小米价值观的企业进行合作投资，提供资金，提供营销方案，共享庞大的供应链关系。这些智能硬件企业，小米公司称之为小米生态链企业。

② 关于数字化客户运营策略详见本书"客户关系"的内容。

二、构建数字化渠道通路

在客户需求千差万别、营销环境日新月异的今天,组织为了实现产品和服务与市场需求的精准匹配,需要将传统线下渠道和虚拟化的线上渠道进行协同合作,构建数字化的渠道通路。关于如何构建适合数字化时代的渠道通路,组织可以采用如下步骤。

第一步:明确目标客户。

(1)识别客户的画像(特征)。客户画像的八要素包括基本性、同理性、真实性、独特性、目标性、数量性、应用性、长久性。

(2)获悉行为习惯、消费场景,包括逛街(浏览)习惯、购买习惯、生活消费、娱乐消费、出行消费等。

第二步:识别触达目标客户的渠道通路。

(1)识别能够触达客户的所有通路,包括线上和线下的自有渠道、合作方渠道、公众渠道。

(2)优选最有效的几个通路。

(3)渠道合作磋商,确定合作成本、条件等。

第三步:设计渠道通路组合。

(1)最终选定几个渠道通路(包括已有的)。

(2)设计渠道通路的最佳组合。

(3)设计新老渠道的边界和协作流程,注意渠道重叠部分的获客冲突点。

(4)提出原有渠道优化方案,包括优化目标、优化措施的优先级、时间计划、职责分工等,可以是线上与线下的组合、新旧渠道的组合。

第四步:重新构建组织的渠道通路。

(1)优化原有渠道,注意意外情况的处理,避免渠道调整影响获客。

(2)新建渠道通路。

(3)渠道通路发布。通过渠道集成测试、试点测试等方式验证渠道的有效性,并制定合适的渠道发布方式。

将强大的数字化技术应用到渠道通路不是目的,通过客户旅程的全数字化体验升级,提高获客、活客及留客的概率才是根本。下面我们将分享国内外四个不同组织构建数字化渠道通路的案例。

国家电网搭建线上自有渠道,构建"网上国网"

国家电网有限公司作为央企数字化转型的代表,体现了一个典型的传统组织在面临数字化浪潮时,如何利用数字技术改造提升传统业务,推进客户服务数字化,促进服务提升。

国家电网有限公司主动适应互联网时代的新形势,积极开展"互联网+营销服务"建设,加快构建新型业务模式,大力推进线下服务向线上服务转变,打造客户聚合、业务融通、开放共享的"网上国网"平台,于2019年12月在各大应用商城正式上架,成为国家电网官方统一线上服务入口,从"在营业厅等客户上门"向"提供便捷的服务渠道"转变,体现了获取客户、触达客户的主动性。

"网上国网"平台特点：

◇ 聚焦客户痛点，创新服务产品，全面精简线上办电流程。

◇ 上线跨省多户交费、用能分析、"e享家"等新产品，打造光伏和充电桩业务"一网通办"。

◇ 深挖数据价值，融合各渠道客户档案、办电、交费、积分、充电等数据资源，实现多源数据融会贯通，构建了总部与省公司间两级数据传输通道，实时共享运营指标、业务明细及客户行为等数据。

◇ 构建企业中台，实现创新支撑，推出客户、订单、工单、支付、账单、积分、消息、在线客服八大共享服务中心。

"网上国网"平台是国家电网有限公司借助创新技术加快传统线下服务向互联网线上服务模式转变的成果，建立以"客户聚合、业务融通、数据共享、创新支撑"为一体的企业级统一对外在线公共服务平台。

肯德基整合线上、线下自有渠道资源，数字下单成为主流

数字化技术的发展为很多已经建立了线上、线下自有渠道的组织提供了更多空间和可能性，经过多年的打造和运营，肯德基的数字化建设为其业务发展打下了坚实的基础，让品牌不断地走近顾客、了解顾客，并充分整合线上和线下的资源，为广大消费者提供更加优质的服务体验。肯德基App和微信小程序是肯德基服务消费者、运营会员的主要平台。

肯德基超级App作为完全的自有平台，于2016年全新上线，将以往三个App（手机自助点餐App、肯德基宅急送App、肯德基品牌App）融为一体，成为"超级App"，在此基础上，肯德基App还通过音乐、亲子乐园等功能，为不同的用户群体提供个性化的服务，从而将整个App从单纯的点餐工具升级为体验平台。肯德基App的核心任务是通过用户体验的优化，建立用户忠诚度，反复达成转化。在此基础上，利用App的自身使用优势，保持用户活跃度。

财报显示，肯德基2021年全年门店数量为8 168家，营运利润为8.27亿美元。更值得关注的是，2021年肯德基会员已经高达3.3亿人，超过62%的销售额由肯德基的会员贡献。

三只松鼠通过联盟合作培育新渠道，品牌影响力和销售额双飙升

数字化时代造就了很多数字原生组织。随着数字化的发展，原有的线上渠道已无法满足需求，需要选择更合适的合作伙伴。"国民零食"品牌三只松鼠，近年来将抖音作为其重点发力的新渠道之一，实现了业务的再次突破。

三只松鼠作为中国第一家定位于纯互联网食品品牌的企业，也是当前中国销售规模位于前列的食品电商企业，主营业务覆盖坚果、肉脯、果干、膨化食品等全品类休闲零食。

借着节日的热潮，三只松鼠在抖音平台上的品牌自播已经开启了一个销售小高峰，仅在2021

年12月10～12日，品牌自直播销售额便累计达1 051万元，成为抖音食品行业自直播总销售额第一。2021年12月25日，"三只松鼠×抖in百味赏"活动正式启动。"抖in百味赏"是抖音电商食品行业的品牌IP之一，同时也是抖音食品饮料行业首个专门助力品牌营销的IP。一场以"抖in百味赏"为主题的直播，销售额一举超过2 500万元。而在线下，三只松鼠也利用自身优势资源，开展了不少具有"松鼠特色"的线下营销活动，例如联动松鼠小镇圣诞活动，在百名圣诞老人大巡游以及圣诞救援记的活动中，都充分曝光了营销IP。同时，松鼠小镇摩天轮在活动期间，每晚都会点亮三只松鼠与抖音的"坚果之约"logo，还在跨年倒计时前夕通过灯光秀展示了巨幅活动主题。

数据显示，在整个活动档期内，三只松鼠通过多元的活动布局和引流，累计达成了7 600万元的销售额，其中品牌自播销售额2 000余万元，达人直播带来的销售额超5 000万元。在流量逐渐分散化的今日，抖音所具有的庞大用户群和人均使用时长是巨大的优势，利用平台力量在特殊的节点进行品牌营销也是三只松鼠拓展销路的重要方式。

Capital One通过数据驱动，实现千人千面的精准营销

构建数字化渠道通路，除了利用数字化技术优化、整合自有渠道、合作方渠道和公众渠道，还要综合运用其他三个数字化赋能要素——数字化思维、数据和方法论，通过数字化构建差异化服务的能力，Capital One是全美数字化能力最高的银行，凭借其数字化能力，经过20多年的发展，2020年成为全美第五大零售银行。

Capital One的CEO理查德·D.费尔班克（Richard D.Fairbank）曾说过："我们是一家科技公司，只是恰好从事银行业务。"

Capital One拥有电话营销、线下咖啡馆、线上App等多种渠道，但数字化并不是简单的渠道线上化，而是一个如何把数字能力转化成业务能力的过程。

Capital One的数字化竞争力并不是简单的业务流程数字化和人工智能技术应用，而是利用数字化能力实现了差异化的客户经营方式。例如，利用数字化能力，定位盈利性更高的次级客户，次级客户的比例占到全行的35%以上。和美国其他银行不同，Capital One单独为次级客群制定了风险管理策略、数字化风控链路和流程，使得其客户筛选更为精准，风险管理更为精细。其申请次级客户的审批通过率为30%，远超过美国传统大型银行的5%；邀请次级客户的审批通过率为75%，远超过美国传统大型银行的15%。在产品上，Capital One也比传统银行更精细化，大规模地进行产品定制。其信用卡产品数量达到6 000种，是传统银行的6倍之多。在客户体验上，Capital One也大量应用模型去预测客户需求，使得其以"实时智能"的客户体验著称，其手机银行App连续两年获得JD Power颁发的"美国银行业应用程序总体满意度最高奖"。

第五节　数字化渠道能力评估——"五星"模型

渠道通路在组织与客户之间"搭建桥梁"。在传统营销理论中，经济性、可控性和适应性是评估渠道的三个重要维度。经济性主要考量的是渠道产生的销量和成本，可控性主要考量的是组织对渠道参与方（代理商）的控制力，适应性主要考量的是渠道结构适应不断变化的业务环境的能力。

针对数字化时代的渠道通路特性，本书从与渠道关系最为密切的五大相关方出发，提出评价渠道的五大能力，分别是客户触达能力、获客能力、可持续发展能力、合规与数据安全能力和生态赋能能力。其中客户触达能力、获客能力的指标主要考核的是渠道的效率和效果，直接反映了渠道能否有效连接客户，客户能否轻易地接触到渠道，以及目标客户群体是否能精准匹配，所以，这两个方面的指标对组织来说尤为重要。

本书根据渠道的五大能力提出渠道能力评估五星模型，如图1-7-5所示。每项能力包括若干细化的能力指标，组织可以自行设计评分方法，通过加权计算，得出渠道的整体评价分数。需要说明的是，评估的对象是渠道本身，不包括渠道的管理方或参与方。

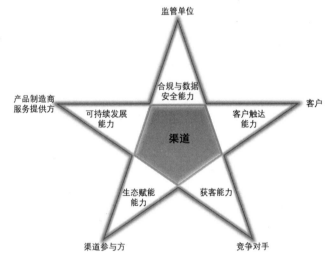

图1-7-5　渠道能力评估五星模型

一、客户触达能力

渠道通路的核心目的是连接目标客户，及时地将价值主张、产品和服务的宣传传递给客户。客户触达能力包括目标客户覆盖度、产品和服务交付时间和客户质量三个指标，指标名称和指标说明详见表1-7-1。

表1-7-1　客户触达能力指标

指标名称	指标说明
目标客户覆盖度*	渠道覆盖的客户中，通过客户细分识别的目标客户所占比例
产品和服务交付时间*	客户下单后，至客户获得产品/服务的时间
客户质量	客户购买欲望、消费水平与产品/服务的匹配程度

注：标*的为建议重点关注的指标。

二、获客能力

渠道触达客户并不意味着成交，组织需要考量客户通过渠道完成购买的情况及持续保持业务关系的能力。获客能力通过客户转化率、客户保持率两个指标体现，指标名称和指标说明详见表1-7-2。

表1-7-2 获客能力指标

指标名称	指标说明
客户转化率*	渠道覆盖的客户中，完成产品/服务购买的客户所占比例
客户保持率	渠道覆盖的客户中，持续购买产品/服务以及保持购买意向的客户所占比例

注：标*的为建议重点关注的指标。

三、可持续发展能力

组织需要合理控制渠道投入，保持渠道稳定，确保可持续地通过渠道将价值传递给客户。可持续发展能力包括渠道投入、渠道稳定性以及渠道协同度三个指标，指标名称和指标说明详见表1-7-3。

表1-7-3 可持续发展能力指标

指标名称	指标说明
渠道投入*	现在的运营成本和规模，以及未来的投入计划
渠道稳定性*	构成渠道的元素稳定程度，如渠道参与方、渠道媒介、渠道资金链、竞争对手的威胁等
渠道协同度	与其他渠道高度整合，协同实现价值传递的程度

注：标*的为建议重点关注的指标。

四、合规与数据安全能力

线上渠道的合规管理和数据安全管理相比传统的线下渠道面临更多的挑战。渠道数据的归属、保护等问题被更多的组织重视，监管部门对线上渠道的监管要求日趋严格，渠道要在合规的框架下规范运营。合规与安全能力包括可满足不同监管要求和渠道数据安全性两个指标，指标名称和指标说明详见表1-7-4。

表1-7-4 合规与数据安全能力指标

指标名称	指标说明
可满足不同的监管要求	渠道可同时满足不同的监管要求，包括所涉及区域、所属渠道类型、所含数据等
渠道数据安全性*	渠道中产生和传输的数据归属权明确，数据保护措施得当

注：标*的为建议重点关注的指标。

五、生态赋能能力

数字化时代的最大改变莫过于通过数字化技术实现了产供销的生态化，渠道不仅能为组织带来收益，也能为合作伙伴带来价值。生态赋能能力包括合作伙伴价值提升这一个指标，指标名称和指标说明详见表1-7-5。

表 1-7-5　生态赋能能力指标

指标名称	指标说明
合作伙伴价值提升	渠道为合作伙伴带来的价值，如增加收益、品牌提升、客户满意等

组织可结合自身的情况，参考渠道能力评估五星模型，确定适合本组织的评价指标。评估结果可用于渠道的改进、奖励或淘汰。

本章核心观点

与国际一流企业相比，中国企业从不缺乏能工巧匠，但可能输在渠道通路上。构建数字化的获客模式是企业开启数字化之旅遇到的第一道实操题。

本章思考

请阅读以下案例背景资料，并回答问题。

某传统保险公司创立互联网保险公司，凭借其在保险电商上的优势融入公司战略，为公司线上渠道的发展创造了更多可能。该互联网保险公司先后与轻松筹、微保等平台合作推出若干保险产品，广泛服务互联网用户，实现了健康险保费翻倍增长和健康险核心客户快速突破，使更多人享受到保险保障，进而实现保险普惠。

（1）在本案例中，你认为该机构的线上渠道发展依托于哪些数字化技术？
（2）请结合本章所述的评价模型，设计对该机构的渠道的评估方法。

第 10 讲：渠道通路的最优组合

第八章 客户关系——孕育业务需求的摇篮

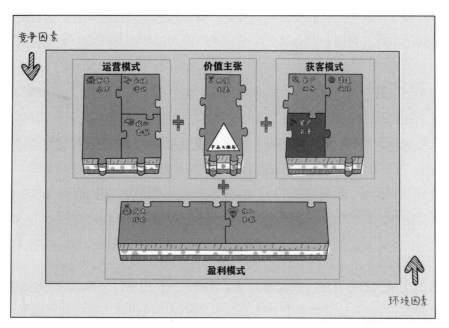

通常认为，关系是指事物之间相互作用、相互影响的状态。客户关系是指组织为实现其经营目标，主动与客户建立和维护的某种联系。这种联系可以是单纯的交易和服务关系，可以是人际信任和情感认同，可以是一种触达机会，也可以是基于双方利益而形成某种合作或联盟关系，还可以是相互赋能的价值网络。客户关系常常被以下几个动机所驱动：客户获取；客户维系；提升销售额，追加销售。

◇ 在数字化时代，客户关系的内涵发生了哪些改变？

◇ 组织与客户可以建立哪些新型的关系？

◇ 怎样利用数字化技术更好地进行客户关系运营？

本章将回答以上问题。

第一节 客户关系内涵之变——需求、场景、营销方式

在"新消费"兴起的背后,是消费者需求的变化、新消费场景的涌现及新营销方式的发展,这些都导致了客户关系内涵的改变。

一、消费人群的变化

"80后""90后"已成为社会消费的中坚力量,他们愿意尝试新鲜事物,追求品质和个性化,注重消费体验,同时他们的消费观念也会对上一代、下一代的消费行为习惯产生重要影响,是新消费的核心推动力量。

"60后""70后",甚至不少"50后",在相继完成智能手机操作入门后,已经开始习惯了网上购物、浏览微信朋友圈、发抖音视频和快手点赞等线上生活方式,他们高度重视人际关系和情感依赖。

"Z世代"[①]是被称为互联网原著居民的一代,从小就接触移动互联网和社交媒体,热衷二次元文化,在拥抱"云端"生产方式和虚拟体验消费方面有着先天的基因优势。

鲜明的个性化消费主张、重视消费体验、拥有丰富的圈层社交、愿意参与分享和价值共创,新消费群体具备的这些特点,为组织新商业模式设计和商业价值变现拓展了新思路。

二、消费场景的变化

数字化技术的运用为新消费场景的实现奠定了基础,新科技不仅能提高消费便利性,还能带来新市场。移动支付和5G的普及给消费者带来诸多便利,智能手机代替了钱包和交通卡,自助结账代替了收银台排队,扫码代替了现金支付和刷卡;基于虚拟现实技术的VR试装、VR观展、VR看房帮消费者摆脱了消费空间和时间的制约;基于"人脸识别"和"电子价签"技术的无人超市帮消费者实现了"无感支付"的购物自由;在5G遥感、GIS地理数据采集和人工智能等技术的加持下,开拓了诸如无人机放牧(如图1-8-1所示)、无人驾驶、无人矿山等全新的消费场景。

图1-8-1 无人机放牧

新冠肺炎疫情也对生产方式和消费方式产生了持续而长远的影响。疫情暴发期间,中国几千万的

---

① 1995年后出生的消费者,约占当前总人口的19%。

组织被动实现非接触式办公。由于不受物理空间的制约，协作效率高，即使在后疫情时代很多组织仍把远程会议作为首选会议方式。在疫情防控期间，消费者形成了新的工作、学习、娱乐和社交习惯，比如远程办公代替了现场办公，社群团购代替了集贸市场，线上家庭聚会和朋友圈问候代替了传统的走亲访友。

基于新科技和新消费习惯带来的众多新消费场景，给商业组织带来了大量的市场机会，同时也因消费者流量分流，给客户关系维护带来了挑战。比如，线上线下渠道多元化，在提升了消费者购物便利性和消费体验的同时，也需要组织在渠道开拓和差异化渠道维护上投入更多的精力。

三、营销方式的变化

市场营销的4P，即产品（product）、价格（price）、促销（promotion）、渠道（place），在数字化时代有了新的内涵：场景、IP、社群、传播。其中产品是基于场景的，作为产品定价依据的品牌战略被更具个性化特征和价值内涵的IP营销所替代，社群成为重要触达渠道，所有客户接触点都是价值传播点。

消费者需求只有放到具体场景中才能被有效感知和充分满足。例如，小罐茶的出现，就是基于"外出旅行和差旅"的场景，解决了大家差旅中因携带不便而喝茶不自由的痛点，从而实现了产品价值。而对于没有经历该特殊场景的人群，那只是新增了一个小份包装设计而已，并没有被"特别关照"的体验。

越来越多的品牌正在不断地被IP代替，因为IP化的产品具有更强的传播力，更容易拥有一群忠实粉丝，也有助于实现产品跨界。成功的IP形象除了能增加品牌亲和力和客户黏性外，还能降低跨界营销成本。通过熟悉的IP媒介，消费者能快速建立起对另一个产品的认知，或唤醒对另一个产品的需求，从而让两个具备不同使用场景的产品顺利完成跨界。

腾讯——成功的品牌IP

腾讯公司长期沿用的小企鹅logo就是一个成功IP案例。腾讯小企鹅的IP累计价值已经超过2 000亿人民币。在腾讯刚刚发布QQ的时候，被叫作"中文网络寻呼机"，简称OICQ，当时腾讯想把寻呼机换成一个有趣的logo，想到用有灵性的小动物来制作，在试过几个动物后，腾讯最终选择了企鹅。

在动物园看到企鹅，就会想到腾讯QQ，这就是品牌的魅力吗？

随着时代的发展，腾讯把OICQ更名为易于记忆的QQ，企鹅形象也变得更加可爱，腾讯QQ毋庸置疑是一代人的互联网记忆。虽然现在我们使用微信多过于QQ，但是作为腾讯IP形象的小企鹅依旧深入人心，是腾讯的标志。这几年，随着潮玩文化的兴起，腾讯也设计了更多小企鹅形象，比如2019年QQ 20周年展上的宇航员小企鹅，科技感十足又有趣可爱。

社区是互联网时代重要的客户关系类型，在后面章节中也会介绍。

传播是通过媒介向特定群体传递消息和共享知识。从语言、文字、印刷刊物，到电影、电视、电脑、智能手机和融媒体平台，媒介历经变迁。信息时代的传播媒介主要是 PC 互联网和移动互联网，尤其是社交媒体。

新型客户关系——悄然出现在你身边的变化

由于外部环境，数字化技术的不断变化，企业与客户的关系发生着潜移默化的改变，客户关系正在从信息化时代单纯的交易关系快速向着数字化时代价值共创的方向演进，演变出个人助理、自服务、粉丝经济、社群、私域流量和生态网络等新型客户关系类型。

一、个人助理

个人助理是指客户在购买或使用商品过程中，可以与组织客户代表进行交流并获取相应帮助的人际互动关系。一般每次跟客户交流的客户代表不完全固定，比如淘宝客服、CRM 呼叫中心坐席。在特定行业还会设置专门的私人助理，或为每一个客户安排一个固定的客户经理来提供专项服务，常见有私人医生、房产销售顾问、个人保险理财顾问等。

各行业纷纷利用数字化技术推出的"智能个人助理"系列产品，能全面分析和记录客户的消费偏好和使用习惯，按需与客户"互动"，已成为客户关系维护的一大利器，但在满足新的个性化需求和客户感情维系方面仍不能完全代替人工个人助理的工作。

> **宝马汽车的"BMW 智能个人助理"系统**
>
> 新一代宝马 3 系车型搭载了"BMW 智能个人助理"，可以基于驾驶员的语音指令随时随地提供日常驾驶协助，如调整车内温度、选择播放音乐、搜索地图线路等，还可以了解和记录客户的偏好及驾驶习惯并结合场景加以应用，如在气温低时自动开启座椅加热。

二、自服务

自服务包括自助式的服务和自动化服务。

在很多场景下，组织的服务人员无须直接触达顾客就可以提供给顾客所需要的服务。通过智能设备或软件，组织可以随时提供便捷的自助服务。在线下，商场和地铁等公共场所的自助售货、自助咖啡售卖机、自助摄像设施等，商家只需做好产品供应和设备维护工作即可，客户可以通过自助的方式完成消费，服务人员并不需要直接服务客户。在线上，顾客可以通过广告投放平台自行投放广告，通过 App 自行制作纪念册、定制调查问卷，通过网站定制汽车车身颜色、内饰风格和轮毂形状等。

大数据和人工智能技术的发展为自动化服务提供了更多的可能性。智能客服、智能家居机器人、无人驾驶等自动化服务已经出现在我们的生活中。

> **百度 Apollo 的自动驾驶**
>
> 2021年9月12日，百度 Apollo 在上海启动自动驾驶示范应用，"萝卜快跑"正式在上海开放自动驾驶载人服务，上海志愿者下载"萝卜快跑"App，可呼叫体验百度 Apollo 自动驾驶出行服务。在上海之前，"萝卜快跑"已在北京、广州、长沙、沧州四城市开放自动驾驶载人服务。截至2021年上半年，"萝卜快跑"自动驾驶出行服务已累计接待乘客40多万人次，自动驾驶路测里程已经超过1 400万公里。
>
> 按照百度的规划，未来3年要落地30城、部署3 000辆车、服务300万客户，解决更多出行痛点。随着车队规模的扩大和测试运营场景的多样化，百度的自动驾驶系统将拥有更多的真实交通数据来进行训练，可以更高效地进行系统升级。

三、粉丝经济

粉丝关系是关注者基于个人喜好与被关注者建立起来的互动关系，关注者通常被称为粉丝。以往被关注者多为演员、歌手、偶像、行业名人和奢侈品牌等。在互联网的赋能下，被关注者的概念范围不断扩大，网络红人、虚拟形象（IP）、文创周边产品等均可成为圈粉对象。借助热门短视频的流量，普通人也可以一夜之间成为网红。

粉丝往往通过购买被关注者的作品、偏好物品和代言产品等消费行为来建立和加强与被关注者的联系，满足"被触达"的心理需求。比如，音乐粉丝购买歌星专辑和演唱会门票，影迷热衷于收集明星喜欢或代言的商品，奢侈品牌粉丝通宵排队抢购新上市奢侈商品等都是常见的粉丝消费行为。

粉丝经济泛指架构在粉丝和被关注者关系之上的经营型创收行为，是基于粉丝关系衍生的一种商业行为。在"流量为王"时代，粉丝和关注度等同商业价值。除了传统的明星商业代言和周边产品销售外，还多了直播带货、客户打赏、内容付费、自媒体会员订阅等基于粉丝流量变现的新型商业行为。

> **粉丝经济的规范化治理**
>
> 由于针对新型商业模式的监管相对滞后，社会上也出现了少数明星无底线的粉丝流量变现行为，如非法集资、直播带货伪劣产品、偷税漏税等恶劣行径。2021年8月27日，国家网信办发布关于进一步加强"饭圈"乱象治理的通知，意味着粉丝经济的规范化治理被正式提上日程。

四、社群

社群是基于传播媒介聚合到一起，进行信息传播、情感交流、文化和价值共享的用户群体。在移动互联网时代，社群主要依赖于社交媒体作为传播媒介实现人际关系的连接，如微信、QQ、微博、小红书、抖音、快手等。

在完成产品销售或实现目标客户的触达后，组织可以为客户或潜在客户建立在线社群，把客户变成忠实粉丝，并实现持续的消费。社区运营的目的是聚集客户流量，激活参与度，赢得信任感，从而更好地触达客户。组织通过社群式服务，可以与客户或潜在客户建立更深入的联系，并促进社群成员之间的互动。通过社群，组织可以更深入地理解消费者需求，甚至实现与消费者的直接对话。社区成员可以是消费者，也可以是信息传播者，甚至可以是价值共创社区内容的生产者。"共建、共创、共享"是很多社区的运营方针。小红书、豆瓣、知乎等社区都是依赖于客户的创造内容实现互利共赢。

> **理想汽车——打造受人追捧的车主社区**
>
> "国内造车新势力"一改以前通过传统4S店作为与客户单一接触点的沟通模式，纷纷建立车主社区，聚集客户流量。比如，在理想汽车的社区里，理想车主可以晒各种旅行美照，分享旅行故事和用车心得；车主之间还可以相互交换和调剂物品，如交换轮毂、转让富余的车用配饰等；各城市车主自发组织当地理想车友会，开展各种集体活动，如车友集体出游、车友婚礼助力等。理想汽车官方也会组织一些活动，让理想车主更多地参与理想汽车的市场推广和口碑营销活动，如组织车友去车展为理想汽车站台。

五、私域流量

在新零售变革时代，流量私域化也逐渐流行起来。随着互联网流量红利时代的结束和网络广告投入费用比例的逐年升高，无论是传统组织还是新兴品牌，都开始通过数字化客户运营，将线下流量和公域流量转化为私域流量，以实现更多的流量价值。

流量的所有权和使用权的归属是私域流量与公域流量的最大区别。公域流量只有使用权，类似于百度和Google搜索流量，用完即走；而私域流量拥有所有权，可以作为客户存储池。

私域流量的核心在于通过精细化、数字化客户运营，增强客户黏性和推荐意愿。通过维护长远而忠诚的客户关系，私域流量可以形成无须投入过多市场费用、自身拥有（不受制于平台）、可持续（可反复触达客户）带来收入、具备可成长性（流量裂变）的在线资产。如果组织的私域流量发展得足够强大，甚至可以为其他组织提供公域流量服务。

六、生态网络关系

在传统的生产主导逻辑里，组织和客户的关系是单点价值创造，是单纯的交易关系，组织卖产品或服务给客户。在服务主导逻辑里，价值是通过组织和顾客之间的互动共同创造的。在服务生态逻辑里，价值由生态内的所有节点（参与者或受益人）共同创造，价值共创主体之间是动态的、松散耦合的、更加复杂的网络系统互动关系，我们可以称为生态网络关系。

生态网络关系里，一方面，组织通过创造一种客户价值模式，形成一个客户价值网，成为客户的价值共创伙伴，满足客户一站式生活需求，如无印良品的客户价值模式。另一方面，组织不仅可以成为客户的客户，还可以让组织的供应商、既有客户与新客户组成强大的战略联盟生态圈，如小米生态圈。

> **小米公司打造的生态圈**
>
> 　　成立于2010年4月的小米公司是一家以智能手机、智能硬件和IoT平台为核心的消费电子及智能制造公司。小米致力于打造一个万物互联的小米生态圈,在这个生态圈里各方可以互联互通,涵盖智慧家居、出行等方方面面。小米财报显示,截至2021年第二季度末,小米已投资超过330家公司。加上小米旗下顺为资本等产业基金的投资,小米投资的企业数量已超过400家。通过"渠道、供应链、生态+PE"的模式构建生态链,小米获得了硬件端的入口和完整的流量闭环。小米生态链为小米提供了极为低廉的获客成本,促进了小米IoT的大繁荣。

运营策略——数字化客户关系管理的四个关键

　　数字化时代,组织可以更准确地识别消费者需求,更直接地连接和更深地触达最终消费者,并拥有更广阔的价值共创空间。有鲜明价值主张的新生代消费者也乐意从价值的被动接受者向价值共创者转变。价值共创颠覆了传统组织与客户之间的固有关系,组织需要重新思考和定义商业模式中的客户关系及如何利用数据和数字化技术提供创新性、个性化和良好体验的客户交互和服务过程,这些我们统归为数字化客户关系运营策略。

一、数字化技术重塑客户关系

　　客户关系的本质是客户价值关系。新消费场景、新营销方式、新交付方式和新服务方式的变化决定了在数字化时代组织需要去重构价值传导关系,即重塑客户关系。依托于数字化技术和网络平台,以往组织基于传统分销体系建立的逐层向下传递的价值链条逐渐演变成以客户为中心的价值环,组织的一切活动围绕着客户进行,组织和客户实施一系列价值共创活动。

　　(1)客户细分:通过收集和分析客户信息数据、行为数据、商机数据、生命周期数据等,组织能精准识别客户的共同特征,构建客户画像。基于标签化和可视化的客户属性信息,组织可以精准地识别客户偏好,制定差异化的客户运营策略。

　　(2)识别长尾客户:借助数据分析,消费者需求的细分可以做到极致,组织可以更好地识别长尾客户,推出小众产品来充分满足他们的个性化需求。大数据技术和精准营销还可以帮助组织将小众产品快速推送给目标消费者。

　　(3)定制化批量生产:为了充分满足消费者个性化需求,在商业前端,产品和服务很难采取批量交付;为了提高生产效率和控制成本,生产行为则需要尽可能标准化;二者之间存在着矛盾。如果组织借助数据的桥梁,实现定制化的批量生产,则能在满足客户个性化需求和规模化效率之间取得平衡。

　　(4)提升客户体验:通过大数据,分析客户的需求,识别服务和销售流程改进机会,通过改善服务质量,提升客户体验和满意度,更好地留住客户。比如,组织可以通过客户行为数据分析预判客户的投诉和反馈,制定客户服务预案,利用智能客服来及时响应客户问题。客户需求能得到及时响应和充分满足后,客户的满意度和忠诚度都可以得到提升。

（5）价值共创：通过重塑客户价值关系，客户和用户不再只是产品的终点，还可以成为产品定制化设计的起点。借助数字化技术和社群，组织可以搭建与客户间的价值共创平台。客户和用户可以通过网站平台定制个性化产品；可以通过组织协同平台参与产品设计和研发过程，及时了解产品生产和交付进度；可以通过小红书等社交媒体分享产品"种草"[①]心得；可以通过汽车社区晒各种旅行美照，分享旅行故事和用车心得，甚至主动发起为组织站台的志愿者营销活动。组织利用大数据平台、数据协同与赋能等数字化技术实现与客户更紧密的连接，能更好地响应客户的个性化需求和体验反馈，提升客户关系管理质量等。

上汽集团竭力提升客户购车体验

上海汽车集团股份有限公司（简称上汽集团）一方面在营销、研发、制造等场景中增加数据采集的触点；另一方面打通业务系统上下游，开展大数据平台建设，通过数据服务为业务进行赋能。为了提升客户购车体验，上汽集团将客户预订车辆的排产信息、关键工艺节点信息、部分工位的装配过程和车辆发运及到店信息推送给客户，客户可以在云端上了解自己的爱车的制造和运输过程。

二、客户价值分层

组织根据客户共同特征对客户进行分类，在深刻理解特定客户需求的基础上，针对每类客户开展有效、适当的营销活动，有助于实现最大的获客收益。

在面向客户制定运营策略、营销策略时，我们通常希望能够针对不同的客户推行不同的策略，实现精准化运营，以获取最大的转化率。在资源有限的情况下，客户分类可以帮助组织识别并专注于那些可以带来最大未来利益的客户，从而实现更高效的运营。

针对不同类型的客户，应选择适宜的客户关系类型，制定差异化客户关系管理策略，并结合客户价值力和客户关系质量这两个维度设计客户价值分层模型。

1. 客户价值力

在数字化时代，客户价值力的内涵发生了变化。乔治·库里南（George Cullinan）提出的 RFM 模型是经典的客户价值分析模型，该模型通过最近消费时间（recency）、消费频率（frequency）、消费金额（money）等维度分析一个客户的价值状况，但是它的分析维度高度聚焦在交易环节，不能充分体现数字化时代背景下社区、私域流量和生态网络等客户关系中的客户价值力。本章在设计模型时借鉴了 RFM 模型，但同时拓展了客户价值力的内涵。

客户价值力不再局限在市场价值，还体现在信息价值、网络价值、生态价值方面。

（1）市场价值：指消费者给组织能直接带来的财务价值，可以用历史消费总额、历史消费次数、历次消费平均金额、单次最大消费金额等指标衡量。

---

① 种草，网络流行语，本义为一种人工养殖草的方式，而在网络上，种草表示分享或推荐某一商品的优秀品质，以激发他人购买欲望的行为，或自己根据外界信息，对某事物产生体验或拥有的欲望的过程。

（2）信息价值：客户信息的完整性对持续客户关系维护具有重要意义，包括有效联系人数量、联系人信息完整性、客户来源、客户主营业务以及其他价值信息完整性等。

（3）网络价值：包括口碑价值和聚客价值。主要的衡量指标有企业客户的行业影响力、区域影响力、企业公信力和舆论影响力等，个人消费者在行业的专业程度、网站访问频率、社交媒体的活跃程度、粉丝数量等。

（4）生态价值：包括企业客户的生态圈建设规模、产品互补性、产品需求契合度等，个人消费者的价值共创积极性、创新能力、客户能力的延展性等。

2. 客户关系质量

数字化时代，组织与客户的触点和交互方式更多样化。客户关系质量的评价指标，除了承诺履行情况、客户满意度、信任度等传统指标外，沟通和响应方式、客户黏性、生态价值链可持续变现能力等也可纳入客户关系质量指标范畴。

（1）客户体验：主要指客户使用产品或服务过程中产生的直接感受及在与组织的接触和互动过程中形成的印象。主要的衡量指标有顾客满意度、及时的客户服务评价、承诺履行情况、品牌认可度等。

（2）客户黏性：主要指客户对于品牌或产品的依赖感和再消费期望值。主要的衡量指标有客户活跃程度、忠诚度、留存率、复购率、转推荐意愿等。

（3）客户价值共创生态：包括信息共享程度、价值共创平台完善程度、协同创新能力、客户在组织业务流程中的参与度、客户繁衍能力等。

3. 客户价值分层模型

参照客户价值力和客户关系质量两个维度，我们建立了客户价值分层模型。将客户分为 VIP 客户、发展客户、粉丝客户和机会客户四类。

（1）VIP 客户：客户价值力高，客户关系质量好；

（2）发展客户：客户价值力高，客户关系待改进；

（3）粉丝客户：客户价值力有限，但客户关系质量好；

（4）机会客户：客户价值力和客户关系都一般。

针对不同层次的客户，组织可实施不同的客户关系维护策略，如图 1-8-2 所示。

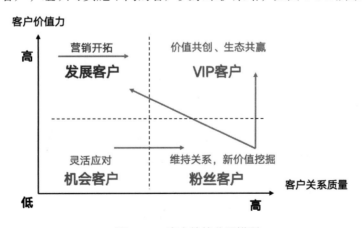

图 1-8-2　客户价值分层模型

（1）VIP 客户：价值共创、生态共赢。应侧重开展战略合作和生态圈合作，加强价值共创平台的维护。

（2）发展客户：潜在价值大，积极开拓。应侧重增强价值链条的触点建设，更多开展营销活动。

（3）粉丝客户：继续维护、挖掘新价值。应侧重价值链条的拓展和产品跨界，挖掘新价值。

（4）机会客户：灵活应对。应通过改进自助服务体验和留客策略，将机会客户择机转化为粉丝客户。

针对不同类型客户，可采取不同客户关系类型组合，见表 1-8-1。

表 1-8-1 客户关系类型组合

客户类型	常见客户关系类型组合
VIP 客户	战略联盟、生态网络
发展客户	供应关系、合作伙伴、私域流量
粉丝客户	个人助理、社群、私域流量、粉丝经济
机会客户	买卖关系、个人助理、自服务

三、数据赋能

1. "千人千面"和"千人千价"

客户画像和客户行为偏好数据，已成为很多组织在进行产品开发、客户运营和营销推广活动时的重要决策依据。组织通过精准的客户画像，结合具体业务场景需求和客户互动过程可以自定义客户标签，构建一个完整的、动态的客户标签体系。基于客户画像，组织可以通过流量平台寻找匹配特定需求信息的人群，精准推送相应的产品信息或服务信息，有效提高客户触达效率，实现"千人千面"。基于大数据和客户行为标签，组织可以采取差异化服务策略和计费政策，实现"千人千价"。

特斯拉的"定制化"车险产品

2021 年特斯拉新推出了一种为客户"量身定做"的新型车险产品——UBI 车险。该车险根据车辆使用时间、里程、驾驶者行为来确定价格，开启了保险业的一次重大革新。特斯拉实时收集客户驾驶行为数据，包括驾驶时与前车的距离、急转弯、急加速、急刹车的频率、双手是否同时离开方向盘等，基于这些数据给予客户驾车安全系数评价。根据客户安全系数评价设定不同的保险费率，得分高的客户可以享受低费率保费，得分低的客户则需要承担高费率保费。

---

2. 用数据分析提升客户体验

通过大数据客户分析，可以跟踪和分析渠道每个阶段的客户行为和客户接触点。通过对全渠道、全触点数据的挖掘分析，组织可以更容易识别客户关注点和需求。在需求定义阶段，通过客户画像和客户偏好分析，精准把握客户的需求；在产品设计和交付过程中，客户有效参与交互和反馈，实现及时信息共享和信息反馈；在服务运营和产品售后阶段，对客户体验实时监测和预警，及时介入响应，消除影响客户体验的因素，及时开展客户挽留活动，能大幅改善客户体验，提高客户黏性和留存率。

3. 基于大数据的 C2B 反向定制

C2B 是电子商务模式的一种。相对于 B2C（图 1-8-3 左）、G2C 和 C2C 等主流模式，以消费者为核心的 C2B（图 1-8-3 右）被视作一种逆向的商业模式。C2B 反向定制是指消费者根据自身需求定制产品和价格，或主动参与产品设计、生产和定价，生产企业根据消费者个性化需要进行定制化生产。目前，C2B 最具有创新性的应用场景是大批量定制生产。

图 1-8-3　传统 B2C 业务模式（左）与 C2B 业务模式（右）

在 B2C 业务模式的表现形式下，组织通过互联网为客户群体提供一个网上商店的购物环境，组织通过在线营销活动，主动且直接地向客户推销产品和服务。C2B 模式的表现形式下，客户根据自己的喜好，定制鞋子，选择鞋底、鞋面和鞋带的颜色，以及特殊的鞋子尺寸，甚至可以在鞋身缝入个人专有信息。充分展现了以客户为中心、以产品和服务为纽带的新型业务模式。

消费者越来越注重产品使用体验，崇尚彰显个人消费主张，让有助于提升产品辨识度和专属感的产品定制化有了更广泛的市场。如今，人们可以为汽车进行定制，选择自己想要的颜色、轮毂和内饰，也可以定制饮料包装样式和文字内容。

根据《哈佛商业评论》的研究，消费者更愿意购买和推广自己参与"塑造、创造或生产"的产品。组织积极推动客户参与产品的设计和生产过程，在满足客户个性化需求的同时，还可以提升客户对产品的忠诚度。但是满足个性化的产品定制与大规模生产间存在着天然的矛盾，组织需要在顾客满意度和生产效率间实现平衡，往往无法满足消费者的全部个性化需求。

基于大数据的 C2B 反向定制，能有效缓和产品定制与大规模生产之间的矛盾，如图 1-8-4 所示。通过互联网平台聚集消费者的个性化需求，组织基于需求把产品拆分成若干个生产单元，开展生产单元的标准化生产，再基于需求实施模块化组装，从而满足消费者的个性化定制需求。大批量定制生产可以兼顾消费者个性化需求的满足和组织生产成本控制的需要。

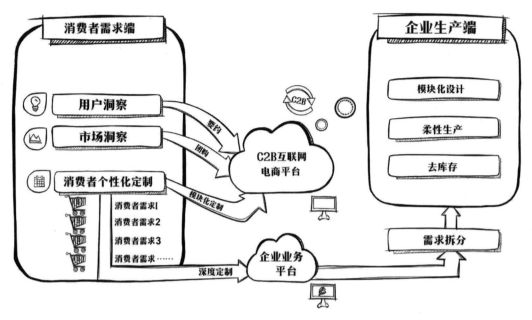

图 1-8-4　C2B 反向定制商业模式

生产型组织也可以基于海量的数据，充分挖掘消费者需求和产品卖点，用于指导研发、设计和生产，用较低的成本完成满足消费者需求的产品的生产。

天猫的数据共享计划

天猫从 2013 年开始就启动了数据共享计划，将沉淀的行业数据分享给厂商，从价格分布、关键属性、流量、成交量、消费者评价等维度建模，挖掘出功能卖点、主流价格段分布、消费者需求、增值卖点来指导厂家的研发、设计、生产。基于大数据的 C2B 定制能帮助厂家更好地满足客户的需求，也有助于帮助厂家降低生产成本、减少库存、提升销量，实现了企业与客户的双赢。

四、全生命周期数字化客户运营

1. 客户生命周期

企业与客户建立关系、运营关系和终止关系的全过程称为客户生命周期。客户生命周期作为客户开始接触、使用产品到离开产品的整个过程，持续的时间直接影响产品效益和企业营收。

随着互联网流量红利时代的结束，便进入了"留量为王"的时代，获取新客户的成本要远远高于挽留既存客户（既存流量）的成本。从客观上要求组织必须把既存客户作为核心资源进行精细化运营，努力增加客户黏性，延长客户生命周期。

2. 数字化客户运营

数字化客户运营是利用数字化技术，结合组织具体业务场景和识别不同的客户阶段，针对不同客户标签和客户画像特征，采取不同的运营策略来增加客户黏性和延长客户的生命周期，从而帮助组织更好地实现运营目标。在整个客户生命周期，主要有获客、活客、留客几类运营策略。组织可以根据自身情况，对不同客户生命周期的客户行为特征进行细化，如表 1-8-2 所示。

表 1-8-2　客户生命周期不同阶段主要行为特征和运营策略的示例

客户生命周期	客户主要行为特征	客户类型	客户运营策略
引入期	符合客户画像特征，已通过相关渠道触达，但还未实施下载、注册等行为的用户	潜在用户	获客 引导客户体验产品价值
引入期	已完成注册或产品试用，但登录次数或访问时间低于门槛阈值的客户	新用户	获客 引导客户认可产品价值
成长期	已使用特定功能、满足活跃条件的客户，已养成使用习惯、在一定时间内活跃的客户	活跃用户／留存用户	活客 提升客户体验，增强客户黏性
成熟期	已完成付费或流量转换且持续活跃未流失的客户。	付费用户	活客 拓展价值变现渠道，提升单体客户价值
休眠期	连续一段时间内未活跃，但仍可以尝试召回的客户；连续一段时间内未登录访问 App，但未卸载 App 的客户	休眠用户	留客 启用流失预警机制，及时采取客户活跃和客户挽回措施
流失期	连续一段时间内未活跃，且无法召回的客户；已卸载 App 的客户。	流失用户	留客 启用客户召回机制，开展客户回访等活动

3. 全生命周期数字化客户运营策略

（1）获客：对应着引入期的客户，积极通过流量入口进行流量引流，将公共流量转化为私域流量；鼓励和引导客户体验、使用产品和服务，让潜在的客户及流量实现从访客到客户的转变。客户运营核心是全渠道获取精准流量和利用大数据实现精准触达，让客户感知和认可产品价值。

（2）活客：对应着成长期和成熟期的客户，通过提升产品和服务体验，提升客户满意度、留存率、复购和推荐意愿。客户运营核心是通过分析客户行为、优化产品和客户体验、促进价值共创意愿来增强客户黏性，通过灵活多样的流量变现渠道来实现营收。

（3）留客：针对休眠期和流失期的客户，利用客户流失预警系统和客户活跃度监控工具，及时采取挽回措施，引导客户重新活跃使用产品，或转化新产品的客户。客户运营核心是及时的客户流失预警和个性化的客户再活跃手段。

面向特定的人群，在正确的时间里以正确的触达工具提供正确的产品或服务，是数字化客户运营的核心。做好流量引流和转化、提升客户体验和产品价值认可度、及时对客户流失行为进行预警和分析、利用激活手段重新唤醒休眠客户、通过产品跨界拓展价值链条等这些覆盖全生命周期的客户运营活动都离不开大数据和数字化工具的支撑。

某购物网站的客户流失预警和留客

基于该网站成长期的流失客户大数据分析，90% 的客户在流失前的购物次数只有一两次，根据平均购物频次，假定流失时间是 20 天之后。

那么，当客户在10天的时候，如果购物次数保持在一两次，可以基于用户购买或浏览行为对用户进行更精准的商品信息推送；12天的时候，如果购物次数仍然保持在一两次，可以在商品推荐的基础上，给客户发放优惠券或进行商品返现；如果15天的时候，客户还是只购买过一两次，可以进行人工客服电话召回，告知客户有一个××元优惠券已发送至账户里，两天内有效，可以使用；如果18天的时候，还是一两次，那么可以提升给该客户发短信的频次，并加上感召性的文案。如果超过20天仍然只有一两次，可以认为该客户已经流失，可以按照流失用户的标准进行日常召回，实施电话回访。

本章核心观点

数字化时代，客户的需求变得更加细腻。准确的客户洞察、个性化需求的满足、极致的服务体验和精细化数字化客户运营是数字化客户关系管理的关键。

本章思考

请阅读以下案例背景资料，并回答问题。

全球大型咖啡连锁公司（以下简称S公司）在中国地区的目标客户是具有较高文化水平、崇尚知识、追求精致生活并希望享受闲暇时光的城市白领。根据2021财年年报显示，S公司中国地区在2021财年创记录地净增了654家新店，其中第四季度净增225家。2021财年，中国市场同店销售增长17%。其中第四季度，中国业务收入同比增长18%，期内同店销售下降7%。经过经营数据分析发现中国市场收入的增长主要来自扩张的新门店。在疫情防控期间，80%门店都调整了运营策略（如仅接受移动订单、开放有限座位等）。尽管受到疫情影响，但加速开店、数字化客户体验等因素仍促进了市场增长。在第四季度，S公司中国地区90天活跃会员数量达到1 790万。这一数量比第三季度增长5%，比去年同期增长33%。金卡会员购买频率仍保持在疫情前水平，移动点单业务（含外卖和外带业务）在整体销售额的占比达到创记录的36%。显著高于2020财年的26%，是疫情前水平的两倍多。

S公司经营管理层决定抓紧市场复兴机会，抢占市场份额，实现快速增长。因为市场份额增长除了能增加营收外，还将有助于提高长期的客户参与度和忠诚度，并优化门店运营杠杆。

截至 2021 财年结束,该公司已经在中国的 208 个城市开设了 5 360 家门店。在接下来的新财年,S 公司计划在中国实现进驻 230 个城市和门店开设总数达到 6 000 家的目标,在进驻新城市的同时提高现有城市的渗透率。S 公司在中国市场将通过提升顾客参与度及体验感等方式,抓住机遇,赋能未来增长,扩大可持续的竞争优势。

结合本章内容,请思考以下问题:

（1）请简要描绘 S 公司在中国市场的客户画像。

（2）为了实现新财年中国市场的经营目标,S 公司宜在哪些方面重点投放客户关系运营资源?

（3）请为 S 公司设计中国市场客户关系运营策略。

本章思考

第 11 讲：客户价值分层模型

第九章 运营模式——价值工厂的工程宝典

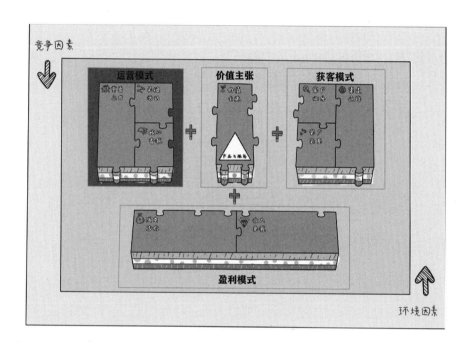

什么是运营模式？运营模式是指对组织经营过程的计划、组织、实施和控制，是与产品生产和服务创造密切相关的各项管理工作的总称。运营是一个投入、转换、产出的过程，是对战略落地的具体执行。当组织做出正确选择后，运营就是做正确的事。如果说获客模式解决了选择客户、找到客户的问题，那么运营模式就是解决如何为客户创造价值的问题，它是商业模式中价值创造的实现方式。

那么，什么是数字化运营模式呢？数字化运营模式是基于数字化的新理念，以精益思想为引领，在精准识别客户价值与高效价值流的基础上，运用数字化技术和数据对运营中的设计、研发、采购、生产、销售、交付和售后服务等各个环节实现赋能，并通过平台化的支撑，打破数据孤岛、系统竖井和部门墙，减少了企业在流程上的浪费，进一步提高端到端价值链的生产效率和风险管控能力。不仅如此，在数字化时代，业务生态化发展是大势所趋。数字化运营模式是组织实现与外部生态连接的基础，是组织加入"生态联盟"前的自我变革。数字化运营模式是传统模式的升级，传统的运营管理体系也应随之升级为数字化的运营管理体系。

在进行数字化运营模式变革时，要考虑如下问题：
◇ 构建数字化运营模式的目的和意义是什么？
◇ 数字化运营模式有哪些重要组成部分？它们之间的关系是什么？
◇ 我们需要优化还是重构运营模式？

◇ 构建数字化运营模式应遵循什么指导原则？

本章将回答以上问题。

运营模式的目的和意义——高效的价值创造

一、构建数字化运营模式的目的

实现运营的降本增效、提质增收，并通过对客户需求的快速反馈，提升客户黏性，对企业业务运营实现有效拉动，从而使企业卓越运营，保持强大的、持续的、价值向上的能力。

获客模式的主要目的是找到客户，了解客户需求，把客户需求传递到组织的生产运营部门，由生产运营部门完成价值创造的过程，并将产品通过渠道通路交付到客户手中，完成价值传递的过程。获客模式与运营模式的交集主要是产品。产品需求是获客模式要获取的，产品实现是运营模式要交付的。要让获客模式与运营模式实现无缝衔接，一方面要让价值主张在这个过程中无衰减，另一方面通过数字化的平台支撑可以让需求转化、产品实现、价值交付更加敏捷、通畅，如图1-9-1所示。

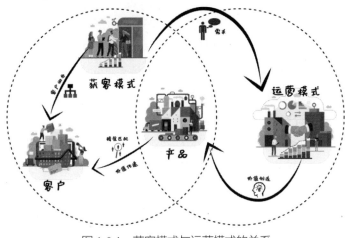

图1-9-1　获客模式与运营模式的关系

二、构建数字化运营模式的意义

1. 实现价值链效率最大化，包括提高客户管理能力、生产效率、业务创新能力、资源配置能力、决策能力和抗风险能力等。

2. 提高连接一切的能力，包括提高价值主张的传播效率、提高生态获客的能力、提高对客户需求的感知能力、提高与生态伙伴的合作能力、提高资源的获取能力等。

组成与相互关系——数字化运营模式的三个模块

一、数字化运营模式的组成部分

数字化运营模式主要由关键活动、核心资源、重要合作三个模块组成。

1. 关键活动——活动贯穿，平台支撑

针对商业模式而言，关键活动是创造价值，让商业模式正常运转是最重要的组成部分。数字化运营要努力做到：基于数字化手段消除企业流程浪费，提升价值流的效率；构建数字化的运营管理平台，

提高组织整体运营效率。

2. 核心资源——融合赋能，兼收并蓄

针对商业模式而言，核心资源不仅可以来组织内部，也可以来自生态合作伙伴。评判一项资源是不是核心资源，主要看该资源对商业模式的顺利运转是否起到关键作用，而不在于其是否属于本组织。当部分核心资源不属于本组织时，资源的交互融合与协作互利就变得尤为重要。也就是说，较多地依靠外部资源的商业模式对生态合作更为依赖，但组织一方面可以利用生态资源实现本组织在传统思维模式下无法实现的目标；另一方面可以消除资源负担与过多的精力浪费，使组织"轻装前进"。

◇ 从场景入手，借助数字化技术为组织的资源赋能。

◇ 以小博大，利用生态资源，实现价值最大化。

> **巧用资源的优步**
>
> 优步作为一个打车平台，就是充分利用社会资源（包括车辆、司机等）为大众出行提供服务的。其中，车辆、司机、平台和数据都是核心资源，而出行服务公司用数据和平台化技术撬动社会资源为大众服务，可谓是以小博大。司机和车主在这个模式中也是受益人，这一点也显示了数字化商业模式的价值共创的特征。基于价值共创的理念，数字化运营模式能够让组织轻资产运营，这是数字化商业模式的一大优势。

3. 重要合作——相得益彰，协同共创

针对运营模式而言，重要合作可以视为组织的外部资源池和能力项。组织可以更方便快捷地与生态中的利益共同体实现合作。基于生态合作，组织既能最大化地利用资源，还能获得更多的业务机会与成本收益，如通过外包、分包可以提升关键活动的能力和质量，通过合作可以扩大自身掌控的资源等。

（1）明确重要合作是基于第一曲线还是第二曲线。如果是出于扩大现有市场规模、降低成本、提高客户服务水平等稳固现有业务的目的，需要重点关注供应商合作、渠道商合作和客户合作。如果是出于寻找新市场、研发新产品等探索新兴业务的目的，需要重点关注与竞争对手、其他行业企业、创新团体的合作。在重要合作的价值共创过程中，需要重视利益分配。"分利"的公平性、公允的价值计量是关键，因为合理的利益分配是生态合作做大、做强的基础。

（2）打造协同生态。在重要合作中，由于组织的部分活动需要外包，部分资源要从外部获取，所以运营在外包或获取的过程中变得很重要，因为毕竟不是把所需的能力项和资源凑到一起就能成功。实现卓越运营的最核心的部分就是要实现卓越的协同管理。这就如同一支交响乐队，指挥的地位有目共睹，其价值就是让整个乐队协同工作，演奏出美妙的旋律。

二、数字化运营模式组成部分的相关关系

关键活动是运营模式的核心主线，贯穿于整个运营模式。当客户及客户需求确定之后，活动将围绕实现需求展开。一方面，组织将根据活动的需要进行资源的获取和配置；另一方面，组织将根据活

动的需要选择适宜的合作伙伴。当组织自有的能力或资源不足以实现运营目标，或需要更快、更专业、更经济地完成整体工作，就会向合作伙伴寻求支援。关键活动体现了运营的业务逻辑，是运营模式成功运转的基石。组织通过核心资源与重要合作提升组织能力和创造价值的效率。

第三节 关键点——优化与升级、重构与颠覆

一、实现运营模式的优化与升级

一个组织是否有活力，看它的运营情况便一目了然。有的组织生机勃勃、欣欣向荣，有的组织墨守成规、死气沉沉。这种活力很大程度体现在组织的运营效率上。运营效率的改进又可以分为两种情况：一种是运营模式优化，另一种是运营模式升级。运营模式优化是局部的，针对问题突出的业务流程进行重点优化，通过消除企业流程浪费，解决原有价值链的瓶颈问题；运营模式升级是整体的，通过数字化手段，通常是平台化的方式对现有运营模式整体升级。

二、实现运营模式的重构与颠覆

产业互联网升级的基本出发点是"连接"，数字化转型的基本出发点是"虚实融合"。物理世界与信息世界的数字化融合正在加速产业生态化发展的进程。在组织数字化转型的同时，业态正在向生态化的方向发展。不论是以生态化的方式形成相互依赖、共享共赢的生态联盟，还是以生态化方式参与更大的竞争，只要涉及与组织外部环境的生态化连接，就不只是考虑自己的事情了，这时往往需要对组织运营模式进行更大的变革，也就是重构或颠覆现有的运营模式以适应生态化的业务运营。

第四节 精益卓越——数字化运营模式的指导原则

利用数字化技术，一切现实事物都可以映射到数字世界，实现现实事物和虚拟事物的对接和映射。当数据世界能反映现实世界的规律时，现实世界在数字世界里的重构有助于简化现实世界复杂环境的不确定性，再将结果反哺于现实世界。构建数字化运营模式也是基于这个道理。

在制造业，截至2021年9月获得"灯塔工厂"[①]殊荣的企业全球有90家，其中31家在中国。这里有我们熟知的海尔（青岛）、海尔中央空调互联工厂（胶州）、美的集团（广州）、富士康（深圳）、中信戴卡（秦皇岛）、三一重工（北京）等。它们的共同特征是在生产运营中充分运用自动化、工业互联网、大数据、5G等技术。它们被视为第四次工业革命的领路者，是数字化制造的表率。

在服务业，如金融、通信、销售、教育、健康、物流、交通、文化娱乐等细分领域，那些头部企

---

① 灯塔工厂，是指由世界经济论坛和麦肯锡咨询公司共同选出的数字化制造与全球化4.0的示范者，拥有高科技含量与创新性的"世界上最先进的工厂"。

业都在积极利用大数据、物联网、区块链、人工智能等数字化技术，优化其服务运营，通过高效的资源配置和快速的响应能力，为客户带来极致体验。中国的物流服务就是一例，在这个领域我们已经走在了世界的前沿。

农业的数字化水平相对落后。在国家推出乡村振兴战略后，我们惊喜地发现就连农业都在积极拥抱数字化。智慧农业、数字乡村成为数字化创新的实践热土。通过将遥感、地理信息系统、全球定位系统、计算机技术、通信和网络技术、卫星技术、自动化技术等技术与地理学、农学、生态学、植物生理学、土壤学等有机地结合起来，为农业生产、加工、销售的全产业链创造了无限的创新想象空间。

在三大产业的数字化运营中，我们发现一个共同的特征，那就是追求精益求精、追求卓越！卓越的企业表现出卓越的业绩，而卓越的业绩需要卓越的运营来支撑。

精益卓越是设计数字化运营模式的指导原则。在数字化商业模式里，卓越蕴含着以下五大能力。

1. 基于价值流的精益生产能力

组织需要树立和借鉴精益的意识，基于对顾客价值的精准定位，通过消除组织所有流程上的浪费来提升价值流效率，实现生产经营的有效拉动，进而达到尽善尽美。

2. 基于业务场景的创新能力

当下，数字化转型的着力点在业务场景，这是一场业务创新、模式创新的挑战，需要组织通过内外部协同创新来激发和创造新的业务场景。

3. 基于数据的量化风险管理能力

相比传统的风险管理只注重应对措施，数字化时代基于大数据的量化风险管理，可提高风险识别、预测及应对的能力，变革风险管理体制。

4. 基于价值共创的生态构建能力

通过各组织之间的价值整合，形成资源共享、能力互补、协同创新和价值共创的关系网，相互提供边界资源，促进生态圈的持续发展。

5. 基于适配变化的组织治理能力

组织需要具备快速适应变化的治理能力，例如扁平化的组织架构、渐变式管理、灵活有效的沟通机制等，以适应不断变化的商业环境。

值得一提的是，人类在运营管理、管理体系方面积累了丰富经验。最具代表性的是由有"质量之父"之称的戴明博士（Dr. W. E. Deming）提出的质量管理 PDCA 循环（即 Plan——计划、Do——执行、Check——检查和 Action——改进），它在组织运营领域是普遍适用的。依据国际标准（例如 ISO 9001、ISO 20000、ISO 27001、ISO 22301，以及精益、ITIL 等方法论）构建的管理体系都符合 PDCA 的总体思想。在保障组织规范、高效、安全运营等方面起到了积极的作用。

能力是价值突破的基础，组织在拥有以上五大能力之后，精益卓越就能够为组织在客户价值、业务敏捷、组织弹性、业务连续性、业务生态五大领域实现价值突破。一个追求卓越的组织要制定一个

拥有五大能力,在五大领域实现价值突破!

清晰的、可实现的目标,为组织运营改进指明方向。在目标的引领下让卓越从理想成为现实,让组织在应对外部变化时游刃有余,在巨变中脱颖而出。

我们认为,成熟的数字化运营模式,不仅包括关键活动中业务的数字化,也包括核心资源的有效整合与配置,以及通过数字化运营管理平台实现高效的生产与决策、敏捷的能力输出、全面的风险管控,还包括与生态合作伙伴的重要合作,实现协同创新。在接下来的章节中,我们会针对数字化运营模式的组成部分进行详细介绍。

精益卓越是设计数字化运营模式的指导原则。	**本章核心观点**
❶ 发现你身边的数字化商业模式案例,它们的运营模式有什么创新之处?在这些创新中四大赋能要素都起到什么作用? ❷ 请举例说明,精益卓越指导原则在数字化运营中的应用。	**本章思考**

第 12 讲:精益卓越
的指导原则

第十章 关键活动——让价值流动起来的动力

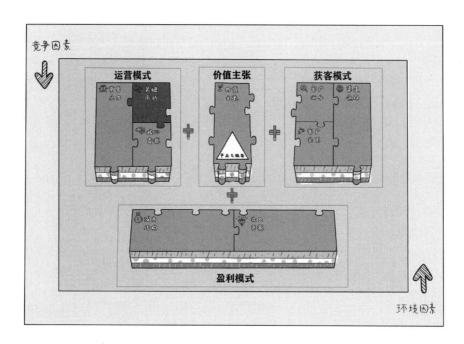

关键活动是组织为保障其商业模式正常运行的最重要的工作。关键活动对于组织实现其价值主张、业务目标、数字化转型至关重要。关键活动主要有两大类：一类是基于价值流的串行业务活动，例如生产制造型企业的各类生产活动；另一类是基于平台化商业模式的多边业务活动，例如电商平台的各类并行业务交易活动。

世界上没有两片完全相同的叶子，也没有两个商业模式完全相同的组织，每个组织的商业模式的关键活动也因具体组织而异。典型的活动包括调研、设计、研发、营销、生产、运行、交付、售后服务、质量管理、风险控制等。具体到一个组织，哪些是商业模式的关键活动，需要通过对活动的价值贡献和对商业模式的影响程度等维度来评判。由于价值与浪费在传统精益思想的价值分析和八大浪费[①]中早已有所定义，所以识别哪些是组织的关键活动不是本章的重点。精益卓越是数字化运营模式的指导原则，为了实现组织的高效、敏捷、弹性，保证商业模式达到预期的效果，有两个关键主题是大多数组织共同关注的。这两个主题是本章讲述的核心：一是如何提升关键活动创造价值的效率，二是如何对关键活动进行一体化管理以提升组织整体价值。

---

① 企业精益生产管理中最常见的八大浪费有：等待的浪费、搬运的浪费、不良浪费、动作浪费、加工浪费、库存浪费、管理的浪费、制造过多（过早）的浪费。

◇ 如何优化一项具体的业务活动？业界有哪些方法论？

◇ 如何构建一个组织级的数字化运营管理体系，以提升组织的管理能力，让商业模式更加成功？

本章将回答以上问题。

优化活动——基于方法论和场景的价值流优化

一、活动优化方法概述

常见的可用于优化组织业务活动的思维模式和方法包括：

◇ 标杆瞄准（bench-marking）：指组织将自己业务活动、管理活动等各方面状况与同行业或同领域表现最为卓越的组织的相关过程进行分析对比，以识别自身不足，并通过借鉴其实践成果，改进本组织的各个环节，以期不断提升组织业绩的过程。

◇ DMAIC：是六西格玛管理中提到的改进流程的一项重要方法。通过定义（define）、测量（measure）、分析（analyze）、改进（improve）和控制（control）这五个阶段完成对包括制造过程、服务过程、管理过程等在内的各类流程的改进工作。

◇ SDCA循环：是一种以标准化为核心的流程优化思想与方法。通过标准（standard）、执行（do）、检查（check）和行动（action）的过程，将所有工作流程标准化，并使其平衡运行，然后检查过程，以确保其精确性，最后做出合理分析和调整，使得各项流程能够满足组织的生产经营管理要求。

◇ ECRS：是工业工程学中程序分析的四大原则。在进行5W1H分析的基础上，通过取消（eliminate）、合并（combine）、重排（rearrange）和简化（simplify），寻找工序流程的改善方向，构思新的工作方法，以实现对生产工序的优化，从而达到更高的生产效率。

◇ ESIA：是一种以尽可能减少流程中非增值活动为核心思想的流程优化思想与方法。通过清除（eliminate）、简化（simplify）、整合（integrate）和自动化（automate），重新设计新的流程以替代原有流程，加强增值活动，以提升对客户的最终交付价值。

从以上这些方法中，我们不难看出"标杆""分析对比""标准化""简化""自动化"等一系列耳熟能详的重要观念。正是这些观念不断辅助组织让各个业务活动中的流程环节得以完善。然而，在实践过程中，我们可能听到过"看似标准与优化的流程体系却不能解决一些业务活动中的顽疾""流程化不能解决问题，反而限制了敏捷"等抱怨。那么是组织在业务活动的构建与优化过程中用错了方法，还是因为这就是"流程的原罪"？

二、场景视角的业务活动优化

1. 视角的转变

所谓流程，就是通过一系列连续有规律的活动将输入转换为期望输出的、相互关联的过程。

组织，尤其是规模化的组织，为了使其生产、经营和管理的各个业务活动规范化与高效化，减少员工个人负面因素带来的影响，需要对业务活动的各个环节进行分析、提炼、总结，形成可重复、可测量、可管理，甚至可自动化的标准流程，以便于指导、规范，甚至替代员工在业务活动中的执行。

这些标准流程的设计往往受到组织内部架构、生产和服务特点等因素的影响，只能覆盖一些局部场景。然而，很多业务场景需要这些流程的组合与协作完成价值的交付。比如，航空公司有订票、改签等流程，机场有办理登机、安检等流程，同样，空管、出入境管理局等与航空客运有关的组织内部也有一系列的相关标准流程。虽然这些标准化的流程可以很好地指导相关组织完成局部专项的业务交付，但针对"一位希望乘坐飞机从上海顺利并安全抵达莫斯科的商务旅客"而言，不仅需要多个业务内部流程的有效流转，还需要多个流程的协作，才能满足这个航空客运场景。在类似这样跨越标准流程的场景中，旅客特征、出发地、目的地、出行目的、天气状况、政策环境、卫生环境、突发事项等相关因素的组合会有很多。

由此，我们需要引入一个更为广泛的概念——"价值流"。价值流是基于对客户价值和流程浪费的精准判断，组织为实现与客户等利益相关方的共同价值主张，而为客户创建和交付产品和服务的一系列业务活动的步骤。需要注意的是，价值流更广泛地应用于基于客户等利益相关方视角的场景。

如果组织只专注于整体业务流程的运行，就会导致优化局限在组织内部，而忽略了客户等利益相关方的价值感受。同时，还可能因为这些内部优化使价值流的局部环节进一步形成瓶颈，甚至是流程障碍，使得价值流的整体效能更差。这也是很多组织在运用标杆等各种方法进行业务流程优化和再造后，依然在一些顽疾上颇感无力的原因，也是一些组织对流程建设有些"灰心"和"抱怨"的主要由来。

因此，"原罪"并非源自流程，而是组织在优化业务活动时的视角。

2. 探寻顽疾的根源

我们不局限于整体已标准化的流程，而是从价值流的视角来复盘每一个存在顽疾的生产、交付或管理过程，往往可以更为清晰地发现问题，找到问题的根源，从而提出有针对性的解决方案。

而价值流图[①]则是站在价值流视角审视和梳理整个过程的一个很好的工具。

如《ITIL®4：创造、支付和支持》（*ITIL® 4:Create, Delivery and Support*）中所述："虽然价值流图最初是在制造环境中开发的，但它同样适用于服务的创建和交付。"

以识别并消除价值流中的浪费为主要手段，价值流图（如图1-10-1所示）可以帮助组织识别价值流中的增值活动和非增值活动，提供对组织职能设计、人员技能培训、员工意识培养、流程机制优化、自动化技术投入、数据收集与运用、供应商协作方式等方面的针对性思考和改进，从而创造出更"精"（即消耗更少人力、更少空间、更少资本和更少时间）、更"益"（即得到更高的精益效益）的生产服务流程。

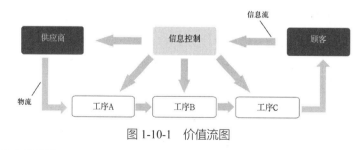

图1-10-1　价值流图

---

① 价值流图（value stream mapping，VSM），是丰田精益制造生产系统框架下的一种用来描述物流和信息流的形象化工具，由丰田公司在1980年率先运用于描述产品从原材料到成品的所有生产制造过程的活动，目的是通过寻找并消除生产过程中的浪费来提高生产效率。

以全过程可视化为支撑的价值流图有助于组织：

- ◇ 观察整个生产和服务过程，结合交付团队、活动、技术、流程、时间等元素，从需求到价值实现的全过程都是清晰可见的；
- ◇ 明确客户价值诉求和组织流程浪费，使组织内部各个创造价值的业务流程不间断地"流动"起来，进一步达到对客户需求的有效"拉动"；
- ◇ 为讨论价值流和流程提供通用语言；
- ◇ 将流程标准化、精益思想和技术自动化等思想与方法融合在一起，不再孤立地从流程或技术等维度做出优化业务活动的决策；
- ◇ 更清晰地暴露价值流中的浪费现象与源头；
- ◇ 构建实施或改进计划的蓝图，以指导改进的开展。

运用价值流图帮助组织审视存在顽疾的价值流，并识别顽疾的根源后，我们需要针对性地开出良方，而此时是良方还是庸方，很大程度上依赖于医生的经验与判断。那么，是否有着类似《本草纲目》这样的工具书可以辅助医生更高效地提出治疗方案呢？

3. 应用 ITIL®4 价值链辅助定位

很多人都看过逃脱魔术。魔术师将自己用不同的锁牢牢地困在一个套一个的笼子中，同时身边有一大串钥匙，他需要在最短的时间内找到正确的钥匙，打开锁，完成"逃脱"表演。

你是否会如这类魔术一样陷入尴尬：一边是已经明确的问题根源，另一边是各种良好实践、行业标准、方法论与工具，但你就是不知道最适合打开这个问题之"锁"的"钥匙"是哪一把。

如果把业务中的问题比作一把锁，与这把锁相匹配的钥匙（方法）才是组织想找的真钥匙！不匹配的钥匙，只是一块有钥匙形状而无意义的金属，如图 1-10-2 所示。

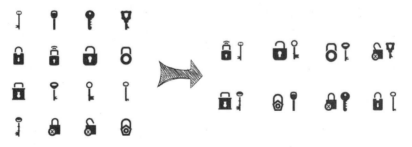

图 1-10-2　钥匙与锁匹配才有意义

那么，如果我们能够把所有的锁和钥匙进行匹配性的分类，是不是可以减少这样的尴尬？

2019 年，AXELOS 公司向全球发布的 ITIL®4 秉承了其辅助各类组织构建服务管理体系，以提高服务管理能力的初衷，进一步结合数字化时代的特征，为组织的数字化之旅提供了从战略到执行的实践指导与模型。

其中，作为其服务价值体系核心的服务价值链模型（如图 1-10-3 所示），将所有的业务活动步骤

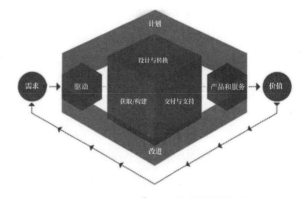

图 1-10-3　ITIL®4　服务价值链模型

按目的和特征提炼并归纳为以下六个类型。

- 策划（plan）：侧重于确保组织内部对产品与服务有关决策进行沟通与协调，以期达成共识的活动。
- 改进（improve）：侧重于确保有关所有价值流活动及相关组织、人员、信息、技术、流程、供应商与合作伙伴得以持续改进的活动。
- 驱动（engage）：侧重于确保能够清晰理解利益相关方需求，保持所有利益相关方的持续参与并维持与之良好关系的活动。
- 设计和转换（design and transition）：侧重于确保其产品和服务能够持续满足利益相关方对质量、成本和交付时间期望的活动。
- 获取/构建（obtain/build）：侧重于确保交付产品和服务的必要资源在符合相关法律法规和约定的前提下，在需要的时候和地方可被使用的活动。
- 交付和支持（deliver and support）：侧重于确保按照已经与利益相关方协定的标准和期望交付产品与服务的活动。

然后，ITIL®4总结并在其出版物中提出了34个与服务管理关系度最高的实践，这些实践有ITIL®4原创的，也有引用自其他管理方法论的。ITIL®4在介绍这些实践的具体内容时对六类活动的贡献度进行了评级，提供了贡献热度的评价，如图1-10-4所示。

于是，组织就能通过价值流图的方式识别问题的根源及与之相关的活动，再依据"价值链"活动的类型，更准确、快捷地找到适用的方法论。

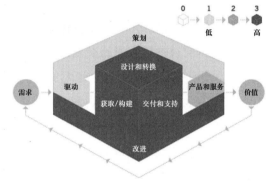

图1-10-4　ITIL®4　某实践对价值链活动的贡献热度

价值流帮助企业解决隐形顽疾

某企业在过去10年，相继引入ISO 9000、ISO 27001等诸多标准和框架，打造与完善其内部经营管理和信息安全管理的相关活动。但流程体系运转多年，该企业在信息访问控制、用户意见处理等诸多场景中依然是痼疾难愈。2020年，借助价值流图等方法，该企业相关部门在半天时间内重现了一个重要问题场景的全过程，识别出部门职责灰色边界、技术系统孤立、人员服务意识缺失、用户行为引导缺失等关键原因，并在之后的一周内，依据实施的难易程度和可能的见效程度，给出了针对性的解决方案和实施顺序。随后，在各部门的共同协作下，顺利地实施改进并达成了阶段性的改进目标。

三、基于价值流的数字化探索

既然价值流包含了实现端到端价值的重要场景，是组织与其利益相关方实现价值共赢的各种活动的组合,那么,对于这些场景活动实际状况的跟踪与监测是不是比对局部流程的监测更有意义?如果这个命题成立,那么将组织重要的价值流的全景视图可视化将是审视和优化组织各项活动的一个值得重视的选项。

> **价值流在业务中的运用**
>
> 财通证券股份有限公司(以下简称财通证券)系统运维部为了更好地支持公司"十四五"数字化改革规划的实行,将运维活动更好地融入业务服务场景之中,借助客户旅程图和服务蓝图两个工具的组合,以某业务条线下普通投资者自助服务的多个场景为试点,识别包括客户的视角所经历的全部行为、与财通证券的接触点、每项客户行为对应的业务支持活动、前后台的信息技术支持活动和支持相关客户行为和业务活动的信息系统,构建起具体业务场景下的服务全景视图,从而帮助业务与技术更好地理解相关场景中的协作关系、目标与方法,并能够更清晰地指导IT服务连续性管理等重要管理领域的工作。
>
> 目前,财通证券正在积极探索通过技术手段将已梳理的价值流视图可视化,并结合相关客户行为数据、业务数据和运维数据的监控,形成对重要场景的动态监测,以便于实时了解业务场景下的交付状况,并识别该价值流中存在的风险和机会。

除了基于价值流的业务活动优化,在数字化转型的过程中,一些转型前沿的组织如何做好运营管理,如何进一步探索企业运营的尽善尽美的问题?在这个不破不立的过程中,业务打法升级了,管理也要随之升级。在新的业务范式下实现新旧管理模式的切换及协同的、一盘棋的数字化业务管理是巨大的挑战,而构建数字化运营管理体系便是应对这项挑战的最佳答案。

优化管理——构建数字化运营管理体系

一、数字化运营管理体系的背景

数字化转型是组织级变革,随着变革逐渐深入,科技正在从业务支撑的定位转化为创新先导,驱动组织的业务进行数字化战略转型。新金融、新零售、新消费、新服务、新制造等行动所着力探索的就是如何跳出传统发展思维打造业务的"第二曲线",以新理念、新要素、新范式、新生态、新体制寻得新的发展模式和业务空间。

组织在布局数字化业务的同时,原有的经营管理体系也受到巨大的冲击,特别是在责任主体、组织协同和思维方式等方面尚未与预期的数字化业务能力匹配,因而构建精益、先进、完善的数字化运营管理体系,适配数字化的、一盘棋的作战打法①才能够让运营模式走向卓越。

---

① 数字化业务如同打仗,业务管理能力如同作战管理能力,要一体化指挥、快速响应。为便于读者理解,本文借用业务指挥作战场景描述数字化运营管理体系的设计思想。

在 Gartner 提出的 2021 年新兴技术成熟度曲线（如图 1-10-5 所示）中提到了"数字平台指挥者工具"，该工具即是本章所述的数字化运营管理平台。目前，该技术尚处于萌芽期。本书建议随着业务的数字化变革的深化，组织应提前规划、设计数字化业务运营管理平台，在数字化业务大规模运作或者在数字化业务进行集团级推广的时候，数字化运营管理平台将在基于实体之上的虚拟层为业务管理提供更加快捷、直观、智能的支持。

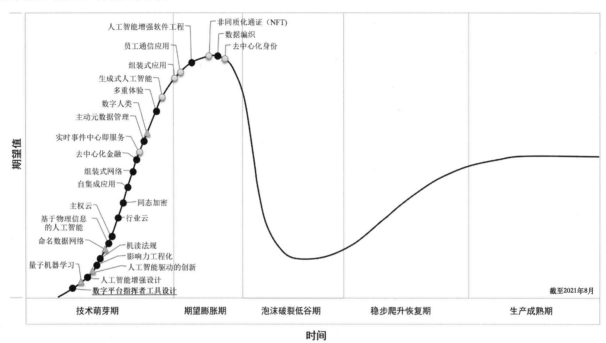

图 1-10-5　高德纳发布的 2021 年新兴技术成熟度曲线

二、构建数字化运营管理体系的出发点

产业互联网升级的基本出发点是"连接"，数字化转型的基本出发点是"虚实融合"。物理世界与信息世界的数字化融合正在加速产业生态化发展的进程。战区①打法是组织顺应数字化时代发展，围绕智慧业务、智慧生态制定的业务创新战术。战区打法是经营变革，是数字化转型的前沿探索。这一过程伴随着业务与数字化技术的融合、组织运作模式的重构、业务需求与资源能力的精细化管理、数字化业务与数字化运营管理的无缝整合。组织要运用云的先进理念来设计数字化运营管理体系，在数字孪生的世界寻求对传统运营管理理念的突破，在数字世界里探索现实运营管理问题的解决方案，并使之在现实世界的实践中日臻完善。

三、构建数字化运营管理体系的目标

数字化运营管理体系的总体目标是实现"随需而动的科技赋能能力、敏捷灵动的业务作战能力"。

---

① 战区：是一个业务场景，是一个相对独立的作战管理单位。战区的划分是自由的，可以是一个区域的一项业务，也可以是一个区域基于一个场景的业务组合，还可以是一项业务基于一个场景跨区域的组合。

四、数字化运营管理体系与相关方关系

数字化业务的创新与发展要求数字化运营管理体系与之相适配。数字化经营作战打法是数字化转型在管理领域的前沿探索。在数字化经营活动中,数字化运营管理体系是组织数字化运营的神经网络,先进的运营管理体系是数字化业务作战打法的保障。

如图 1-10-6 所示,数字化运营管理体系是核心,将组织数字化转型的八大方面有机地结合起来。从决策层到技术底座,从思维转变到行动落地,从业务形态到赋能中心,从业务战区到本营后方,通过数字化运营管理体系,基于战区的数字化作战打法,将各要素在"道、法、术、器"四个层次上进行了有机的连接。这张图展现了数字化运营管理体系与数字化转型中组织各关键领域的关系。

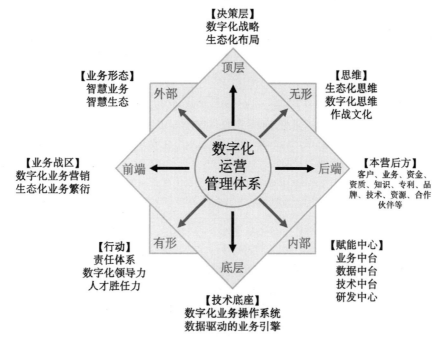

图 1-10-6　数字化运营管理体系八角图

1. 数字化运营管理体系与顶层要素之间的关系(表 1-10-1)

表 1-10-1　运营管理体系与顶层要素之间的关系

要　点	要点描述
【决策层】是什么角色?	决策层是组织的最高管理层,通常是 CXO 组成的管理团队。决策层负责数字化业务的总体作战指挥。
数字化运营管理体系与【决策层】的关系	决策层通过管理体系了解战况、下达指挥命令。数字化运营管理体系以服务好决策层进行作战指挥为宗旨。
【决策层】与八角图其他要素的关系	底层的"数字化业务操作系统和数据驱动的业务引擎"是决策层经营指挥的智能辅助系统,能够让决策在虚拟层上清晰细致地看到全局的业务逻辑,方便决策层对分布在各职能单元的物理资源和能力进行安排和调用,并辅以大数据、人工智能等先进技术手段为决策层提供决策支持和业务的自动化编排,提升数字化作战能力。

2. 数字化运营管理体系与底层要素之间的关系（表1-10-2）

表1-10-2 运营管理体系与底层要素之间的关系

要点	要点描述
【技术底座】是什么角色？	"业务数字化操作系统"是借鉴云操作系统调配分布式物理计算资源、存储资源，提供各项云服务的理念，将各业务生产要素标准化，将资源和能力服务化，使得决策层能够通过数字化业务操作系统灵活快捷地调用它们。数字化业务操作系统以云技术为底层支持，建立在物理生产要素之上的虚拟层，便于决策层对资源和能力的逻辑调用。 "数据驱动的业务引擎"是AI，也是"数据+算法"。数据驱动的业务引擎为数字化业务经营提供智能的、自动化的辅助支持。业务触发数据生成，数据训练优化业务算法，数据同时驱动业务优化和业务实现。数据驱动的业务引擎是实现自动化、智能化资源编排与赋能管理的核心技术，协助将场景需求与资源、能力进行智能编排与匹配，以提升战区作战灵敏度和作战能力。
数字化运营管理体系与【技术底座】的逻辑关系	数字化运营管理的特征是用数据驱动的方式协助数字化业务的洞察、构建、交付和运营。数字化业务操作系统和数据驱动的业务引擎是数字化运营管理体系的动力助推器。数字化运营管理体系通过数字化业务操作系统和数据驱动的业务引擎来提高业务管理的自动化、智能化程度。 数字化运营管理体系是数字化业务操作系统和数据驱动的业务引擎的开发架构的输入，决策层、业务条线和赋能中心提供场景和算法输入。
【技术底座】与八角图其他要素的关系	数字化业务操作系统是对数字化战略和生态化布局的底层支撑，为业务提供统一的、敏捷弹性的、安全可靠的业务运营管理支撑平台。支撑关系可参考阿里云对阿里电商生态、金融生态、O2O生态及文娱生态的支撑关系。 数据驱动的业务引擎是业务智能化、DT（数字化技术）应用的最好体现。 数字化业务操作系统和数据驱动的业务引擎是科技条线从IT转型升级为IT+DT+BT（业务技术）整合，并对业务赋能的价值升级。

3. 数字化运营管理体系与前端要素之间的关系（表1-10-3）

表1-10-3 运营管理体系与前端要素之间的关系

要点	要点描述
【业务战区】是什么角色？	【业务战区】是数字化经营的一线作战单位，是业务数字化、生态化打法的新的业务作战组合。 【业务战区】由职能条线牵头，以业务场景划分的新型业务指挥、作战、考核的业务集合。 战区是基于业务场景的虚拟化的作战单位，但每个战区必须有明确的战区指挥官。
数字化运营管理体系与【业务战区】的逻辑关系	数字化运营管理体系是【业务战区】的作战管理体系，服务于战区指挥官，目的是保障这个战区灵活、快捷、弹性的作战能力，让业务能打胜仗。
【业务战区】与八角图其他要素的关系	各【业务战区】在【决策层】的指挥下，通过数字化运营管理体系的支撑，把在【本营后方】雄厚的业务实力，包括品牌、资金、资质、客户群、业务能力、资源、合作伙伴等生产要素，作为整体资源和能力，进行智能化、最优化组合，赋能各大【业务战区】，形成对外敏捷、灵动的业务输出。

4. 数字化运营管理体系与后端要素之间的关系（表1-10-4）

表1-10-4 运营管理体系与后端要素之间的关系

要　　点	要点描述
【本营后方】是什么角色？	【本营后方】由研发、渠道、财务、行政、公关和资源保障等部门组成，是组织多年雄厚业务实力的沉淀。如果是集团企业，【本营后方】还应包括分子机构的相关部门。
数字化运营管理体系与【本营后方】的逻辑关系	数字化运营管理体系的一个管理价值就是充分发掘、调度后台的各项资源和能力，进行最优化组合，实现对各【业务战区】的支撑。 【本营后方】为数字化运营管理体系提供标准化的资源输出和能力输出，分子机构的资源和能力也应考虑到【业务战区】中，突破物理边界、职能墙的限制。
【本营后方】与八角图其他要素的关系	【本营后方】为【业务战区】提供组织级、最优化的资源和能力支撑，提高作战能力。 【本营后方】在参与具体的场景化作战的同时为【业务战区】推荐生态场景平台，整合产品和服务，提供"弹药"和权益，提升战区的作战能力和扩大作战半径。

5. 数字化运营管理体系与外拓要素之间的关系（表1-10-5）

表1-10-5 运营管理体系与外拓要素之间的关系

要　　点	要点描述
【业务形态】是什么角色？	【业务形态】是组织数字化战略的具体实施，数字业务和智慧业务是数字化经营的核心管理对象，智慧生态是业务生态发展的提前格局部署。同时智慧业务和智慧生态也是组织实现数字化经营转型的成果展现。
数字化运营管理体系与【业务形态】的逻辑关系	数字化运营管理体系应以智慧业务和智慧生态发展为方向指引，保障数字化经营战略的顺利执行。
【业务形态】与八角图其他要素的关系	智慧业务和智慧生态是决策层制定的整体作战方案，是数字化转型的工作目标，是三大中台建设、数字化赋能的工作指引。 智慧业务、智慧生态也是其他各生产要素共同努力的成果展现。

6. 数字化运营管理体系与内修要素之间的关系（表1-10-6）

表1-10-6 运营管理体系与内修要素之间的关系

要　　点	要点描述
【赋能中心】是什么角色？	【赋能中心】是组织数字化实验室，是新业务的"沙箱"[①]，是业务创新、技术创新的孵化器。云是数字化业务对外输出的载体，三大中台是能力中枢。
数字化运营管理体系与【赋能中心】的逻辑关系	【赋能中心】为管理体系提供创新的业务场景、创新的业务模式和创新的业务能力。 数字化业务需要上云，数字化运营管理体系也同样需要上云。 未来同样需要形成知识中台和管理中台，以便更好地支持数字化运营管理体系的高效运作。
【赋能中心】与八角图其他要素的关系	【赋能中心】是"内部发动机"，为【业务战区】提供创新的"业务弹药"，让【决策层】、战区指挥官在指挥作战时更具想象力。

---

① 沙箱（sandbox）：是在组织一个隔离环境下搭建的业务试验环境，在该环境下创新不受组织现有的制度、流程、人员、机制和文化的约束和影响。

7. 数字化运营管理体系与无形要素之间的关系（表1-10-7）

表1-10-7　运营管理体系与无形要素之间的关系

要　点	要点描述
【思维】是什么角色？	数字化思维是运用数字化技术以客户为导向、以价值为驱动、以创新为手段，整合各方资源、及时响应需求的思维方式。 生态化思维是构建生态拓展业务的思维方式，是实施生态化布局的思维方式。 作战文化是借鉴作战模式，创新地提出一种突破部门壁垒的、高效的、敏捷的、可随需而动的、带有技术赋能，且具有业务进攻性的作战文化。
数字化运营管理体系与【思维】的逻辑关系	员工意识和组织文化需要培养和重塑，以适配数字化战略、数字化转型的要求，数字化运营管理体系需要适配的员工意识和组织文化，这样才能够更好地领悟和执行【决策层】的指挥。
【思维】与八角图其他要素的关系	"数字化思维、生态化思维、作战文化"是数字化领导力、责任落实的"润滑剂"，是协同作战的"助推器"。

8. 数字化运营管理体系与有形要素之间的关系（表1-10-8）

表1-10-8　运营管理体系与有形要素之间的关系

要　点	要点描述
【行动】是什么角色？	数字化领导力是实现智慧业务、智慧生态、全组织各职能单元数字化转型、数字化运营的方向指引和推动力。 责任体系是在作战模式下动态形成的矩阵式的责任框架，是执行数字化战略，令数字化运营有序运转的基石。 数字化人才胜任力是数字化转型、数字化变革后人员知识结构的重构，是数字化运营的能力新要求。数字化人才胜任力模型是数字化运营管理体系中评定人才数字化各项技能的量尺。 以上三方面是落实好【决策层】指挥命令、【业务战区】执行任务的保证和有形的支撑。
数字化运营管理体系与【行动】的逻辑关系	"数字化领导力、责任体系、人才胜任力"是管理体系的责任抓手。通过责任部署任务，通过能力完成任务。
【行动】与八角图其他要素的关系	"数字化领导力、责任体系、人才胜任力"作为生产力中最活跃的人员要素，将【决策层】【业务战区】【本营后方】，甚至分子机构的实力有机地连接起来。将人力资源、人员能力作为整体考虑，通过能力矩阵和责任矩阵，实现最优化组合与协同作战。

五、相关方对运营管理体系的需求

作战打法中相关方对运营管理体系的要求如下。

1. 对管理体系的共性需求

【决策层】【业务战区】【本营后方】对管理体系的共性需求如下。

◇ 需要管理体系优化责任体系，明确责任主体，避免责任边界不清晰。

◇ 需要通过管理体系加强协同作战能力，打破部门墙，实现资源共享。

◇ 需要通过管理体系加强员工数字化能力的统一培养。

2. 对管理体系的个性需求

（1）决策层对运营管理体系的需求

◇ 为决策层提供数字化的格局洞察能力、战势态势感知能力、全场景能力矩阵和全场景责任矩阵，提供全局动态视图、备援能力视图等作战指挥所必需的管理平台，以便更好地作战指挥。

◇ 为决策层作战指挥提供统一的作战通信平台，确保指令及时传达并被正确理解和执行。

◇ 加强决策层对数字化业务运营的管控能力。

（2）业务战区对运营管理体系的需求

◇ 为业务战区及时提供准确的决策支持数据，利于前线精准响应，快速应战。

◇ 为业务战区提供组织整体资源调配的能力。

◇ 提供运营管理体系，提高业务战区网格协同能力。

◇ 为业务战区提供具有数字化意识、"懂数字化业务、懂数字化技术、懂方法论"的综合型人才。

（3）赋能中心对运营管理体系的需求

◇ 为赋能中心的创新和研发，提供更全面的业务输入、市场反馈，提高研发与市场需求的契合度。

◇ 为赋能中心在组织范围内选取更适配的研发人才提供手段，提高研发进度和质量。

◇ 为研发的业务测试提供更多的环境和场景。

（4）本营后方对运营管理体系的需求

◇ 协助本营后方针对场景构建渠道资源，深化线上与线下协同作战模式，发挥营销优势。

◇ 协助本营后方对前方的资源需求的匹配效率，提高业务竞争力。

◇ 协助本营后方提高财务资源的统筹配置效率、资金管理效率和结算效率。

◇ 协助本营后方建立数字化人才培养机制和适配战区打法的薪酬绩效体系。

◇ 协助本营后方将智能风控能力应用到战区打法中。

六、数字化运营管理体系的设计理念

组织对新型的运营管理体系提出了挑战性要求，在设计数字化运营管理体系的时候，需要借鉴先进的思想甚至是跨领域的方法才能实现对传统经营管理的突破。

1. 设计理念的由来

云计算蕴含着许多先进的技术管理理念。云计算是数字化技术的底座，承载着众多的云原生技术，支撑着数字化技术与业务的创新与融合。同时，由于其敏捷、弹性、虚拟化、按需提供的先进理念，也为数字化运营管理体系设计提供了良好的借鉴。毕竟，在数字化的大背景下，管理和技术理念上是一脉相承的。下面将借鉴云的先进理念设计数字化运营管理体系，如图1-10-7所示。

2. 云计算的先进理念

云理念的五大关键词组如下。

图1-10-7　数字化运营管理体系设计理念

- ◇ 效果关键词：敏捷、弹性、按需部署、自动化、自助式。
- ◇ 方式关键词：虚拟化、面向服务的架构、微服务、标准化、容器化。
- ◇ 动力关键词：数据驱动、自动云编排、智能调度、云操作系统、迭代。
- ◇ 合作关键词：开源、共享。
- ◇ 管控关键词：云安全、安全运营中心（security operations center，SOC）、自主可控。

3. 设计数字化运营管理体系的五大理念

设计理念是构建数字化运营管理体系的指导思想，我们提出的第一个设计理念，开门见山地为数字化运营管理体系确定了目标，也为其他设计理念奠定了基础。

（1）设计理念1：构建随需而动的科技赋能能力，敏捷灵动的业务输出能力

数字化运营管理体系应以组织构建"随需而动的科技赋能能力，敏捷灵动的业务作战能力"为努力目标，实现对业务需求的敏捷响应、高效部署、快速解决的能力；应具备服务弹性，按需部署，既能够满足VUCA时代①变化快、波动性大、变化无常的需求，又能够充分节约资源，提高投入产出；应能够提高数字化技术手段，提高管理体系自动化、智能化水平，最大程度地释放管理者在低端管理任务上所耗费的精力，提高管理者作战指挥的价值层次；应通过尽可能多的自助式的操作方式，减少前端对后端的资源申请时间和等待时间。标准化和授权是自助式操作的关键。

（2）设计理念2：资源标准化、能力服务化，以服务的方式对外输出

构建虚拟层，将各职能单元的资源标准化，借鉴容器技术（docker）将各职能单元的能力进行封装打包，形成标准化服务。通过服务目录的方式以供需求方灵活调用。

虚拟化是关键，它屏蔽了物理层的差异化。虚拟化是抽象层、逻辑层，主要目的是方便管理者指挥调度，方便需求方申请资源，方便资源方标准化管理。

在实际资源和能力输出时，涉及线上线下协同输出。在线下物理层，资源和能力的输出借鉴物流快递、外卖点餐的标准化服务模式，将资源、能力以标准化服务的方式对外输出。通过建立服务目录（service catalogue）和服务级别协议（service level agreement，SLA）提高标准化和精细化程度。

另外，借鉴面向服务的架构（SOA）和微服务架构的思想，对资源和能力进行分类、分级管理，更加灵活地将服务组合输出。在物理资源和能力的组合部署上，也遵循同样的管理原则。

（3）设计理念3：构建数据驱动、智能调度、自动化资源编排的管理体系运行方式

数字化的业务运营需要数字化的运营管理和数字化的技术实现手段。快速多变的业务场景，需要通过大数据采集、数据驱动的方式来替代领导驱动、业务驱动的传统模式。

数据驱动包括数据驱动业务、数据驱动管理。智能调度是指通过AI对业务场景的需求分析，辅助形成标准化的需求规格说明。智能调度从职能单元智能化地优选出若干种适配的资源和能力的组合，

---

① VUCA时代，即乌卡时代，是volatile、uncertain、complex、ambiguous的缩写。四个单词分别是易变不稳定、不确定、复杂和模糊的意思。如今，我们会用乌卡时代，描述我们正处于一个易变性、不确定性、复杂性、模糊性的世界里。

以供决策层决策。

在资源编排、资源部署时，借鉴自动化云编排技术，提高安排、部署的效率。

业务建模和数据都是不断迭代改进的过程，这里可以借鉴软件行业敏捷开发中的迭代管理，形成小步快跑、主干版本和支线版本协同配合的迭代模式。

（4）设计理念4：通过开源和共享的方式，构建业务生态和合作伙伴生态

生态的核心是为共享、共赢形成稳固的业务合作关系，并具有客户引流客户、业务创新业务的繁衍特征。

开源的思想首先是开放，其次是标准。没有统一标准接口，就无法形成规模化的协作方式，无法形成生态。

另外，单一的组织很难满足当前多元、多变的业务场景需求，只有通过生态化的合作伙伴才能够快速适配数字化时代动态的业务需求。

（5）设计理念5：通过生态洞察形成集中管控的安全运营模式

借鉴云安全技术，在业务生态中，通过实时监控大数据，动态掌握业务风险，通过集中式的业务运营风险中心（类似SOC）形成全局的态势感知，便于格局掌控，全局指挥，快速响应，及时降低业务风险，让业务生态更加自主可控。

七、数字化运营管理体系的总体框架

1. 管理体系的方针和目标

（1）方针

数字化运营管理的努力方向是敏捷、开放、智能，弹性、稳健、制胜。

其中，"敏捷、开放、智能"讲的是方式，"弹性、稳健、制胜"讲的是效果。组织可以根据自身的特点设计专有的管理方针。

（2）目标

管理体系的目标是借鉴云的先进理念，持续优化和匹配创新的数字化业务和作战打法，实现"随需而动的科技赋能能力、敏捷灵动的业务作战能力"。

2. 管理体系的范围

管理体系的业务范围包括数字化转型的全部业务，组织范围包括组织、分支机构及生态伙伴。

3. 管理域及管理活动简述

借鉴与参考VeriSM、ITIL4、COBIT、TOGAF、ISO 20000、GB/T 33136等方法论，结合数字化业务的打法特点设计出9个管理领域和31个管理活动，如图1-10-8所示。由于篇幅所限，本书仅对9个管理领域进行简要介绍。这9个管理领域分别是数字化领导力、格局管理、创新管理、标准化管理、驱动管理、作战管理、支撑保障管理、人才管理和文化管理。

（1）数字化领导力

数字化领导力旨在以数字化战略为核心，通过业务生态治理、数字化治理、能力矩阵管理、责任矩阵管理实现对业务生态、数字化转型、业务能力部署、职责安排的全局掌控，并通过网格协同管理实现决策层对战势全局性资源的调度、跨战区指挥部署和作战协同。

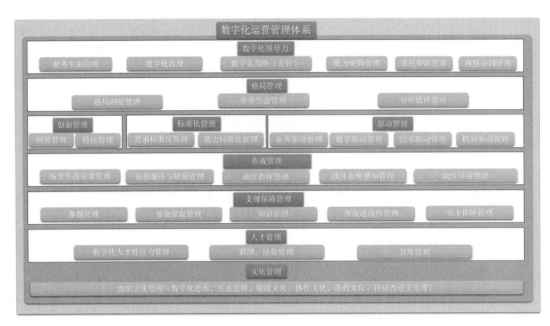

图 1-10-8　数字化运营管理体系总体框架图

（2）格局管理

通过格局管理，实现对政策变化、监管要求、业态走势、客户动向、业务发展、技术创新、人员情况、合作伙伴状况、竞争态势等环境层面的敏锐洞察。通过业务生态管理，保证业务生态按照生态发展战略健康且可持续地运营。通过合作伙伴管理，实现对业务合作伙伴的优选、培育和优胜劣汰，形成围绕组织的强大的供方生态。

（3）创新管理

通过创新管理，实现产品创新、技术创新、业务创新、商业模式创新及创新成果转化。

（4）标准化管理

标准化分为场景标准化和能力标准化。场景标准化是将业务场景的需求通过标准化的方式进行定义和描述，类似标准化的软件规格说明书。能力标准化管理是将各职能单元的资源、能力进行标准化定义和描述。场景和能力的标准化有利于在虚拟层实现智能调度和资源编排。

（5）驱动管理

通过业务驱动、数据驱动、技术驱动和机制驱动，战区模式一直处于积极的作战态势。同时，不同的驱动力也是相互影响、相互促进的。

（6）作战管理

作战管理[①]是基于一个或多个业务场景、业务生态链、业务生态、业务生态圈组成的战区而设计的作战指挥管理平台。通过作战管理，将业务需求进行标准化定义，通过资源编排与赋能管理实现组织资源的最优调配和赋能部署，通过战区态势感知系统实时、全面地掌握战势发展，通过作战指挥系统进行作战指挥、任务部署。当业务运营出现异常情况，通过战区异常管理及时解决。作战管理与网格协同相结合，支持多战区、跨战区的协同指挥。

---

① 作战管理主要服务于战区指挥官。当一个战区出现多个业务组合，战区应由一位指挥官总体负责。决策层负责作战总体指挥和战区的指导，不负责一个战区的具体指挥。

（7）支撑保障管理

以支持战区打胜仗为导向，以组织的业务资源、技术实力为后盾，做好各项支持与保障工作。这包括在出现异常、资源冲突或业务突发等情况时备援支持能够及时跟上，为更好地赋能而进行蓄能、储能管理，形成能力沉淀、能力储备、能力输出的闭环管理；为各战区及各职能单元，通过安全、受控的知识管理，实现知识沉淀和知识同步，提高战区作战能力；通过连续性管理，保证战区在动态、多变的战势中连续作战；通过安全保障，主动识别运营风险，确保战区处于安全、良好的作战状态。

（8）人才管理

数字化转型下的战区打法有助于人员综合能力的提升。需要设计战区打法下各种角色的能力要求，通过胜任力模型进行评测，并通过系统化的培训提高人员的作战素养和作战能力。

在战区打法下，员工既在职能单元里，也可能在一个或多个战区里担当不同的角色。通过适配的薪酬和绩效管理体系，实现对员工的科学评价与考核激励。

（9）文化管理

战区打法是数字化转型的新打法，适配的数字化思维、生态化思维、战区协作文化等势必对独立作战能力和协同作战能力有积极影响与支撑作用。

八、数字化运营管理体系解决的典型问题

基于云理念设计出来的数字化运营管理体系，以战区为管理单元，以应对快速多变的业务战势为目的，对解决组织在数字化转型中的典型问题有积极效果。同时，一个组织在进行数字化转型时，在从传统经营管理方式向基于战区的业务打法转变时，对责任主体、协同作战、信息沟通、格局洞察、思维转变、人才培养等重要问题都需要格外关注。下面简单介绍一下数字化运营管理体系是如何解决这些问题的。

1. 责任主体问题（表1-10-9）

表1-10-9 责任主体问题和解决办法

问题描述	业务数字化转型是组织级的变革，某一业务不再仅是一个部门的任务，会涉及多个业务部门、职能部门甚至分子机构的配合。由于业务场景战势多变，一个业务场景中成员虚实组合，会导致责任主体模糊的现象。
原因分析	以传统职能型汇报线为特征的固化的管理模式转变为基于场景的战区打法的动态的作战管理模式，业务模式的变革导致传统的责任主体变换到战区打法下，出现责任真空和多头管理的问题。
解决办法	（1）确保任何一个战区（作战单元）都有一个明确的指挥官。通过【职责矩阵】，决策层能够清晰地看到每一个战区、每一个业务场景、每一条业务生态链、每一个业务生态、每一个业务生态圈的责任担当。 （2）通过场景需求的标准化识别将之映射到各职能部门和子公司，通过智能化的【资源编排和赋能管理】协助组成战区中的作战编队，并通过设置场景下不同的角色来界定责任。在同一个战区里角色的职责相对稳定。 （3）在实战前，通过AI验证各角色之间的管理关系的科学性，识别优化空间。 （4）在实战过程中，通过【网格协同管理】和【资源编排和赋能管理】洞察职责设置有待优化的部分，并将优化的算法输入【资源编排和赋能管理】算法引擎中。

2. 协同作战问题

(1) 横向协同(表1-10-10)

表1-10-10 横向协同作战问题和解决办法

问题描述	数字化业务通常需要各部门之间横向打通,组成混编融合团队,甚至需要跨场景的协同作战。在这种场景下,容易出现相互配合不够同步、流程嵌入不够流畅、相互支撑不够得力的现象。
原因分析	原有的部门墙和层级关系固化了传统的思维模式和工作模式。部门与部门是合作关系,但到战区这个团队里,团队成员是协作关系。战区模式要求战区的不同成员围绕一个共同的目标努力。能力之间的配合是无边界的,以创造价值为目的的能力整合是无缝的、同步的、随需而动的。
解决办法	①宣贯战区打法新思想,对员工进行意识教育,实现员工的工作意识从合作向协作转变。 ②强调在战区打法下,各部门提供给战区的人员和资源在战区的场景下应坚决服从战地指挥官的统一调度和指挥。 ③通过【战区态势感知管理】识别场景中人员和资源的负荷情况,避免由战区和部门多重管理带来的超负荷运转。通过【能力矩阵管理】检查能力组合是否满足业务场景的全部要求,避免能力配置不足导致向职能部门或其他战区频繁发出协作请求。 ④通过薪酬绩效体系的重新设计,适配战区下的工作模式,制定科学公平的绩效评价体系,保证员工的积极性。

(2) 纵向协同(表1-10-11)

表1-10-11 纵向协同作战问题和解决办法

问题描述	数字化转型除了横向协同,还需要总部和分子机构之间纵向协同,否则容易出现纵向联动不够敏捷、合拍和资源管理不透明的现象。
原因分析	固有的组织边界和层级关系导致管理节点多,指令逐级传达所需时间被拉长。
解决办法	①在统一的【网格协同管理】平台上建立垂直穿透式的资源调度机制,分子机构的可用资源可以通过数字化方式进行标识。通过【资源编排和赋能管理】实现全组织资源一体化赋能,同时为战区指挥官提供更多的人为选择,增强战区指挥官对资源的调度能力,提升整体资源和能力配置的透明度,提高人员和资源的利用率。 ②将各部门、各分子机构的资源与能力进行【标准化管理】,形成一切皆服务(X as a service,XaaS)的理念,让各职能单元的资源和能力形成类似于云服务的模式,从而可以被方便快捷地调用。 ③通过【场景标准化管理】实现业务场景需求的标准化描述,便于数字化业务操作系统和数据驱动的业务引擎实现自动化的【资源编排与赋能管理】。 ④建立类似区块链中的智能公约机制,鼓励职能单元、员工主动贡献智慧和能力,匹配需求,智能撮合。应调整绩效、奖励机制,以匹配职能单元和员工的主动贡献。

3. 信息沟通问题（表 1-10-12）

表 1-10-12　信息沟通问题和解决办法

问题描述	基于场景的业务打法需要战区与各职能单元之间、战区与子公司之间、战区之间的信息能得到及时共享和有效沟通。然而基于即时通信、电话、会议等点到点、多点之间的沟通方式不能够实现多战区联动的、实时的作战信息共享。从实效上看，信息传达出现了滞后、不全面、不准确甚至解读偏差的现象。从全方位上看，存在信息孤岛，跨职能单元、跨战区信息共享与沟通难以在安全受控的条件下实现。
原因分析	缺少由数字化技术支撑的统一的作战指挥综合信息平台，导致沟通的效率和及时性都滞后于业务要求，作战信息的全局性、透明度不能满足决策层和战区指挥官的要求，业务数字化需要业务指挥平台的数字化。
解决办法	（1）强调战区打法下的作战沟通要求，借鉴云计算中的共享理念，明确信息共享、作战沟通的要求及作战信息安全管理的原则和策略。 （2）将现有的 OA 平台向满足动态战区作战打法的作战指挥平台的工作方式调整，实现作战信息安全上云。使用云平台和数据安全技术，通过统一的作战信息沟通平台，支持战区作战指挥。保证作战沟通"应知尽知、应知即知"，避免出现信息滞后、信息孤岛的情况。 （3）【网格协同管理】【战区态势感知管理】【知识管理】都有助于信息的有效沟通。通过云技术实现知识即服务（Knowledge as a Service，KaaS），实现敏捷、灵活的知识共享。

4. 格局洞察问题（表 1-10-13）

表 1-10-13　格局洞察问题和解决办法

问题描述	基于场景的业务打法是数字化经营的一场"战役"，动态多变的战势对决策层和战区指挥官在格局的洞察上提出了很高的要求，在格局认知上存在差异，对战势的变化反应不够统一、敏捷。
原因分析	缺少一个平台化工具支撑各级指挥官对政策导向、监管要求、市场走向、客户动态、技术升级、竞争态势、生态关系、供应链情况的监控和态势感知，无法对指挥人员的格局洞察提供有效的信息支撑。
解决办法	（1）自上而下树立起格局洞察管理的意识，明确格局洞察管理对作战管理的作用。 （2）通过培训全面提升业务作战人员的格局洞察能力。 （3）通过作战信息上云，保证各级指挥官对格局及时把控，并且通过【数据驱动】和 AI 辅助格局洞察。

5. 思维转变问题（表 1-10-14）

表 1-10-14　思维转变问题和解决办法

问题描述	基于战区打法和数字化的经营策略在全面推广时，全员的思维意识需要跟上。如果员工的思维意识不能跟上组织战略，作战效果就会大打折扣。
原因分析	战区打法是数字化转型下组织开发"第二曲线"的一次探索。它不仅是战略上的改变和战术上的调整，还是一场思维意识的变革。数字化经营需要员工转变哪些思维、如何转变、如何匹配战略要求等这些意识方面的问题没有得到系统化的识别和解决。

续表

解决办法	（1）无论是数字化转型、战区打法还是生态化业务发展，都要明确新的经营模式对人员思维和意识提出的改变。 （2）通过【文化管理】【人才管理】【知识管理】、模拟训练和实战训练，转变观念与思维。培养员工新思维、培养组织新文化是人力资源部门新的担当。通过开设"战区军校课程"，实现新思想的宣贯、数字化思维的培养和数字化经营作战素养的提升。 （3）通过数据驱动与AI辅助的方式，及时发现问题，助力思维转变。

6. 人才培养问题（表1-10-15）

表1-10-15 人才培养问题和解决办法

问题描述	数字化转型需要员工具有较高的综合能力。基于场景化的战区打法，员工在数字化工作模式下胜任力不足，容易出现知识真空的现象。数字化人才培养需要跟上数字化经营战略的步伐。人才培养是一个周期较长，但又亟须解决的问题。
原因分析	基于场景的战区打法有别于传统打法，对人员的综合能力提出了较高的要求，原有的基于职能分工的较为单一的知识结构使得员工不能够很好地匹配战区打法，不利于协同作战。
解决办法	（1）通过人力资源规划和【人才管理】，结合【能力标准化管理】，识别各层级、各角色人员的胜任力要求，建立人员胜任力评测模型。 （2）通过人力资源部全面推行，培养懂业务、懂数字化技术、懂商业管理、懂方法论的综合型人才，制订持续的人才培养和人才储备计划。 （3）通过【知识管理】将实战知识添加到培训内容中，形成知识发掘、知识更新、知识培训、知识应用的闭环，将知识管理与人员培训有机结合。

九、数字化运营管理体系实施路径设计

数字化的运营管理体系的实施路径大致可以分为以下三个阶段：指标化的运营管理阶段、自动化的运营管理阶段和智能化的运营管理阶段，如图1-10-9所示。

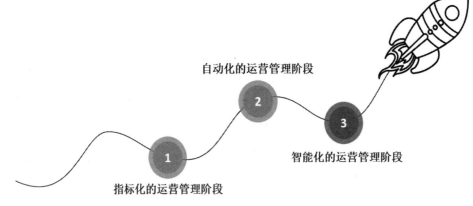

图1-10-9 数字化运营管理体系实施路径

1. 指标化的运营管理阶段

◇ 建立规范化、体系化的数字化运营管理体系，主要管理域功能完备。

◇ 建立完善的体系化的管控指标，支持量化统计、分析。

- 线上与线下配合，部分管理工作在线上平台完成，但尚不能够高度自动化、集成化地整体运转。

2. 自动化的运营管理阶段

- 建立完备的、一体化的数字化运营管理平台，让决策层到各业务部门、管理部门、分子机构的作战运营指挥全部上云。
- 能力矩阵、责任矩阵可以通过平台实时获取，支持信息下钻。
- 网格协同管理能够在线上完成协同任务的新建、执行、跟踪、报错、关闭全流程、全操作。
- 格局管理借助格局监控视图，使指标、趋势、预警信息一览无余。
- 需求与资源编排实现自动化管理，实现作战负载、人员负载的线上监控、实时掌控。
- 战区态势感知系统能够为决策层、各战区指挥官提供需求预测、实时战况、备援力量等作战信息。
- 作战指挥系统能够高效、便捷、安全、可靠地支撑线上作战指挥，实现作战指令清晰传达、执行状态实时跟踪、作战结果及时知晓。
- 作战异常处理流程化运作，提高线上、远程、自动化的支持率，进而提升异常处理的速度。
- 蓄能、储能管理线上化，与赋能管理形成有机衔接的闭环。
- 备援支持能力上云，一方面提高管理透明度，另一方面提高备援赋能的敏捷性。
- 知识管理上云，全体人员按需授权访问，支持便捷的知识检索、数字化课件获取，让知识学习更加直观、易懂、易掌握。
- 人员胜任力数字化管理，能力短板、能力发展规划一目了然。
- 人员在多场景、多角色下的绩效数据实时计算。
- 数字化运营管理平台渗透着组织文化、价值取向、思维引导。

3. 智能化的运营管理阶段

充分发挥数据驱动和 AI 的作用，将线上的数字化管理晋升为智能化管理。

- 实现智能化辅助的能力矩阵设置。
- 实现需求与资源的智能化匹配，类似区块链中的智能公约，通过算法实现需方和供方的自动撮合。
- 实现智能化的作战负载、人员负载管理，实现 AI 辅助的负载均衡管理。
- 通过"鹰眼"实现智能化的态势感知和运营预警。
- 实现智能化辅助的作战提示、知识推送。
- 实现自动化、智能辅助的异常处理。
- 通过数据驱动，实现智能化的能力组合与优化管理。
- 实现智能化的绩效管理，优化人员绩效，优化组织资源和潜能。
- 实现智能化的人机对话，使机器成为作战指挥官和作战人员的作战助手。
- 基于云安全技术理念，建立基于业务大数据监控、采集、智能分析、智能预警、可追溯的业务安全运营控制中心。

本章核心观点

❶ 有价值增量的活动才是真正有意义的活动，通过价值流的方法能够抓住活动的本质，有效提升活动创造价值的效率。

❷ 一个组织进行业务数字化转型时应同时考虑数字化的运营管理体系，做到管理与业务同步进入数字化时代。

 本章思考

请以自己所在组织为例，思考两个问题：

（1）借鉴ITIL4，如何用价值流的方法优化一个现有的业务？问题的症结在哪里？用什么诊断工具？如何借助数字化技术、方法论来进行优化？

（2）如何为组织的最高管理者构建一个数字化的运营管理平台？在数字化转型的过程中遇到了哪些传统经营管理难以解决的问题？解决的思路是什么？

第13讲：关键活动中的关键

第14讲：数字化精益

第15讲：关键活动中的两件事

第十一章 核心资源——以小博大的关键

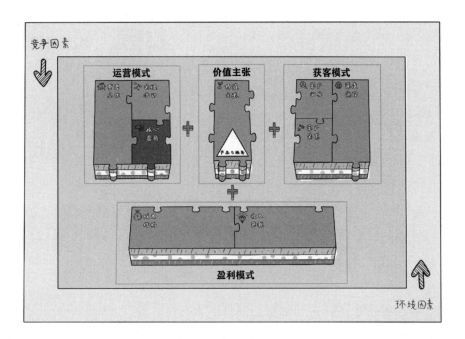

巧妇难为无米之炊，做任何事都需要资源。一提到资源，首先映入人们脑海的便是人、财、物这三大传统生产要素。但随着经济和技术的发展、文明的演进，资源的范围和类型都扩展了，广义上那些能够为组织创造价值的有形与无形的要素都可以是资源。

在数字化浪潮的大背景下，

◇ 组织能调用的资源有哪些？

◇ 组织如何能够盘活自有的闲置资源？

◇ 构建数字化商业模式的过程中，哪些资源最为重要？

◇ 获取资源的方式有哪些不同？

◇ 对资源的管理手段有哪些新的选项？

◇ 运用资源实现价值共创的模式有哪些创新？

本章将回答以上问题。

第一节　组织的八类资源

组织能够调用的有形和无形的资源可分为数据资源、技术资源、实物资源、财务资源、人力资源、品牌资源、文化资源与市场资源八大类，如图 1-11-1 所示。

组织为保证其商业模式顺利运行，无论是价值主张的确立、客户细分的定位、分销渠道的建立、客户关系的维系、关键活动的交付，还是收入来源的保障，都需要得到以上资源类型中的一项或多项的支撑。而其中最不可或缺的重要资源就是组织的核心资源。

比如，一个组织希望在其获客模式中能够精准定位合适的"长尾客群"，就需要相应的客户特征、行为等数据和特定的数据算法等数据资源作为关键性支撑；一个组织

图 1-11-1　组织资源类型

决定借助数字化手段对其关键活动进行优化与创新，则离不开具备数字化思维和相应数字化能力的人才资源的注入；一个组织希望与其他知名企业合作、共建或分享渠道通路，实现共赢的生态式营销，必然需要证明其客户、品牌、技术、数据、财务等诸多资源中的一项或多项的"有利"地位，以获得参与权，甚至话语权。

任何一种商业模式都需要一种或多种对应的核心资源予以支撑，在数字化时代更是如此。无论是聚焦于运营的数字化优化，还是聚焦于客户甚至未来的数字化转型的商业模式都需要一系列特定的核心资源。而且，在数字化程度日益加快的今天，诸多生态化平台或共享经济的案例让我们看到，能够为组织商业模式所用的资源已不再局限于人财物等有形资源的范畴，也不再局限于组织自有的

资产。随着数字化生态模式的研究与实践，组织借助或整合他人的资产，与其他资产拥有者实现共荣共生已成为一种新的商业协作常态，可谓"万物皆资源"。这也正是数字化时代，最强力的竞争者甚至行业颠覆者往往并不是来自行业内部的一个原因。

而且，从资源的构成比重上看，这些颠覆者也不乏一些"轻量级选手"。

优步的"共享经济"模式

优步是不拥有任何出租车资源的知名叫车服务公司，作为一家 2009 年创立于美国硅谷的科技公司，它通过亲和用户的技术以及"共享经济"模式杀入出租车行业，一面为有需求的乘客提供通过 App 及其平台发送乘车订单的便捷功能；一面与出租车公司、汽车租赁公司以及私家车主签署合作协议，使车主可以利用优步平台接收订单。再配合其平台提供的定位、结算和一系列个

性化服务，优步在 10 年内颠覆了全球的出租车市场运营结构，成为拥有 690 亿美元市值的全球最有价值的创业公司之一。

如同阿基米德[①]说的那样："给我一个支点，我可以撬动地球。"这些跨界的"轻量级选手"巧妙地借助数字化技术构建特定的商业模式，并以此为支点，撬动行业内比其自身强大很多的相关资源，实现了巨大的发展，如图 1-11-2 所示。

图 1-11-2　"轻量级选手"撬动"大资源"解决"重量级问题"

也正是因为这些"轻量级选手"创造的"四两拨千斤"的商业神话，让同样身处这个新时代的那些已陷入发展停滞阶段或身处运营成本沼泽的"重量级选手"开始探讨"如何向轻资产转型"这个命题。

那么，何谓轻资产？

由于 VUCA 时代充斥着不确定性，需要组织减少资产带来的负担，从而使得自身更为灵活，通过业务敏捷实现弯道超车，如图 1-11-3 所示。

图 1-11-3　通过业务敏捷实现弯道超车

轻资产模式最早由麦肯锡咨询公司在一次战略规划中提出，普遍认为轻资产是相对于重资产而言的，但对于"重"与"轻"的划分，则众说纷纭。有人认为投入很多资金的就属于重资产，投入少量资金的是轻资产；也有人认为轻资产偏向于无形资产，重资产则偏向于有形的实物类资产；还有人认为植入了互联网或数字化基因的资产就是轻资产，反之就是重资产。

本书的目的不在于学术研究，而是旨在通过对商业案例的深度剖析，帮助组织在数字化大潮中掌握主动，实现价值。因此，相对于"轻与重"的定义和是否"轻资产化"，我们更关注如何用数字化为自有资源赋能，使其在具备数字化新属性后，能够更好地支撑组织数字化优化与转型。

因而，希望盘活自有资源的组织如《轻资产时代》一书中所述："重资产的闲置与浪费是因为它们不在合适的位置上，故而没有流动起来，而通过'无形的脑'[②]的重排，则可以让这些资产在正确

---

① 阿基米德（公元前 287—公元前 212 年），伟大的古希腊哲学家、百科式科学家、数学家、物理学家、力学家，静态力学和流体静力学的奠基人，并且享有"力学之父"的美称，阿基米德和高斯、牛顿并列为"世界三大数学家"。

② 特指市场基于云计算、大数据、人工智能等智慧化商业基础设施的供需调解。

的位置上发挥作用，可以更有效地对这些资源进行合理的市场化配置，从而减少过剩、闲置和浪费。"所以，如何盘活其闲置资源，使资源能够发挥最大化的价值，需要组织结合对数字化的理解，从商业模式的优化与转型入手，重新审视所需的资源，尤其是核心资源。

当然，资源是不是"核心"资源，取决于组织所定位的商业模式。接下来，我们将阐述数字化时代赋予这八类资源的新特征和新前景，希望能够为组织的数字化之旅提供启示。

第二节 数据资源——开启数字化之旅的金钥匙

一、如何理解数据资源

无论是价值主张，还是客户细分，谈及依托数字化实现业务创新，必然离不开"数据"这个关键性资源。对组织数据资源的传统理解，往往仅指组织经营过程中积累的各类数据，以及从数据中提取的有价值信息和源自外部的各种与组织经营有关的情报资料构成的数据集。

在数字化时代，数据就像氧气一样重要！

20 世纪 90 年代初期，全球零售业巨头沃尔玛在对消费者购物行为进行分析时发现，男性顾客在购买婴儿尿片时，常常会顺便搭配几瓶啤酒来犒劳自己。于是沃尔玛尝试推出了将啤酒和尿布摆在一起的促销手段。没想到这个举措居然使尿布和啤酒的销量都大幅增加了。从此，"啤酒＋尿布"的数据分析成果成了早期的商业智能应用的经典案例，被人津津乐道。

1999 年，随着以"大数据的科学可视化"为副标题的论文在《美国计算机协会通讯》上的发表，"大数据"这个术语正式进入世人的视野。从最初的"大量的数据构成的数据集"发展到涵盖数据及数据的收集、存储、分析、运用等方法与特征，数据开始成为一种新型的经济资产。因而，本书所提及的数据资源不仅包括组织那些可能已沉淀多年的数据集，还包括数据的采集、整合与运用的技术与管理能力。

近年来，随着大数据技术的不断发展，对基础数据的采集、预处理、存储、分析，从中提取有价值的信息，再进行整合与利用的案例不断刷新着人们对于数据的重视程度。无论是 2009 年谷歌成功预测了冬季流感的传播，还是 2013 年微软纽约研究院成功预测了当年 24 个奥斯卡奖项中的 19 个，抑或是成就了奈飞千亿市值的重要"功臣"——《纸牌屋》，都在证明着大数据广泛的应用前景。对消费者、市场、生产与种植、原材料等产业链中各个环节数据的积累与分析，已经在影响甚至改变着政府与企业的规划与决策，更是间接影响着人们在"衣食住行"各个方面的认知与需求。而"大数据＋人工智能"等技术的联合研发与应用，则使得诸如地图导航、人脸识别、知识图谱、聊天机器人等更多领域的应用有了更大的发展。因此，数据资源被认为是开启组织商业模式"数字化之旅"的一把关键钥匙。

二、数字化时代数据资源的新特征和新前景

1. 构建大数据生态

《数字经济 2.0》中提到的大数据生态体系由五方面融合而成,包括消费者互联网、工业互联网、物联网、数据收集产业和新兴的数据收集与解读技术,它们共同开启了大数据的新纪元。

简单地说,仅从数据的全生命周期来看,数据是伴随着生产制造、生活消费等过程而产生的,随时随地,生生不息。如果没有刻意地收集、分析与应用,它们中的绝大部分则会在经历一段沉寂之后,或被忽略,或被删除,更多的则是随着时间的推移和环境的变化,逐渐失去意义,最终走向"消亡",如图 1-11-4 所示。

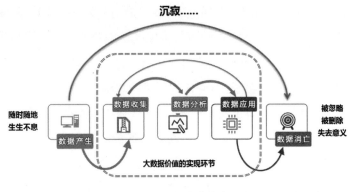

图 1-11-4 数据的全生命周期

数据资源在加速组织商业数字化进程方面所体现出的重要性,使其成了人们眼中的"宝库"。要数字化,首先要有数据,于是,一系列以收集数据为主要目的的项目,甚至职能部门应运而生,数据收集产业在此背景下得以蓬勃发展。

然而,拥有海量数据是否就意味着把握住了转型商机?显然,答案是"不一定"。几十年来,诸多坐拥数据"宝库"却不得其门而入的实例不断告诉我们,先收集、再分析、再应用的顺序是数据运用的技术过程,而数据资源的价值实现过程则应更多地从目的出发,即从应用数据的视角反思组织的战略实现需要什么数据,再去思考如何获取这些数据、能否以及如何从获取的数据中挖掘出希望得到的信息,由此指导战术,进而辅助战略的延续。

如今在很多知名电商平台上,消费者的每个搜索、每个点击、每笔交易,甚至在平台上的每个驻足观看,都可能成为平台收集的数据。而收集它们的起点则是这些平台组织对于消费者行为分析的明确目的、计算公式,甚至是新的商业布局。

对于希望更好地挖掘数据资源价值的组织,如果对数据的能力仅定位于数据采集与应用技术,而忽视数据与商业模式创新的融合力;如果在其中台的建设上忽视了数据、业务等中台之间的联动关系;如果将 CDO(首席数据官)仅设置在组织的 IT 序列中……都容易陷入技术细节,迷失目标。

在如今这个"万物皆资源"的时代,得益于数据采集与解决技术的高速发展,在"获取数据"这个命题上,组织也不必将目光局限于自家的某个业务条线(如某产品的产供销过程)、某个与消费者的接触点(如企业的网店、线下实体店、网络社区),甚至都不用只盯着自家的一亩三分地。全渠道接触模式(如图 1-11-5 所示)下,组织不仅可以从各个业务

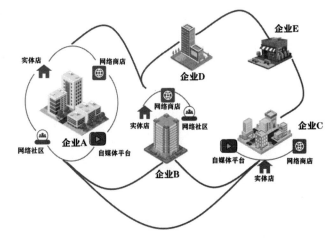

图 1-11-5 多组织联动的全渠道接触模式

条线和每个与消费者的接触点获取需要的数据,而且这些业务条线和接触点之间也可以同步这些数据,相互完善。此外,组织还可以借助数字化技术带来的便利,加强行业间甚至跨行业合作伙伴在数据上的合作,从而构建数据生态,实现发展。

2. 严守数据安全

组织对数据资源的迫切需要,推动着数据资源产业的自由发展,使得近年来由此引发的数据泄露和数据滥用的事件层出不穷。商家超范围获取个人信息以及未经授权的数据交易等行为(如短信骚扰、电话骚扰等)给广大用户带来困扰,因个人隐私泄露所带来的更大的风险(诸如电信诈骗等)正在危害着整个社会经济运行与信用保障的基础。

2018年欧盟正式通过并发布了《通用数据保护条例》(简称GDPR)[①],由此进一步加速了各国政府、企业及学术领域对数据安全与隐私保护的重点投入。至今,各国都已经或正在出台相关的法律法规,用以促使社会企事业单位承担起责任,在合法合规的前提下收集与使用数据。

而对于计划依托数据资产实现持续发展的企事业等组织而言,建立、健全自己的数据安全管理体系,不仅是对政府法律法规的遵从,更是履行其社会责任和得到市场用户与投资人信赖的必经之道。

英国统计局为了规范数据的统计与使用,以确保数据安全,在2003年开发了"五个安全"模型(如表1-11-1所示)。目前,"五个安全"模型已被欧盟国家作为指导设计、描述和评估数据访问体系的框架而广泛采用。

"五个安全"旨在简化和结构化对于敏感数据的访问,最大限度地平衡数据的可用性、机密性与完整性。该模型综合分析了不同方法的机会、限制、成本和收益,同时考虑了数据匿名化程度、可能的用户、数据访问环境以及数据使用产生的统计结果,可以供数据提供者、数据用户和监管机构借鉴。

表1-11-1 "五个安全"模型

序号	名称	内容
1	安全的项目(safe project)	数据使用的目的、方法是否合适?
2	安全的使用者(safe people)	使用者是否值得信赖,并以适当的方式使用数据?
3	安全的数据(safe data)	数据本身是否有机密泄露的风险?
4	安全的设备环境(safe setting)	设备环境是否对未经许可的利用进行了限制?
5	安全的分析结果(safe output)	分析结果是否有机密泄露的风险?

首先,从组织内外部不同源头获取并整合的数据集是否属于"安全的数据"?也就是说,按照相关数据安全与个人隐私的法律法规及行业标准,这个数据集中是否包含未经授权的数据项,比如用户姓名、身份证号码、面部识别信息等。

其次,从安全的设备环境视角出发,数据存储、传输、访问的软硬件环境中,是否采取了加密、

---

① 《通用数据保护条例》适用范围极为广泛,任何收集、传输、保留或处理涉及欧盟所有成员国内的个人信息的机构组织均受该条例的约束。

身份认证等必要的安全技术手段,最大限度地降低泄露和被盗取的风险?

再次,从安全的项目及安全的使用者角度出发,是否需要对获取数据的主体进行评估与控制?如果是以项目为单位的阶段性数据获取,需要首先从法律、道德和伦理等方面定义获取数据的目的,然后依据目的确定必要的访问数据项,再对项目中的各个使用者开放"最小化"的访问权限。如果是以使用者为单位的长期数据获取,则同样需要结合该使用者所在岗位及工作对数据访问的目的,给予"最小化"的授权。无论是项目还是使用者,最终都落实到具体的人,因此,还应该从人的元素上进行必要的安全保障,包括安全协议、意识培训与安全技能等。

最后,在基于访问权限获取数据的同时,需要关注安全的分析结果,即对于使用者获取的数据和数据形式进行必要的管控,比如下载、打印和拍摄等。

"五个安全"模型提供了一个对于敏感数据使用与管理的框架,组织在建设自身的数据治理体系时,首先需要对数据进行必要的分类与分级,然后再借鉴模型对数据从获取、存放、传输、访问到销毁的过程进行全程管控。

技术资源——为业务插上数字化飞翔的翅膀

一、如何理解技术资源?

本书所述的技术资源泛指各行各业应用科学知识或利用技术发展的研究成果于其生产和交付过程,以达到满足相关方价值主张的预定目的的手段和方法。在工业制造领域,它主要是组织用于制造产品的生产技术;在农牧业领域,它主要是农户用于实现高产的种植技术和养殖技术;在建筑领域,它主要是建筑设计与建造技术;在文体领域,它主要是教育与培养高水平人才的方法。总之,生存在各行各业中的组织都拥有其基本技能,还可能有其"拿手绝活"。

二、数字化时代技术资源的新特征和新前景

1. 技术的融合赋能

人们普遍认为构成工业 4.0 时代的核心技术包括信息物理系统、云计算、大数据分析、机器人与人工智能、系统安全、3D 打印、增强现实及 5G 等。这些技术正在不断被引用和融入各行各业的传统技术之中,改变着组织的交易方式、服务模式、工艺流程、决策机制,重塑着人们的认知模式、运用模式和创造模式,甚至潜移默化地影响着行业的整体运行规则。

以工业制造领域为例,随着德国在 2013 年率先推出了工业 4.0 战略,智能制造这个核心概念与目标就成了制造企业数字化转型的目标。而智能工厂则是实现智能制造的延伸目标。对于智能工厂,德国人希望通过立足信息物理系统来推进工厂的工艺与管控的标准化,将控制机床、生产线乃至整个工厂的操作技术(OT)与信息和通信技术(ICT)进一步融合,从而实现智能工厂的两个目标,即机器生产机器和无人工厂。

金宇生物的数字化智能生产

金宇生物是一家专注于兽用疫苗研发与制造的知名企业。

2015年，金宇生物为了全面提升疫苗的生产效率与安全，更敏锐地响应疫苗市场的需求，以数字化技术赋能生产过程，改变尚处于纯人工模式的诸如阀门开关、电机启停、物料传输、数据记录等操作，从而更好地管控批间差，保障生产工人在接触病毒环节的健康安全，以及规范数据的记录，提高数据质量以用于分析，投资建立科技产业园，量身规划了接下来10年的数字化转型之路。

其转型方案包括了通过将OT与IT打通、融合，建立纵向集成体系的整体实践，以确保生产订单的一键启动、物料的全程追溯和精细化管理，以及整个生产过程中不必要的人工操作的自动化和与必要的人工操作的人机协作效率化。

除了智能工厂，随着机器人、人工智能等数字化技术的高度发展，很多非制造业也在技术的融合赋能中享受着数字化带来的福利。

例如在物流行业的仓储环节，物流企业不断地尝试通过设备自动化来缩减人力投入，提高仓储效率。在深圳顺丰的一处货运枢纽及自动分拣中心，以一套中央分拣系统作为支撑，依靠分拣传输机器人，从入库、在库到分拣、装车的完整过程无须人力参与，1小时至少可以处理7.1万件货物，相当于150位熟练工人的工作效率。而在配送环节，亚马逊更是先行一步，早在2013年年底就设立了"Prime Air"项目，研发无人机精准配送服务，甚至已在英国的某些地区成功实现了小范围的商业运作。

2. 加速知识产权登记

在组织对各类技术的研究过程中，或许会获得能够影响行业甚至颠覆行业的新技术。为了确保组织对新技术的拥有权和专有的使用权，以保障其竞争力，组织需要向专业机构申请注册知识产权。

在知识产权的确立过程中，主要有两种不同的实践：

（1）经过登记程序的技术或作品才能享有完整的知识产权。

（2）只要技术或作品问世，其知识产权就生成了。

目前采用最为普遍的是第一种方式。然而，新技术、新作品的快速诞生，尤其是那些文化类、文艺类作品，对知识产权体系的敏捷化提出了更高的要求，借助数字化手段精简繁复的登记程序，助力技术唯一性等要素的识别过程，强化产权的宣示与追踪能力。

区块链在知识产权方面的应用

区块链初创公司Mediachain通过建立一个类似区块链的去中心化媒体图书馆，结合内容识别技术，让每个人都能用其工具注册、验证以及追踪网络中的创造性作品。这可以有效地保障作品原创者的权利，同时让原创者全程控制宣传流程，实现作品资本化，同时也能更好地了解观众的喜好和反馈。

因此，很多国家已开始尝试第二种产权登记的方式。

第四节 实物资源——可利用数字化"盘活"的资源

一、如何理解实物资源？

实物资源是指组织在生产经营过程中具有物质形态的固定资产，如工厂车间、机器设备、工具器具、生产资料、土地、房屋等。

当下，数字化技术正在极大地影响着很多组织对其部分实物资源的运用方式和管理方式。

二、数字化时代实物资源的新特征和新前景

1. 以共享来盘活实物资产

凯文·凯利曾在《必然》一书中提道："在我们历史的这一时刻，将从未被共享过的东西进行共享，或者以一种新的方式来共享，将是事物增值的最可靠方式。未来30年的最大财富和最有意思的文化创新都会出现在共享这个领域。到2025年，最大、发展最迅速、盈利最多的企业将是掌握了当下还不可见、尚未被重视的共享要素的企业。"

共享经济的主要特点是组织或个人借助一个信息技术构造的市场平台，交换闲置物品，分享知识、经验，或者向其他组织或基金会募集资金。随着互联网的建设，尤其是近年来数字化渠道的普及，共享单车、共享专车、分时度假酒店、众创空间、共享办公室、共享充电宝、共享雨伞、共享粮仓、共享服装等资源共享被应用到了"衣食住行"的诸多领域。

然而成功者有之，既盘活了闲置资源，产生了利润，又造福了人们的生活，可谓是多赢。失败者更有之，轰轰烈烈之后留下一地鸡毛。因此，对于组织而言，是否可以通过共享创造价值，需要关注以下问题：

- ◇ 闲置资源对需求方的价值是什么？
- ◇ 资源方通过共享能否实现收益？
- ◇ 该资源的市场供应关系和饱和度如何？
- ◇ 在共享模式中影响到的第三方利益与后果，以及应对方案。
- ◇ 是否存在法律法规、健康安全、信息安全等方面的风险？
- ◇ 如何对共享过程进行跟踪与管理？

2. 对实物资源的管理自动化

对于厂房、办公室、生产设备、IT基础设施、生产资料等实物资源的监控和维护等管理活动一直以来都占用着组织大量的精力、人力与财力资源，造成了大量的浪费。在缺乏技术手段的过去，人们大多是通过对管理过程标准化与精益化的管理手段来提高对实物资源的管理与使用效率，本质上还是依靠人力。当人工智能、物联网等技术得到快速发展，组织将会拥有更多的选择。

智能巡检：一方面是诸多组织正享受着数字化技术所带来的红利，而另一方面则是支撑其数字化的信息系统及基础环境运维工作的高压、高重复度、高强度状态和人才的短缺。自2019年起，在美国

消费电子展（CES）上，具备了高精度定位导航、AI"全感官"检测、资产盘点、访客管理等功能的巡检机器人首次亮相，为那些高强度、高压力、高重复性的机房运维工作提供了新的选择模式。据展示介绍，中国某运营商的华南数据中心在机房内部署多台巡检机器人，经过数月的运行，其巡检准确率达到99.9%。这不仅仅是对人力的解放，更能够提升运维质量与效率。

智能诊断：舍弗勒集团是生产滚动轴承和直线运动产品的领导企业。2021年5月，舍弗勒宣布了一项与西门子的重要合作：将舍弗勒自动轴承诊断数字化服务技术集成到西门子工业物联网平台Sidrive IQ中。通过此次合作，双方将舍弗勒在轴承设计、制造和维修方面数十年的经验和专业知识与西门子驱动系统及解决方案数字化平台Sidrive IQ相结合。Sidrive IQ平台将众多功能集成到一个解决方案中，并通过基于AI的分析和数字内容进一步提升驱动系统性能。该方案可帮助客户在驱动系统的操作、维护和维修措施等方面做出更好的决策。

将舍弗勒自动轴承诊断分析服务集成到Sidrive IQ平台中，大幅提高了轴承状态诊断的准确性。借助可靠的数据和信息，用户可快速确定驱动系统是否能够继续运行，或在即将发生损坏的情况下，是否需要立即停机更换轴承，或等到下一个维护周期再进行更换。这种方式可以减少维护工作量和维护成本，最重要的是，可以避免代价高昂的非计划停机。

第五节　财务资源——借助数字化在组织中加速流动的"血液"

一、如何理解财务资源？

本书所述的财务资源是特指组织所拥有的资本，以及组织在筹集和使用资本的过程中所形成的独有的不易被模仿的财务管理体制、分析与决策工具和关系网络等。其中，资本具体表现为已经发生的、能用会计方式记录在账的、能以货币计量的各种经济资源，包括现金、存款、信用额度、债权、股权和其他权利。

二、数字化时代财务资源的新特征和新前景

1. 数字化赋能财务管理

财务数据的重要性对于任何组织都是不言而喻的，如果将组织比喻为人的躯体，那么财务管理与财务数据则好似血管与流淌的血液，为该组织的每一个"器官"部门输送养分，助力决策。因此，自信息技术诞生并被社会组织应用开始，从最初的储存与计算到线下流程线上化，提升财务管理的效率始终是组织内信息技术管理的一项关键使命。

如今随着云计算、大数据、物联网、区块链、5G、人工智能等数字化技术的蓬勃发展，财务管理已经迎来了新一轮的技术赋能。

首先，是为财务管理系统注入"意识"，使其具备智慧。传统的财务管理系统减少了线下交互环节，大大降低了因多地办公或组织庞大所带来的协作风险，同时也一定程度地汇总了数据，但绝大部分环节还是要依靠人工完成，如单据填写、审核、核算等。而利用数字化技术与大数据进行赋能，将有望

使财务管理系统从非智能的工具升级为具备阅读凭证、能够解读数据并依赖规则与数据提供决策建议功能的"智慧助手"，从而使组织财务管理的报账、审核、核算与分析预测等过程借助自动化与智能化实现财务管理效率的大幅度提升，同时，还能够释放财务人员消耗在重复性事务上的精力，使其能够更多地专注于辅助决策和业务创新。

财务管理系统助力企业降本增效

某国际服装连锁企业，业务遍及亚洲各地，许多员工需要频繁出差。为了节省时间并使公司业务和财务团队专注于更加核心的工作，该公司与 SAP 合作，采用其数字化解决方案来优化差旅及费用管理，彻底摒弃纸质报销的低效手动系统。成功部署后，在严格控制亚洲各地报销流程合规性的基础上，其审批时间减少多达 20%，差旅费用管理效率提高 100%，很好地促进了员工的生产力。同时，其分析报告实现了自动化，数据的精确程度也得以提升。

其次，传统的财务管理模式大多是金字塔式的集中管控，以适应层级管理架构。预算、费用、收入等各种财务数据从组织的各个部门输入、汇总至组织的最高层。在此过程中，各个业务部门很难实时获取组织内相关的财务分析数据，以便于其快速做出战术调整。为了解决财务数据共享的问题，一些组织内部成立的事业部单位甚至还单独建立自己的财务管理能力。数字化技术的赋能将极大地推动组织内部财务管理的"实时共享"。这种"共享"可通过类似财务属性的中台建设，与业务等中台的整合，为各个业务部门提供更多的实时性分析数据以支持其快速决策。同时，将账务处置、报表编制和经营预测等原财务专属能力分解并赋能到各个业务单元中，使得各个业务单元能够依托整合的财务分析结果对市场变化做出更为快捷与准确的响应。

2. 融资创新促进双赢

在国家统一监管的规范指引下，得益于互联网基因在金融行业的注入与发展，无论是互联网金融企业的各种创新产品，还是传统银行、证券、资产管理、信托等金融企业，都依托数字化技术实现了产品创新，盘活了市场闲置资金，平衡了风险，为实体经济注入"活水"的经济活动的能力也得以持续提升。

对那些拥有良好的商业模式，但急缺资金的成长中的组织而言，金融领域在本质能力上的提升为这些实体组织的生存乃至发展注入了活力，是组织最希望看到的。而对于金融组织而言，更高效率地找到真正缺少资金且信用过关的组织，并实时监测风险，保障金融安全，更是造就多边共赢的利国利民之举。

可信仓单重塑产业活力

2019 年年底，中信梧桐港与北京中关村银行开展合作，实现了国内首笔仓单融资业务。通过中信梧桐港的数字供应链管理服务平台，中关村银行将存放在中信梧桐港监管库中的货物注册生成电子仓单，借助中信梧桐港通过区块链等技术对线下监管库内大宗货物的实时、可视化、动态的监管与认证，验证仓单的真实性，评估确定其公允价值，并借助天安财险为此电子仓单量身定制的综合险，以及中信梧桐港的违约处置快速通道，在降低融资过程中的风险的同时，为客户带来更为快捷与精准的融资服务。

3. 数字货币可能带来的影响

在数字化时代，货币等财务资源的类型与作用并未在本质上发生变化，但部分货币形式的变化正在悄然地影响着相关组织的收入、成本乃至其价值主张。其中，最令人瞩目的是近年来各国都在努力研发的数字货币。随着区块链应用研究的深入与国际金融市场的变化加剧，中国等数十个国家的央行开始大力研究与发行的本国数字货币必将深深地影响组织与民众。

对于所有组织而言，基于数字货币的交易，因为每一笔交易都是不可单方面撤回的，而且便于追根溯源，使得欺诈行为将受到极大的遏制，组织之间的资金往来过程将得到更强的安全保障。

对于涉及国际贸易结算的组织而言，由国家央行发行的数字货币因其即时性的特征，必然能够缩短以往贸易模式中交易结算的漫长过程。另外，相较于银行等中间机构的跨境交易手续费，数字货币的交易手续费可能会更有优势。

第六节　人力资源——让其他资源创造更高价值的生产要素

一、如何理解人力资源？

本书所阐述的人力资源是特指组织的内部人员，包括其体力、智力、经验、知识结构、人际关系、心理特征等。这些人始终是组织运行与发展的关键资源之一，数字化时代更是如此。

在过去的几十年，信息化的普及和数字化技术的高速发展在一定程度上加速了我们所处世界的复杂、多变的程度，使得组织必须能够快速识别、响应与利用那些来自复杂的甚至混沌的领域的需求。这些都要求组织重新审视包括领导者在内的全体员工的思维模式、素质要求与人力资源的管理方式。

二、数字化时代人力资源的新特征和新前景

1. 数字化人才的思维模式

思维模式始终是影响甚至引导着人类对内外界元素的认知与反应的重要基础，所以，对于希望能够在数字化浪潮中有所建树的组织，其领导者及员工是否能够形成数字化思维是组织实现数字化优化或转型的关键。

组织应该具备探索思维和多样性思维的协作能力。拥有数字化思维的领导者通常会更主动、更自然地支持协作、授权及快速试错。比如，谈及腾讯的微信等知名产品，大家都会提到"赛马机制"，认为正是这种内部竞争机制促成了这些"优马"的成长，而这种内部竞争绝非简单的内部竞技。腾讯公司创始人马化腾在一次接受采访时这样形容腾讯的内部竞争："在公司内部往往需要一些冗余度，容忍失败，允许适度浪费，鼓励内部竞争和试错。"

所以，员工热衷思索，领导者支持创新；员工大胆试错，领导者容忍失败；员工重视团队协作和团队荣誉，领导者指导与支持而非领导或干涉。这是组织在形成数字化思维后的典型心态与行为表现。而数字化思维的培育则在很大程度上依赖于组织文化资源的建设。

2. 数字化人才的素质要求

数字化转型组织中的人员不仅需要了解甚至掌握必要的数字化技术，还需要能够理解、沟通，甚至管理业务，以及具有支持数字化战略形成与落实的行为能力。《数字化转型与创新管理——VeriSM导论》中讲述了高德纳旗下的行政人员企划部（executive programs，EXP）研究的25种胜任力的清单，可作为组织在确定其数字化愿景与战略目标后，分解定义其人才战略的基本模型。

3. 招募与管理数字化人才

对应数字化思维与素质要求，谋求数字化转型的组织，其人力资源招聘与培养应更多地侧重于T型、π型或"梳子"型的人才方向，这样的人才往往是一专或多专并多能，既能够专精于某个专业领域，也能够理解、沟通甚至支持相关领域的运营、研究、规划或商务工作，这样才能够更准确地理解与支持端到端的价值主张，并依托协作文化，更快速地响应需求与实现优化与创新。

而正因为对人才有如此高的要求，数字化人才缺口的挑战被放大。如何招募、培养和留住数字化人才成为组织人才战略的核心。

为此，我们总结并设计了一个数字化人才应该具备的数字化转型知识框架（如图1-11-6所示），主要分为三点进行介绍。第一，数字化人才要对企业的数字化战略有深刻的认知，谙熟数字化商业模式运作的原理。第二，数字化人才具体掌握四方面的知识和技能，分别是新兴业务知识、数字化经营管理能力、新兴技术的知识和一定的方法论。第三，数字化人才要进行全行业数字化转型实践。

当员工具备了数字化商业模式的设计能力，并掌握了匹配自身特点的四大领域知识，通过多行业的数字化创新与转型实践，就能形成不可替代的能力优势，助力企业数字化转型！

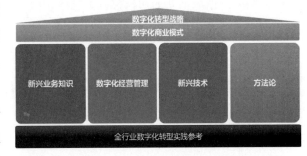

图1-11-6 数字化转型知识框架

数字化的人才发展策略

某国际知名运动品牌于2010年成立了数字运动部门，由此开启了数字化之旅。在之后的10年中，该品牌摆脱连续多年的停滞，销售额每年都能实现10%左右的正增长。在其成功的发展中，吸引人才的一整套人力资源管理机制是一个不可或缺的关键元素。

首先，在招聘方面，该公司不排斥年长者与无经验的大学毕业生，更关注的是创新能力、想象力和热情等特质。面试过程也尽显敏捷。HR、业务主管、老板齐聚一堂，一轮面试就决定去留。

其次，在"留住人才"这个大命题上，该公司认为仅提供高于同行业平均水平的薪资是不足以留住那些真正的优秀人才的。该公司将企业文化建设作为人才战略的一项重要保障。在其企业文化中，协作、分享、学习和心理安全不断地潜移默化地影响着所有员工，并成功地"锁住"了优秀人才。另外，公司倡导的"弹性工作制"给予了员工时间上的自主权，让员工能够自我平衡生活与事业。这些共同促成了员工的低流失率。

最后，在促进员工发展的方面，该公司采用指导而非命令或干预的方式，每年三次定期与员工面对面回顾目标与绩效，听取员工反馈，帮助员工明确目标，砥砺前行。

4. 关注零工经济中的劳动者权益

移动互联网的发展，不但为组织员工的移动办公创造了更为便捷的条件，更催化了自由职业者利用互联网和移动技术快速匹配供需方案的零工经济模式。这种以"共享经济"为核心的人力资源共享模式在为自由职业者或在职者的自由时间提供了更多的就业机会的同时，也为组织对人力资源的运用提供了一种更为轻量级的方案。如时下流行的微商、主播和专车司机都是零工经济的典型代表。

不过，无论是人力资源承包商，还是更自由的职业者，在零工经济模式下，社会不可避免地会对其在工作条件和相对较低的工资方面展开批评或提出担忧。而很多将零工经济作为其重要人力资源协作模式的企业也已经意识到了这一点。比如，优步和来福车，它们试图找到在不建立密切联系的情况下奖励员工的方法。例如，优步向美国证券交易委员会申请修改第 701 条规定，联邦证券法通过该规定限制私人公司向承包商发行股票。而优步要求修改这一规定，允许在首次公开募股之前进行股权授予。来福车则向一些最活跃的司机提供了高达 10 000 美元的现金奖金，这些司机也可以选择购买 IPO 中的股票。

第七节 品牌资源——数字化时代能让你赢得更多信任的标签

一、如何理解品牌资源？

本书所述品牌资源特指一系列表明组织或组织产品身份的无形因素所组成的资源，包括产品品牌、服务品牌和组织品牌。

品牌一直以来都代表着市场和消费者对组织质量的一种认可，所以组织努力通过产品与服务的交付过程、广告、营销等诸多方式打造品牌。然而，在数字化时代，随着网络自媒体等渠道的发展，消费者逐渐融入组织经营品牌的渠道之中，传统的组织向消费者单向输出品牌理念的品牌建设逻辑正在不断地被挑战，甚至被颠覆，组织必须结合数字化时代的特点重新审视品牌的建设和维护方式。

二、数字化时代品牌资源的新特征和新前景

1. 组织之间的品牌生态

借助互联网与开放型平台的建设，大量跨界产品和服务资源被联结在了一起，实现相互依赖、互惠互利、价值共赢，如平台类组织的淘宝、京东，在其平台上各个品牌的产品和服务丰富多样，在借助平台推广品牌的同时，也在帮助平台巩固其品牌地位。

当然，形成品牌生态圈的平台不仅仅局限于平台类企业，如奇虎 360 在其安全卫士产品中嵌入与

推广合作企业的软件品牌和平台品牌那样，很多产品或服务类企业也在借助已有的产品和服务的销售渠道、交付方式、场地、产品或服务自身等一切可利用的资源来与其他相关品牌进行联结，形成共生共荣的品牌生态圈。

2. 与消费者共创品牌

随着社交媒体等数字化渠道的多样化发展，消费者早已不再是品牌建设与推广的末端，可以说，如今的品牌是由组织与消费者共同塑造。在品牌建设与推广的链条中，组织不再掌握绝对控制权，随着协同体验和对话权的拥有，消费者正在变得更有主见，通过各种线上社交平台和线下社交渠道，消费者不断获取着海量的信息，他们变得更为焦虑与多疑，对品牌的认同或否定会越来越多地受到社会关系、信赖关系和群体效应的影响。因此，研究消费者心理与社会关系的特征，管理数字化渠道的走向，将是数字化时代组织打造品牌的必经之路。

同时，品牌的共创除了必须基于产品或服务自身的质量以外，也应基于共赢的设定，组织通过与消费者的协作实现品牌的树立和推广，而对于在推广过程中的贡献者，组织也不应吝于奖励，通过优惠、荣誉、回馈等多种方式与消费者建立更为稳固的协作关系，从而构建可持续的品牌发展之路。

 第八节　文化资源——内化于心、外化于行的精神财富

一、如何理解文化资源？

文化是塑造组织中人们行为的成文与不成文的规则、指导方针和实践的集合。更通俗地说，文化就是一群人共同约定俗成的、默认的共同思想和共同行为。所有的组织和社会制度都有一种文化。文化是组织的一项重要战略资源，可作为组织的管理工具，影响并指导着组织内部员工的思想与行动，使员工能够围绕统一的价值主张，更好地实现协作与共赢。

二、数字化时代文化资源的新特征和新前景

1. 建立守正创新文化

如 VUCA 中的"模糊性"（ambiguity）所总结的那样，各类新兴技术的高速发展，以及其与世界各种传统元素的融合，为原本多变的世界注入了更多的不确定因素，使得我们在观察现在并推测未来时，总好似身处迷雾之中，既有风险，又有机遇。谁能够做出更多的探索，也许他就能够掌握更多的先机。因而，依托于数字化技术进行探索与创新成为各类组织在如今这个时代最为热衷，也是某些组织不得不进行的一项使命。

而创新绝不仅仅是组织内个别人的事，它只有在成为整个组织上下一心的一种意志之后，才可能展现出它惊人的"锋锐"。所以，构建创新文化是组织实现创新的必要资源。要创新，则必须先"守正"，始终将"守正"作为组织文化的基石。只有守住正道，才能让组织在不断的创新变化中始终坚守本心。

凝聚起守正创新文化的组织都将显现以下共同特征：

◇ 聚焦于价值，覆盖客户利益、社会责任、员工利益与组织自身的发展等多个方面；

◇ 认同组织愿景，并与战略目标保持一致；

◇ 重视信息沟通与协作实现；

◇ 热衷于学习、分享与反馈；

◇ 勇于试错，容忍理性错误的出现；

◇ 授权及员工主人翁意识。

海底捞的品质服务

成立于1994年的海底捞，是一家以经营川味火锅为主、融汇各地火锅特色为一体的大型跨省直营餐饮品牌火锅店。2020年，其市值依然保持在300亿美元左右。

从成立之初，海底捞就将创造差异化价值（无微不至的服务）作为其突破餐饮红海的战略定位，而此项战略定位的成功落地与海底捞的企业文化建设密不可分。在海底捞的企业文化中，"倡导平等，充分授权；学习进取，持续创新；自我批判，三思而行；诚实守信，敢于负责；与人为善，知恩图报；充满激情，团队合作"成为核心的管理内涵。

首先，从其企业文化中我们不难看到具有家庭氛围特色的管理内涵。老员工如兄长般带好新员工，新员工则像尊重兄长般感恩老员工。情感式文化的建设，将员工从内心凝聚为一个大家庭，极好地促进了协作与分享。

其次，海底捞将"充分授权"这一项文化元素落到实处。每个部门都可以独立管控自己的部门经费，每一位员工对于如何经营和管理好自己的部门都拥有话语权。这种相互信赖及对于自主工作的意识传导则很好地培养了员工的主人翁意识和自豪感，使其能够在第一时间主动做出最合适的行动。

最后，也是极为重要的就是"持续创新"。从锅底到蘸料，从小吃到各类等待时段的贴心服务，创新意识已深深地根植到海底捞员工的意识思维中，这也是海底捞能够在服务客户时总是创造惊喜的原因。

---

2. 建立敏捷文化

如VUCA中的"复杂性"（complexity）所总结的那样，身处这个复杂多变的世界，组织必然为各种力量、因素和事务所困扰，而这些力量、因素和事务自身还在悄然变化着。因而，组织必须具备"以变治变"的能力，以及应对变化的弹性与敏捷。

管理大师拉姆·查兰（Ram Charan）曾说过："没有一个时代像现在这样变化如此之快。转型升级已不再是选择，而是必须。在这个飞快向前的时代，每个人、每个组织只有超越外部变化的速度，才有可能在这个时代制胜未来。"

作为一个源自软件开发，而后被逐渐延伸到业务领域，乃至整个组织的理念与能力，敏捷与否代表着组织能否快速响应内外部环境变化，在稳定经营的同时抢占更多的先机。同样，组织的敏捷能力有赖于文化中敏捷元素的形成。

在构建组织敏捷文化的过程中，以下元素是必须加以关注的。

首先，从组织架构入手，扁平化被普遍认为是组织能够快速响应变化的一种组织架构模式，比如合弄制（holacracy）[①]。扁平化不只是意味着简单地减少权力和管理的层级，还包括：更聚焦于市场与客户，而非职能与控制；轻量级的协作型团队，且团队成员大多是"多面手"；分散决策权、消除决策障碍等。当然，万事没有绝对，比如在组织缺乏资源的时候，或在面临生死存亡的关键时刻，往往集中式的权力架构与决策结构才能展现效率。例如美国通用电气公司，既有在20世纪80年代成功"瘦身"，推动公司效率与业绩的倍增，实现了企业扁平化的经典案例，也有在20世纪60~70年代依靠集中权力、增加层级的架构，走出了美国整体经济停滞的泥沼的成功经验。

其次，加强个体的工作动能。无论是"无责备"文化，还是指导式而非命令式和结果导向的管理者，以及以OKR为代表的自我驱动式管理机制，还有弹性的工作时间与工作环境，无一不在帮助团队员工在建立"心理安全"的基础上，激发其个体的内在动能，实现自主式管理，使其能够更快更好地学习、思考与应对各种问题与挑战，并能够"伸手"协作上下游环节，消除"瓶颈"，提升团队整体效率。

最后，就是凝聚学习氛围。大环境变化的加剧要求组织必须不断学习，才能保持敏捷响应的能力。很多组织都重视员工培训，定期组织培训。然而，组织员工学习与员工自发学习显然是完全不同的两种效果。终身学习是一种氛围，而不是一种制度。在学习型的组织中，组织基于其愿景与目标，帮助员工树立其个体的成长远景，助其识别限制因素与障碍，进而指导其寻找破局的方向与方法，助其找到合适的成长之路，从而激发与助力员工个体与组织一同不断地学习、思考与探索。

第九节 市场资源——一片组织赖以生存和成长的土壤

一、如何理解市场资源？

市场资源是指那些不为组织拥有或控制的，但是在市场中存在，而且因为组织强大的竞争实力、独特的经营策略技巧和广泛的关系网络而可以为自己所用的资源。市场资源包括关系资源（客户、流量等）、特许经营权和历史文化资源（各种历史名人、历史故事和文化传说等广泛存在于社会之中的文化资源）等。

二、数字化时代市场资源的新特征和新前景

1. 流量资源的变现

谈到客户资源，就绕不开当下的热点——流量资源。近年来自媒体、线上渠道的高速发展，提供了更为精准的凝聚客户资源的"快车道"，只要是沾了线上渠道的组织，在其运营报表中，"流量"类指标多半会占据一个坐标轴。在这个"流量为王"的时代，似乎流量等于一切（自然也就包含成交的客户数）。然而，曾经吸纳了5 000万注册用户，吸引了中国无数老幼半夜"偷菜"的某网，在缺乏有效变现模式后的沉寂，使我们必须冷静地思考流量变现的问题。组织需要采取系统性的战术，在获取流量的同时，将流量变现为交易，才能真正为组织实现价值。

---

① 合弄制是由角色来承担工作的管理系统。一项工作被看作一个"角色"，同一个人可以选择承担不同角色，和其他人配合完成工作，按照角色分配权力。合弄制被认为是一种"无领导管理方式"。

> **抖音的飞速发展**
>
> 由字节跳动开发运营的知名短视频社交平台产品——抖音（中国区域品牌），其 DAU（daily accive user，日活跃用户数）在 2020 年已达到 6 亿，这使得抖音不仅仅成为很多达人自我推广的一个极速渠道，也成为不少企业、团队合作推广品牌、引流线下业务，甚至直播销售的一个重要选项。抖音总裁张楠曾提到，即使是在 2016 年正式进入短视频赛道的时刻，包括抖音产品团队在内的所有人都没有大胆预估抖音可能带来的火爆流量。而在接下来面对火箭般的用户增长速度的同时，流量变现成为抖音团队的又一项长期使命。广告、电商、直播、多频道网络（multi-channel network，MCN）等是目前抖音商业化的发力点，也同样是当下短视频行业的部分主要商业化手段。而抖音在流量变现方面的成功运作，使得其在 2020 年度字节跳动中国市场的 272 亿美元的广告营收贡献中占据了近六成的份额。

即使在广告这类最为广泛应用的变现模式上，其形式、内涵、模式也因数字化技术的影响而悄然发生着变化。

> **Snapchat 的创新**
>
> Snapchat，这家以两位斯坦福大学生开发的"阅后即焚"照片分享应用为起点的在线社交平台企业，在 2020 年四季度 DAU 达到 2.65 亿，营收同比增长 62%，达到 9.11 亿美元。其变现渠道则主要包括了专属频道、视频广告、动态滤镜和位置滤镜等。而其中的视频广告、动态滤镜与位置滤镜等则都是在广告的传统模式上进行了颇多的创新。
>
> ◇ 视频广告：Snapchat 的视频广告侧重于策划与营销，广告内容就是一个完整的故事，用户可以依据兴趣观看这些故事性很强的广告，而不是被动接受平台强制推送的广告语等信息。
>
> ◇ 动态滤镜：Snapchat 为品牌商提供了专属定制版的动态滤镜，并依此向品牌商收费。品牌商可以借助此功能定制自己的品牌形象，让用户在将自己的形象与品牌商的品牌形象进行有趣的互动融合的同时，推广产品品牌。
>
> ◇ 位置滤镜：这是 Snapchat 推出的一项极具特色的功能。当 Snapchat 后台监测到用户出现在一些特定的位置时，可以让用户为其照片、视频等内容添加具有地域特色的贴纸，而这些贴纸中则包含了一些付费品牌商的产品或品牌信息。

2. 对特许经营权的挑战

在传统商业模式下，特许经营[①]代表着某个行业或者某个细分领域的经营权与一定程度上的垄断。然而数字化技术的发展与应用，让我们见证了一些如叫车软件那样，挑战某个确定了特许经营格局的市场，实现弯道超车，甚至带动该市场原经营者争相模仿，一定程度上颠覆了行业运营模式的案例。而这些"坏了规矩"的挑战者又往往是跨界而来，其服务内容与模式往往不在特许权的限制范围之内，

---

① 特许经营指拥有注册商标、企业标志、专利、专有技术等经营资源的企业，以合同形式将其拥有的经营资源许可其他经营者使用，被许可的企业按照合同约定在统一的经营模式下开展经营，并向拥有注册商标、企业标志、专利、专有技术等经营资源的企业支付特许经营费用的经营活动。

使得授权机构与被授权方难以对其行为进行限制。

因此，身处特许经营格局中的组织也需要与时俱进，通过了解数字化、学习数字化时代的商业模式变化，审视策略，调整模式，以守好自己的"奶酪"。

3. 激活传统行业的历史文化资源

在诸多传统行业中，有一些行业以历史文化资源作为支撑其产品和服务的重要卖点，如城市博物馆、革命纪念馆、自然文化旅游景区、名人故居，以及一些有历史传承的饭店和工艺品企业等。在数字化时代，借助数字化这股"东风"进一步发挥其历史文化资源的效能成为这些传统行业再上一层楼的有力手段。比如，很多博物馆、纪念馆和文化景区都通过网络为游客提供可自行播放的在线讲解语音包，结合展览品或景点提供的二维码标识，可以让游客自助了解相关的背景知识，从而增加游客游览的乐趣与收获。

疫情下的数字化运用

2020年疫情防控期间，在中国国家文物局的组织下，全国各地博物馆利用已数字化的资源推出一批精彩的在线游览项目，其中，我们看到了3D、AR、VR等多种可视化技术的综合运用。尤其是AR与VR等技术的发展与应用，让我们的身份和角色不再被现实的物理世界所局限。

现实世界的我们和在线角色正在创造一个持续增长的数字化虚拟存在，越来越多的数字化内容被添加到这个虚拟身份中，形成一个多重世界的模型。曾经有一款名为"Pokemon Go"的游戏，让玩家可以在真实世界中"捕捉"虚拟的皮卡丘宠物。可以想象，如果将这些历史文化资源通过技术植入多重世界模型中，游客无论是虚拟体验，还是实地游览，是否都会收获更多的知识与快乐，从而为该组织带来更多的关注与发展呢？

数字化时代的资源建设——回答赋能与融合

综上所述，当今时代，传统的人、财、物等诸多资源的本质并未发生根本性的改变，但在数字化赋能下，在资源相互之间的场景式的融合中，它们或多或少地被赋予了新的特性，拥有了更广泛的可能性。而恰恰是这种可能性，给予了组织更多的腾挪空间与创新灵感。

那么，如何"赋能"？如何"融合"？

是否将所有处于线下状态的资源的管理运用都数字化就是"赋能"？

是否将组织中的这八类资源逐个地进行排列再组合就是"融合"？

显然，这样的赋能与融合很难给组织带来转型发展的"可能性"，因为，他们陷入了"为了数字化而数字化"的陷阱。回看本章节的第一节：组织的八类资源，资源是组织为了保证其商业模式顺利运行的必要元素之一。而商业模式的核心则是"价值主张"。

因而，在考虑如何盘活组织的自有资源、如何获取更有价值的数据信息、招募哪些人才更有助于组织的数字化战略、怎样利用社群加速品牌的推广、如何获取更多的线上流量等诸多资源建设的问题之前，请先厘清组织要与目标客群共同实现的"价值主张"是什么。在本书中，每一个成功案例中描述的那些诱人的核心资源都是服务于以价值主张为核心的整个商业模式的，是为了价值共赢而打造成型或加以完善的。缺失了目标的资源建设，就好像手握钞票去买彩票一样，中大奖是要靠惊人的运气的。

当"价值主张"清晰了，甚至商业模式的其他元素也有了概念，这时再评估需要何种资源组合和何种资源形态来支撑与实现整个商业模式，一定会拥有更为清晰明朗的视野。然后，结合本章节中各种资源获取、管理与运用的启示，相信你对于核心资源的建设会更为了然。

本章核心观点

"万物皆资源"，数字化技术使组织可以运用的资源不再局限于组织自有资产，而是善于从生态中获取更广泛的资源。

明白了！

本章思考

请阅读以下案例背景资料，并回答问题。

某家经销知名品牌汽车的 4S 店希望借助数字化技术让其在地区竞争（至少是经销同品牌车辆的其他 4S 店）中能够抢占先机，脱颖而出。为此，该店提出了"同样的车，不同的体验！"的广告语，将数字化的应用重点聚焦于售后服务的整体效能与客户体验上，同时，也希望借助其服务过程中的数据积累与分析挖掘出的相关客户需求，进一步尝试拓展出新的相关业务。

结合本章内容，你认为：

（1）哪些资源有助于该 4S 店的数字化之旅？

结合对价值主张的定位，以及对商业模式各元素的大致定义，从八类资源的视角，逐一分析支撑价值实现、客户细分、客户关系、渠道通达、关键活动、重要合作、成本与收入等方面所需的资源。

（2）这些资源中，哪些是核心资源？

考虑哪些资源的缺失将直接或间接导致目标的失败，通过排定优先顺序判别哪些是核心资源。

（3）如何获取、管理和运用这些资源？

考虑数字化技术为这些资源在获取、管理和运用方面的赋能。

（4）在此过程中，还要关注哪些潜在的问题与风险？

在获取、管理和运用的过程中，在保证遵守法律、法规、道德等诸多方面的基础上，识别竞争、"黑天鹅"等可能带来的影响，并考虑总体应对机制与风险接受基线。

第16讲：以小博大的
核心资源

第十二章　重要合作——赋能生存与发展的外部力量

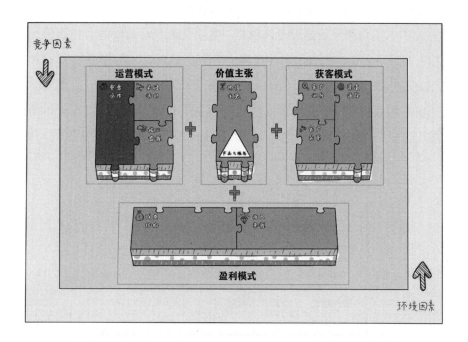

合作是指你的组织与其他组织的关系，这种关系可以确保组织的商业模式顺畅运行，而重要合作是确保商业模式顺畅运行中最主要的合作关系充分发挥作用，并且不出问题。因此，大多数重要合作都是基于使商业模式有效运行的合作伙伴网络，其他组织拥有你的组织没有的资源，或者比你做得更好、更快、更经济。我们可以把重要合作视作一种"联盟"，这种联盟中的成员关系有紧密度和排他性两个重要属性。松散的关系意味着双方仍然可以与其他实体合作，排他的关系意味着合作伙伴限制在一种关系的排他合作中，在数字化时代联盟关系会更广泛。

那么，在数字化时代，在考虑重要合作时，必须考虑以下问题：

◇ 你有哪些合作伙伴？谁是你的重要合作伙伴？

◇ 你的重要合作伙伴发生了什么变化？

◇ 你能从你的重要合作伙伴那里获得什么？

◇ 如何更好地实现重要合作？

本章将回答以上问题。

第一节　风火轮——数字化时代的重要合作

在分析数字化时代的重要合作之前，我们首先要明确组织为什么需要重要合作。任何重要合作的背后都有诉求驱动，组织寻求合作的动机根源可能是优化自身商业模式，可能是降低成本或风险，更常见的是获取特定的资源。同时，重要合作关系对于组织是一个很棘手的环节，它会涉及大量的沟通和信任因素，因此组织做出决定接受重要合作伙伴时要慎之又慎。

基于以上两个原因，组织第一步要思考的就是，数字化时代会有哪些合作伙伴？谁是我的重要合作伙伴？欧洲最伟大的管理思想大师查尔斯·汉迪（Charles Handy）在其2017年出版的《第二曲线：跨越"S型曲线"的二次增长》一书中给出了一个观点：如果企业能在第一曲线到达巅峰之前，找到带领企业二次腾飞的"第二曲线"，并且第二曲线必须在第一曲线达到顶点前开始增长，弥补第二曲线投入初期的资源（金钱、时间和精力）消耗，那么企业永续增长的愿景就能实现，如图1-12-1所示。

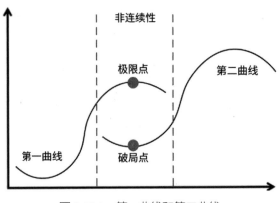

图1-12-1　第一曲线和第二曲线

借鉴查尔斯·汉迪的第一曲线和第二曲线的思路，在这里我们提供一种重要合作的分类方式，基于两条曲线的不同需要将组织的合作伙伴分为两种，如图1-12-2所示。

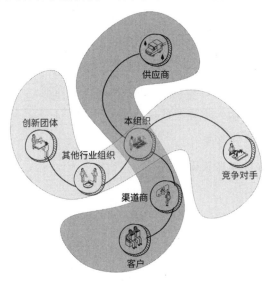

图1-12-2　数字化商业模式之重要合作"风火轮"

第一种重要合作是为第一曲线服务的，其目的是稳固现有业务，实现数字化优化，包括扩大现有市场规模、降低成本、提高客户服务水平等。这种重要合作围绕供应链展开，包含与供应商合作、渠道商合作和客户合作。

第二种重要合作是为第二曲线服务的，其目的是探索新兴业务，实现数字化转型，包括寻找新市场、研发新产品等。这种重要合作围绕创新增长展开，包含与竞争对手、其他行业组织、创新团体的合作。

原来合作伙伴还可以从第一曲线和第二曲线这个视角来分呀！两条曲线组合成一个"风火轮"。

第二节 第一曲线重要合作——供应链上的助推器

什么是第一曲线呢？根据产品生命周期理论可知，组织的任何产品都要经历引入期、成长期、成熟期、衰退期四个阶段，用来描述组织主打产品生命周期曲线的为第一曲线，如图1-12-3所示。

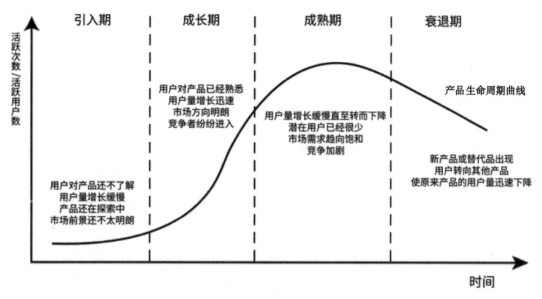

图1-12-3 第一曲线：产品生命周期曲线

第一曲线主要关注与组织运营和客户服务流程相关的数字化，实际上也就是数字化优化。同时，由于第一曲线最终的目的是"客户满意"，所以第一曲线的重要合作要帮助组织稳固现有业务并不断提供卓越服务，在组织的诸多合作中，供应链合作是组织第一曲线上的重要合作。供应链合作过程如图1-12-4所示。

在多数情况下，我们认知中的组织合作基本都是产业链上下游组织之间的合作，所以无论是数字化前还是数字化后，最明显的重要合作都与组织的供应链有关。供应链实际上是一个组织与其供应商、供应商的供应商，依次向前直到最初的供应商，以及与其渠道商、渠道商的渠道商，按此向后直到最终用户之间的关系网链。因此供应链合作过程中主要有三类合作伙伴：供应商、渠道商、客户。接下来，我们就来分析一下这三类重要合作是如何影响第一曲线发展的。

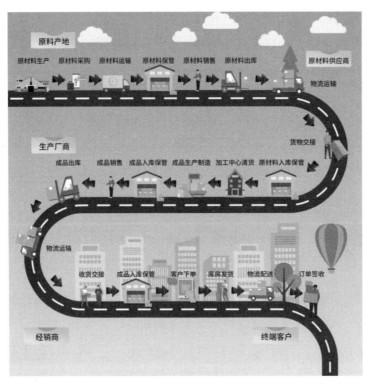

图 1-12-4　供应链合作过程

一、技术融合与供应合作

1. 供应合作的重要性

现代管理学之父彼得·德鲁克曾说过:"商业中获益于独立性的最大的潜在机会,就存在于生产组织与其供应商之间。这是所剩的赢取竞争优势最大的未开发领域。"事实上,组织与自己的上游组织之间天然存在较为紧密的合作关系,上游组织一般指为组织提供原材料与零部件制造和生产的组织。

比如,作为常见的交通工具,每一辆汽车生产的背后都有成百上千的重要合作关系。如果你是汽车制造商,你的主要合作伙伴是制造轮胎、轮毂和刹车的公司;如果你是一家轮胎公司,那么你与橡胶供应商和向你供应用于制造轮毂的钢铁公司都有重要合作。供应的每个环节都有关键的合作伙伴,帮助公司完成工作,这些都清晰地向我们指出供应合作对组织的重要性。

2. 供应合作面临的问题

数字化时代的到来,也让我们看到了传统供应合作的一些弊端。

◇ 存在信息不对称问题,导致供应商和组织之间做不到有效的信息共享,从而影响采购效率,造成采购与库存成本的增加。

◇ 由于采购周期和交付时效等问题,导致组织对产品质量、交货时间的把控存在不稳定性。

◇ 供需双方的关系未能很好地协调,竞争多于合作,浪费了大量的时间在解决日常问题和频繁选择供应商上,未能达成双赢的目的。

3. 数字化对供应合作的影响

供应商对用户的需求变化反应迟钝,缺乏应付需求变化的能力。所以,走进数字化时代,组织往往通过数字化技术融合来解决供应合作面临的问题。供应管理主要包括两部分：关系管理和物流管理，其中关系管理是供应管理的重要内容，处于供应管理的上层，在关系管理的指导框架下形成物流管理。如何降低成本、提高效率、满足需求以及快速供应，均与物流管理有关。关系管理和物流管理相互关联、不可分割。

供应商和组织通过云计算、大数据、物联网、区块链及人工智能等技术，实现供应流程的自动化管理和云端协同。通过数字化赋能、资源集群管理和调度，帮助组织在获取原材料资源的过程中开源、节流和提效，进而实现数字化供应生态建设和组织价值提升。

数字化技术在供应合作中的应用具体体现在以下四个方面。

（1）利用数字化技术实现业务和信息整合。主要是促进数据流、信息流、业务流、资金流、物流在各个层面、分散的系统中实现整合。

（2）利用数字化技术实现管理流程优化。主要是可以根据确立的合作关系以及相应的规则，明确供应网络中不同角色的责任与义务、核心业务流程、应当采取的行动，以及能够在虚拟环境中进行合作者关系管理的有效渠道。

（3）利用数字化技术改善关系管理。主要是在虚拟商业环境中，对分散的供应商进行整合管理，让客户需求和供给变化的信息及时共享。

（4）利用数字化技术实现智能决策。主要是全面了解所有供应商的业务，并且更好地理解供应渠道和流程，改进决策和供应运营。

二、思维转变与渠道合作

1. 渠道合作的重要性

在渠道通路中，我们介绍渠道时引用了现代营销学之父菲利普·科特勒在《营销管理》一书中对营销渠道的定义："营销渠道是促使产品或服务被使用或消费的一整套相互依存的组织。"而在渠道合作中我们所谈论的渠道侧重描述的是，组织将产品从生产者向客户转移所经过的通道或途径，它是由一系列相互依赖的组织机构组成的商业价值链，即产品由生产者到客户的流通过程中所经历的各个环节连接起来形成的通道，传统销售渠道的起点是生产者，终点是客户，中间环节包括各种批发商、零售商、商业服务机构，如经纪人、交易市场等。

在一定程度上，渠道合作可能是组织制胜市场的关键。在产品、价格高度同质化的背景下，渠道合作是组织发力的关键点。渠道合作是否合理和畅通至关重要，可以说是一个组织的命运所系。如果不能牢牢控制营销渠道，组织的产品就难以转化为收入，组织就将失去生存发展的源泉和动力。

2. 渠道合作面临的问题

目前，市场上存在三类消费需求：第一类是直接满足的消费需求；第二类是迎合的消费需求；第三类是组织和客户共同创造的消费需求。显而易见，这也是一个消费者需求升级的过程。例如，我们以消费者对葡萄酒的需求为例，大多数人对普通量产级葡萄酒的需求可以直接满足；而迎合高收入人群彰显身份的需求时，就要提供进口法定产区有产量限定的优质葡萄酒；

现在为了满足客户对体验的追求，也有酒庄和客户共同酿造葡萄酒的新需求。

基于上述三种消费需求，可以发现传统渠道采取的深度分销方式，是组织基于品牌地位主导整个分销网络。通常情况下，一方面组织通过工业化大规模生产 SKU。SKU，即库存保有单位、库存进出计量的单位，可以是以件、盒、托盘等为单位。SKU 在使用时要根据不同业态、不同管理模式来处理。在服装、鞋类商品中使用非常普遍。例如，纺织品中一个 SKU 通常表示规格、颜色、款式。另一方面再通过全国高密度的深分体系去饱和覆盖全部的渠道。这种分销方式对于第一类消费需求非常有效，但是对于第二类和第三类的消费需求就不一定行得通了。这是为什么呢？因为随着消费的不断升级，品牌的集中度会随之下降。因此，如何更清晰地掌握消费需求，采取更有效的渠道合作方式成为组织必须考虑的问题。

3. 数字化对渠道合作的影响

数字化时代的消费需求一般呈现以下三个特征。

（1）品牌去中心化：不能通过统一的品牌调性满足所有小众人群的个性化诉求，这也意味着工业化大规模生产 SKU 是无效的。

（2）单品多元销量小：不能通过单一销售某一种产品提升组织销量，这也意味着 SKU 不能通过工业化生产来降低生产成本。

（3）人群分散：不能通过原有的渠道来进行大面积渠道覆盖，从而降低分销成本，这也意味着深分模式对于数字化时代的消费需求是无效的。

那么组织，特别是品牌组织这时该怎么办呢？转变分销理念，将分销方式从过去只满足单一消费人群的深度分销转变为满足不同人群的精准分销。深度分销代表的是组织"以产品为中心"的思维方式；数字化时代，组织思维方式要"以客户为中心"，如图 1-12-5 所示。因此，组织渠道合作伙伴也会伴随思维方式的转变而发生变化。

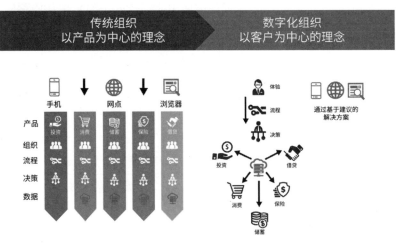

图 1-12-5　数字化时代组织思维方式的变化

组织要通过创新的产品，借助创新的渠道满足客户新的需求，因此这时的渠道合作就产生了新的方式，主要包含以下三个方面。

（1）和新的信息传播载体进行渠道合作，提升现有商品的传播效率。常见的合作伙伴包括本地化的公众号、朋友圈广告等。

（2）和新的合作方进行渠道合作，增加现有商品在空白市场的覆盖率，常见的合作方包含新的渠道商、新的客户群体、新的电商平台等。

（3）利用新模式进行渠道合作，改善现有市场的交易和服务水平，比如社群营销、小程序等。

还有一点要特别说明，因为客户购物的碎片化，所以无论线上还是线下，购物场景无处不在，这就要求组织有布局新零售、全渠道的观念。组织在线上可以自建品牌商城来建立分销渠道，或者对接天猫、京东、拼多多等电商平台进行全网分销，同时也要结合线上，布局线下门店，采用自营或者加盟的模式开店以打通分销渠道，如图1-12-6所示。

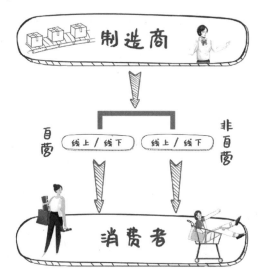

图1-12-6　渠道合作的多样性

三、场景交互与客户合作

1. 客户合作的重要性

谁是我们的客户？可以认为是为产品买单的人、供应链的最终用户、创造价值和传递价值的最终接受者。但从客户合作的角度来看，更恰当的描述是提出某种需求并要求组织生产某种产品来满足的人。请注意，关键词在于"满足需求"，而客户合作正是基于更好地满足需求而展开的。

那么客户合作对组织有什么帮助呢？

（1）在网络高度发达、信息高度流通的今天，一个差评就可以毁掉组织花重金投放的广告，一个不满意的客户就会抛弃你选择别家，甚至带动不计其数的客户转而投向竞争对手的怀抱。客户合作成为了解并创造客户需求、提升客户黏性、及时响应客户的有效方式。

（2）随着客户群体的年轻化，他们具有鲜明的个性化消费主张、重视消费体验、愿意参与分享和价值共创，希望可以参与到购买产品的功能、造型、颜色等的设计中来。客户合作成为满足客户个性需求的有效方式。

2. 数字化对客户合作的影响

为什么以前客户合作的作用不明显呢？因为工业化时代强调的是满足客户需求，基本上是应用比较优势。数字化时代强调的是创造客户价值，这是两个最根本的区别。以前虽然也说"客户至上"，但组织与客户的交互并不像如今这样频繁，一方面在时间上无时无刻，另一方面在空间上无处不在。现在满足需求也好，创造需求也好，都要注重利用场景来和客户实现交互，主要有以下两个方面。

（1）构建场景可以迅速捕获客户的需求，需求一旦产生，马上就能满足。比如京东为什么耗资百亿自建物流？就是因为在数字化时代客户网购的需求集中在服务上。如果使用第三方物流，京东将无法把握物流速度和收货时的客户体验，一旦第三方物流在速度和体验上被客户质疑，就会影响京东的口碑。因此，京东物流独创仓配一体模式来奠定自身的服务优势，并以客户体验为中心进行产品设计，使得体验和效率成为京东物流的核心竞争力。

（2）构建场景可以激发客户的潜在需求，没有需求就孕育需求。比如盒马鲜生，是阿里对线下超市的"颠覆"。它是超市，是餐饮店，也是菜市场；它还可以和外卖结合，实现快速配送。线上、线下场景并不割裂，客户需求有线上的场景，也有线下的场景，利用线下线上相结合的场景激发客户在购买目标产品的同时购买其他潜在需要的产品。

3. 数字化时代客户合作的实现建议

总结而言，关于组织与客户之间如何合作，我们可以从以下三方面入手。

（1）真正解决客户的问题和痛点，与客户之间形成良性的价值交换

当客户已经学会识别和回避广告，传统广告说服式的营销方式越来越行不通。客户需要的是能为他们真正提供有价值的产品和服务。品牌在适合的时间和地点提供用户需要的信息和服务，既帮助了客户，又因为更好的体验使得客户黏性提高。客户收获了想要的产品价值，组织收获了想要的收入价值，实现了良性价值交换。

（2）建立更多的触点去连接客户，与客户之间形成多点触达

在传统营销方式中，触点是有限的，通常的广告投放渠道有电视、互联网、杂志等媒体。但在数字化时代，客户的需求存在于发现、探索、购买、使用、分享品牌的整个过程中，根据客户的需求场景进行深入的分析挖掘，那么触点是无限的。

（3）改变目标客户的定位，不局限于静态的人口属性[①]

通常组织会根据客户的人口属性来判断是否为品牌的目标客户。但通过构建场景，组织可以获得更多人口属性意料之外的客户。例如，"大姨妈"这款女性经期管理软件，前几年推出了男生版，方便男性在女性经期来临时对其嘘寒问暖。目前，这款软件的用户有10%是男性。

第三节 第二曲线重要合作——创新发展的催化剂

根据产品生命周期的规律，我们可知，一定时间后，产品势必会进入衰退期，而组织还需要持续发展。因此，组织必须在成熟期的巅峰（极限点）之前进行产品"二次创新"，组织产品"二次创新"的轨迹线就是"第二曲线"，如图1-12-7所示。

---

① 性别、年龄、地域分布、职业、收入、婚恋状态、兴趣爱好等信息称为人口属性。

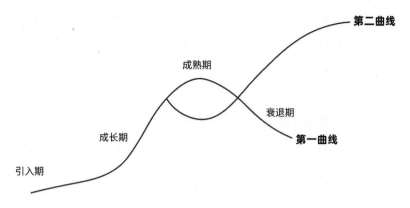

图 1-12-7　第二曲线：创新发展曲线

第二曲线应主要关注与创新和差异化相关的数字化，实际上也就是数字化转型。同时，由于第二曲线最终的目的是"在被颠覆之前先颠覆自己"，所以第二曲线的重要合作要帮助组织探索新领域、开展新业务、获得新价值，通过向外扩张实现组织的长远发展。在组织的诸多合作中，竞争合作、跨界合作以及创新合作是组织第二曲线上的重要合作。

与第一曲线专注于组织"内生"合作不同，第二曲线更关注组织的"外生"合作。"内生"合作更偏重以组织为中心，所有合作都是围绕组织开展的。而"外生"合作偏重以生态为中心，开展的合作更多体现合作者之间的共生、共创、共享。事实上，"天下熙熙，皆为利来；天下攘攘，皆为利往"，同业竞争者之间的合作在利益一致时一定会实现联结。而跨界合作因为跳出行业的限制，更是给组织间的合作提供发展生态的可能。还有创新合作，它是组织"二次创新"最重要的合作。

一、价值共生与竞争合作

1. 如何理解竞争合作？

首先，合作竞争理论（cooperation-competition theory）由耶鲁大学管理学教授拜瑞·内勒巴夫（Barry J.Nalebuff）和哈佛大学组织管理学教授亚当·布兰登勃格（Adam M.Brandenburger），在1996年合著出版的代表作《合作竞争》中提出。他们认为，合作竞争是一种双赢的非零和博弈。对于商业博弈活动，所有参与者都要建立起一种公平合理的关系来实现共赢。

其次，在自然界中，种族之间的竞争表现为生物利用同一资源产生的相互竞争作用，在组织生态中，可以将同类型组织看作不同规模的群体。由于社会中市场选择、资源分配的差异，组织在合作时受到不同程度的影响，这符合自然生态的属性特征。因此，竞争组织之间的合作情况可以通过适当扩展生物间竞争共生理论来解释。

2. 数字化对竞争合作的影响

在工业化时代，组织的资源和能力是实现战略的关键要素，组织要通过一系列的努力获取资源、提升能力，构建核心竞争力。因为资源总是有限的，而组织必须争取资源、占有资源，所以竞争成为常态。同时，市场也是有限的，组织要想生存和发展，就必须通过竞争来争夺有限的市场。

因此，在工业化时代，组织的关键价值是满足顾客需求，战略的关键要素是具有比较优势，经营的核心是如何获得竞争优势并最终在竞争中获胜。在这样的背景下，组织所关注的必然是竞争本身。这时组织会和它的"内生"合作伙伴们占领有限的资源和市场，彼此之间通过价值分配来稳固合作。或许价值创造很重要，但此时价值分配更为关键。

在数字化时代，数字技术带来了根本的变化。拥有资源已经不是最重要的，这时连接大于拥有。人们已经习惯通过连接获取一切，不管是衣食住行还是社交与娱乐，因为通过连接来获得这些会更为便捷、成本更低、价值感受更高。

对于组织来说也是如此，通过连接与共生，组织的资源和能力不再受限于组织自身。组织核心竞争力的关键是通过合作获取的。组织寻求更大范围的资源与能力的聚合，因此连接成为组织实施战略的关键要素。同时，数字化时代带来的另一个变化就是组织的关键价值已经不再是满足顾客需求，而在于能否为顾客创造需求。

组织和它的合作伙伴们用价值共生取代价值分配，组织唯一的对手就是组织与其共生伙伴不断创造顾客价值的能力，唯一的对手就是组织自身。组织生存与发展的关键不再是如何打败对手，而是如何能建立或者加入一个以协同合作为特征的生态，并通过不断地共同演化来创造价值，从而共创辉煌。

3. 数字化时代竞争合作的实现建议

当今这个时代，组织竞争合作意味着走向共赢，意味着连接的要求高于竞争。因此，组织可以从以下三方面入手。

首先，打造共生利益体，构建协同合作。比如，当通用和戴姆勒都想进入电气混合动力型汽车这一新市场时，都面临着丰田和本田这两个早期进入者的冲击，毕竟丰田和本田在该市场处于领先地位。那怎么办呢？通用和戴姆勒选择合作，一起肩并肩地开发新产品，加快产品开发的速度，以便在最短的时间内向市场推出具有竞争力的混合动力技术。

其次，建立产品共创体系，提升产品质量。一方面，数字化时代，产品更新换代的频率加快，产品的技术含量越来越高，产品开发越来越需要更多的技术通力合作；另一方面，产品生命周期缩短，意味着新产品开发风险加大，而单个组织很少具备较强的风险承受能力，需要通过资源共享、优势互补、共同投入、风险共担的方式合作。

最后，基于共享的理念，构建双赢局面。一方面，通过公平合理的合伙协议规范合作，保证彼此理念；另一方面，确保一开始就共享各自的理念，让最终利益尽可能满足各自期望，这样合作关系就是健康可持续的，双方都有足够多的收获。

二、价值共创与跨界合作

1. 如何理解跨界合作？

跨界合作指突破原有行业界限，通过嫁接外行业价值或全面创新而实现价值跨越组织或品牌的行为。跨界的英文是"crossover"，原意是"转型、转向"，引申含义就是"跨界合作"，意思是跨越两个不同领域、不同行业等范畴而产生的一个新行业、新领域、新模式和新风格等。

中国有一句古话叫"隔行如隔山"，意即矗立在不同行业之间的壁垒，就像是一座座难以逾越的大山。如果从过去几千年的人类历史来看，此话确实非常有道理，但是随着数字化时代的日新月异，数字化技术正在大刀阔斧地改变世界,这种"隔行如隔山"的传统局面也在发生根本性的变革,打破行业边界已然成为常态。

2. 数字化对跨界合作的影响

数字化对跨界合作的影响主要体现在新技术的应用和网状连接的实现。

(1)数字化转型已经对每个产业产生了深刻的影响,在云计算、大数据、物联网和人工智能等新技术推动下,不同行业都面临着数字化变革所带来的全新挑战。在这种变化之下,没有哪一个组织可以凭借一己之力便能满足客户的一切需求,因此需要建立一个跨行业、多维度的合作体系。在这个数字化时代,唯有融合了技术创新、场景化应用、生态合作的跨界合作才能更好地激发组织的活力。

(2)数字化时代,跨界不仅已经成为新常态,甚至已经到了一个"无界"的状态。所谓无界就是要打破原来"界"的思维,如果以前是点对点的关系,现在则是一个网格状、错综复杂的关系。在这种变化下,组织需要通过跨界合作来构建或参与一个生态,从而适应"无界"状态,如图1-12-8所示。

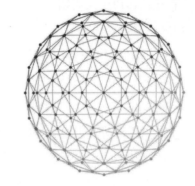

图 1-12-8 跨界合作的"无界"状态

3. 数字化时代跨界合作的实现建议

当今这个时代,组织跨界合作意味连接要从"内生"走向"外生",因此组织可以从以下几方面入手。

(1)基于价值共创来实现跨界合作

在第二章我们说过,价值共创是在理念上从以个体获益为中心的内观思维向经济共同体的开放式思维转变。跨界合作正是构建组织与跨行业组织的开放式思维。例如,声田①与优步合作,是因为它们的目标是获得更多的用户,尽管它们的产品不同。优步的乘客可以从声田的播放列表中选择他们在乘车途中要听的歌曲,这有助于声田和优步的粉丝在乘车时获得更好的体验。

(2)明确跨界对象和跨界领域

要注意,组织的跨界合作并不意味着跨什么界都可以,跨界合作也需要明确组织需要什么样的跨界,即谁是你的跨界对象和跨界领域。

第一步是找相似或互补。找出与你有相同目标客户或相同产品创新需求的跨界合作伙伴;或找出在客户群体和资源上互补的跨界合作伙伴。请注意,共同利益是跨界合作的基础。

第二步是使连通。当确定彼此有相似或互补之后,通过一定方式连通彼此实现价值共创就变得很容易。例如,农夫山泉和网易云音乐的跨界合作就是目标客户相似下的连通,农夫山泉瓶身文案取自网易云音乐的乐评,用户喝水的时候通过瓶身自然会联想到网易云音乐,而使用网易云音乐的时候也会因联合推广联想到农夫山泉。

三、价值向上与创新合作

1. 如何理解创新合作?

创新合作是指组织通过与其他组织、科研机构、高等学校等建立的合作关系,在保持各自相对独

---

① 声田(Spotify)是一个正版流媒体音乐平台。

立的利益及社会身份的同时，在一段时间内开展协作从事技术或产品的研究开发，在共同确定的研究开发目标的基础上实现各自目标的创新活动。

创新合作通常以合作伙伴的共同利益为基础，以资源共享或优势互补为前提，有明确的合作目标、合作期限和合作规则。各合作方在创新的全过程或某些环节共同投入，共同参与，共享成果，共担风险。

特别是在价值向上这一指导原则下，组织需要通过满足客户更高的需求，让客户感到兴奋和惊喜，从而延长客户生命周期。这时，快速创新成为组织的必备能力，而创新合作正在加强组织的快速创新能力。

2. 数字化时代组织需要创新合作

（1）创新合作是组织获得技术能力的重要途径

组织的技术能力主要包括三个方面：技术吸收能力、应用能力和创新能力。研究表明，组织的技术能力只能在研发中形成。通过建立创新合作组织，组织可以利用大学或科研机构的研发设备和人员，并通过研发活动实现对技术能力的获取、传递和整合。

（2）创新合作能实现创新资源的互补和共享

组织的自主创新活动通常要求同时使用资金、设备、人才、专利和专有技术等资源，随着技术进步加快和市场竞争程度加剧，组织自主创新投入迅速增加，很多组织拥有的创新资源不能满足投入的要求，而通过创新合作可实现组织自身与其他组织的技术创新资源互补和共享，必然能使新开发的技术成果超越组织仅依靠自身力量能够达到的水平，将组织的技术水平推向一个新的高度。

（3）创新合作能节约组织在创新过程中获取研发成果的费用

组织要获取一项研发成果，可以直接研发，也可以合作研发甚至交易购买。往往交易购买的交易费用很高，并且集中在已经成熟的技术或产品上；而直接研发的研发费用也很高，同时要求有相当数量的研发人员。因此，对于新的技术研发，创新合作是更合适的方式。虽然创新合作同时产生研发费用和交易费用，但能实现合作者对研发资源的整合和信息的有效沟通，保证获取研发成果的总体费用维持在正常范围。

（4）创新合作可以提高组织新技术进入市场的速度

技术的迅速发展以及现代技术的高度复杂性和整合性使产品的生命周期不断缩短，这就对组织能够跟踪外部技术发展提出要求，并要有能力充分利用和整合这些新技术为己所用。而技术创新具有高成本、高风险的特点，组织一般很难胜任独立开发的任务，只有开展创新合作，才能加快技术研究与产品的市场化进程。

3. 数字化时代创新合作的实现建议

数字化时代，在价值向上的指导原则下创新合作必不可少地受到新要素和新技术的影响，因此数字化时代的创新合作要注重以下两方面。

（1）有效应用数据要素，准确锚定创新方向

组织对富有价值的数据进行挖掘，可以成为开展创新合作的依据。一方面，有效分析数据可以帮助组织更好地洞察行业发展和客户诉求，从而明确创新合作方向；另一方面，数据作为数字化时代的

核心要素，可以成为组织吸引创新合作的有利条件，毕竟数据就是价值，而连接建立在数据之上。

（2）有效使用数字化技术，加快创新产品进程

数字化时代，创新产品的技术含量和技术的复杂多元性越来越明显。在创新合作中使用一种或多种数字化技术有助于创新产品的研发，最简单的例子莫过于数字化技术的有效应用让很多创新产品成为现实，比如，早在1935年，文学作品《皮格马利翁的眼镜》就第一次畅想了VR眼镜，而如今数字技术让它成为现实。

第四节 合作锦囊——转变思维、依托技术、打造生态

从数字化商业模式来看，重要合作是组织运营模式的有机组成部分，保证了运营模式的顺畅运行，同时还为组织获客和盈利提供有力支持。现在本书基于以下三个方面给出建议。

一、转变组织思维，重塑合作关系

在第二章中，我们可知数字化转型是组织从旧我到新我的转变。观念和思维模式不转变，数字化转型过程会出现新旧思维、新旧习惯之间的冲突，包括从思想上的碰撞和抵触到行动上的不协调甚至掣肘。这一点在数字化的重要合作中同样适用，特别是在渠道合作和竞争合作中，一方面，组织需要将深度分销的渠道合作转为精准分销；另一方面，组织需要在竞争合作中放弃对抗思维，化竞争为共生，通过连接创造价值，实现组织的长期发展。

二、依托数字化技术加速合作进程

技术制胜鲜明地向我们表明当今社会已经进入技术创新的时代，主要有两点原因：第一，信息爆炸的时代，单纯的商业模式创新不足以满足客户需求；第二，想要缩短产品生命周期和快速响应客户需求只能靠技术创新。技术制胜在数字化的重要合作上主要体现在供应合作和创新合作。在供应合作过程中，数字化技术可以优化合作流程，提升合作效率。大部分的创新合作都是在数字化技术的基础上实现的，可以说数字化技术就是创新合作的基础。

三、结合自身优势打造内外部协同生态

生态作为价值共创的高阶形态，充分表明组织与外部多个数字化组织形成的紧密连接，它是组织从外部获取关键资源或获取关键活动的有力保证。构建生态的组织可以整合资源，创造独特的生态价值。参与生态的组织可以依托生态，获取更多的目标客户、更好的资源共享、更大的发展前景。通过生态可以有效促进组织重要合作的发展。这在数字化的重要合作上体现在客户合作和跨界合作。生态可以帮助组织建立更多的触点去连接客户，从而提升客户服务水平，增加客户黏性。跨界合作本身就是一种多组织联盟，网状连接有效促进生态内的组织发展。

本章核心观点

把共赢做到实处就是要一起价值共创，把价值共创落到实处就是平等地协商利益分配，各方收益的提升是长期合作共赢的基础。

本章思考

请阅读以下案例背景资料，并回答问题。

某知名农业机械制造商生产的农用机械、草坪机械和工程机械遍销全球，但进入数字化时代以来，无论是原材料供应还是销售渠道使得组织都不得其法。据分析，一方面，该组织近期受到原材料供应商频繁更迭的影响，产品生产效率急剧下降，另一方面，受疫情影响，其传统的门店销售受到巨大冲击，甚至难以为继。

结合本章内容，请思考：

（1）面对供应商频繁更迭的问题，该组织应如何调整供应合作？

通过云计算、大数据、物联网、区块链及人工智能等数字化技术的应用改善当前供应合作的局面。

（2）面对传统渠道的失灵，该组织应如何调整渠道合作？

转变分销理念，将分销方式从过去只满足单一消费人群的深度分销转变为满足不同人群的精准分销。

（3）你觉得该组织还可以通过哪些重要合作来适应数字化时代？

从该组织是否需要客户合作、竞争合作、跨界合作和创新合作入手思考。

第17讲：重要合作之"风火轮"

第十三章　盈利模式——数字化业务的财务答卷

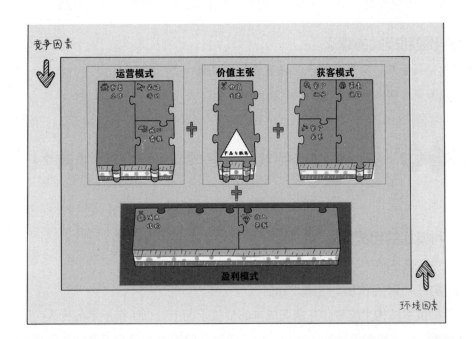

什么是盈利模式？盈利模式是组织在市场竞争中，逐步构成组织特有的赖以盈利的商务结构及其对应的业务结构。通俗地说，盈利模式关注的是什么时候能盈利、组织通过什么方式盈利以及这个方式有什么独到之处。

什么是数字化盈利模式呢？数字化盈利模式是充分运用数字化四大赋能要素构建全新的、富有活力的盈利模式。

在构建数字化盈利模式过程中，要考虑如下问题：

◇ 构建数字化盈利模式的目的和意义是什么？

◇ 什么是盈亏平衡点？

◇ 数字化对盈亏平衡点有哪些影响？

◇ 数字化盈利模式有哪些重要组成部分？它们之间的关系是什么？

◇ 构建数字化盈利模式应遵循什么指导原则？

本章将回答以上问题。

盈利模式的目的和意义——"大佬"期待的一份答卷

一、设计数字化盈利模式的目的

提升组织的盈利能力,获取更高的投资回报。一个好的盈利模式要能在短期内获得更好的价值回报。从长期来看,它还应该是一个可持续的、健康的价值创造、传递、获得的过程。

二、设计数字化盈利模式的意义

◇ 盈利模式为投资人、项目发起方提供了评估的依据;
◇ 盈利模式为获客模式和运营模式的优化提供输入。

组成与相互关系——数字化盈利模式的两个模块

一、数字化盈利模式的组成部分

盈利模式主要由成本结构、收入来源两个模块组成。

1. 成本结构——聚焦价值、平衡匹配

数字化时代的成本结构更应聚焦在所花成本的价值层面上,以平衡成本的投入、产出与风险。在数字化转型过程中,应正视成本结构的变化,用长远辩证的眼光、更客观精细的管理手段,在扩大商业规模或业务规模的基础上,降本增效与持续改进。

2. 收入来源——开源增收、持续发展

一个组织的收入来源变化主要集中在开源增收之上,所谓开源是组织收入来源类型的变化,增收是指组织收入来源类型变化带来的收入的增加。

二、数字化盈利模式组成部分之间的关系

成本结构是盈利模式的支出模块,收入来源是盈利模式的收入模块。支出模块与收入模块不是简单的、此消彼长的"零和游戏",好的盈利模式并非一味地削减支出,而是通过加大数字化投入,带来利润的倍增。

盈利状况是获客模式和运营模式的结果表现,数字化转型就是生产要素的重新组合,根据实际情况合理设置成本结构,以价值为导向,寻求组织盈利的最优态。

第三节　关键点——盈亏平衡点左移与业务模式转化

一、盈亏平衡点

盈亏平衡点[①]是盈利模式的重要财务指标之一。它是指全部销售收入等于全部成本时的产量。盈亏平衡分析让组织明白什么情况下才能实现盈利。

如图 1-13-1 所示,以盈亏平衡点 P 点为界限,当总收入低于总成本时,即在 P 点左侧,组织处于亏损状态。反之,当总收入高于总成本时,即在 P 点右侧,组织处于盈利状态。所以,组织可以通过盈亏平衡点进行生产、销售等环节的规划与执行。例如,每个月需要生产或销售多少数量的产品,才能超过盈亏平衡点,最终实现盈利。

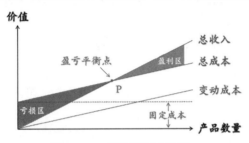

图 1-13-1　盈亏平衡点图示 1

组织通过数字化手段,可以对盈亏平衡点产生积极的影响,获得更多的利润,主要有以下五种情况:

◇ 降本:降低固定成本。如图 1-13-2 所示,通过降低固定成本,总成本随之下降,P 点左移至 P_1 点,提早实现盈利。例如通过构建线上网店替代部分线下门店,缩减线下门店的固定支出。

◇ 降本:降低变动成本。如图 1-13-3 所示,通过降低变动成本,总成本随之下降,P 点左移至 P_2 点,提早实现盈利。例如,智能客服能够解决大量重复的工作内容,全年无休地为客户提供咨询服务,提高组织运作效率,减少客服人力成本的支出。

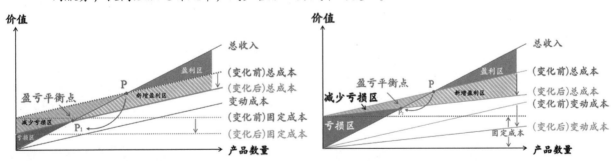

图 1-13-2　盈亏平衡点图示 2　　　　　　图 1-13-3　盈亏平衡点图示 3

◇ 降本:固定成本与变动成本均下降。如图 1-13-4 所示,固定成本与变动成本均下降,总成本叠加下降,P 点左移至 P_3 点,为组织获得以下收益:

---

① 盈亏平衡点(break even point, BEP)又称为零利润点、保本点、盈亏临界点、损益分歧点、收益转折点,通常是指全部销售收入等于全部成本时(销售收入线与总成本线的交点)的产量。

- 从盈利能力上看，相比之前，卖出较少数量的产品就能实现盈利；
- 从盈利的时间点上看，盈亏平衡点提前来临；
- 从盈利金额上看，销售出同样数量的产品，盈利的金额更多。

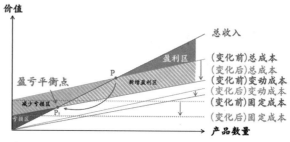

图 1-13-4　盈亏平衡点图示 4

◇ 增收：提升产品单价。如图 1-13-5 所示，通过提升产品价值，即价值 Y_1 上移至 Y_2，销售同样产品数量 X_1，可以获得更多的收入和利润。例如，组织通过数字化技术提高产品功能价值与客户体验，提高产品单价。

◇ 增收：提高产品销售数量。如图 1-13-6 所示，通过数字化渠道提高产品销售数量，即产品数量 X_1 右移至 X_2，总收入从 Y_1 右移至 Y_2，总收入提高，获得更多的利润。例如，组织通过线上营销，丰富了渠道通路，突破了地域限制，获得了更多的客户订单，提高了销售总收入。

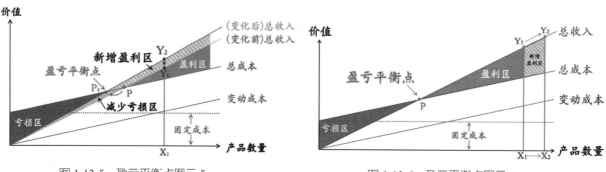

图 1-13-5　盈亏平衡点图示 5　　　　　　图 1-13-6　盈亏平衡点图示 6

二、盈利模式演化出业务模式

盈利模式是内在核心，业务模式是外在表象。如果把盈利模式比作树根，业务模式就是枝干和树叶。

组织在实际的经营过程中，会根据商业环境的变化，结合与时俱进的要素，创新出更符合客户需求的业务模式，可谓是"八仙过海，各显神通"。例如，有的组织致力于业务入口上的突破，通过数据触达客户，或者通过新方式获取用户数据，再将流量转化为收入；有的组织致力于新的盈利点，用技术和数据赋能产品，为客户带来极致体验，通过比较优势盈利；有的组织通过构建生态化的业务模式以及广泛的价值交换能力实现变现。归根到底，都是通过产品、服务或平台三种方式实现盈利，如图 1-13-7 所示。

市面上有众多的商业模式，

图 1-13-7　由产品、服务和平台演化出层出不穷的业务模式

如店铺模式是最古老也是最基本的商业模式，在具有潜在客户群体的地方开设店铺并展示产品和服务。自营模式是组织调动自身资源，自建渠道，打造用户体验；加盟连锁模式是指总部将自己所拥有的商标、产品、专利和专有技术、经营模式等以加盟连锁经营合同的形式授予加盟者使用，加盟者按合同规定，在总部统一的业务模式下从事经营活动，并向总部支付相应的费用。共享模式是通过临时获取过去仅能购买的产品和服务，通过协助拥有房屋、汽车、资金等资产的人士出借给"借方"并收取佣金，以此实现盈利，如共享单车、共享充电宝等；平台模式是通过打造数字化市场，直接整合买卖双方，以便获取交易或配置费用或佣金，如C2C电商平台；生态圈模式是通过销售互相关联的产品和服务，买得越多，增值越多，培养消费者的依赖性，如微软、苹果。

总而言之，任何一种业务模式都追求一个共同的目标，都是为企业所有者、项目发起人和投资者带来更高的投资回报。只要组织找到适配的盈利模式，都能实现预期的回报。无论是哪种模式，背后的逻辑无非是通过产品、服务和平台实现盈利，想清楚盈利点是设计数字化商业模式的关键。

第四节 完美平衡——数字化盈利模式的指导原则

好的盈利模式应该建立在共赢的基础上，实现可持续发展。一是从长期来看，多个短期高回报的项目未必比一个长期、可持续的盈利模式有更好的综合收益。二是不稳定的盈利模式对生态合作会产生不良的影响，不利于提升长期的生态价值。因此，要管理盈利过程中有可能带来失衡的关键要素，使组织能够均衡发展，基业长青。

完美平衡是设计数字化盈利模式的指导原则！数字化商业模式里的完美平衡蕴含着以下五大含义。

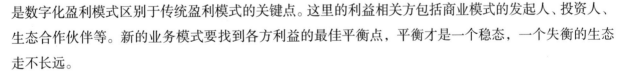

（1）各利益相关方的完美平衡

构建数字化盈利模式，既要基于价值共创的理念，更要落到利益平衡的实处。以创新为驱动，构建开放、共享、共赢的生态合作，是数字化盈利模式区别于传统盈利模式的关键点。这里的利益相关方包括商业模式的发起人、投资人、生态合作伙伴等。新的业务模式要找到各方利益的最佳平衡点，平衡才是一个稳态，一个失衡的生态走不长远。

（2）投入与产出的完美平衡

构建新的商业模式，需要权衡投资规模和未来收益的最佳情况。投入产出是否能让发起人、投资人满意？风险是否可以接受？这个权衡决定了商业模式是否能从设计阶段走到执行阶段。

（3）投入期与回报期的完美平衡

由于数字化商业环境瞬息万变，外部环境时刻发生变化，机遇与挑战并存。项目投资周期过长，后来的竞争者会越来越多，分蚀市场，缩小了价值空地。缩短投入期，项目的实施难度增加，风险增大，有可能欲速而不达。所以，投入期与回报期应把控好平衡。

（4）各类收入来源的完美平衡

数字化的商业环境中涌现出许多新型的业务模式，有的组织要聚焦核心业务发展；有的组织要发展多元化业务；有的组织是在聚焦核心业务的基础上，同时兼顾多元化发展。组织应制定适合自己发展的商业模式，攻守兼备。

（5）成本结构中各项目之间的完美平衡

商业模式创新与升级会形成新的业务结构与资源配置，在追求价值传递、传递最优化的过程中，形成新的平衡。

本章核心观点　"完美平衡"是设计数字化盈利模式的指导原则。

明白了！

本章思考

❶ 发现你身边的数字化商业模式案例，它们的盈利模式有什么创新之处？在这些创新中四大赋能要素都起了什么作用？

❷ 请你举例说明"完美平衡"原则在实际业务案例中的运用。

❸ 请你尝试为自己所在的组织提出新的盈利模式的建议。

第18讲：完美平衡的指导原则

第19讲：数字化赋予盈亏平衡正能量

第十四章　收入来源——增收是数字化转型的硬道理

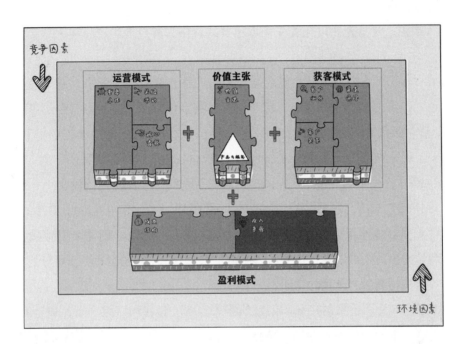

通俗地讲，收入来源是指企业获取收入的途径，能够回答一个企业如何财源广进。当前，数字化浪潮方兴未艾，全球正在加速进入以"万物互联，泛在智能"为特点的数字新时代。此时，创意营销、产品创新和战略升级等都会让企业获取收入的途径不断推陈出新。一个卓越的、走在时代潮头的企业，要么保持现有产品或服务的收入持续增长、节节攀升；要么未雨绸缪，蓄力发展新业务，寻找企业"第二曲线"，开辟新的收入来源。

数字化转型的核心目标是实现更好的价值创造、更快的价值传递和更高的价值回报。实现开源将是企业数字化转型取得效果的最好证明。那么，在数字化时代：

◇ 市场上出现了哪些具备数字化特色的收入来源？

◇ 总结而言，收入来源究竟有哪些变化？

◇ 收入来源受到了哪些因素影响？

◇ 企业想要增加收入来源，应该如何做呢？

本章内容将回答以上问题。

第一节 特色的数字化收入来源——免费、微利+、组合

几乎所有企业都在进行数字化转型，构建数字化时代的商业模式，因此，在市场上我们会看到具有数字化特色的收入来源层出不穷。在这里，我们选取了三类典型的带有数字化特色的收入来源进行介绍。

一、"免费"式收入来源

"免费"收入来源，是指企业以免费或接近免费的价格为客户提供产品和服务，主要可以分为以下三类：

第一类是提供"0元"价格的产品，然后通过发布广告获取收入。网络上有个段子说"羊毛出在狗身上，猪来买单"，讲的就是这种情况。免费模式在数字化时代之前最典型的例子就是纸媒。回想一下过去的报纸，基本都有专门的广告版面。在数字化时代，这种类型的典型代表专业生产内容（PGC），比如国内的今日头条和一点资讯，国外的BuzzFeed和Flipboard（红板报）都属于这一类。

第二类是提供部分"0元"价格的产品，而其他产品收费。这种模式比较常见，比如我们常用的"可携带文档"——PDF文档，它是由美国Adobe公司在1993年设计出来的。其中查看阅览PDF的Adobe Reader软件免费开放给用户，而制作PDF文档的Adobe Acrobat则需要付费购买。在数字化浪潮下，我国视频网站的会员制可以算作这类收入来源的典型代表，在2011年，爱奇艺成立了会员业务部，从此开启了我国视频网站会员制的先河。

第三类就是提供"0元"价格的产品，但增值服务收费。让我们回想一下，曾经几乎是"90后"必备聊天工具的QQ一举推出红钻、绿钻、黄钻、蓝钻、紫钻、粉钻、黑钻和彩钻增值服务，当时它们创造了QQ的大半收入。而走进"云、大、物、链、智、移"等数字化技术迅速发展的今天，SaaS软件最普遍的收入来源就是这类，即推出免费版本，其他版本根据功能的差异进行收费。比如，美国著名的CRM客户管理系统供应商Salesforce（在软件行业中位列第三，仅次于微软及甲骨文）有很多产品，每个产品的定价模式都类似，只是功能不同，它的每个版本都有免费试用30天的服务，其甚至在一开始为了拓展市场，Salesforce还推出了一家企业的前五名使用者只要可以向企业其他成员成功推荐软件就可以永久免费使用Salesforce软件的服务。

二、"微利+"式收入来源

"微利+"收入来源，是指以极低的利润或是亏本价格向客户提供产品和服务，但是后续补充产品和服务需要持续付费购买。

这种收入来源类型最初由19世纪末的吉列公司所创建。当时吉列的创始人金·吉列（King C. Gillette）发现，由于售价过高，传统的一副刀架加若干把刀片组成的剃须套装产品难以被客户普遍接受，于是他将吉列刀架定价为55美分亏本出售，然后用吉列刀片收入来弥补刀架的亏损。而在当下数字化竞争愈发激烈的状况下，采取"微利+"模式取得成功的典型企业是日本知名电子游戏软硬件开

发企业任天堂（Nintendo）。当下颇受年轻人喜爱的 Switch 就是其电子游戏硬件产品，一旦客户购置了 Switch 后，安装任何一款游戏都是需要付费的。

三、"组合"式收入来源

"组合"式收入来源，是指将两种及以上产品和服务进行组合获得的收入，通常这类收入超过单个产品和服务创造的收入。

比如，我们常常用"全家桶"来形容以打包价格购买某公司产品的合集，它起源于肯德基经久不衰的全家桶套餐，是一种典型的"组合"型收入来源。再比如，购买家用电器的时候，销售人员一般都会一边向客户保证产品的质量，一边推荐客户购买延保服务。在越来越便捷的数字化生活中，这类收入来源也变得越来越多。我们常见的有即时送达服务的美团外卖或闪送就是典型代表，餐厅准备美味的食物，外卖员将食物送到客户手中，每笔交易都会让餐饮商家和外卖平台获得组合收入。还有现在流行的直播购物，生产商负责生产高质量的产品，主播负责介绍产品特征并辅以有力的折扣吸引客户购买，一旦购买行为发生，双方都可以获得收入。

第二节 时代让收入来源改变——数增型、类增型、替代型

市场上既然有这么多具有数字化特色的收入来源类型，那么企业在具体实践过程中的收入来源怎么变化呢？事实上，这种变化和收入来源类型直接相关，和收入金额间接相关，主要体现在：收入来源类型因数字化的影响发生变化，这种变化会对企业收入金额的增加产生促进作用。通常情况下，企业的收入来源类型可能包括销售货物收入、提供劳务收入、广告推广收入和租赁服务收入等。比如，奔驰销售汽车给客户，获得的就是销售货物收入，快递公司将包裹投递给客户，获得的就是提供劳务收入。总而言之，我们要注意的是企业在构建数字化商业模式的过程中收入来源的变化。这种变化可以分为三种类型：数增型、类增型和替代型。

一、数增型

收入来源的"数增型"变化是指收入来源类型不变，收入金额增加。

影响数增型收入来源形成的原因有很多，可能是目标客户数量增加，可能是产品品类增加，可能是渠道通路拓宽，也可能是合作伙伴的促进等。例如，字节跳动的主要收入来源是广告收入，一开始其广告收入的最主要来源是抖音；但随着字节跳动在国内市场逐步发展的同时，其也在积极拓宽国际渠道——推出抖音国际版 Tik Tok 后，字节跳动的主要收入来源依旧是广告收入，但金额却不断增加。再比如，过去出版社的主要收入来源是通过销售图书带来的收入，而如今借助数字化技术，出版社又推出了电子书这种新的产品品类，提高图书销售收入，如图 1-14-1 所示。

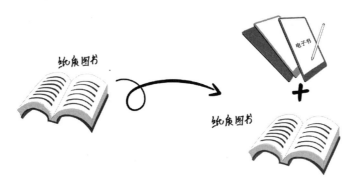

图 1-14-1　数增型

二、类增型

收入来源的"类增型"变化是指收入来源在原类型基础上增加了新类型。

类增型收入来源一般有以下两种情况。一是可能增加了一种或多种和现有产品相关的产品和服务，从而在原有收入来源类型的基础上增加了新的类型。例如，过去中国铁路的主要收入来源是窗口的车票销售收入，上线 12306 后除了车票销售收入之外，还可以有作为平台为客户提供餐饮、约车、旅行、酒店、线上商城获得的交易服务收入，这时它的收入来源类型就变成了"车票销售收入＋交易服务收入"，如图 1-14-2 所示。二是可能增加了一种或多种和现在产品没有相关性的产品或服务。例如，京东物流是一家标准的物流公司，收入来源类型主要是物流业务收入，但是，它的数字化技术能力应用走在前沿，很多公司想要学习效仿，这时京东又推出了数字化赋能解决方案这一产品，此时收入来源类型就变成了"物流业务收入＋技术产品服务收入"。

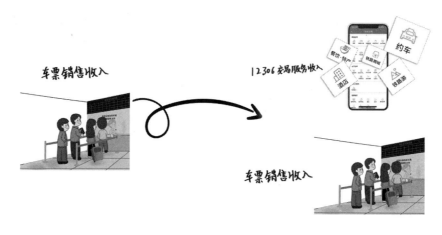

图 1-14-2　类增型

三、替代型

收入来源的"替代型"变化是指收入来源的原类型被新类型取代。

替代型收入来源一般有两种。一种是和原来类型有相关性的产品创造的收入来源，比如，过去新闻媒体的主要收入来源是通过印刷报纸获得的收入，数字化时代，纸质媒介基本消亡，新闻媒体开始构建数字出版物，这时数字刊物的收入就取代了报纸收入。另一种是与原有类型没有相关性的产品创造的收入来源，例如，2014 年，诺基亚完成与微软的交割，以 54.4 亿欧元出售其手机业务，正式退出手机市场，同时将业务重心放到电信设备制造上，如图 1-14-3 所示，并在 2015 年以 156 亿欧元收购当时全球第二大电信设备供应商阿尔卡特－朗讯，新公司沿用诺基亚品牌。这就意味着曾经的全球头部手机制造商，已经成为全球头部的电信设备制造商。可见，诺基亚已用电信设备销售收入完全取代手机销售收入，实现收入来源的华丽转型。

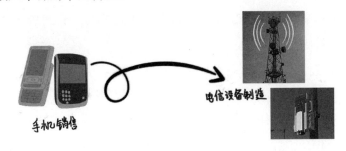

图 1-14-3　替代型

第三节　影响收入来源的因素——营销、产品、战略、跨界、生态

如图 1-14-4，通过分析，我们认为影响收入来源的因素主要在营销、产品、战略、跨界、生态这五方面。每一方面都会有不同的策略来实现收入来源的增长，它们分别是：创意营销、产品多元、战略升级、打破行业界限和数字化生态。

图 1-14-4　数字化时代收入来源变化的策略

一、创意营销

营销是企业获取客户、拓宽渠道的重要手段。在数字化时代，由于客户具有自我意识较强、价值观多元与兴趣圈层丰富等特征，营销也需要与时俱进。企业需要对症下药，真正找到企业产品的客户群体，并针对客户群体的鲜明特征来实现获客模式的优化。

以前我们常说"酒香也怕巷子深"，这时就要思考巷子深该怎么办了。最简单的答案其实是：把酒搬到巷子口！因为营销本质上就是解决"酒香也怕巷子深"的问题。当然，除了把酒搬到巷子口（位置选择），你还可以开一间大酒楼（终端设计）或是找很多小商家和你一起卖（渠道投放），这都是渠道建设。

那么数字化时代创意营销如何影响收入来源呢？一种方式是企业通过创意营销拓宽渠道并获取更多客户后，使公司现有产品或服务的销量增加，从而产生"数增型"收入；另一种就是在创意营销过程中，企业还可以满足客户的另一种需求，这样就可以产生"类增型"收入。

我们以知名互联网坚果零售商三只松鼠为例，来看一下创意营销对"数增型"收入的影响。

> ### 三只松鼠
>
> 三只松鼠由"松鼠老爹"章燎原创立于2012年，总部位于安徽芜湖，并在南京成立研发与创新中心。通过8年潜心耕耘，公司已拥有4000余名正式员工，于2019年成功上市，成为年销售额破百亿元的上市公司。
>
> 一直以来，三只松鼠是以休闲食品为核心，瞄准"80后""90后"客户，是一家纯线上销售的坚果品牌。2012年，刚刚成立两个月的三只松鼠凭借优异的线上营销能力，在坚果领域脱颖而出。凭借近800万销售额，夺得天猫坚果行业冠军，此后便一发不可收拾。2016～2018年，三只松鼠的营收从44.23亿元增加到70.01亿元，净利润也从2.36亿元增加至3.04亿元。2019年"双十一"，三只松鼠更是以10.49亿元销售额刷新中国食品行业交易记录，被《华尔街日报》、路透社和彭博社等外媒称为"美国公司遭遇的强劲对手""中国品牌崛起的典范"。
>
> 作为明显依托淘宝和京东两大电商平台的互联网休闲食品公司，三只松鼠线上营销的优异表现依托于线上渠道获取的休闲食品销售收入，这成为三只松鼠的主要收入来源。而如此强劲的线上营销能力，也使得三只松鼠成为很多传统企业发力线上营销时争相模仿的对象。但此时的三只松鼠却反其道而行之，开始着手线下创意营销，布局未来，并提出了围绕"制造型自有品牌多业态零售商"的崭新定位，以数字化为驱动，重构供应链和组织。
>
> 三只松鼠的布局有两个方向。
>
> 一是通过开设200平方的投食店来满足销售基础下目标客户的体验与互动，投食店内不论是巨型松鼠玩偶还是店内KTV，都让人不禁想要拍照分享，如此富有创意的营销瞬间吸粉无数。目前，这样的投食店已经开了45家（不停增加中），每家线下投食店年销售额均超过800万元。
>
> 二是构建松鼠联盟小店，这是三只松鼠和年轻创业者之间的营销生态。三只松鼠给予松鼠（联盟）小店店主更多的自主经营权，在全面赋能小店的同时，通过四大联盟——IP人格联盟、经营联盟、粉丝联盟和线上线下联盟这种有趣的形式使得线下营销更具特色。通过创意营销的线上持续发力和线下多业态发展，三只松鼠的休闲食品销售收入金额在原有电商渠道的基础上实现了增加。

二、产品多元

产品作为企业的核心，是企业能否盈利的重要保证。在数字化时代，越来越个性化的客户，时常会对产品提出更多需求，这就对产品的多元化提出了更高要求。同时，企业为了使目标客户群满意，就要保证产品尽可能满足客户的多元需求。

比如，我们熟悉的字节跳动，可以说是产品多元化的典型代表。新闻资讯类的今日头条和短视频类的抖音无疑是其拳头产品，但其在拳头类产品成功后，就会推出垂直领域的其他单品，复制其成功经验，希望把这个类别完全打通。例如，今日头条成功后，懂车帝、皮皮虾和悟空问答等具有垂直性的相关产品就陆续推出；抖音成功后，就推出了多闪、火山和西瓜，分别针对不同的人群。

那么数字化时代产品多元如何影响收入来源呢？一种是产品多元化后，增加了公司现有客户的购买量或满足更多的客户需求，从而产生"数增型"收入；另一种就是在产品多元化过程中，增加了收入来源类型，这样就可以产生"类增型"收入。

我们以小米手机为例，来看一下产品多元化对"数增型"和"类增型"收入的影响。

小米手机产品多元化

小米手机产品多元化的整个历程可以分为四个阶段。

第一阶段是以智能手机业务为核心，采取"智能手机+周边电子产品"模式，如"手机系统和手机软件个性化服务+手机耳机保护壳"模式。

第二阶段是互联网项目电视机顶盒和云电视的拓宽，这个产品连接了一些主要的业务运营，初步形成互联网+物联网的双重网络交织覆盖，为用户提供多元化网络服务。

第三阶段是投资外部公司实现多元化战略，实施"投资+孵化"战略。小米公司先后投资了数十家企业，覆盖了智能硬件、金融和前沿科技等多个领域。

第四阶段是推进地域的多元化。自2013年开始，小米以"中国苹果"的品牌形象大踏步迈向国际市场，先后登陆新加坡和印度等地的智能手机市场。近年来，小米国际市场的增长速度不断攀升，一度增长至151.7%，国际市场的营收开始在小米总收入中占据很大的比重。

小米公司精准地把握住了这四个环节的顺序，紧紧抓住了主营业务的竞争优势，始终围绕"米粉"类客户，通过产品多元化，使得收入来源的金额和组合不断发生变化：2015～2020年，根据小米招股书和年报公布的收入，我们可以明显看到智能手机收入金额的增长态势。另外，虽然智能手机依旧是其主要收入来源，但IoT与生活消费品和互联网服务的收入占比也在逐年加大。这使得小米的收入来源呈现出越发明显的组合效应，并逐渐形成"智能手机销售收入+IoT与生活消费产品销售收入+互联网服务收入"为一体的收入组合，如图1-14-5所示。

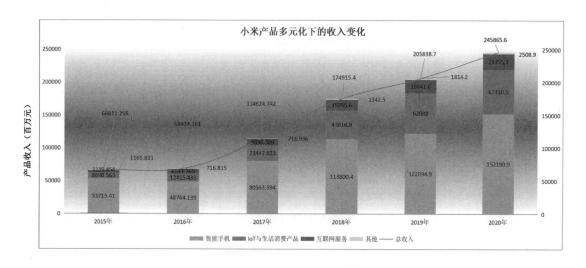

图1-14-5　小米产品多元化下的收入变化

注：根据小米历年年报和招股书整理绘制

三、战略升级

企业战略是指企业对有关全局性、长远性与纲领性目标的谋划和决策,即企业为适应未来环境的变化,对生产经营持续、稳定发展的谋划和决策。

同时,战略确保了企业创造价值、传递价值和获取价值的一系列行为得以实现。究其本质就是其有效理解客户的真实需求,并让客户愿意为企业的产品买单。而随着时代的发展,企业战略也要随之改变,这就在极大程度上影响了收入来源。

首先,数字化时代客户需求变得愈发有趣:过去企业思考的是如何满足需求,现在企业思考的是如何创造需求,正如《史蒂夫·乔布斯传》中所说:

有些人说:"消费者想要什么就给他们什么。"但那不是我的方式。我们的责任是提前一步搞清楚他们将来想要什么。我记得亨利·福特曾说过:"如果我最初问消费者他们想要什么,他们应该是会告诉我,'要一匹更快的马!'"人们不知道想要什么,直到你把它摆在他们面前。正因如此,我从不依靠市场研究。我们的任务是读懂还没落到纸面上的东西。

其次,企业为了更好地创造出目标客户所需求的价值,就要及时把控企业发展方向,生产客户所需要的产品,这就是企业战略的升级,或者是企业找寻"第二曲线"的过程。在这一过程中,企业自然会产生"替代型"收入。

因为企业战略升级而产生"替代型"收入的经典案例莫过于奈飞,早早布局流媒体领域的战略决策使得奈飞的最终用流媒体订阅收入取代了DVD租赁收入。

> **奈飞**
>
> 早在2001年,奈飞还处于亏损状态时,奈飞CEO里德·黑斯廷斯(Reed Hastings)就已经投入100万美元来研究流媒体技术。2006年,奈飞开始进行测试。2007年,黑斯廷斯又投入4 000万美元重金推出一款流媒体产品:Watch Now。要知道,奈飞当时的流媒体只有1000个视频内容,它本身也只是用户订阅了DVD以后免费赠送的内容。
>
> 而且当时流媒体技术也非常糟糕,带宽也不够。所以,当时没有人看好,媒体不看好,资本市场不看好,公司的团队也不看好,但是黑斯廷斯不顾一切来研究这个产品,因为他相信互联网是大趋势。他始终认为,一开始,互联网只是一个服务手段,但最后互联网就会变成交付的内容本身。
>
> 事实证明,黑斯廷斯的决策是正确的,DVD租赁业务最终随着互联网的成熟而逐渐消亡,而早早布局的流媒体业务则为奈飞带来了新生。依靠流媒体业务,奈飞迅速成为美国最具有价值的互联网公司之一。2010年,奈飞的流媒体取得了里程碑式的胜利,订阅数超过了DVD邮寄业务的订阅数。

四、打破行业界限

行业界限是指除了可以提供同类具有密切替代性商品或服务的企业,其他非本行业的企业进入时存在着进入壁垒。中国有一句古话叫"隔行如隔山",就是这个意思。如果从过去几千年的人类历史来看,这句话确实非常有道理,但是随着数字化时代的到来,这种"隔行如隔山"的传统局面也在发生根本性的变革,行业界限正在被打破。

对于企业而言,其最大的竞争对手早已不再是同行业的企业了,而是那些没有被视为竞争对手的"外来者"。同时,企业最佳的合作伙伴也已不再是传统商业世界里的上游供应商和下游分销商了,而是跨界而来的、原本并无合作可能的"外行人"。

> **跨界合作**
>
> 曾经稳坐全球IT行业头把交椅的微软和IBM,哪能想到有一天他们的竞争对手不是彼此,而是一个以卖书起家的企业:亚马逊。没错,这已经是我们看到的现实,在云服务领域,亚马逊早已一骑绝尘,而微软和IBM只能在其后奋起直追。
>
> 滴滴出行自出现以来就以摧枯拉朽的凌厉攻势向出租车行业攻城略地。这就使很多出租车行业的老板感到不可思议,他们从来没想到自己最大的竞争对手不是彼此,而是跨界而来的、以科技企业自居的滴滴出行。
>
> 人民日报新媒体部门以记录过的运动员李宁的高光时刻为起点,联合中国李宁推出系列单品,服饰上的图案和文字全部取自真实的文字报道和老照片,用一种年代感和时尚感相结合的方式吸粉无数,谁又能想到严肃的《人民日报》和时尚的服饰品牌也会成为合作伙伴。

上述种种商业事实明确地告诉我们:数字化时代,商业环境复杂多变,科学技术迅速发展,行业之间不再泾渭分明,企业的竞争对手或合作伙伴可能来自任何行业。这也表明数字化时代行业之间呈现出相互渗透和相互融合的趋势。

那么打破行业界限如何影响收入来源呢?打破行业界限对"类增型"收入有着非常大的影响,主要通过跨界竞争和跨界合作实现。当然,这些跨界也不是盲目的,企业选择的跨界领域往往和其自身的客户细分或关键活动有关。

1. 跨界竞争

打破行业界限,使得企业可以跨界到其他行业,生产和销售新行业的产品,从而形成"类增型"收入,并且新的收入来源类型对企业的贡献会越来越大,我们以亚马逊为例来说明。

> **亚马逊**
>
> 创建于1995年的亚马逊,一开始只是一家在网络上销售书籍的电商平台,但仅仅过了4年它就发展为全球最大的书店。紧接着,亚马逊就提出了"网络零售商"的口号并一跃成为全球最大的综合网络零售商。而最为神奇的是,亚马逊并没有沉浸在电子商务领域的成功中,而是在2006年乘胜追击,跨界进入技术领域,并成为全球云计算的领跑者,在全球率先将云计算像水电一样提供给客户。

实际上，亚马逊所涉猎的行业在20多年的发展中也在不断增加。一开始，它是"全球最大的书店"，主要的收入来源是通过售卖书籍获取的自营收入；接着，亚马逊又成为"全球最大的综合网络零售商"，主要收入来源变成了"自营收入 + 交易佣金 + 广告收入"的"类增型"收入；最后，当亚马逊跨界成为"全球最大的云计算供应商"时，其收入组合再次发生变化，变成了"自营收入 + 交易佣金 + 广告收入 + 云计算服务收入"，如图1-14-6所示。

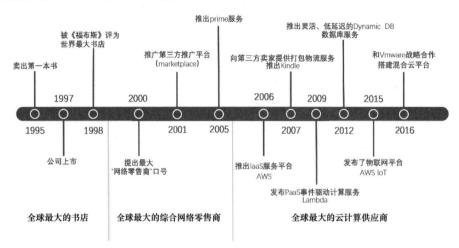

图 1-14-6　亚马逊发展历程

同时值得关注的是，伴随着数字化时代的蓬勃发展，云计算作为最主要的数字化基础设施，其盈利能力是毋庸置疑的，AWS[①]对于亚马逊营收的贡献正在逐年上涨，已经从2014年的5.22%增长到2019年的12.49%，如图1-14-7所示。

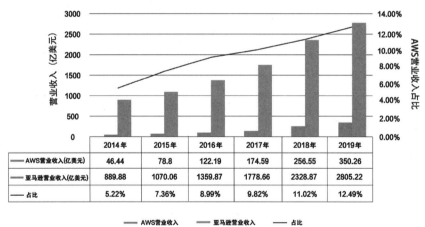

图 1-14-7　2014~2019年AWS在亚马逊的营收比重表（单位 / 亿美元）

2. 跨界合作

打破行业界限，使得不同行业的企业因为具有同类型客户而成为彼此的合作伙伴，形成跨界合作。而企业也得益于跨界合作创造出了新产品或创新了原产品，因此产生了"数增型"或"类增型"收入。比如国货品牌六神和肯德基的跨界合作：六神推出了咖啡香型的六神花露水，而肯德基也推出了咖啡新品六神清柠气泡冰咖啡。这次跨界合作大受客户欢迎，帮助两个企业增加销量，从而产生"数

---

① AWS 即 Amazon Web Services，是亚马逊（Amazon）公司的云计算 IaaS 和 PaaS 服务平台。

增型"收入。

从数字化技术的发展来看,跨界合作的经典案例莫过于当下的智能汽车。

智能汽车领域的跨界合作

自1885年德国人卡尔·本茨于1885年10月成功研制出世界上第一辆汽车以来,100多年间,汽车已经成为现代人最主要的交通工具,以燃油车为代表的传统汽车制造工艺不断成熟和完善。但随着数字技术的发展,自动驾驶、智能汽车等概念也逐渐成为现实。当下,正值智能汽车领域高速发展的时代,我们也愈加清晰地发现,智能汽车的发展需要多行业共同促进,这也为智能汽车领域的跨界合作奠定了基础。

国内汽车新势力的蔚来、理想和小鹏,已经用月销5 000辆以上的成绩证明智能汽车领域大有可为,但同时我们也要注意到,如互联网企业百度与360、地产企业宝能、手机制造企业小米、家电制造企业创维等都不同程度地参与到智能汽车领域的发展中来,智能汽车的未来发展必将是通过跨界合作实现的,如图1-14-8所示。

图1-14-8　智能汽车领域的跨界合作

汽车行业的边界正在被跨界企业所打破,展现出百花齐放、合作并存的局面。智能汽车领域之所以可以实现如此多元的跨界合作,是由当前汽车客户的需求决定的。客户购置智能汽车,买的不仅仅是一辆汽车,而是包含"先进的智能单车+及时满意的售后服务+车、人、路与服务平台之间的网络连接(车联网)+提供适当多元的消费服务"为一体的综合产品和服务。这时,一辆智能汽车所带来的收入就会变成"汽车销售收入+增值服务收入+车联网服务收入+其他消费服务收入"的组合收入,也就是我们所说的"类增型"收入,这一收入来源被跨界合作的多个企业共同享有。

五、数字化生态

生态系统的概念是由英国生态学家坦斯利（A.G.Tansley）在 1935 年提出来的，指在一定的空间和时间范围内，在各种生物之间以及生物群落与其无机环境之间，通过能量流动和物质循环而相互作用的一个统一整体。随着对生态系统及社会组织结构认识的不断深入，人们发现，人类社会的组织、运转和生物学意义上的生态系统极为类似，并将"生态系统"这一概念大量引入到社会科学领域。1993 年，美国著名经济学家穆尔（Moore）在《哈佛商业评论》上首次提出了"商业生态系统"概念。

所谓商业生态指的是以组织和个人（商业世界中的有机体）的相互作用为基础的经济联合体。是供应商、生产商、销售商、市场中介、投资商、政府和客户等以生产商品和提供服务为中心组成的群体。它们在一个商业生态中担当着不同的角色，各司其职，但又形成互赖、互依与共生的生态。

如果说传统的生态更注重围绕一个企业从生产到销售的各个环节的企业合作，那数字化生态则通过数字化技术呈现为相互连接的信息技术资源，可以作为一个整体来工作。数字化生态要比传统生态更先进、更复杂，它由一个复杂的"利益相关者网络"组成，而这些"利益相关者网络"也可以在线相互连接，并以"为所有人创造价值"的方式进行数字化交互。当前，数字化生态呈现多成员、多行业与多国家的"三多"特征。例如，银行系金融科技子公司——兴业数金就是一家致力于打造数字化生态的企业。

> **兴业数金**
>
> 兴业数金是国内最早成立的银行系金融科技子公司，开创了银行金融科技子公司的先河。兴业数金深知金融行业在数字化时代面临的痛点有两种比较主要的创新手段可以解决：一个是商业模式上的创新（如开放银行和供应链金融等），另外一个是革命性技术力量上的创新突破（如云计算、物联网、区块链和人工智能等）。因此，兴业数金借助自身科技水平，率先自建云平台、发展数字化技术。然后对外进行技术输出，为同行业 300 多家中小银行提供各类云服务。强大的同业辐射能力使得兴业数金在业内有"同业之王"之称，并构建出技术共用、资源共享、互惠共赢的数字化生态。

波士顿咨询公司（BCG）最近进行的一项研究显示，一个强大的数字化生态需要拥有 40 多个合作伙伴（如亚马逊有近 70 个合作伙伴）。研究还指出，有 83% 的数字化生态涉及来自三个以上行业的合作伙伴，同时 90% 涉及来自五个以上国家的参与者。在数字化时代，企业依托生态或构建生态成为主流，利用数字技术构建的多成员、多行业、多国家的生态已成为不可逆转的商业趋势。

数字化生态对收入来源的影响主要体现在"数增型"和"类增型"收入上，并且通过依托生态和构建生态两种形式实现。

1. 依托生态

对于没有构建生态能力和财力的企业而言，依托一个已有的数字化生态就成了最佳选择。小企业能够通过自身优势坐在巨人的肩膀上，实现客户或资源的获取来增加企业收入来源。

> 生物技术行业中有很多新兴的初创公司，他们虽然并不直接拥有客户，但通过技术优势可以很容易进入大型传统制药企业的生态中，从而获得至关重要的客户。
>
> 科大讯飞在开发出关键的语音识别技术以后，通过大量的战略合作丰富了基于其技术的终端应用，并借助合作伙伴的用户积累了大量的终端用户，成功地联结起了一个充满活力的生态。

总的来说，自身缺少大量用户的企业依托生态时，一方面需要在关键的价值链环节上有核心竞争力和控制力，以使得自己有足够优势被生态伙伴认可；另一方面需要有持续的战略投资及合作伙伴管理能力。一旦成功依托生态，可以迅速增加企业的收入来源。

2. 构建生态

对于有足够能力和财力的大企业来说，构建生态无疑是最好的选择。通过构建生态，企业能够在竞争中获取更具优势的地位，从而产生"数增型"和"类增型"收入。

我们以国内知名家电制造企业海尔为例来看一下生态打造对其收入来源的影响。

> **海尔**
>
> 海尔公司依托共生理念构建商业生态，目前已经形成两大平台——开放式创新研发平台与智能制造平台，使之通过生意创新研发和生态智能制造为海尔收入来源提供了更多可能。
>
> 开放式创新平台是通过生态内各企业的共生关系进行技术和知识等各种资源的共享，实现对机会的探索与利用。从创意想法的提出开始，创业者需要协同资源与用户不断交互，根据用户的使用体验反馈不断修改方案直至创意成型。在整个过程中，科研机构为其提供技术，海尔及平台上的其他合作企业对创业团队进行多维赋能，如提供技术、资金、信息、经验和股权激励等资源，以保证项目的顺利实施，这正好也满足了企业的创新要求。通过生产创新产品，海尔可以不断适应市场需求，生产客户所需的创新产品，从而产生"数增型"收入。
>
> 智能制造平台则是以用户、供应商、产品设计师与合作企业为参与主体。基于利用逻辑实现用户、企业和资源"三位一体"，从而有效开发已有机会。海尔通过和众多企业进行合作来建立互联工厂，在海尔的智能制造平台上，合作企业也是其服务对象。海尔的智能制造平台使用户可以参与产品的设计、生产、物流等全流程。在这个平台上，产品设计师通过与用户交互了解用户需求，按需设计产品、按需采购、精准营销、智能生产、智能配送。海尔的研发平台与制造平台同样相互联通、共享数据。研发平台将新的产品创意共享给制造平台，制造平台将在新产品生产过程中遇到的问题共享给研发平台。新产品在这样反复的过程中不断完善直至最后成型，这样的生态合作模式，给海尔带来了"类增型"收入。

第四节 增收策略连连看——四个维度话增收

从数字化商业模式来看,企业想要增加收入来源,离不开价值主张、获客模式、运营模式和盈利模式。我们从操作由易到难的顺序给予企业一些建议。

(1)获客模式是数字化商业模式画布右侧"为谁提供?"的三个区域:客户细分、渠道通路和客户关系。它实际上就是基于业务视角思考如何利用数字化的手段优化价值传递过程,使企业可以获得更多的收入。通过渠道通路的优化,企业可以获得客户增量;客户增量会帮助企业增加"数增型"收入,甚至产生"类增型"收入。

(2)运营模式是数字化商业模式画布左侧"如何提供?"的三个区域:关键业务、重要合作和核心资源。它实际就是基于管理视角思考如何利用数字化的手段优化价值创造的过程,使得企业可以获得更多的收入。通过产品多元化,企业可以为目标客户提供更多的产品,从而助力企业增加"数增型"收入和"类增型"收入。

由此可见,传统企业在保持价值主张不变的前提下,想要增加收入来源的金额和类型,主要是通过获客模式或运营模式的变化来实现。

(3)价值主张是数字化商业模式画布最中间的区域,回答"提供什么"的问题,它是商业模式的核心。正在探寻"第二曲线"的企业要想增加收入来源,就要对价值主张进行再思考、再定位。通过价值主张改变企业的战略定位,使企业从第一曲线跳跃到第二曲线,这样带来的收入是指数级的增长。

(4)价值共创是企业为实现价值主张而进行的方式转变。过去企业的传统思路是以产品为中心,即工业时代的典型思维,追求大规模批量化生产,满足大众市场需求。而数字化时代则注重以客户为中心,以客户需求为出发点,满足长尾市场的个性化需求。在企业增加收入来源方面,价值共创主要从跨界和生态两个层次来实现收入增加。通常企业在一开始时可以通过跨越行业界限的竞争或合作来增加收入来源,而当这种价值共创发展到一定阶段,就可以走向生态。在逐步过渡到生态后,通过多元、包容、合作与共赢的理念,便可以源源不断地增加企业的收入,实现收入来源的增加,如图1-14-9所示。

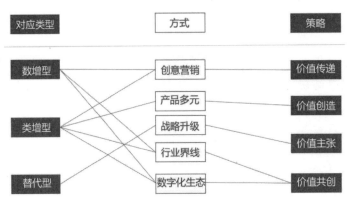

图1-14-9 数字化时代增加收入来源的策略

让企业财源广进的方式有三类：数增、类增和替代，而创意营销、产品多元、战略升级、行业跨界和构建商业生态皆是寻求开源的方法。

本章核心观点

请阅读以下案例背景资料，并回答问题。

某大型厨房电器制造企业是我国有名的厨房电器品牌，其生产的厨房电器在质量和技术方面处于行业领先地位。近年来，该企业迎来了发展的"至暗时刻"，收入来源正在不断下降，解决增加收入来源问题迫在眉睫。据分析，该企业收入下降主要由两方面原因：一方面，市场上出现了一些跨界企业生产的厨房电器，对该企业产生冲击；另一方面，原有产品对客户的吸引力也在下降，客户对产品的功能和外观等愈发不满。

结合本章内容，您认为：

（1）面对跨界而来的厨房电器产品，该企业该如何增加收入来源？

打破竞争的最好方式是走向合作，可以结合跨界合作对收入来源的影响，考虑通过合作的方式增加收入来源。

（2）面对客户对功能外观的不满，该企业该如何增加收入来源？

客户的需求就是最大的商机，考虑客户对产品的真实需求是什么，才能生产出有销量的产品。比如，客户喜欢可爱型的电饭锅，喜欢可以烤、涮、炒一体的电炒锅，企业就要生产出对应的产品来吸引客户消费。

（3）请思考，该企业还可以从哪些维度来增加收入来源？

传统的有一定知名度和市场地位的企业还可以从创意营销和数字化生态的维度考虑如何增加收入来源。

本章思考

第20讲：收入来源之财源广进

第十五章 成本结构——适配与平衡是最好的选择

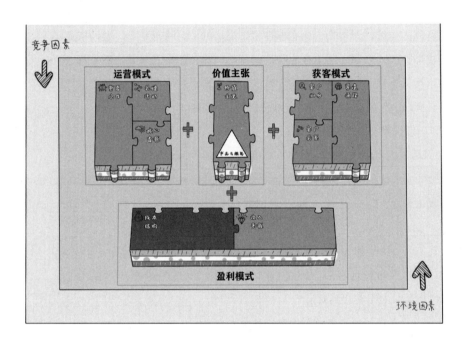

与收入来源相对应，成本结构是一个组织在价值创造、价值传递、价值获得的过程中各成本项目的数额占全部成本数额的比重。成本结构一般包含生产成本和组织费用两大部分。一个组织的成本结构在很大程度上受到生产类型、组织规模和技术应用的影响。

在组织业务创新、重塑新的商业模式的过程中：

◇ 成本结构有哪些变化趋势？

◇ 商业模式的设计者应关注成本构成的哪些领域？

◇ 有关成本构成的思路有哪些改变？

◇ 数字化转型中的组织，什么是适合自己的成本结构？

本章将回答以上问题。

第一节　成本结构五大关注点

一个计划或正在开展数字化转型的组织，除了业务思路要改变，成本结构的思路也应与时俱进。某些领域的成本增加并不代表是件坏事，这也许是组织在实现飞跃前的蓄力。在"破"与"立"的转化中，商业模式的设计者、财务管理者都应该关注哪些领域呢？从众多数字化转型的案例里，我们探索并找到了一些参考答案。从财务视角出发，"价值""聚焦""转变""精细"和"平衡"是数字化转型中呈现出明显趋势的五大关注点，如图 1-15-1 所示。

图 1-15-1　构建数字化商业模式成本结构的五大关注点

第二节　关注"价值"——以预期价值为驱动

常见的传统商业模式有成本驱动模式及价值驱动模式两种价值类型。诚然，任何一种商业模式的成本都应该被最小化，但在数字化商业模式中，组织应该辩证地看待数字化商业模式下的成本结构，尤其是正处于数字化转型过程中的组织，应该更多地专注于组织创造新价值的方面，优先通过打造数字化经济、共建数字化生态等新型方式，提升组织自身或所处行业的规模经济与范围经济，而非单纯地以降低生产成本或组织费用为首要商业目标。对于原本以成本驱动作为商业模式的组织而言，可以考虑通过数字化商业模式转型实现组织发展的"第二曲线"，由成本驱动转变为价值驱动。

不可否认，任何变革都有投入和代价。为了有效地建设并开展全新的数字化商业模式，组织往往需要在商业模式设计的初期投入建设一定的数字化基础设施，这些基础设施会给正处于数字化转型的组织带来额外的生产成本。在此过程中，组织不能将数字化商业模式的初期建设成本简单地与原有商业模式的产品成本进行对比，而应充分考虑这些数字化基础设施为组织带来的长远价值，否则容易出现对于数字化商业模式下成本结构的认知偏差。

此外，数字化商业模式下的产品边际成本往往呈现出随着数字化规模经济与范围经济的扩大而持续下降的特征，整个生产成本结构一般来说将会呈现出一种先升后降的曲线形态。因此，组织在建设数字化商业模式时，切勿短视地只关注数字化商业模式初期的成本结构，而应更多地关注在数字化商业模式下的成本构成是否与数字化转型初期的财务预期相互匹配。若成本构成与财务预期没有特别大的偏差，则说明数字化转型下的成本结构尚在组织预期的可控范围之内，哪怕与组织过往相比存在成本上升的现象，短时间内也无须进行特别的成本结构调整，待数字化商业模式趋于相对稳定之后，再进行相应的成本结构测算与持续优化工作。

除了数字化商业模式成熟后所带来的产品边际成本下降之外，组织还可以运用统一合作伙伴的商业价值主张、强化彼此的商业合作模式等多种方法，同样具有降低生产成本的可能性。这种与重要合作伙伴乃至客户实现价值共创的共赢模式往往将数字化技术与商业模式相结合，通过整合资源、整合供应链、统一外包低价值的服务或基础设施共享等多样性的方式加以实现。

第三节 关注"聚焦"——以价值实现为核心

组织在初期实施商业模式数字化转型的过程中，追求更快速地实现与合作伙伴，甚至组织客户的价值共创，在面对种类繁多的数字技术以及市场、行业中各种数据赋能的美好传说时，往往会眼花缭乱，难以选择。

诚然，每一家成功构建数字化商业模式的组织必然都有自身的特色，且当下的数字化时代正处于一种"百花齐放""百家争鸣"的阶段，但这些已知的数字化商业模式并未见得就是一种可以完全复制且具备完整实施步骤或实践经验的最优方案。同时，组织应该对这些优秀商业模式案例及其成本构成的适用性开展相当细致且充分的论证与分析，这样才可实现数字化商业模式案例的本地转化。

因此，在数字化商业模式及其成本结构方面，组织应更多地聚焦在自己的数字化商业模式特点之上，聚焦于组织自身的价值主张、关键业务及核心资源之上，切忌对市场中的优秀案例盲目照搬照抄；更不可未经论证直接实施，这样的数字化转型往往会给组织带来巨大的风险，更有甚者可能造成难以挽回的损失。

根据企业实际情况建设"数据中台"

"数据中台"作为数字化转型的一种优秀经验，已经被众多的互联网企业加以实践应用，并证明了其所具备的优越性，从而导致近些年大量组织对其趋之若鹜；但在其中有很多组织未曾清晰地了解何为"数据中台"，也未将"数据中台"的理念与自身情况进行结合分析，而是急功近利地斥巨资盲目跟风，导致有的中台建设与组织战略相左，有的中台对业务感知不足，甚至出现部分组织中台建立或运营能力尚显不足的情况，最终结果自然是纷纷失败，得不偿失。

除此之外，组织对于自身形成的数字化商业模式及成本构成还应进行一定程度与时间上的坚持。要相信，这是因组织聚焦于自身价值，开展分析、规划之后形成的指导性成果，为组织的数字化转型指明了方向。因此，对于组织整个数字化转型的过程与方法应有一定的耐心，而非轻易放弃。一个组织的转型，尤其是商业模式的转变从来都不是一帆风顺的，在这个过程中必然会有所反复，组织切忌见风使舵、朝三暮四，更要杜绝诸如"吃着碗里、看着锅里"的情况发生。

第四节　关注"转变"——以业务赋能抓改变

组织随着数字化转型的开展，其原本商业模式中的各类成本占比往往都会发生一定的变化。由于每一个组织的成本结构不尽相同，因此本书只针对成本结构中几项变化较为显著的内容进行相应的介绍，包括但不限于人工成本、生产成本、研发费用及营销费用，如图 1-15-2 所示。

一、"人工成本"的转变

一方面，数字化转型后的组织一般都会采用大量的数字化技术，因此可能存在应用大量的自动化或智能化流程，甚

图 1-15-2　数字化转型成本转变

至直接让机器来替代人的情况发生，以此可能释放出大量的密集型劳动的人力成本。在数字化转型过程中，较容易被优先替代的岗位包括但不限于：工作内容重复性高、标准性或标准化强、技术含量较低、工作行为基础及固化又或是容易发生人为误操作的相关岗位。

另一方面，数字化的组织往往对具备数字化技术相关背景的 IT 专项人才以及具备数字化应用能力的复合型人才的需求大量增加；然而这些人才往往对薪资的要求较上述替代岗位人员更高，组织也因此会付出一部分新的人力成本。

除此之外，组织为了更为经济地达成数字化人才的储备，增加组织的人才竞争力，并且更为有效地进一步开发、利用、增强原有人员的工作经验，以便让其具备更好开展数字化商业模式中各项工作的能力，一般还会增加原有员工的数字化培训活动，提高单位人效，起到有效控制人力成本变化的作用。

最后，组织还应平衡并取舍培训员工与直接招聘新员工所需要的经济成本及时间成本，这与组织制定的商业模式本身也是息息相关、相辅相成的。

数字化转型帮助组织降低人工成本，提高单价人效

清华大学全球产业研究院 2021 年发布的《中国企业数字化转型研究报告（2020）》中显示，超过 40% 的组织在数字化转型之前，IT 人员在全公司人员中占比低于 5%。数字化转型之后，IT 人员不足 5% 的组织占比从 42.86% 下降至 32.14%。与之相对应的是，IT 人员占比 5%～80% 的组织数量有所增加，占比上升。

在薪酬方面，绝大部分组织表示，因与数字化转型项目相关的业务和 IT 团队的人数增加，且 IT 人员及数字化转型高级人才成本较高，薪酬成本总额增加 5%～20%；但也有少量组织表示因组织加大对员工数字化技能培训的投入，单位人效大大提升，人员数量有所减少，因此薪酬成本总额有所下降。

二、"生产成本"的转变

在生产成本方面，随着数字化转型工作的深入，组织必然可以选择一种或多种数字技术来改变现有的成本构成。当前可以选择的数字技术包括但不限于：社交计算、移动互联网、数据分析、云计算、人工智能等。

组织可以通过类似购买云计算的方式"以租代买"，或与重要合作伙伴采用数字化基础设施"共享经济"的方式，代替过往的设备折旧费用；也可以采用社交计算、移动互联网的方式，用"远程办公"的数字化模式，代替过往的房屋租赁费用；还可以采用数据分析的方式，有效提升生产活动的制造效率、物料利用率、产品质量以及产品合格率，降低生产期间产生的废品损失以及原、辅物料的备货数量。当然，还可以采用人工智能或自动化流程的方式，代替过去的一些劳动密集型人工岗位。以上种种数字化技术，都会对组织的生产成本造成不小的改变，而随着数字时代与技术的发展，数字技术的种类将愈加丰富与多样，组织未来可以通过数字技术改变生产成本的选择也必将越来越多。

除此之外，随着组织数字化商业模式的有效运营，尤其是一旦生成或加入了某一数字化生态之后，组织的生产规模和生产范围一般会较传统商业模式来得更大、更广。届时，组织的产品边际成本将由于生产规模及生产范围的扩大而呈现下降趋势，并且最终非常有可能使得数字化商业模式下的产品边际成本低于原来传统商业模式下的产品边际成本。当然，随着产品边际成本下降的，还有生产成本在成本构成中的占比。

数字化转型推动组织降本增效

施耐德电气2020年发布的《2019年全球数字化转型收益报告》中显示，世界经济论坛通过对全球1.6万家组织的数据进行分析后发现，数字化转型的领军组织的生产率提高了70%，而跟随组织的生产率提升了30%；同时各类组织的资本支出、运营支出整体呈现下降趋势，具体如图1-15-3所示。

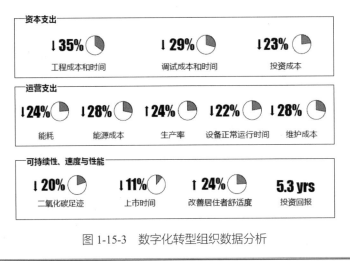

图1-15-3 数字化转型组织数据分析

三、"研发成本"的转变

在研发成本方面，组织（尤其是传统组织）要开展数字化转型，一般都要在信息科技方面进行较大的投入。例如，建设数字化基础设施、投入更多的数字化科研人员、打造各类数字化平台、开展各类数字化分析乃至建设数字化商业生态等；与此同时，伴随着信息科技投入而形成的全新核心资产，还会面临诸如知识付费、产权保护、产权付费、专利保护、专利付费、数据付费等多方面的资金投入。因此，组织的研发费用成本占比也将发生较大的变化。

组织数字化建设的研发成本在逐渐提升

强生控股、滴滴出行以及优步是三家国内外的出行服务公司。强生控股作为曾经的出租车服务的传统龙头企业，其出租车业务自滴滴成立起就遭受了一定的冲击。

自2013年起，强生控股旗下的强生科技就开始试行"互联网+"的转型过程，更于2019年成立强生致行（互联网公司）。强生控股2020年的研发费用较2013年增加1倍，其研发成本占比同样增加1倍有余，从2013年的0.32%增加到2020年的0.72%（630万元人民币）。

虽然强生控股的研发成本从其成本结构上看确实增加较多，但滴滴对其出租车业务的冲击依然持续增加。究其缘由，不可一言以蔽之，但滴滴2020年的研发费用是2016年的3.25倍，其研发成本占比为1.5%～3.5%（达到140亿人民币以上）；而优步在2018～2020年的研发费用占比更是分别达到了11.17%（15亿美元）、22.21%（48亿美元）及13.80%（22亿美元）。

也许很多读者看到以上案例时，会惊叹于部分组织在研发投入上的不遗余力，甚至有人还会为如此高昂的研发投入倒吸一口凉气，然而实际上，我们大可不必太过吃惊，更不必产生研发恐惧。众所周知，组织在创新性上的研发投入往往都是较为高昂的，同时，对于越是没有先例、技术含量越高的创新性研发，其投入自然也就越大；而我们的数字化商业模式又恰好处于这个高技术、无先例的时代拐点之上。组织数字化商业模式的研发成本往往在传统的直观成本之外，可能还会存在一些潜在的"试错成本"，因此较传统的研发成本占比增长较快。组织在探求新的商业模式之初，要为这些"试错成本"制定一个可容忍空间，这样方可使得数字化商业模式茁壮成长，且具备顺势而变的能力。

四、"营销费用"的转变

在营销费用方面，为了实现组织数字化商业模式中有关"价值共创"的目标，组织数字化商业模式下的客户关系以及渠道通路较传统商业模式发生较为显著的变化，也因此带来在营销费用方面的较大变化。

比较典型的情况是，组织为了与客户走得更近，以便更为及时地洞察客户的需求，需要建设更为完善的社交平台，通过增加更多的互动环境及互动活动来加深彼此的了解。因此，组织的营销费用可能在传统的固有领域之外，需要增加一些全新领域的营销费用投入，从而导致营销费用占比发生变化。

除此之外，若组织涉及创建数字化生态层级的数字化商业模式，将不可避免地与更多的渠道建立更为宽广的合作，以便实施诸如共建平台、多方引流、共享信息等一系列数字化合作服务。因此，一般组织的营销费用占比也会同样发生变化。

> **三家出行服务公司的营销费用对比**
>
> 我们来看一下有关强生控股、滴滴出行以及优步三家企业的具体案例。
>
> 在这三家出行服务企业之中，强生控股的数字化程度最低，其营销费用占比在2020年低于2.5%，但其生产成本在2020年则达到了91%；相比较而言，滴滴在2020年仅乘客补贴的费用就占到其所有成本的10.9%，生产成本占比79.1%；而优步在2018～2020年的营销费用占比分别为23.4%、21.4%、22.4%，生产成本占比则仅为35.5%、28.06%、32.2%。

第五节 关注"精细"——以精细管控促发展

随着组织数字化能力的加强，组织可以通过数字技术的手段，对其数字化商业模式下的成本结构开展一系列更为精细化的预测及管理。

一、"生产成本"管理精细化

如前中所提及的那样，组织可以采用购买云计算的方式实现数字化基础设施的"以租代买"，因此在实现降低生产成本占比的同时，还可进一步开展生产成本的精细管理工作。其实现方式可以是组织采用云计算与数据分析相结合的数字化技术，对组织数字化商业模式下的各类业务开展分析及模拟工作，以此提前预测组织各类产品或服务的相关业务体量。组织根据这些业务体量，可以非常容易预测出各类数字化基础设施所需的投入、容量及趋势活动，并以此为依据开展必要且及时的数字化基础设施扩容或缩减工作，以此进一步影响生产成本的精细化管理。

二、"可变成本"管理精细化

数字化商业模式下的成本结构精细管理并不仅仅体现在生产成本这一单一领域，类似创建价值、提供价值、维系客户关系以及生产投入都会产生成本，这些成本往往在确定关键资源、关键业务和重要合作后可以被相对容易地计算出来，但这些成本因为受到各类因素的影响较多，也很容易发生变动。原则上组织通过一种或多种数字化技术相组合的方式，就可以实现对各类可变成本加以精细化管理的目标。比如，通过数据分析可以实现对组织产品边际成本的预测；通过人工智能与数据分析实现业务价值的管控；通过云计算及数据分析提供价值成本的自动升缩弹性，并可有效杜绝产品生产物料的采购浪费情况等。这些对于成本结构的精细化管理，尤其是对于可变成本的精细化管理，在原有的传统商业模式下，是非常难以想象但又极度渴望达成的，而如今我们借助数字化技术得以一一实现。

三、"财务"管理精细化

数字化技术也可支持组织财务的转型工作，尤其是借助移动互联网、数据分析、云计算等数字化技术，可以帮助组织（尤其是集团型组织）实现统一的财务核算标准；同时通过打造交互、互联的财务管理平台，打破固有的财务竖井壁垒，在有效提高财务系统集成性的同时，实现财务信息的共享和数据价值挖掘工作，并将提升的财务能力更好地应用到数字化商业模式的成本结构管理之中，以达到精细化管理的目的。

财务的数字化转型对于业务多元、分子公司众多的集团型组织尤其适用。当然，对于涉及数字化生态的组织，因其与重要合作伙伴、各渠道通路甚至客户之间可能都会存在必要的财务核算及信息共享，因此对这类组织而言，实现财务的数字化更加紧迫。

第六节 关注"平衡"——以平衡兼顾做转型

组织在其数字化转型过程中，应充分考虑组织自身以及其数字化商业模式的特点，谋定后动、量力而为，原则上应该做到三个"平衡"。

一、平衡投入与产出

组织在其数字化转型过程中，还应充分考虑组织原始的成本结构情况，并结合其数字化业务的具体特征综合分析，维持数字化商业模式下的投入与产出的平衡，切忌盲目投入，否则可能产生适得其反的效果。

比如，对于已经购买大量服务器的组织，大可不必非要实现"以租代买"的"先进"理念，从而必须完成从自购服务器到购买公有云服务的跨越式目标。再比如，传统企业不见得非要一步实现从社交计算到移动互联网，再到数据分析、云计算、人工智能等所有数字化技术的"大跃进"工程，如企业通过一种或几种数字化技术已经可以构建其数字化商业模式，就已经实现了数字化转型工作。企业转型是为其新的商业模式服务的，数字化只是手段，不能为了数字化而数字化，否则也就本末倒置了。

二、平衡风险

组织在考虑数字化商业模式成本结构转变的过程中，还应充分考虑平衡风险。如果数字化商业模式中的某项费用占比过高，则可能造成经营风险，组织应尽量避免此类"孤注一掷"的情况发生。

如根据之前章节的描述，我们已经充分认识到研发成本占比在数字化转型过程中的重要性。但若某一组织在数字化转型过程中，将其所有成本都投入到研发之中，以期待用一款全新的产品来颠覆自身乃至整个市场，此时其研发成本占比过高，如若研发成功则组织可能一飞冲天，但若研发失败或研发工作无法持续，则可能导致组织受到重创甚至破产。由此可以看出，组织在数字化转型的过程中，应充分平衡组织的发展与生存因素，并尽全力地做到组织的可持续发展。

三、平衡商业模式要素

组织应平衡数字化商业模式中各要素之间的成本投入。由于数字化商业模式中的八个要素具有举足轻重的地位，并发挥着不可替代的作用，因此组织在数字化转型过程中应该尽可能避免因各要素成本投入失衡，从而导致数字化商业模式失败的情况发生。例如，组织因"价值主张"的投入而忽略了"客户关系"的投入，又或者因"关键业务"的投入而疏忽了"重要合作"的投入等。以上种种都可能导致组织数字化商业模式的失败，还请各位读者加以重视，引以为戒。

第七节 追求满意的投资回报

数字化商业模式下的成本构成整体呈现出多样化、线性化以及精细化的特点。组织在数字化转型时期应更多地聚焦在价值上，并用辩证发展的眼光看待各类成本的投入与变化。原则上，只要该数字化商业模式的成本结构符合其设计初期的财务预期，并能逐步实现更为平衡与精细的管理，那么其对于组织而言将是一个较为合理与科学的数字化商业模式成本结构。如果组织完成数字化转型后，生产成本、组织费用乃至整体成本降低，那将是一份优秀且令人欣喜的答卷。

从一个组织放眼至一个行业的数字化转型，我们更期待用数字化带动产业优化、规模增长和成本优化，如图 1-15-4 所示。

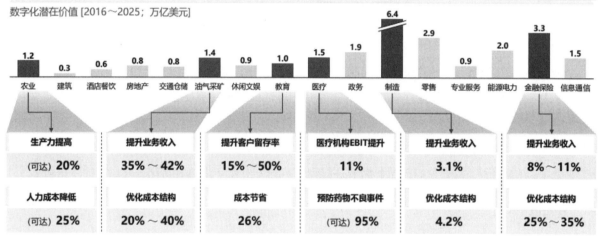

图 1-15-4　数字化带动产业优化、规模增长和成本优化

本章核心观点

在数字化转型的过程中，组织应拥抱成本结构上的变化，应聚焦在成本、费用的价值层面，平衡投入、产出与风险，用发展、辩证、深入的眼光看问题，用"第二曲线"的大未来看当下的成本结构上的变化。

请阅读以下案例,并回答问题。

某品牌成衣公司在中国境内的所有省会城市中有过百家实体门店,这些省会城市中的工薪阶层及普通上班族为该品牌的主要客户。因此,该公司的规模虽然不算很大,但仍略有盈余。但自2020年起,受到新冠肺炎疫情影响,成衣原材料飞涨,工厂的产能下降;更令人不安的是,各家门店的销量下滑更为严重,该状况如无法改善,预测最多半年公司就将入不敷出。于是,该公司借用数字化技术,在自己原本工厂统一设计、批量生产并在所有分店同步销售的商业模式基础上,增加了一种为VIP客户定制成衣的商业模式。

该公司先通过大数据分析技术,首先在每个省会城市只保留一家实体店铺,再利用公有云建设了一套在线设计成衣定制及销售平台,然后又通过用户画像,筛选出潜在的VIP客户并进行精准的引流营销及设计推荐;与此同时,该公司将工厂中赋闲的服装设计师及缝纫师傅派往各店开展成衣定制支援,并持续开展在线成衣的研发工作。

本章思考

经过四个多月的不断摸索、尝试与积累,该公司在原业务的苦苦支撑下,其VIP定制业务终于在第二季度中期迎来爆发。一年后,该公司不但开拓了大量的忠实VIP客户,获得了极好的市场口碑,其品牌价值、成衣单件利润、总体利润也大幅提高;公司利用其品牌价值、VIP客户的良好口碑及自发宣传,辅以线上销售平台的影响,其市场远远超出了原本省会城市的辐射范围,这又进一步带动了批量成衣以及定制成衣的销售。同时,比较疫情发生之前的各店情况,发现各店的成衣库存以及损耗大幅下降,由此该公司得以重获新生。

结合本章内容,请思考:

(1)请你分析一下该成衣公司前后两种商业模式的成本结构,并就这两种商业模式的成本结构进行分析,说明其成本结构的变化和新商业模式在成本结构方面的优越性。

(2)该公司在数字化转型过程中存在哪些风险?

(3)假设该公司在转型过程中,不保留原有的商业模式,而是完全转型为VIP客户定制模式,是否可行?

第21讲:成本五大关注点

第十六章 数字化商业模式的评价——数字化转型的陀螺仪

现代管理学之父彼得·德鲁克曾说过:"如果不能衡量,就无法管理。"数字化商业模式并不是一蹴而就的,而是一个与时俱进、日臻完善的过程。一方面,由于商业模式的层次处在战略规划之下、战略执行之上的位置,所以数字化商业模式在落地过程中需要根据组织的战略调整及时校准方向以避免偏离目标。另一方面,在 VUCA 时代,组织处在一个模糊、易变、复杂,充满不确定性的业务环境中,组织既要随时警惕新的竞争对手从环境中涌现出来,化解竞争并融入协作的生态环境,又要处理饱和度不断增加的日常事务,还要跟踪不断被突破的知识边界。商业模式飞向未来的路线犹如飞入太空着陆月球的宇宙飞船,行进的路线是一条螺旋上升的曲线,而不是简单的直线。因此,需要对商业模式进行体系化的评价,持续迭代,才能顺利地实现数字化转型。

评价数字化商业模式的目的和意义是什么?
◇ 从哪些维度对数字化商业模式进行评价?
◇ 数字化商业模式的评价指标有哪些?
◇ 数字化商业模式的评价结果怎样分级?
◇ 评价结果如何应用?
本章将回答以上问题。

 评价的三个目的——判断、改进与机遇

评价商业模式的目的主要有三点:
◇ 帮助决策层对数字化商业模式是否符合数字化战略发展预期或投资预期做出判断。
◇ 让管理层了解当前的数字化商业模式的成熟度,识别当前商业模式中的不足,以持续改进。
◇ 让执行层对当下的商业处境、自身的优势和劣势达成共识,识别新的业务机会和威胁。

 评价模型——数字化商业模式的刻度尺

由于语境不同,数字化转型既可以理解为目的也可以理解为过程。当把数字化转型作为目标来理解,我们要实现数字化转型,要实现业务升级,在这个语境下,数字化转型就是一个目标;当把数字化转型作为过程来理解，数字化转型就是一个从非数字化组织转变成数字化组织的实现过程。数字化转型提出的组织战略可以称为数字化转型战略，是组织战略的一部分。由于商业模式处于战略规划之下和战略执行之上的位置，所以商业模式对战略规划和战略执行起到承上启下的作用，如图1-16-1所示。正因为如此，一致性、执行过程和执行结果是评价商业模式的三个主要方面。本书在前面曾提出"视点、视角和视图"的概念，商业模式需要组织从"管理、业务、财务、技术"四个角度出发画出一张完整的视图，评价商业模式也要从这四个角度出发给出一个完整的评价。基于以上评价逻辑，本书提出如下数字化商业模式评价模型。

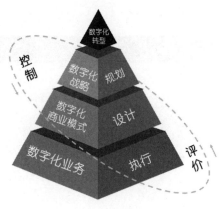

图 1-16-1　商业模式所处的层次

◇ 数字化商业模式评价框架

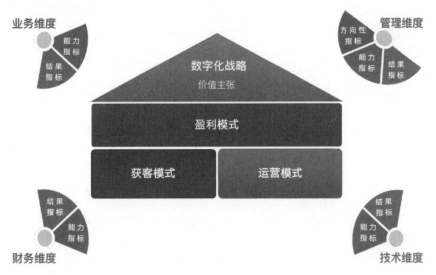

图 1-16-2　数字化商业模式评价框架

◇ 评价对象：根据数字化商业模式的等式分解，对数字化商业模式的评价就是对价值主张、获客模式、运营模式和盈利模式的评价。将评价对象细化有利于评价指标的细化和问题的诊断。

◇ 评价维度：数字化商业模式的评价维度分为管理、业务、财务、技术这四个方面。各评价维度的权重在不同的组织或不同发展阶段可以是不同的。

◇ 评价指标：根据对一致性、过程和结果的评价，将评价指标分为方向性指标、能力指标和结果指标三种类型。其中，方向性指标为管理维度特有的评价指标。数字化商业模式评价不同于其他成熟度评价，因为数字化转型是一个组织级、系统性工程，组织的战略一致性尤其重要。方向性指标即是评价组织在数字化转型过程中其实施行为与组织战略是否一致的重要指标，有利于实施行为的定期校验与持续改进。表1-16-1所描述的40个评价指标供读者参考，读者可以根据组织的自身情况进行删减、增补和调整。

表 1-16-1 评价指标

序号	评价对象	评价维度	评价指标的类型	评价指标
1	商业模式总体评价（价值主张）	管理	方向性指标	业务方向与组织战略的一致性
2				技术路线与组织战略的一致性
3				财务政策与组织战略的一致性
4				人才战略与组织战略的一致性
5				价值主张与目标客户需求的一致性
6			能力指标	平台化的组织协同管理能力
7			结果指标	风险管理能力
8				人才胜任力
9				数字化经营决策水平
10		业务	能力指标	业务核心竞争力
11				业务创新能力
12			结果指标	市场占有率
13				客户体验
14				品牌价值
15		技术	能力指标	平台化的技术赋能能力
16			结果指标	技术应用水平
17		财务	能力指标	财务精细化管理能力
18				财务风险控制能力
19				财务预测与调整能力
20			结果指标	收入目标达成情况
21				利润目标达成情况
22				财务的成长性
23	获客模式	管理	方向性指标	现有客群与组织战略中的目标客群的一致性
24				产品和服务与价值主张的一致性
25			能力指标	客户全生命周期管理能力
26				客户、市场、行业洞察能力
27		业务	能力指标	客户筛选、客户定位的能力
28				客户触达能力
29				客户关系管理能力

续表

序　号	评价对象	评价维度	评价指标的类型	评价指标
30	获客模式	财务	结果指标	平均获客成本
31				平均获客效率（时间）
32				平均客单价
33				客户年成交额
34	运营模式	管理	方向性指标	运营模式与组织自定义的"精益卓越"的运营改进方向的一致性
35			能力指标	平台化的运营管理能力
36		业务	能力指标	关键活动的竞争力
37				核心资源配置能力
38				生态合作能力
39	盈利模式	财务	结果指标	资产运营能力
40		管理	方向性指标	盈利模式与完美平衡设计原则的一致性

◇ 评分方法：

其一，各个指标的权重可以根据组织的自身情况进行设计，只要各级指标的权重之和为100%即可。例如，总体评价、获客模式、运营模式和盈利模式等一级指标的权重之和应为100%；在总体评价中管理、业务、技术和财务等二级指标权重之和应为100%；在总体评价的管理中的方向性指标、能力指标和结果性指标的权重之和应为100%；以此类推，在一个具体评价领域的四级评价指标的权重之和应为100%。

其二，建议在一个战略规划相对稳定的阶段内保持指标的权重不变，这样做有利于组织在一个阶段内进行纵向对比和跟踪。当组织或业务进入下一个里程碑阶段，由于战略重点发生变化，建议指标的权重也随即调整。

其三，该评价模型在指标权重和评分方法未标准化之前，适用于组织对自身的数字化商业模式进行内部分析和评价；在评价框架、指标、权重及评分方法被标准化之后，也可以用于数字化商业模式的成熟度评价和横向对比分析。

第三节　五级成熟度——数字化商业模式的进阶路径

软件能力成熟度模型（capability maturity model for software，CMM）是1987年由美国卡内基梅隆大学软件工程研究所（CMU SEI）研究出的一种用于评价软件开发组织能力的方法。该方法在IT行业有着很高的认同度，并在很多的细分领域形成了国家标准，例如《GB/T 33136—2016 信息技术服务——数据中心服务能力成熟度模型》和《GB/T 37988—2019 信息安全技术——数据安全能力成熟度模型》。随着数字化转型的深入，众多组织开始研究企业数字化转型成熟度模型。

普遍认为，一种新方法论从引入组织到走向成熟一共分为五级。

◇ 一级成熟度的特征是这个新方法论在组织中开始零星地尝试和探索。

◇ 二级成熟度的特征是这个方法论在部门级或业务级实现已定义的流程和闭环管理。

◇ 三级成熟度的特征是这个方法论在组织中全面推广，有全面的管理体系、流程和工具支撑。

◇ 四级成熟度的特征是这个新方法论已经运行一段时间，有量化管理、可预测的能力。

◇ 五级成熟度的特征是这个新方法论在该组织被充分融合到业务中，并在实际应用中得以创新形成行业标杆。

数字化商业模式的形成非一日之功，因此成熟的分级方法同样适用于数字化商业模式的分级与改进。本书将数字化商业模式成熟度分为探索级、单元级、系统级、成功级、卓越级五级。由于篇幅所限，每个指标的定义和描述以及指标下更细的成熟度分级描述不再展开。成熟度模型的五级特征描述如图 1-16-3 所示。

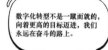

数字化转型不是一蹴而就的，向着更高的目标迈进，我们永远在奋斗的路上。

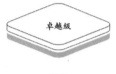

数字化商业模式成为业界成功典范，价值共创、价值向上的经营理念被广泛认同，业务生态圈进入良性循环。
管理维度：基于价值共创的业务生态圈已经形成，业务规模不断发展壮大，生态文化特征明显，生态治理有效，各项管理卓越；
业务维度：业务呈现九大生态化特征，业务模式不断推陈出新，推动业态发展和新的生态群落形成；
技术维度：具备搭建生态级的数字化能力，技术具备驱动创新、引领业务发展的能力；
财务维度：实现与生态合作伙伴共赢关系，不断接近完美平衡。

数字化商业模式有效支撑组织的数字化战略，数字化商业模式的三大特征突显，在管理、业务、财务、技术等方面皆达成战略目标，可进行业务和管理的精准预测。
管理维度：数字化商业模式与组织的数字化战略充分一致，管理量化，持续改进机制运转良好；
业务维度：业务上已实现数据驱动、智能决策，具备敏捷的业务响应和交付能力，业绩目标达成，业务第二曲线形成；
技术维度：技术与业务充分融合，技术驱动业务发展，运营高度自动化，能够随需而动地对业务进行数字化技术赋能；
财务维度：实现预期的收入、盈利、成本控制和投资回报等财务目标，具备量化的财务风险管理能力和财务预测能力。

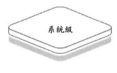

提出了明确的数字化价值主张，数字化商业模式已经形成，数字化四大赋能要素和四大指导原则得以充分运用，获客模式、运营模式、盈利模式清晰、运转有效，商业模式有一体化平台支撑，数字化商业模式的三大特征已呈现，数字化转型成效明显。
管理维度：数字化价值主张与组织的数字化战略一致，获客模式、运营模式和盈利模式协同运转；
业务维度：以客户为中心，全面支撑各业务流程、各业务场景，全面实现线上线下业务虚实融合；
技术维度：具备一体化的数字化赋能平台，数字化技术应用水平处于业界领先水平；
财务维度：实现财一体化，数字化业务创新和数字化运营成效明显。

在个别部门或某项业务内实现了数字化获客模式或运营模式，数字化四大赋能要素有效运用，完整的商业模式闭环尚未打通，尚未形成一体化支撑平台，但数字化初见成效。
管理维度：获客模式或运营模式已经形成，四大指导原则已部分体现，有数字化管理工具支撑，但数字化战略尚未明确，整体的数字化商业模式尚未一体化；
业务维度：主要业务流程已经实现数字化，业务能力明显提升；
技术维度：已经具备数字化技术赋能能力，但尚未实现平台化的技术赋能；
财务维度：数字化业务创新或数字化运营已初见成效。

在个别部门或某项业务内尝试数字化业务创新或利用数字化技术优化运营，数字化商业模式不成体系，数字化尚未产生明显、确信的效果。
管理维度：数字化战略尚未明确，数字化管理平台尚未开始建设，有零散的数字化管理实践；
业务维度：在部分业务流程或局部业务区域上开始数字化探索实践；
技术维度：具备初级的数字化技术应用的能力；
财务维度：不论是数字化业务创新或是数字化运营，降本增效、提质增收的效果尚不明显或不稳定。

图 1-16-3　数字化商业模式成熟度分级模型

数字化商业模式成熟度分级让我们更加清楚自己是什么水平，我们下一步该向什么方向努力！

第四节 评价结果——有目标的迭代从评价开始

数字化商业模式的评价结果由总体结论和各指标的详细得分组成。可以通过与历史数据的对比见证数字化商业模式所取得的成果,以及通过深入的、多维度的分析识别改进机会。评价结果的应用场景主要有以下两点:

◇ 为向组织领导层汇报数字化商业模式的构建及运行情况提供依据;
◇ 发现数字化商业模式中的问题或不足,为持续改进提供依据。

为了更好地体现评价结果,我们可以参考以下图形进行转型前后的对比,如图 1-16-4 所示。

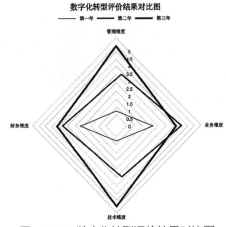

图 1-16-4 数字化转型评价结果对比图

组织从管理、业务、技术、财务四个维度进行评价,分析第一年至第三年的数字化转型评价结果。设定每个维度的总分是 5 分,组织根据自身设计的评价指标进行权重计算,分别得出四个维度的具体得分,直观地进行差距评估。

评价是驱动事物改进的手段,数字化商业模式也不例外,评价的系统化程度越高,改进的系统化程度就越高。	 **本章核心观点**
❶ 请你在本组织选取一个具体的数字化商业案例,设计一套数字化商业模式评价方案,可参考本章提出的评价模型和方法。 ❷ 如果可能,运用你设计的评价方案,对数字化商业案例进行跟踪评价,分析、对比评价结果,提出持续改进的建议。	 **本章思考**

第 22 讲:数字化商业模式评价

剖析数字化商业模式之路

导语

数字化犹如水，应用数字化的组织犹如一个个不同形状的容器，水倒入容器后就成了容器的样子，这正如武术家李小龙的武术思想。我们可以轻松地找到一些耳熟能详的商业模式的名称，但这些模式的分类维度不统一，且随着数字化的不断演进，商业模式还会涌现出更多的类型。

> 保持空灵之心，变得像水一样无形无相，把水放进杯子里，水就变成了杯子；把水放在瓶子里，水就变成瓶子；把水放在茶壶里，水就变成了茶壶。水可以很柔软，也可以很坚硬。
> ——李小龙

下篇将从 15 个具有代表性的领域及一个大型综合性跨国企业中甄选出数字化商业模式案例。俗话说，他山之石，可以攻玉。案例有利于读者从他人的实践中获得新的启发。这 15 个领域分别为智慧交通及物流、智慧能源及环保、智能制造、智慧农业及水利、智慧教育、智慧医疗、智慧文旅、智慧社区、智慧家居、智慧政务、智慧金融、数字零售、数字企服、原生电商以及智慧餐饮。

为了让使用者更方便地找到目标对象，本书通过以下两个方面给商业模式分类：一是按照组织类型分为传统组织和数字原生组织；二是按照商业模式在不同阶段的工作重点分为获客能力与运营能力。我们注意到一个组织的商业模式既是相对稳定的，也是不断演化的。商业模式的升级意味着组织进入发展的"第二曲线"。商业模式的进化是一个螺旋上升的过程，如图 2-0-1 所示。

在图中，纵轴是数字化程度，横轴代表数字原生组织的两方面能力，越往上代表数字化程度越高；横轴下是传统组织，数字化能力不断螺旋上升。横轴的两方面能力分别是获客能力和运营能力，越向右获客能力越强，越向左运营能力越强。数字化能力的一次螺旋上升就代表商业模式的一次升级。

第 23 讲：数字化实践双螺旋

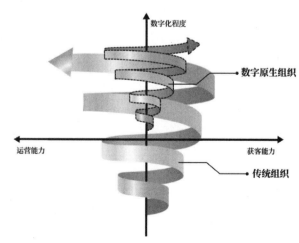

图 2-0-1 数字化实践双螺旋

智慧交通及物流领域

蔚来汽车：定位用户，企业践行价值共创

> 真正的智慧不仅在于能明察眼前，而且还能预见未来。
>
> ——忒壬斯

一、蔚来汽车的品牌故事

虽然汽车已然成为我国主要的交通工具，但传统燃油汽车在近几年的发展却受到两大问题的困扰：一是燃油汽车对石油能源需求的日益增长和现有石油能源资源日趋减少之间的矛盾；二是汽车排放的气态污染物一直被认为是造成雾霾这一环境问题的主要元凶之一。在这一背景下，智能电动汽车成为汽车行业发展的重要方向，同时随着我国终端市场的增长放缓，汽车成为诸多企业寻求持续发展的下一个切入点，"智能汽车＋车联网"成为"智能终端＋移动互联网"的最佳映射，吸引众多非汽车企业躬身入局，力求成为打破行业边界的颠覆者或者生产端、研发端和品牌端的赋能者。

2014年11月成立的蔚来汽车（以下简称蔚来）是我国当下最主要的智能电动汽车品牌之一，已经逐步成为全球化的智能电动汽车品牌。蔚来一直抱持对美好未来和晴朗天空的愿景——"Blue Sky Coming，蔚来已来"，致力于通过提供高性能的智能电动汽车与极致用户体验，为用户创造愉悦的生活方式。蔚来公布的数据显示，仅在2021年第四季度，蔚来就交付25 034辆汽车，同比增长44.3%，实现连续七个季度的正增长；在2021年，蔚来共交付新车91 429辆，同比增长109.1%，连续两年翻番；截至2021年12月31日，蔚来车辆累计已交付167 070辆，如图2-1-1所示。

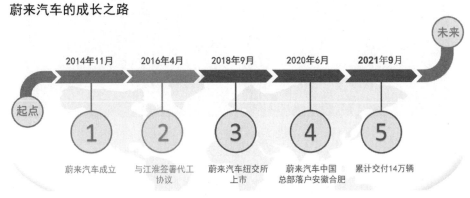

图 2-1-1　蔚来汽车的成长之路

二、蔚来汽车的数字化之旅

1. 蔚来诞生

蔚来在成立之初就将"Blue Sky Coming,蔚来已来"作为自己价值主张的方向,即为了蓝天而建立,这也是其将产品定位为智能电动汽车的原因。蔚来就是"蓝天来了"的意思,这反映了蔚来对美好未来的憧憬,同时也向客户传递出其对环境和生活积极向上的态度。

处于初创期的蔚来,除了产品定位以外,核心服务也有别于传统汽车企业。蔚来将自己定义为"用户公司"。用户公司就是把用户需求放在第一位,为用户创造愉悦的生活方式,与用户创造一家公司,与用户携手实现价值共创,这一点在获客模式上得到了很好的体现。蔚来不是依靠传统 4S 店汽车销售的"一锤子买卖",而是直销模式与传统 4S 店模式的结合。

一方面,蔚来利用蔚来汽车 App 与客户进行互动,App 功能包括车辆下单、售后追踪、售后服务、用车服务和积分商城,如图 2-1-2 所示。

另一方面,有别于传统的 4S 店,蔚来在全国主要城市的核心商圈建造蔚来中心(NIO House),用户可以参加各类文化活动,喝咖啡、看电影和健身等。此外,为缓解用户的充电焦虑,蔚来在全国建立充电站,提供"一键加电"的服务等。

蔚来的这些服务通常能够戳中用户"痛点",其能够在为客户提供最体贴、"最懂你"的产品或服务的同时,进一步提升客户对"用户公司"这一

图 2-1-2 蔚来汽车的智能服务

定位的认同感。例如:蔚来顾问为用户及孩子准备生日会;汽车交付时,帮客户装扮新车;免费组织活跃车主到海南观看 F1 方程式比赛;甚至还帮助车主组织求婚等。部分用户因此发出感慨:"买的不是车,买的是 VIP 服务,车是顺便送的。"

蔚来的产品和服务在本质上基于对客户群体的精准匹配和准确划分,以产品为纽带,通过全程服务解决用户痛点,增强客户黏性,保持良好的客户关系,并通过社群、数字触达和生活体验的多渠道通路,实现蔚来与客户之间的价值共创,如图 2-1-3 所示。

图 2-1-3 蔚来中心

2. 蔚来合作

作为智能电动汽车制造商,蔚来除了在获客模式上有所创新之外,它的汽车生产制造更是关键创新活动,如何实现汽车量产,更是蔚来亟需解决的问题。为了快速实现量产,在产品生命周期内保证

核心资源可以有效运用在更重要的活动上，蔚来不自建整车制造工厂，而是将关键活动定位为电动汽车的设计和技术研发，生产则通过重要合作实行外包，由江淮汽车代工。2016年上半年，蔚来和江淮汽车签署了为期5年的代工协议，蔚来计划一年推出一款新车型。这种轻资产模式能够让企业用资金换时间，扩大自身掌握的资源，更快地参与市场竞争。

同时，蔚来还通过与地方政府的重要合作，创造了良好的外部环境，为产品的设计、研发、生产制造提供了土壤，也为自身的未来开辟了道路。2020年，合肥市人民政府与蔚来签署深化合作的框架协议，双方商定共同规划建设新桥智能电动汽车产业园区，力图打造具备完整产业链的世界级智能电动汽车产业集群。根据初步预估，全部园区前期的基本建设资金投入是500亿元，整体规划汽车生产能力将达到100万辆/年，充电电池生产能力达到100亿瓦时/年，预估年销售额达5 000亿元。

与传统车企及政府的重要合作为蔚来提供了生产资质和生产资源等外部支持，保证了蔚来的生产效率。同时，蔚来通过充分利用"轻装"的优势着重设计研发的关键活动，也为与之合作的传统车企注入了新的活力，推动了传统车企的技术进步与品牌提升。这样的生态合作关系无疑是一种双赢，借助这样的模式，蔚来实现了运营模式的精益卓越。

3. 蔚来时速

蔚来是中国高端电动汽车市场的先驱。蔚来设计、联合制造、销售智能和互联的高端电动汽车推动了物联网、自动驾驶和人工智能等数字化技术的创新，并在与企业和政府的重要合作及自身不断发展中探索方法论。

2021年3月，电动汽车销量占比突破10%；一季度，上海电动汽车销量占比突破30%，蔚来认为这是里程碑式的突破。蔚来在以下三大领域的持续发力将会加快智能电动汽车的普及速度。

一是自动驾驶技术不断提升。电动汽车的核心是智能化程度高，电驱动方式延时短、可靠性与安全性较高等，这些将是自动驾驶技术的最佳匹配。

二是电池和智能成本的降低。如今，电池成本较2018年、2019年大幅下降，其结构方式和制造工艺都有较大改变。蔚来认为，目前，电池成本加上充电成本已经比油费低，从全产品生命周期来讲，拐点已经到来。

三是商业模式创新。经过5年的探索，2020年，基于换电技术，蔚来推出了车电分离、电池租用和可充可换可升级的蔚来电池租用服务（BaaS，Battery as a Service）。在此过程中，蔚来成立了全球第一个电池资产公司——蔚能电池资产公司。蔚来将车卖给用户，将电池卖给电池资产公司，电池资产公司运营整个电池资产。目前，这一商业模式已经得到了验证，即通过打造自身的重要合作，促成协同共创，实现收入来源的类增型增长。

三、蔚来汽车的数字化商业模式亮点和画布

（1）以客户为中心，构建与客户及合作商之间的价值共创。无论是通过智能电动汽车实现"Blue Sky Coming，蔚来已来"这一价值主张，还是"用户公司"这一创新的服务体系定位，抑或是与江淮汽车及合肥市人民政府的合作，都是蔚来价值共创的重要体现。

（2）以数字化技术实现目标，以数据赋能共创优质产品。其一，蔚来运用数字化技术解决方案在整个车辆生命周期内满足客户需求，甚至创造惊喜服务，达成价值向上。其二，蔚来通过对用户数据的分析更好地进行车辆设计，实现数据的驱动与变现。其三，蔚来还通过数据塑造品牌，充分分析客户流量数据，优化客户关系，进一步增强了获客能力。

蔚来汽车的数字化商业模式画布如图 2-1-4 所示。

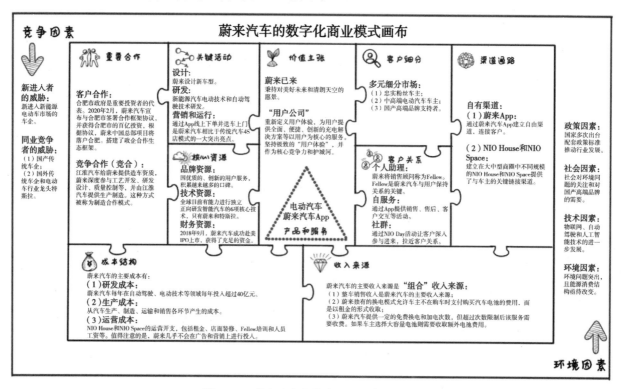

图 2-1-4　蔚来汽车的数字化商业模式画布

（以上案例由樊明汉、吴子豪撰写）

北汽鹏龙：传统车企数字化觉醒后的新模式

> 在一个缺少顾客而不是缺少产品的社会中，以顾客为中心至关重要。仅仅满足顾客并不够，你必须取悦顾客。
>
> ——菲利普·科特勒

一、北汽鹏龙的品牌故事

近年来，汽车行业变革趋势愈发明显，汽车产品正加速向电动化、智能化方向发展，新能源汽车销量占比逐年提升。在数字化浪潮的驱动下，汽车正向与各个生态相互联通的智能移动终端转变，国内六大汽车集团公司，一汽、上汽、东风、长安、北汽和广汽，也纷纷开展数字化转型。

与此同时，后疫情时代，汽车消费需求呈"V"形反弹，新需求、新习惯及新的年轻客户群都发生了巨变。如何增加客户数量，构建良好客户关系，增加客户黏性，是汽车服务贸易急需通过数字化解决的问题。

北京汽车集团有限公司（以下简称北汽集团）是中国汽车行业的领先者，成立于1958年，总部位于北京，是首家年度营收超5 000亿元的北京市市属国有企业。作为涵盖整车及零部件研发与制造、汽车服务贸易、综合出行服务、金融与投资等业务的国有大型汽车企业集团，北汽集团位列2021年《财富》世界500强第124位。

2007年10月，北汽集团全资设立了汽车服务贸易平台——北汽鹏龙汽车服务贸易股份有限公司（以下简称北汽鹏龙），将其作为北汽集团汽车主业产业链的重要组成部分。北汽鹏龙是北汽集团由传统制造型企业向制造服务型和创新型企业转型的主力军，2021年营业收入430.55亿元，主要业务包含汽车经销业务、配件业务、物流业务、集采业务、广告传媒业务、文旅出行业务、定制改装业务和循环利用业务等，如图2-2-1所示。

2008～2019年，北汽鹏龙通过业务资源整合，完善了汽车贸易服务链条；通过与平安集团、梅赛德斯-奔驰以及京东的合作，明确了业务发展方向，开拓了新业务；构建了以客户为中心、"高品质""新功能""特色服务"的车·人生态系统，进一步推动了北汽鹏龙的战略转型。

图2-2-1 北汽鹏龙业务领域

二、北汽集团汽车服务贸易的数字化之旅

1. 豁然开朗：传统车企从全局出发的数字化觉醒

2020年，北汽集团发布集团数字化转型工作方案，提出了北汽集团"一个中心+三大方向+五种能力"①的数字化建设方案。

北汽集团将思维模式转型的管理模式革新和创新技术研发作为数字化转型的第一着力点，成立了数字化转型领导小组，自上而下地推动全集团的数字化转型工作，努力实现了贯穿研发、生产、物流、供应和销售全链条的数字化整体变革。

（1）确定"四步走"的路径——推动数字化加快落地

北汽集团认识到，当前政策环境的整体趋势和技术革新为车企市场带来的巨大变革，以及经济发展带来的汽车行业升级、消费者需求的变化，表明数字化时代传统制造业要继续生存必须进行数字化转型。为此，北汽集团制定了数字化转型"四步走"的实施路径：

①统一思想，提高站位，建立数字化认知和思维；

②顶层设计，科学规划，把握集团数字化转型的关键点；

③打破边界，打通数据，推动数字化管理转型实施落地；

④解决问题，创造价值，加速集团高质量发展。

通过数字化转型的"四步走"，北汽集团以革新的数字化思维促进业务模式和营销模式的转型，用价值导向推动数字化转型加快落地，实现高质量发展。

（2）蹚出新路子——数字化助力营销创新

2020年，在新冠肺炎疫情的影响下，面对剧烈的同质化竞争，国内汽车产业遭到重创。据光大证券研究所数据显示，2019年我国汽车行业净资产收益率（ROE）同比继续下降至2.7%。面对严峻的汽车市场形势，北汽集团明确了创新商业模式的探索方向。

在推进数字化转型的过程中，北汽集团非常重视汽车服务贸易领域的市场营销工作。通过数字化技术革新过去的营销模式，提升北汽集团的营销效率，打造围绕客户为中心、精准聚焦用户需求、贯穿研产供销整个产业链的数字化运营体系，实现卓越运营。

北汽集团从汽车数字化营销创新的线上和线下关系、投入和产出关系，以及幕后和台前关系入手，加大数字化营销力度，打造"4C+P"②的数字化营销体系。这一创新的营销体系以消费者为核心，降低了消费者成本，提升了消费者体验。搭建北汽集团特色的数字化营销平台，体现了价值共创的数字化商业模式特征。

2. 革故鼎新：数字技术打造客户服务新样式

（1）建立与京东集团的重要合作关系

2021年6月7日，北汽集团与京东集团达成战略合作，合作涵盖商用物流车、工业品平台、无人

---

① 一个中心指以提升用户体验为中心；三大方向指建设开创性业务平台、构建高效协同统一体、塑造智能工作流；五种能力指敏捷的执行能力、可持续的经营能力、基于数据的决策能力、高效的协同能力、平台驱动的创新能力，最终打造集团数字化核心竞争力。

② "4C+P"数字化营销体系是在4C营销理论的基础上，提出的"4C+P"的数字化营销策略。4C是消费者（customer）、成本（cost）、便利（convenience）和沟通（communication），P是数字化平台（platform）。

智能物流车、数字化营销及用户运营、汽车售后服务平台、智能供应链等领域。在此合作中，双方将共同探索并建立全场景、多层级、模块化汽车供应链物流解决方案等。

对于北汽鹏龙而言，此次合作主要在两方面为汽车服务贸易提供助力：一方面，京东"京车会"广阔的服务网络能够帮助北汽集团精准触达目标用户，发展汽车服务贸易业务，包括车辆维保等增值服务；另一方面，北汽集团借助京东的数据资源及技术能力共同研发汽车物流智能化服务模式，探索多场景的汽车供应链物流解决方案，提升物流仓储配送效率，为售后拓展服务半径、提升服务时效助力。

双方合作，共同建立覆盖研、产、供、销、服整个汽车产业链的数字化生态圈，并依托生态实现更大的市场需求、更高效的资源共享、更快速的研发效率、更多样的渠道通路，这正是价值共创的重要体现。

（2）构建以客户为中心的新型智能化微管家服务平台

北汽鹏龙作为北汽集团实施汽车服务贸易数字化转型的重要主体，在数字化转型过程中，平台定位由"互联网+"向"ABC时代"（即AI、大数据、云计算）转变，即将之前单纯的"互联网+4S店"的线上线下打通模式，转变为智能化的微管家服务平台。这主要从以下六个方面体现：

①在集客方面，通过多种方式进行吸粉，例如服务顾问邀约绑定和支付后引导关注，提升公众号粉丝增长率。

②在会员管理方面，通过打造泛会员体系，采用注册即会员的方式将会员管理前置化，再通过福利中心、优惠活动等方式促进潜客转化。

③在销售业务方面，通过对车主进行识别（会员码）及标记（接待标签），销售人员可以快速掌握客户情况，有针对性地提供服务，提升客户满意度，增加销售成功率。

④在售后方面，北汽鹏龙车主会员服务平台通过对沉淀的客户交易和行为数据进行分析，利用精准服务可以有效防止客户流失，提升车主忠诚度，提高复购率。

⑤在成本控制方面，微信车主服务平台系统升级后，通过优化服务流程、数据结构、报表等，在运营过程中实现降本增效。

⑥在社群营销方面，通过建立客户专属推广渠道与互动平台，增加客户黏性，扩大经销店社群营销影响力。

北汽鹏龙通过构建以客户为中心的智能化的微管家服务平台，增强与客户之间的联系，在最大化顾客价值，不断满足客户需求的同时，也体现了价值向上。另外，通过大数据分析、数据挖掘与洞察消费者需求，分析消费者行为，进一步实现精准营销。

3. 与时俱进：大数据驱动营销新发展

除了构建智能化的微管家服务平台外，北汽鹏龙的汽车经销店还基于大数据驱动，以消费者为中心进行营销创新实践，如图2-2-2所示。通过挖掘数据价值，分析数据背后的消费者行为与需求，以数据赋能北汽鹏龙的营销升级，实现精准营销，满足用户的个性化体验。

图 2-2-2　客户数据库的职能划分

（1）大数据驱动下的精准营销

北汽鹏龙收集来自售前、售中和售后各个渠道的客户信息，制成富有逻辑的客户信息数据库，提升客户满意度，实现个性化智能服务。例如，当客户打电话到呼叫中心，其相关的购车信息、车险信息就可一目了然，从而工作人员能够更好地为客户提供快捷、方便的服务，如图 2-2-3 所示。

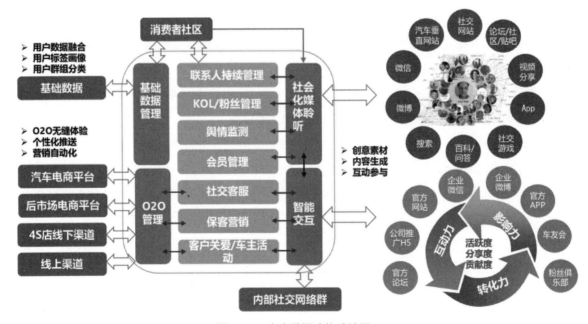

图 2-2-3　客户数据库构建流程

将所有的数据都整合到客户统一数据平台后，信息部门会对客户进行管理。将客户分群，同时对客户的行为进行分析，并构建自己的标签云。有了这些基础，信息部门便为门店奠定了三大核心功能：精准营销、智能服务和量化决策。

（2）大数据驱动下的客户体验个性化

良好的客户体验有助于公司不断完善产品或服务，形成客户群体对企业的特有认知。北汽鹏龙通过对进店前、到店时、离店后的用户信息进行大数据分析，构建了三方面的客户个性化体验。

①进店前：网络体验和口碑传播

北汽鹏龙通过网络渠道，帮助4S店目标客户在实际购买前先了解产品信息。客户可以从店内微信、网上商城、异业合作的5家网络汽车资讯平台获取大量经销店信息以及店内业务信息，从而提高客户到店率，有效带动产品销售。

同时，北汽鹏龙打通了线上与线下的渠道通路，通过线上的形象转变＋线下的挑战活动，营造氛围，实现完整的形象传递。例如：在保证产品及维修质量的前提下做好客户服务工作，树立良好口碑；通过老客户介绍新客户，实现口碑推介效果。

②到店时：品牌体验

一方面，由于与客户通过线上渠道建立了有效触达，客户对到店体验充满期待，所以展厅成为品牌转化客户，提供品牌体验的重要场所。在数字化技术实现展示的同时，还可以捕捉客户的行为数据，如客户的面部表情等，通过线上、线下数据融合，更容易"猜"出顾客的喜好，持续优化服务。另一方面，北汽鹏龙探索4S店的场景创新，致力于建造多功能的智慧4S店，在让客户完成产品的体验和购买之外，还提供休闲、阅读和工作交流的场所，使客户获得宾至如归的感觉，提升客户满意度。

③离店后：售后体验

要构建完善的汽车贸易服务链条，不仅要关注到店时的客户体验，也要重视客户离店后的感受，客户反馈和评价是决定客户下次是否到店的关键因素。因此，北汽鹏龙4S店会采取离店后回访、离店后关怀等方式跟进客户，包括客户生日时关怀、特定节假日祝福、会员客户活动等多种形式，增加客户黏性，提升客户产值，如图2-2-4所示。

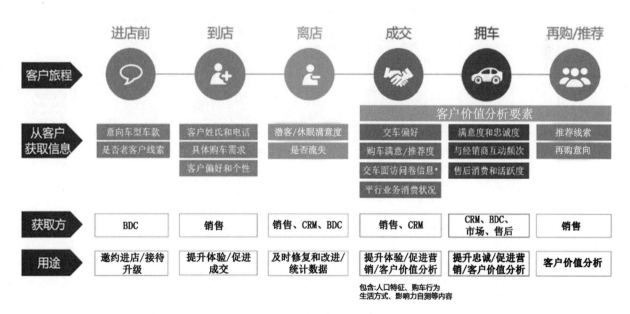

图2-2-4　客户全流程数据价值分析

在北汽鹏龙数字化营销转型的过程中，以数据为基石，精准定位客户需求，将客户需求细分为不同的场景，包括到店前、到店时、离店后，通过不同场景下的数据收集，在完善产品的同时，帮助北汽鹏龙进一步优化客户体验，体现了客户细分、渠道通路和客户关系的深度融合，也是精准匹配获客模式的体现。

三、北汽鹏龙的数字化商业模式亮点和画布

（1）从打造数字化思维入手，通过重要合作强化技术能力。纵观北汽集团的数字化转型，其中最核心的部分在于两点：第一，利用国有企业的企业文化优势，统一思想，提高站位，快速建立数字化认知和思维，以创新的数字化思维带动企业组织形式、管理模式、业务流程的转型升级，自上而下地推动数字化；第二，发挥品牌优势，吸引互联网企业京东与之合作，双方在技术、营销、汽车生产制造等方面实现优势互补，共同构造出完善的价值共创体系。

（2）通过技术制胜优化客户关系反哺渠道通路，同时从数据赋能入手实现获客模式的精准匹配。对传统4S店营销体系的优化，体现出北汽鹏龙对数字化时代汽车服务贸易的正确认识。一方面，通过建设智能化的微管家服务平台，为已有客户提供更方便、更快捷的服务，加深已有客户对品牌的认可与喜爱，从而提升企业口碑，为线上、线下渠道通路的共同发展提供支持；另一方面，以数据为基石，精准定位客户需求，为其提供更好的产品与服务，实现客户细分、渠道通路和客户关系的有机结合，达到获客模式的精准匹配。

北汽鹏龙的数字化商业模式画布，如图2-2-5所示。

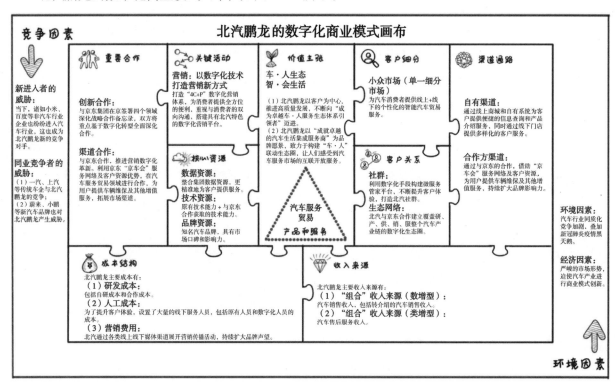

图2-2-5　北汽鹏龙的数字化商业模式画布

（以上案例由方真英、张银雪组织、调研与撰写）

12306："铁"有所应的数字化服务体系

> 民有所呼，我有所应。
>
> ——习近平

一、12306 的昨天、今天和明天

2011 年，铁道部官方购票网站（www.12306.cn，下文简称 12306）正式上线，极大地方便了旅客出行购票。但随着访问人数的不断递增，官网服务器承受着巨大的压力，在春运等高峰期间多次发生瘫痪。12306 为满足亿万旅客的出行需求，不断倾力于打造便利、顺畅的出行体验。如今，12306 已成为全球交易量领先的票务系统，累计注册用户近 6 亿，年售票 40 亿张，单日最高售票量突破 2 000 万张，互联网售票量占比高达 90%；业务成熟，功能完善，已经集电子客票服务、站车服务、商旅服务和铁路畅行会员服务于一体。其发展历程如图 2-3-1 所示。

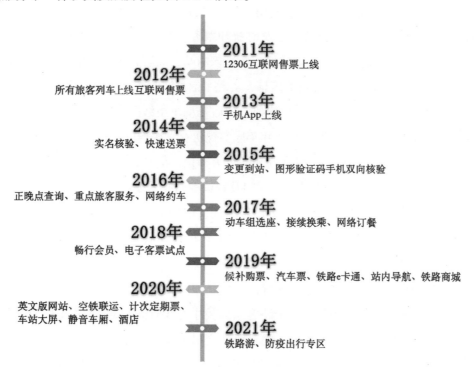

图 2-3-1 12306 发展历程

2020 年 8 月，中国国家铁路集团有限公司出台了《新时代交通强国铁路先行规划纲要》，该纲要中提出了中国铁路 2035 年、2050 年的发展目标和主要任务，同时也描绘出新时代中国铁路发展的美

好蓝图，为12306指明了提升其运营服务的发展方向，如图2-3-2所示。

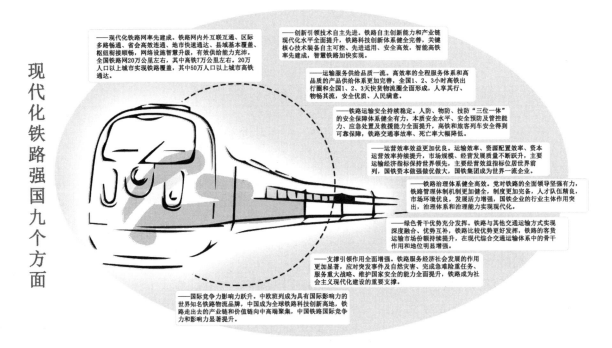

图2-3-2　12306提升运营服务的发展方向

二、12306的数字化转型之旅

1. 开辟线上新渠道，进入铁路售票的电子商务时代

为缓解网点售票系统的压力，方便旅客及时获知票务信息，中国铁路在原有系统基础上打造了12306网站，于2010年春运首日开通并试运行。通过该网站，旅客无须到购票大厅或售票点即可查询列车时刻、票价、余票、代售点、正晚点等信息，实现了信息实时查询的线上化。

随后，先是京津城际铁路率先试水网络售票，然后是动车组线路实施网上订票，再是直达特快列车（Z字头）车票实施网上订票，最后，2011年年底实现所有车次均可互联网售票。这标志着铁路售票进入电子商务时代，旅客能在网页端实时查询和购买火车票。但是，最初的12306网站存在着页面不友好、系统响应慢、每天7个小时的系统维护时间及春运期间频繁崩溃等问题。

2013年，新一代铁路客票系统——12306改版上线，增加了自动查询、自动提交订单、有票提醒等功能。紧随其后，12306手机客户端也在各大应用平台正式开放。至此，网页端和手机客户端的自有渠道建设完成，但距离旅客告别彻夜排队等候购票还有好几年。

2. 立足技术创新引领，票务服务革命性变化

据中国铁道科学研究院集团有限公司全路客票监控中心统计，12306网站高峰日点击量为1 495亿次，平均1秒就要承受170多万次点击，面对海量交易流量的挑战及复杂的业务逻辑，中国铁路12306借助云计算等数字化技术不断迭代，在提升售票能力、维护旅客平等购票权益方面持续优化。

（1）数字化技术助力售票能力逐步升级

2015年，12306网站75%的余票查询系统迁移至阿里云计算平台上，这一举措在一定程度上减轻了高并发的流程冲击。此后，12306网站依托人工智能、物联网、云计算等技术不断改进，售票能力

逐步升级，2020年平均一年售出30亿张车票，日售票能力提升至2 000万张。

（2）数字化技术助力客户改善体验

12306网站及"铁路12306"手机客户端的购票、退票和改签时间优化，由不晚于列车开车前2小时调整为不晚于列车开车前30分钟，且退票业务实现24小时全天候办理（不受系统巡检影响）。

12306系统通过智能售票功能，将多人同一订单购票的旅客安排在相邻的座位或铺位，也可根据身份证号自动识别60岁以上的老年旅客并优先安排下铺。

旅客购票后，在车票预售期内，如需调整自己的行程或变更目的地等，可登录12306网站变更新的到站，无须将原来的车票退票后再购买新车票，大大简化了购票流程。

（3）数字化技术助力用户权益得到保障

12306为了防止抢票软件降低其他手动查询用户的速度，进而导致12306系统延迟的问题，曾采取过包括登录界面选取图片验证码的验证方式等技术控制手段。直到2019年，12306网站推出了"官方抢票"的候补购票新服务。通过这一新服务，抢票软件高速刷票的优势转为劣势，被识别后会被屏蔽或放入慢速队列中。由此，12306将客户流量掌握在自己手中，从客户的利益出发，不断完善产品，进一步增加了客户黏性。

3. 以服务旅客为中心，打造出行服务平台

2012年至2021年，12306系统持续优化，推出餐饮服务、站车服务、旅游服务等全方位服务，实施客运提质计划，逐步打造出行服务平台，极大提升了旅客购票和出行体验。

（1）资源聚合，构建服务生态链

①互联网订餐：12306针对旅客多样化、个性化的服务需求，与品牌餐饮合作，为旅客提供更多的选择、更好的服务，上线了"餐饮·特产"服务。

乘坐G、D字头列车的旅客通过12306网站或手机客户端，可以预订火车上的饭菜以及符合铁路运营食品经营许可条件的餐饮产品。对于站外食品，由符合铁路食品配送资质的站车配送单位，按时将餐饮配送至订餐旅客指定的车厢和席位。

通过电话、车站窗口、代售点、自动售票机等方式购票，然后登录12306网站或手机客户端，选择"订餐服务"，即可实现微信或支付宝的快捷支付。

已经订餐的旅客，如果进行网上退票、改签、变更到站等操作，系统会自动提醒旅客退餐，在实体窗口进行以上操作的旅客，也可在网上自行办理退餐。

②"高铁+共享汽车"服务：为有效解决旅客乘火车后到达目的地的"最后一公里"问题，12306上线"共享汽车"功能，延伸旅客服务链，与汽车企业跨界合作，提供多种汽车租赁和共享服务，为旅客进行交通中转提供便利。

（2）12306网站会员制增加客户黏性

12306在2017年试行推出中国铁路统一对外会员服务品牌——"铁路畅行"常旅客会员服务，为旅客提供全方位、差异化、高品质的优质服务，使广大旅客出行更加多样化、个性化，给旅客带来舒适的体验感。

会员乘车或参与铁路活动可获得积分，用积分可兑换12306网站指定车次车票、铁路部门提供的其他服务或产品，以此增加客户黏性，并为更好地利用旅客出行大数据提供机制保障，如图2-3-3所示。

图 2-3-3　12306 手机客户端截屏

三、12306 的数字化商业模式亮点和画布

（1）坚持以客户为中心的价值主张。12306 网站及 12306 手机客户端不断进行升级改版，从功能布局、界面设计、购票流程等方面进行改善，方便旅客快速购票，全面提升旅客体验。

（2）技术赋能提升内在质量。与各类商业公司合作，依托人工智能、物联网、云计算等数字化技术，提高 12306 网站及 12306 手机客户端的稳定性和流畅性，为购票服务提供了极大的保障，实现技术制胜；开通银行、第三方支付平台接口，为旅客支付、退款提供更多选择。

（3）生态融合树立服务品牌。从最初的票务服务扩展为集餐饮、站车服务、旅游服务等全方位的服务网络，服务项目逐步全面覆盖旅客出行场景，服务链条无限延伸，服务方式推陈出新。

12306 的数字化商业模式画布如图 2-3-4 所示。

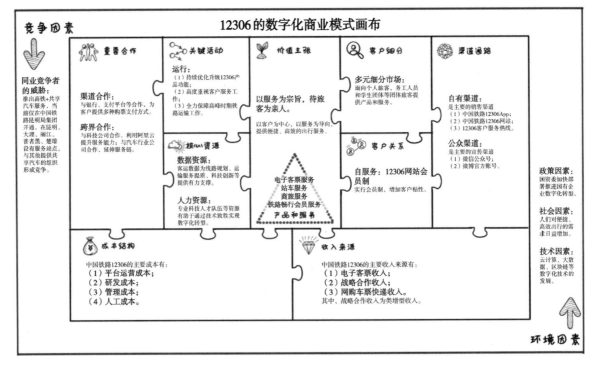

图 2-3-4　12306 的数字化商业模式画布

（以上案例由高建芳撰写）

京东物流：引领数字化物流新趋势

> "创新"将是以知识融合经验，提升制造科技的"核心竞争力"。
>
> ——郭台铭

一、京东物流的品牌故事

京东物流股份有限公司（以下简称京东物流）于2012年注册成立，主要聚焦于快速消费品、服装、家电家具、3C[①]、汽车和生鲜六大行业，是中国领先的技术驱动供应链解决及物流服务商。2020年，京东物流成功在香港上市。

2020年起，京东物流全面升级了品牌形象，如图2-4-1所示，以"技术驱动，引领全球高效流通和可持续发展"为使命，以"成为全球最值得信赖的供应链基础设施服务商"为品牌愿景，以"体验为本、技术驱动、效率制胜"为核心发展战略，立志打造全方位、全数字化和全端覆盖的一体化供应链解决方案和优质的物流服务。

京东物流通过优质的物流服务赋能客户，为其优化运营效率的同时，又能增强客户体验和服务黏性。京东物流服务通过打造广泛、灵活、数字化的六大协同网络，即仓储网络、综合运输网络、"最后一公里"配送网络、大件网络、冷链物流网络和跨境物流网络，确保在卓越

图 2-4-1　京东物流的品牌形象

的客户体验和强大的竞争壁垒两个方面占据优势，在此过程中最核心的要素是以技术驱动的数字化活动。正如京东集团副总裁王强所说，数字化是百年未有之大变局中的关键力量，也是平衡体验、效率与成本之间矛盾的最佳解决方案。

二、京东物流的数字化之旅

1. 风起——划时代的速度

早在2007年，京东就开始自建物流体系。至2012年，京东物流整合了物流体系中"仓、配、运"

---

① 3C：指3类数码产品的简称，分别是计算机（computer）、通信（communication）和消费电子产品（consumer electronics）。

的整个生命周期，并正式上线了青龙系统，实现了商品从发货到收货的物流配送全链条智能管理。通过大数据分析，可以预测城市各片区的主流用户单品销量需求，并在各物流分站预先发货，使客户在下单后的2小时就能享受到物流服务，并实现了"211限时达"这一在当时业内认为无法实现的服务承诺。

（1）开元——"青龙"初现

青龙系统作为京东物流的内核，由对外拓展、终端服务、运输管理、分拣中心、运营支撑、基础服务六大核心模块组成。其中，实现快速配送的"心脏"系统为预分拣子系统，该系统采用深度神经网络、机器学习、搜索引擎技术、地图区域划分、信息抽取与知识挖掘技术，利用大数据对地址库、关键字库、特殊配置库和GIS地图库等数据进行分析与应用，使得各类订单能够自动实现接入、预分拣及分拣功能，且保证 7×24 小时不间断服务，极大地提升了整个物流的运送效率。

除了预分拣子系统这颗"龙心"之外，其他子系统也接受了数字化技术加持，以建成一整套完整的龙骨，它们包括涵盖手持、穿戴及自提设备的终端系统，实现运单全程跟踪及结算的运单系统，用于物流定损及质控保障的质控平台，支持管理决策并作统筹安排的监控和报表平台及用于配送站点规划、配送调度、运单可视化的地理信息系统。

（2）进化——"青龙"跃升

作为京东物流数字化的起点，青龙系统同样不断地进化。

"青龙1.0"通过数字化技术对海量信息进行处理，实现物流各环节的监控和精细化管理，提高工作效率，带给用户方便、快捷的购物体验。"青龙2.0"在原基础上进一步打通了整个供应链运营，实现了车辆管理、调度中心、逆向物流、站点集货、订单截留、预约配送、周转箱、内部质量管理、返单管理、物料管理和业务决策等多项管理功能的补充。除此之外，还新增了智慧自提柜服务，在提供配送服务的同时，还提供水电缴费、生鲜自提服务，进一步提升了客户体验。"青龙3.0"则是秉行京东集团"对外开放，构建生态系统"的发展战略，针对外单业务创建了外单商家客户端、外单API（应用程序接口）、接货中心等在内的外单接单系统。

至此，青龙系统开始从京东内部物流转变为社会化物流。

2. 云涌——划时代的设想

如前文所说，京东物流是对"仓、配、运"一体化的整合过程，但其起初只是使用信息技术最基础的算法能力，将三者进行"简单"的数字化适配。那么，如果继续应用更为丰富的数字化技术，不断重新全面改造仓储、分配以及运输三大环节，又会形成怎样的"物流神话"呢？

京东物流在2016年明确了"开放化、智能化"的战略方向；2017年，提出了"短链、智能、共生"理论；2018年，搭建"全球智能供应链基础网络"（GSSC）；2019年，搭建"供应链产业平台"（OPDS）。一个属于京东物流的星辰大海逐渐展开。

（1）数字化仓储网络——京东云仓

早在2014年，京东物流首个智能物流中心"亚洲一号"在上海正式投入运营，这标志着京东云仓正式上线，使以消费需求为出发点的新仓储布局模式代替了从前以产地为核心的仓储模式。在这些仓库中，京东物流开始尝试利用自动导引车和先进的机器人技术（可于物流履约高峰期轻松扩展至全天候营运），极大地提高了分拣速度及准确性。

2017年10月，全球首个全流程无人仓建成运营，如图2-4-2所示。其靠着自主研发、反应速度仅为0.017秒的"智慧"大脑，对无人仓进行智能管理和控制，在0.2秒内就能计算出无人仓中300多个机器人运行的 680 亿条可行路径，实现了商品从入库、存储、包装到分拣的全流程、全系统的智能化和无人化。2018 年，京东物流首次公布了无人仓的世界级标准，标志着由中国物流人自主研发的无人仓智能控制系统开启了全球智慧物流的未来。

图 2-4-2　物流无人仓景象

（2）数字化配送——配送机器人

为了提升配送"最后一公里"的运营效率，京东物流利用机器人技术，于 2017 年打造了一款配送机器人（如图 2-4-3 所示），并在当年完成了全球首次社会化道路场景配送工作。2018 年京东配送机器人宣布量产，其具备 360 度环境监测能力，在智慧大脑的指导下依靠自动驾驶技术，可以实现自主避障、转弯、绕行、返程、自主识别红绿灯等作业。

2018 年，京东物流的无人仓和配送机器人荣获由《互联网周刊》和 eNet 研究院联合发布的 "2018 最具创新力的黑科技 TOP20" 奖项。

至 2021 年，京东配送机器人达到了"五年五代"的更新速度，实现了完全无盲区与远程遥控、监控等功能，进一步提升了自动驾驶的智能水平。同年"双十一"期间，京东物流在 25 个城市投入了近 400 辆配送机器人，同比送达订单量增幅超 200%。

图 2-4-3　配送机器人

（3）数字化运营——"京东京慧"

为了更好地让第三方商户参与到京东物流的一体化服务生态中，京东物流又打造了产品"京东京慧"。该产品结合了京东物流内外的海量数据，运用大数据计算机分析挖掘方法，聚焦电商信息、物流产品、消费者、商品等，提供商品分析、库存结构与周期分析、物流全环节链路分析、客户分析、订单监控与跟踪分析等多维度数据服务，赋能商家，提升体验，以帮助商家实现更好的数字化运营工作，并以此打造了物流生态。

通过数字化创新，京东物流及其生态伙伴实现了"全国超 200 个城市分钟达，92% 的区县和 84% 的乡镇当日达或次日达"的优异业绩，获得了大量客户的青睐。截至 2021 年，京东物流连续多年稳居国家邮政局公众满意度第一梯队。

3. 腾飞——划时代的突破

京东自 2017 年全面进行技术转型以来，已在技术上累计投入近 750 亿元。物流科技作为京东物流的业务基础，2021 年研发投入更是高达 14 亿元，同期增长 55.2%。

2021年，京东物流在华北地区布局了全新的北斗新仓，通过人工智能技术赋能，可以在仓内极端复杂场景下进行高效率、高精度、高自动化、密集波次、多种件型的挑拣作业，这是继"亚洲一号"之后在智能仓储领域的又一重大突破。与此同时，京东物流在自动驾驶领域也不断有所创新。截至2021年6月，京东物流已申请并获得自动驾驶专利超500项，自研的L4级自动驾驶快递车已实现在开放路段的无人自动行驶，并在北京获得了"全国首批无人配送试点"运营牌照。

此外，京东物流还借助"仓、配、运"一体的数字化经验，帮助其生态伙伴实现了仓储物资100%自动搬运、空间利用率提升150%、整体储量提升70%、作业效率提升50%的好成绩。

截至2021年6月30日，京东物流的一体化供应链客户同比增长58.7%，收入同比增长65.6%，其他客户的收入同比增长164.8%，实现了商业模式的创新。

三、京东物流的数字化商业模式亮点和画布

（1）京东物流是一家以技术为本的创新物流公司，其数字化的经营模式借助物联网思维深刻地写入了组织基因中。京东物流通过各类数字化技术，全面整合甚至颠覆了物流行业各模块之间的传统业务逻辑，通过技术赋能企业转型，带动业务模式创新。

（2）京东物流始终坚持价值向上，以用户需求为核心，通过数据挖掘、掌握用户需求，致力于为用户提供高品质的服务体验，最终实现价值共创。

京东物流的数字化商业模式画布如图2-4-4所示。

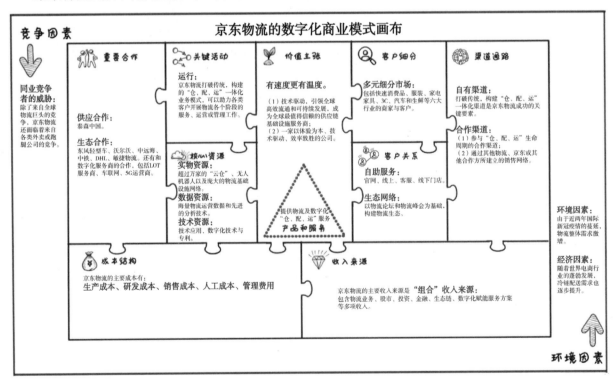

图 2-4-4　京东物流的数字化商业模式画布

（以上案例由曹佳宁撰写）

联海实业:数字化冷链之路

> 车如流水马如龙,花月正春风。
>
> ——李煜

一、联海实业的品牌故事

近年来,随着人们生活水平的不断提高,食品安全逐渐受到关注。冷链作为食品运输过程中的重要质量保障环节,已经具有比较成熟的产业链,如图 2-5-1 所示。

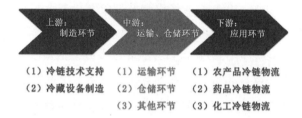

图 2-5-1 冷链产业链

据公开资料显示,仅在 2019 年,我国冷链物流行业的市场规模就达到了 3 391 亿元,比 2018 年增长 505.2 亿元,同比增长 17.5%。但是,冷链行业市场集中度较低,2019 年百强企业市场占有率仅为 16.2%,总营业收入为 549.7 亿元。这说明行业内缺乏主导企业,中小企业依然占据主要地位,甚至可以说冷链物流目前是一个发展空间较大的蓝海市场。

在这样的背景下,余姚市联海实业有限公司(以下简称联海实业)得以迅速发展,目前已成为一家集科研、加工、冷藏和贸易为一体的现代化水产品与农产品综合性企业,是国家农业综合开发示范企业和浙江省农业龙头企业。

其主营业务涉及果蔬、肉类和水产品等进出口商品的口岸冷链配套服务,提供综合仓储(保税库、保鲜库、冷藏库和低温库)、口岸海关的低温查验、港口接运、低温配送、信息追溯、报关报检、仓储融资、进出口代理、分拣包装与切割加工及其他增值服务。

二、联海实业的数字化之旅

当下,联海实业的数字化商业模式发展主要集中在两方面:一是充分利用数字化技术实现仓储、物流、进出口业务的降本增效和提质增收;二是创新性地探索出供应链金融业务,为联海实业的客户们提供新的融资方式。

1. 紧扣数字化技术，助力核心业务持续发展

联海实业通过数字化技术，特别是与区块链行业领军品牌——北京众享比特科技有限公司（以下简称众享比特）的创新合作，实现了冷链智能仓储业务、全程温控和新鲜配送业务、国际冷链进出口业务三大核心业务的持续发展，充分体现了其数字化商业模式中技术制胜的特征。

（1）冷链智能仓储业务

在智能仓储业务上，联海实业建设了全自动化智能冷库，利用区块链技术优化冷库仓储工作的入库、管理与出库的全流程操作，实现产品运输、仓储、装卸和搬运一体化，将效益提高了30%，拣货准确率接近100%。同时，通过区块链技术驱动，实现了分布式记账，从机制上保证了整个流程的透明性，令管理人员与客户可以直接通过移动端便捷追踪货物的存储情况，保障其在安全和信任的环境下进行物流交易。

区块链技术的应用使得联海实业智能仓储业务受到客户认可，这在其与阿根廷最大的食品出口商——纽桑集团（Newsan）的供应合作上可见一斑。出于对联海实业出色的智能仓储能力的信任，纽桑集团与其签订了总数量达1万吨的猪肉供应合同，而这对浙江省在保障疫情防控期间的市场供应和农产品销售等方面作出了积极贡献。

（2）全程温控和新鲜配送业务

在全程温控和新鲜配送业务上，联海实业始终坚持"以客户为中心，提供高品质产品"的理念。因为生鲜食品的保存温度是否适宜将直接影响食品的口味、口感和品质，进而影响食品的安全，因此联海实业对低温及鲜食食品的温控品质十分重视。

联海实业通过完善的现代智能资讯系统，实现从制造、生产、加工到包装、配送的每一个环节温度的管控；通过冷链区块链网络，实现产品库存进销动态的实时追踪及异常状况的自动处理；提供定时、定量与定点的个性化配送物流服务，达到物流、信息流和资金流的完全统一，在提高进出货率的同时，有效保障了产品的品质。

特别是联海实业用射频识别技术（RFID）给运输车辆与运输货品贴上独一无二的电子标识，录入产品日期、产地和供应商等相关信息，使不同业务节点的人员可以通过射频识别技术读卡器读取运输信息，并同步上链，实现运输的自动化管理，减少人为失误带来的经济损失，保障运输途中物流信息的透明性、真实性与时效性，切实维护客户的食品安全。

（3）国际冷链进出口业务

联海实业利用宁波港冷链物流中心的区位特点，为国内外大中型企业提供综合冷链仓储、中转消杀、口岸查验、港口接运、报关报检、代加工等进口冷链供应链服务，帮助客户降低各环节的运行成本，实现联海实业与客户的价值共创。其冷链进口业务能够满足近50万吨货物的周转与查验，日查验量可达50个冷冻集装箱，并配套设有海关查验室、简易实验室和样品存放室及10 000平方米的待检、查验与扣箱等专业场地。

利用区块链网络保证各节点企业数据的一致性，使得进出口冷链生产加工、进口贸易、运输仓储和物流等全生态相关企业可以实时同步业务数据，相关监管部门可以对供应链上任意节点进行实时监管。在数字化时代，这一数字化监管流程具有更深层的意义。货品一旦出现问题，便可以快速精准地定位问题节点，快速追溯货品流通信息。

数字化技术，特别是区块链技术的应用，是联海实业构建自身商业模式的重要基础。通过与众享比特的创新合作，联海实业一方面提升了自身的业务服务水平，扩大了业务服务范围，另一方面也充分践行了"诚信、优质、共赢"的价值主张。

2. 把握已有优势，推动供应链金融，优化客户关系

经前期市场充分调研，联海实业发现部分农业生产主体由于受抵押物限制，信息无法共通，金融机构与生产主体之间也存在着诸多的不信任，以上问题致使农业生产主体陷入融资难与融资渠道窄的困境。于是联海实业发挥了第三方物流的监管价值、评估和回购等核心供应链管理功能，利用区块链技术构建生产主体之间、生产主体与银行之间的互信体系，采取动产仓单抵押和进口融资+海关保税监管等多措并举的方式，与银行、农信担保和保险等金融机构共同把农产品供应链金融服务先行先试，以此打造出基于区块链的仓单质押融资的创新模式。

此外，联海实业还通过"物联网+区块链"的数字化技术为仓单质押提供支撑，运用区块链网络将农业中小企业、联海实业和银行金融机构联合打通，形成仓单质押融资闭环主体。在此基础上，联海实业还借助物联网技术赋能，让物理世界的冷库货物转变成数字化资产，使得仓单质押关系中的信用变得可溯源、可传递，填平了银行等金融机构与中小企业之间信任的鸿沟，从而降低了融资门槛，这不仅为中小企业提供了融资机会，还降低了融资成本。

截至2021年10月，联海实业已累计向36家企业提供金融服务费用1.6亿元。目前，联海实业还向各金融机构申请银行授信6亿元，具备了向国内更多的中小微企业提供充足资金池服务的能力。

联海实业创新性地提供了仓单质押融资服务，是对区块链技术更为高级的应用，通过有效的融资服务，可以不断加深联海实业与客户之间的关系。同时，通过区块链技术赋能，真正实现了数据存证，做到了增信；运用流程加速，做到了增速；进行智慧决策，做到了增值。

三、联海实业的商业模式亮点和画布

（1）依托已有优势，实现自身业务发展的价值向上。联海实业依托其水产品与农产品在国际贸易阶段积累的客户优势、渠道优势和资源优势，利用宁波港口城市的区位特点，瞄准冷链行业，迅速建设了仓储物流体系，从而实现了联海实业从单一的水产贸易公司向集科研、加工、冷藏和贸易为一体的现代化水产品与农产品综合性企业的转变。

（2）通过技术合作实现运营能力的提升。联海实业与众享比特的技术合作，增强了数字化水平，提升了运营水平，并实现了以技术驱动业务发展，以冷链数据赋能产业进步。同时，区块链技术实现了联海实业业务数据的实时同步，使得相关监管部门可以对供应链上任意节点进行实时监管，从而实现价值共创。

（3）技术合作带来的优势不仅体现在运营能力上，也为联海实业创新金融服务、优化客户关系提供了有力保障。特别需要注意的是，仓单质押融资的全新业务模式是依托于联海实业已有的客户群体对金融服务的强烈需求实现的，是优化客户关系的一种选择。

联海实业的数字化商业模式画布如图2-5-2所示。

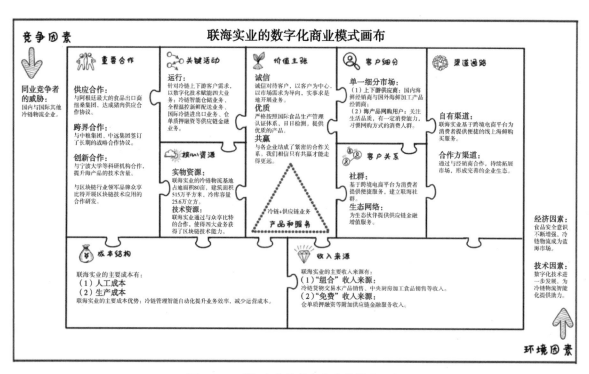

图 2-5-2 联海实业的数字化商业模式画布

（以上案例由陈鸿刚、张银雪组织、调研与撰写）

智慧能源及环保领域

国网电商:"互联网+能源"服务新范式

> 数字化是适应能源革命和数字革命相融并进趋势的必然选择,是提升管理、改善服务的内在要求,是育新机、开新局、培育新增长点的强大引擎。
>
> ——国家电网有限公司党组书记、董事长辛保安

一、国网电商的品牌故事

当下,全球新一轮科技革命与产业变革正在进行,互联网理念、先进信息技术及能源产业的深度融合逐步推动能源互联网新技术、新模式、新业态的兴起。2016年,为推进能源互联网发展,国家发展改革委发布了《关于推进"互联网+"智慧能源发展的指导意见》,国家电网有限公司(以下简称国家电网)为贯彻落实国家"互联网+"行动计划,推进多元化发展,利用互联网技术推动传统业务转型升级,于2016年成立国网电子商务有限公司(以下简称国网电商)。

国网电商以"服务电网数字化转型,发展能源数字新产业"为重要使命,积极顺应能源革命与数字革命相融并进的新趋势,将业务集中于能源电子商务、能源金融科技和能源数字技术三大方向,并构建起八大业务平台,包括电e宝、国网商城、国网新能源云、电e金服、能源工业云网、国网商旅云、国网双创与e-交易,在战略布局、商业模式及技术创新和核心运营指标等方面达到行业领先水平。

自成立以来,国网电商在央企电商和产业互联网等领域形成了广泛的行业影响力,成为国家电网公司培育战略性新兴业务的核心引擎和数字化转型的重大突破口,形成以线上线下服务功能为一体的"互联网+能源"的商业模式。

二、国网电商的数字化之旅

回首国网电商的发展历程,可见其对所承担的"服务电网数字化转型,发展能源数字新产业"的使命达成。国网电商在利用数字化服务模式创造业务新价值,推动传统电网向能源互联网升级方面做了诸多工作,本案例将分析其中几点,希望给读者带来启发。

1. 发挥平台效能,体现央企担当

(1)寻找重要合作伙伴,构建互利共赢的生态圈

国网电商携手重要合作伙伴——中国电力科学研究院有限公司、国网能源研究院有限公司,共同

出资成立国网新能源云技术有限公司。2021年，由其建设和运营的我国首个以全方位服务新能源发展和助力碳达峰与碳中和目标为核心功能的开放式综合服务平台——国网新能源云正式上线运行。

国网新能源云是数字化技术与新能源全产业链、全价值链和全生态圈的业务深度融合形成的新能源数字经济平台，将新能源业务线下办理转为线上，以流程驱动与数字驱动的方式实现新能源管理的数字化转型，实现电力业务全流程贯通和全网覆盖，减少发电企业的业务办理时间，推动能源＋电商、能源＋金融、能源＋工业互联网、能源＋市场等领域的平台生态体系建设，形成了优势互补和互利共赢的新生态。

（2）金融科技创新，推动实体经济发展

2020年，国网电商发布国网线上产业链金融平台——电e金服，该平台是国网电商利用云大物链智移等数字化技术，充分发挥国家电网与产业链上下游企业的多元业务优势，通过线上整合全产业链业务流、数据流和资金流信息，实现对上游供应商和下游用电客户数据价值的深入挖掘。同时，坚持客户导向、需求导向与体验导向，加强与产业链市场主体和内外部金融机构的合作。

上线以来，国网电商加强政企产融协作，联合多个省政府共同推进复工复产，维护产业链、供应链稳定，对接多个地方政府金融服务平台，得到地方政府、产业链上下游、金融机构的广泛好评。同时，国网电商坚持数据规范使用，保护企业和个人隐私，为用户创造安全的、可信赖的金融环境。

（3）成立中央企业电子商务联盟，打造协同发展合作生态

随着数字化的发展，央企纷纷建立各自的电子商务公司或电商平台，为进一步发挥央企电商的优势，深入挖掘央企电商跨产业和跨领域的协同价值，实现央企电商平台间互联互通、共享共赢，服务实体经济数字化转型升级。2017年，国网电商联合13家央企电商平台成立了中央企业电子商务联盟（以下简称中企电商联盟），并将中企电商联盟内部成员原有的业务优势、客户资源和平台数据等相互融合，协同共享，在标准制定、招标采购与跨境电商等十大领域进行深度合作。

2021年，中企电商联盟大数据交易中心正式上线，借助区块链技术建立可信、互通、安全的数据交易机制，实现多维度与多渠道的数据整合，促进各电商平台和各联盟企业之间的数据融合，提高数据价值，有效实现数据变现。此外，各联盟企业通过共建数据交易中心、共享数据融合成果，逐步实现了从"数字"到"数智"的转型。

2. 构建电子商务渠道，优化渠道布局

（1）开拓线上服务渠道，实现采购端降本增效

2015年，国网商城上线，提供包括智能家居、电工电气等产品的在线销售和配套服务。客户群体覆盖能源行业全产业链，包括广大企业及个人用户，承担了连接客户、汇聚资源、对接供需、创新业态、构建生态的重要功能，有效推动了电网数字化转型及能源数字化新产业发展。

2021年，国网电商依托"网上国网"App，推动e享家与云丰物流的业务协同，通过充分调动关键活动和核心资源，实现双品牌在客户服务、活动运营、仓储分拣、物流配送等环节的紧密配合，从而使企业的市场化业务模式得到创新。

（2）线上与线下联动，推动用户侧价值共创

国网电商推出能源电商新零售品牌e享家，涵盖城乡电气化、消费扶贫、户用光伏和金融服务等

多个领域，依托国家电网全国营业厅及电管家服务团队等线下资源，构建能源电商新零售生态圈。

同时，自主研发个性化的物联家电，推动用户侧参与市场电网需求响应，进行价值共创，提高电网负荷调节能力，实现降本增效。

（3）数据赋能转变服务模式，实现客户数字化服务

2020年，国网电商发布企业能效服务e助手（以下简称e助手），基于国网海量数据，提供负载分析、变损分析与政策红利等因素分析及电量电费构成统计和能效评价等服务。

e助手通过从传统营销服务向数字服务的升级，实现了服务模式的升级。在渠道通路方面，实现了能效分析线上化和海量客户实时触达；在客户细分方面，实现了重点客户分类服务，使用户感知更敏捷，用户响应更快捷，用户关系更紧密，用户服务更智能，用户体验更贴心。

（4）发布能源工业云网，推动能源行业转型发展

2020年，国网电商正式发布能源工业云网，通过与国家电网公司已有平台资源整合、各项关键活动联通集成、优质客户资源聚合融通，以及与国家电网公司内外部组织强强联合、通力合作，创造新型生态，为产业链上下游企业提供"上云、用数、赋智"服务，助力构建国家倡导的双循环发展格局，不仅带动了产业链上下游企业的发展，也提升了我国能源领域产业链企业的数字化和智能化水平。

3. 核心技术自主可控，适应能源革命和数字经济发展大趋势

（1）发挥区块链技术先发优势，实现技术制胜

2019年，国网电商成立国网区块链科技（北京）有限公司（以下简称国网区块链公司），作为央企首家区块链公司，利用区块链防伪造、防篡改、可追溯、可提效的鲜明特点，聚焦泛在电力物联网建设场景，借助区块链技术建立以"物联网+大数据+人工智能"为核心驱动的数字化生态，不仅能推动企业技术产业化，加快泛在电力物联网建设，还有利于对金融产业与区块链技术产业的长远布局。

（2）深入挖掘电力大数据价值，助力普惠金融发展

2021年，国网电商聚焦政府、金融机构和企业对电力大数据的应用需求，深入挖掘电力大数据价值，全面聚合电力大数据资源和银行金融服务资源，上线国信贷智能风控产品。依托国网电商"能+"数据公共服务平台，为银行提供标准化接口服务，覆盖信贷业务全链条场景，深入应用大数据前沿技术，以庞大的电力大数据为基础，利用数据驱动创新推出了具有电力特色的信贷风险控制整体解决方案，帮助金融机构对企业客户的整体生产经营状况进行评价与监测，辅助金融机构降低风控成本，健全风险防控机制；同时，助力银行完善风险防控，优化授信流程，健全信用评价体系，帮助诚信用电企业获得更高额和更便利的融资服务。

三、国网电商的数字化商业模式亮点和画布

（1）夯实数字化转型基础，实现数据赋能。数据作为数字化商业模式的四大赋能要素之一，是数字化转型的基础，通过数据精准采集、高效传输和安全可靠的特点来实现电力大数据赋能。

（2）推进客户服务数字化，将技术制胜与渠道提升相结合。利用数字化技术改造和提升传统电网业务，通过打造线上线下融合的服务平台，提升客户服务水平和客户满意度。

（3）构建生态合作，实现价值共创。通过打造能源电商平台、拓展电力大数据征信服务与开发智慧环保电力大数据产品等，与产业链上下游组织形成具有一定共生关系的商业生态，从生态中获取资源和能力的同时为生态中的组织助力。

国网电商的数字化商业模式画布如图 2-6-1 所示。

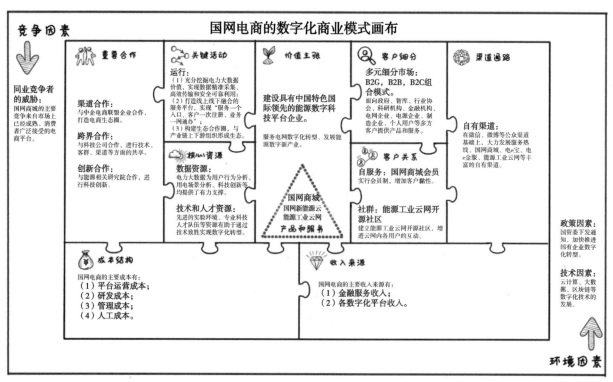

图 2-6-1　国网电商的数字化商业模式画布

（以上案例由高建芳撰写）

数秦科技：数字化赋能"双碳"行动

> 我们既没有可以再延误的时间，也没有再找借口的空间了。
>
> ——联合国秘书长安东尼奥·古特雷斯

一、数秦科技"双碳"业务的品牌故事

浙江数秦科技有限公司（以下简称数秦科技）成立于2016年，是国家网信办首批备案的区块链企业，也是杭州市准独角兽企业。

数秦科技持续聚焦"区块链+大数据"核心技术，致力于成为新数字经济构建者，做到"让信任更简单，让数据更有价值"。为了响应浙江省数字化改革和共同富裕两大战略任务，顺应低碳经济发展和绿色金融的发展态势，结合在"区块链+大数据"方面的技术积累和经验，数秦科技于2020年初成立了数农"双碳"事业部，包括数字农业和低碳发展两项业务，为浙江省乃至全国的绿色、低碳发展提供助力。

数秦科技"双碳"业务的发展历程可以分为以下两个阶段：

（1）摸索阶段（2020年9月至2021年2月）：在习近平主席提出了"2030年碳达峰、2060年碳中和"的总体目标之后，数秦科技研究相关政策，组建了数农"双碳"事业部，围绕科技创新在其中所扮演的角色，深入研究和探讨，为实施阶段奠定了坚实基础。

（2）实施阶段（2021年3月至2022年1月）：从2021年3月开始，数秦科技相关部门开始参与杭州市某区的"双碳"建设工作，形成了一定的阶段性成果，得到了政府和媒体的关注。

二、数秦科技"双碳"业务的数字化之旅

1. 顺势而为：数字化时代下的"双碳"发展

科学研究表明，过量的碳排放会导致一系列的环境问题，比如全球气候变暖、温室效应等。我国一直致力于减少碳排放量，2005年我国的"十一五"规划纲要中就提出要节能减排。2020年9月，习近平主席在第七十五届联合国大会一般性辩论上的讲话中首次向世界宣布中国碳达峰与碳中和的愿景："中国将提高国家自主贡献力度，采取更加有力的政策和措施，二氧化碳排放力争于2030年前达到峰值，努力争取2060年前实现碳中和。"

所谓碳中和，其实就是指在一定时间内，企业、团体或个人（某个地区或行业）测算直接或间接产生的温室气体排放总量，通过植树造林、节能减排等形式，抵消自身产生的二氧化碳排放，实现二

氧化碳的"零排放"。碳达峰是指某一个时刻，年度二氧化碳排放量达历史最高值，在这之后排放量逐步下降，是二氧化碳排放量由增转降的历史拐点。

研究表明，数字技术在助力全球应对气候变化中起到重要作用。数字化技术能够为经济社会绿色发展提供相关的数字化、智能化和网络化的技术，促进生产生活方式绿色变革，提升政府监管和服务的智能化水平，推动总体能耗的下降，以达到整体降本增效的目的。此外，国家在碳达峰、碳中和的相关政策中也明确提出了推动5G、大数据和人工智能等技术与低碳产业深度融合，助力低碳产业，从而帮助全球应对气候变化。

目前，国际和国内均开展了数字技术赋能碳减排方面的应用和研究，数字化技术成为应对气候变化的重要力量，已成为实现碳中和的重要技术手段和路径。

2. 躬先表率：数秦科技助力"双碳"战略

为了扎实做好碳达峰、碳中和各项工作在各级政府的推进，各级政府积极开展"双碳"治理，但实际工作还面临以下关键需求：

（1）如何将"30、60"[①]工作目标真正落地，产生实际效果；

（2）如何以较低的时间和资金成本实现对"双碳"工作的精准管理；

（3）如何发挥地方产业集群在低碳转型特色；

（4）如何以"一站式"、全局性的方式建立起"双碳"治理平台，而不是东拼西凑、排列组合；

（5）如何协调节能减排和经济持续发展之间的矛盾。

针对以上五点关键需求，数秦科技推出了"一站式"的碳达峰、碳中和治理平台建设方案，并提出了"区块链+大数据+物联网"的数字化发展之路。通过使用区块链和大数据技术打造面向碳排放、碳减排与碳汇的大数据管理平台、智慧大脑和监测大屏，从监管端和服务端两个渠道通路，既满足了政府对于达成"双碳"目标的能耗和碳排放量进行实时监测的需求，又提供了可以追溯农产品碳足迹的"碳标签"与可以查询获取碳信息的"碳账户"等多种应用产品，还满足了高层次需求的价值向上和对政府需求的精准匹配。

为实现此方案，数秦科技主要围绕以下四个方面展开：

第一，摸清碳排放方面，主要集中在四大指标和六大领域上，即对碳排放总量、能源消耗总量、排放强度和能耗强度四大指标进行总体分析，从能源、工业、建筑、交通、农业以及居民生活六大领域对当地碳排放量进行总体摸排；

第二，发掘碳减排方面，主要从清洁能源供给侧和能源消费侧两个维度分析了当地的减排情况；

第三，增汇方面，构建了"碳汇一张图"，对全区碳汇数据进行整体核算，同时也展示出森林覆盖率、植被群系和单位森林面积碳汇量等数据，并对碳汇的变化趋势及具体树种的固碳能力进行统计分析；

第四，迈向整个地区的碳中和方面，通过对整个地区六大领域进行碳达峰的预测和测算，进一步细分整个地区的达峰路径，为主管部门制定达峰行动策略提供数据支撑。

数秦科技积极响应国家方针政策，率先调整自己的关键活动、业务模式和发展方向，并结合自己的业务能力和客户特点把握住了数字化时代所带来的机遇，如图2-7-1所示。

---

① 二氧化碳排放力争于2030年前达到峰值，努力争取2060年前实现碳中和。

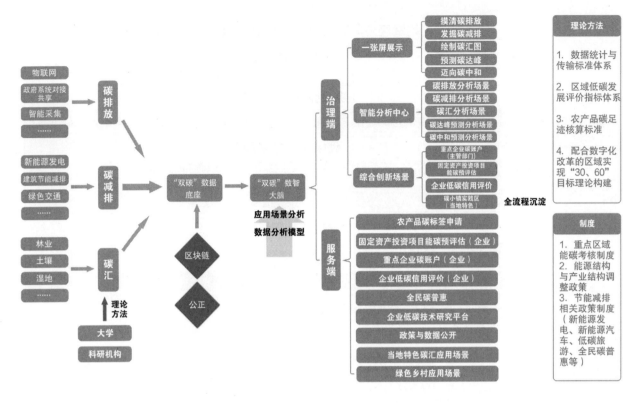

图 2-7-1　数秦科技碳达峰、碳中和解决方案的总体结构图

3. 蓬勃发展：全方位的"双碳"治理体系

为了进一步助力"双碳"战略，同时针对"双碳"政策和市场所带来的机遇，数秦科技充分结合自己在"区块链+大数据"方面的技术积累及政务服务方面的长期经验，快速打造了"1+4+7"的"一站式"碳达峰、碳中和建设方案，稳固自身关键活动，为政府提供数字化产品和服务。目前，数秦科技通过与多地政府的重要合作，协同建立政府管理平台，实现价值共创。

具体而言，"1+4+7"方案主要由以下三个部分产品和服务组成：

（1）一项咨询服务——顶层设计和整体规划；

（2）四个标准化产品——"双碳"数据底座、"双碳"数智大脑、"碳标签"数字化政务服务、重点企业碳账户；

（3）七项定制化服务——"双碳"模型分析服务、"双碳"数据采集和分析服务、"双碳"数据上链存证服务、"双碳"智能预测分析平台、碳信用、小镇/园区碳试点、农产品碳足迹。

其中的"1"项咨询服务和"7"项定制化服务，需要针对客户所在地区的情况进行详细摸底和分析，对客户进行细分处理。"4"个标准化产品，则只需要对接数据接口，实现渠道通路的快速触达，就可以迅速完成落地与实施工作，大大降低了客户的时间成本，减轻了资金负担，使得从过去需要4~6个月才能完成的工作缩减到两个月内就可以完成，从而达到企业与客户的价值共创。其业务流程架构如图 2-7-2 所示。

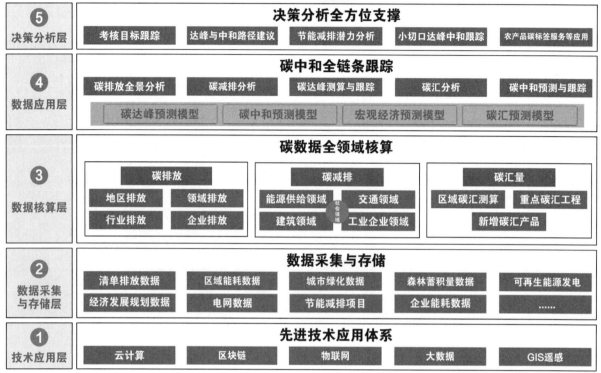

图 2-7-2 数秦科技"双碳"业务流程架构

三、数秦科技"双碳"业务的商业模式亮点和画布

（1）构建技术生态满足场景中多方需求。针对碳达峰、碳中和业务场景中多样性的需求，推出了"一站式"的治理平台，打造以大数据、物联网、区块链等数字化技术为基础的技术生态。建立面向碳排放、碳减排与碳汇的大数据管理平台、智慧大脑和监测大屏。打通监管端和服务端两个渠道通路，既满足政府对于"双碳"目标实时监测的需求，又提供了可以追溯农产品"碳足迹"的"碳标签"，以及可以查询获取"碳信息"的"碳账户"，满足服务端的需求。

（2）构建合作生态获取高质量数据。构建以政府为主导，联合科研院所、咨询机构和上下游企业的合作生态。通过价值共创，从而获取更加广泛、更准确的"碳数据"，为政府的最终决策提供科学依据。

数秦科技"双碳"业务的数字化商业模式画布如图 2-7-3 所示。

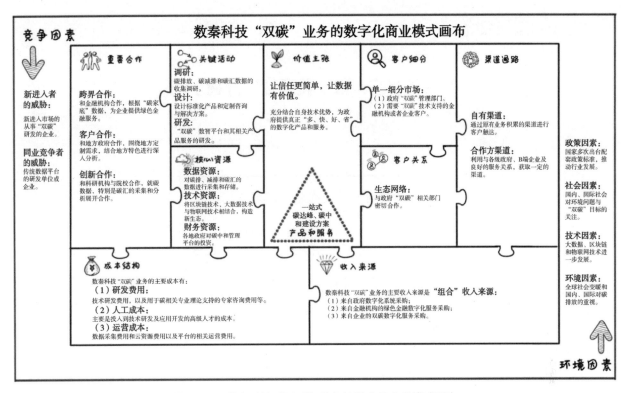

图 2-7-3 数秦科技"双碳"业务的数字化商业模式画布

（以上案例由崔伟、张银雪组织、调研与撰写）

智能制造领域

飞利浦：数字化跃迁三部曲

> 易穷则变，变则通，通则久。
> ——《周易·系辞下》

一、飞利浦公司的品牌故事

荷兰皇家飞利浦公司（以下简称飞利浦）由赫拉德·飞利浦（Gerard Philips）和其父弗雷德里克·飞利浦（Frederik Philips）在荷兰创建，成立于1891年。飞利浦起家于碳丝灯泡生产，并逐渐构建起照明、消费电子、家用电器和医疗系统等多个业务体系。从20世纪八九十年代起，飞利浦以"人们生活的热情"为价值主张，在数字化时代之前就成为世界上最大的电子产品制造商，生产的电子产品几乎覆盖所有品类。2007年，飞利浦已经有员工128 100人，生产基地遍布全球28个国家，拥有8万项专利。传统照明销售收入和其他电子产品销售收入是其主要收入来源。

进入21世纪，飞利浦在健康技术和节能照明领域看到了商机，将照明业务作为一家独立公司进行了分离，使其能准确抓住节能照明、数字照明产品与照明系统服务的巨大商业机会。同时，飞利浦变革与发展的步伐始终没有停息，它将自己重新定义为一家以数据驱动的健康科技公司，以"以科技之极，助健康无界"为价值主张，通过展现医疗保健、优质生活和照明等领域的技术实力，发力于健康医疗信息化和人工智能医疗的创新战略。从2016年转型以来，飞利浦每年业绩增长4%~6%，利润率从2011年的5%增至2020年的13%；股价也从2011年12月的14欧元增长到2021年4月的51欧元。目前，飞利浦已经成功地完成数字化转型的第一步，逐步发展为以健康科技产品和服务收入为主的医疗巨头。

二、飞利浦的数字化转型之路

1. 运营数字化：专注健康科技领域

进入21世纪，世界面临应对气候变化和能源限制以及为不断增长的全球人口提供有效且负担得起的医疗保健的挑战，从初涉医疗到深入医疗，飞利浦的决策来源于它对全球趋势的分析和深刻洞见。飞利浦认为未来医疗健康市场将面临四大挑战，如图2-8-1所示。

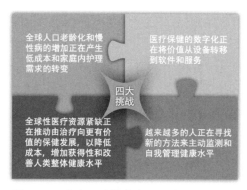

图2-8-1 未来医疗健康市场面临的四大挑战

在这种大背景下,飞利浦大胆定义了数字化愿景和目标,即致力于通过打造更健康的世界,利用数字化技术提供综合医疗保健解决方案,以达到 2025 年实现改善 30 亿人的健康生活的目标。

为了实现这一目标,飞利浦前任首席执行官万豪敦(Frans van Houten)决定在数字化的战略整体上,将三个核心流程标准化,如图 2-8-2 所示,逐步探索自身的方法论:从创意到市场,将概念推向市场和管理产品生命周期;从市场到订单,围绕产品营销;从订单到现金,与履行和分发订单、开具发票和处理付款有关。

飞利浦通过数字化技术在健康生活、精准诊断、介入治疗和互联网关护四大板块为医疗保健机构及有需要的个人提供产品,并通过数字化技术的应用,根据获得的用户数据,帮助医生更精准地识别病情,提升医疗诊断效率,同时为 C 端消费者提供个性化的专业医疗服务,在实现价值共创的同时帮助医院达到精益运营。此外,飞利浦还剥离了不支持"以科技之极,助健康无界"愿景的产品线,将业务重心转移到公司现有的医疗设备、临床软件和个人健康设备。

图 2-8-2　运营数字化的三个核心流程

然而,在大规模的转型之后,健康领域的专注创新却没有带来商业上的成功。万豪敦发现公司对产品创新的重视使得产品种类激增,从而导致流程和系统的复杂性也随之增加,运营数字化是在原有路径上进行的数字化创新,无法产生全新的商业模式,这并非数字化转型所预期的价值,于是飞利浦开始了更新、更深入的探索。

2. 组织数字化:创建数字化商业模式

(1)从滞后决策向前置提问转型

企业的数字化转型首先是观念和思维模式的转型,为了实现真正的企业数字化转型,2016 年,飞利浦建立解决方案中心,带动组织架构转型,通过革新的数字化思维,从基于生产端的滞后决策型运营思维转变为基于用户端的前置提问型思维,以数字化思维引领企业转型。

传统的医疗行业企业往往在产品设计完成后才开始思考产品的实际应用问题。而飞利浦突破性地建立解决方案中心,以解决方案中心为核心带动整个组织架构的转型,该中心经常会提出并讨论医疗健康行业的关键问题,通过前置提问,为飞利浦的产品设计和研发提供指引前行的方向。

(2)从单一的产品向解决方案转型

面对健康医疗系统的全新挑战,飞利浦的业务从 C 端到 B 端全覆盖,将核心战略从提供单一产品设备转向定位于覆盖健康生活方式、预防、诊断、治疗到家庭护理的健康关护全程。针对临床场景和临床路径,飞利浦秉持以客户为中心的原则,通过云计算、大数据和人工智能技术的应用,进行创新性的产品开发,为消费者和客户提供了整合智能设备、系统、软件和服务的整体解决方案。通过这一产品,飞利浦把用户的生活健康和诊疗流程连接起来,为患者提供精细化的解决方案,而不是从诊疗环节的某个点出发,这样可以更好地帮助患者管理自己的健康。

同时,为了开发集成的客户解决方案,进一步加强流程关联,从而加速新解决方案的制定和交付,飞利浦构建起多个平台,包括急诊重症监护室飞利浦数字健康平台和互联数字创意平台。截至 2017 年年底，飞利浦已经拥有31种医疗云服务产品。

飞利浦从全链条各个环节的消费者需求和医院客户需求出发，基于数据洞察为用户提供创新的产品和服务，通过精细化的服务方案满足差异化的用户需求，体现了价值向上，如图2-8-3所示。

3. 生态数字化：价值共创构建完善的医疗生态

飞利浦从进行数字化转型开始，就一直着力打造完善的医疗生态，从点到面，打通单一产品到医疗和健康全流程的融合，集合软件与硬件综

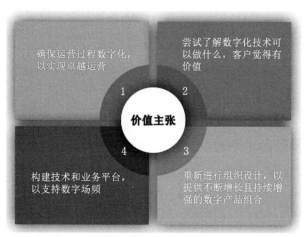

图2-8-3 飞利浦的价值主张

合服务。此外，飞利浦积极地与众多医疗科技公司合作，将更多的合作伙伴吸纳到自身的生态之中，通过建立重要的合作关系，实现形成相互依赖、共生共存、共创共赢和共同发展的商业生态。

其中，飞利浦和爱思唯尔合作，搭建起临床决策支持与临床路径平台，共同推动"医、教、研"的全面发展；与柏视医疗合作，将放疗自动靶区勾画系统与Imaging2Plan系统整合；与我国第二军医大学附属长海医院合作，共同开发了急性卒中DTN（入院到溶栓）时间分析系统和急性卒中专病数据库，建立起支持科研和管理的多中心云平台的急性卒中专病数据平台等。同时，客户也是飞利浦的重要合作伙伴之一，在产品开发环节，飞利浦通过让客户参与共同创造解决方案来确保创新过程符合客户价值，既保障了产品满足客户需求，又提供了新收入来源的可能性。

飞利浦通过与客户、医疗科技公司和医疗机构的重要合作，不仅稳固了生态间的价值共创，还推动着飞利浦向精益运营进一步迈进。但面对医疗市场上其他的数字化转型者，飞利浦想要保持竞争优势，还需要在自我转型的同时协同合作伙伴共同成长，而如何吸引更多互补的合作伙伴，如何创新生态的核心优势或许将是飞利浦下一阶段的重要命题。

数字化转型，飞利浦仍在路上。

三、飞利浦的数字化商业模式亮点和画布

回顾飞利浦的数字化转型之路，我们可以看到飞利浦从创新产品制造商顺利转变为综合医疗保健解决方案提供商，其成功之道有借鉴意义。飞利浦的"找定位，立中心，搞多元"三步走为正在探索第二曲线的企业提供借鉴。

（1）找定位：飞利浦将业务重心从照明业务转向健康科技，这是企业价值主张的重新定位，新的价值主张为飞利浦的数字化之旅指明了方向。

（2）立中心：摒弃"以产品为中心"的传统生产制造式的思维模式，确立"以客户为中心"的用户化思维模式，有效促进了数字化商业模式的形成。

（3）搞多元：飞利浦的数字化之旅实现了从单一的硬件生产到精细化的全链条服务方案的转变。为客户提供极致的体验同时缔造了丰富的业务生态，形成了一个连接客户、合作伙伴和供应商的价值共同体。

飞利浦的数字化商业模式画布如图2-8-4所示。

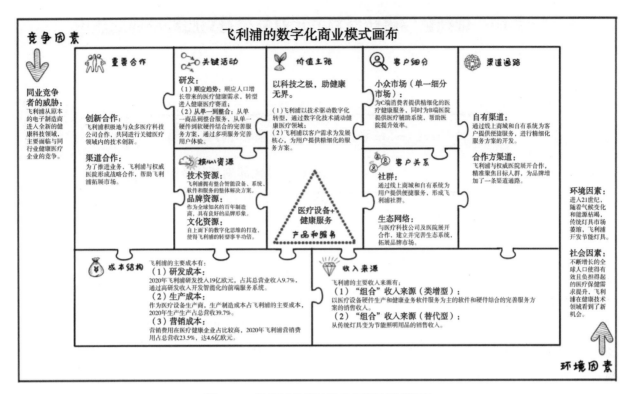

图 2-8-4　飞利浦公司的数字化商业模式画布

（以上案例由吴子豪、马舒叶、韩东撰写）

三一集团：依托数字化转型和多元业务生态克服经济周期焦虑

> 制造业是实体经济的主体，是技术创新的主战场。
> ——工业和信息化部副部长辛国斌

一、三一集团的品牌故事

三一集团（以下简称三一）自创立以来，一直以"创建一流企业，造就一流人才，作出一流贡献"为企业的价值主张，打造了业内知名的"三一"品牌，成长为全球领先的装备制造企业，同时也是中国"智能制造"首批试点示范企业。

机械工程行业是一个强经济周期行业。近年来，三一不断加大研发投入，积极投资"灯塔工厂"建设，广泛采用前沿工业技术和数字化技术，加快了智能化升级和数字化转型进程。在巩固工程机械主业龙头地位的同时，三一还积极进军新能源、环保、互联网工业平台服务等新业务领域，不断延伸业务价值链条，实现业务生态的多元化。

二、三一集团的数字化转型之旅

1. 技术制胜，通过智能化和数字化打造卓越精益的运营体系

基于"一生二，二生三，三生万物"的创新基因，三一始终热衷于技术革新，三一工厂中很早就出现了数字化技术应用的身影。2007年，三一挖掘机生产线就开始使用焊接机器人代替手工焊接作业，有效提升了生产制造效率与产品质量。

（1）初次试水智能工厂

智能工厂是推动制造业自动化、智能化的切入点和突破口，三一是国家智能制造首批试点示范项目入选企业。

长沙产业园18号工厂是三一首个投产的智能工厂，通过技术升级和改造，实现了精益化运营，从2008年开始筹建到2012年全面投产，拥有多条自动化生产线和装配线，投产当年即实现了缩短产品研制周期、提高生产效率和产能、降低不良品率的既定目标，投产后整体运营成本降低24%。2019年，三一依据数字化战略的布局，又对长沙产业园18号工厂实施了全方位的数字化、智能化升级，将之建设成亚洲最大的智能化生产车间。

（2）"灯塔工厂"建设

作为"数字化制造"和"全球化4.0"示范者，"灯塔工厂"代表了当今全球制造业领域智能制造和数字化最高水平。

2018年10月，三一成立智能研究总院，推动智能工厂规划和实施。2021年9月27日，三一重工北京桩机工厂成功入选全球制造业领域"灯塔工厂"名单，这也是全球重工行业首家获认证的"灯塔工厂"。

智能制造管理平台。通过深度融合制造运营系统（MOM）、物联网管理平台（IoT）、车间物流管理系统（WMS）、远程控制系统（RCS）、智能搬运机器人（AGV）等系统，三一构建了生产制造的"工业大脑"。在5G技术的帮助下，三一重工北京桩机工厂克服了离散制造、生产工艺繁杂的生产模式下设备、生产制造流程等各类信息难以互通互联的难题。通过部署5G虚拟专网，将柔性工作中心、多条智能化产线、几百台全联网生产设备、上千台水电油气仪表通过虚拟专网和感应器实现全连接及工业制造全流程中的高效互联互通。"工业大脑"还可以指导"节能减排"，通过智能制造管理平台实时监控设备的能源消耗数据和建立能源消耗拓扑图数字化看板，实现了更精确化的能耗管理。

自动化提升作业效率。三一重工北京桩机工厂使用装配作业机器人替代人工实施装备操作，大幅提高了作业效率和精准度。借助于5G高清传感器，柔性装配线机器人能实时获取场景深度信息和三维模型，在作业时自动修复偏差。以往只能依靠人工操作、劳动强度大、效率低的桩机动力头组装工作，现在几分钟内就能实现精准组对和低误差装配。

智能化和柔性制造，能有效满足复杂多变的客户需求。三一重工北京桩机工厂共建有8个柔性工作中心，16条智能化产线，375台全联网生产设备。高度柔性生产激发了生产潜能，有效缩短了产品生产周期，在多品种、小批量、迅速变化的工程机械市场环境中能灵活快速地响应日益复杂的客户需求。

（3）打造精益卓越的运营体系

首家"灯塔工厂"的成功经验迅速在三一得到全面推广。2020年，三一在智能化改造方面累计投入超过150亿元的资金。除三一重工北京桩机工厂外，三一已在长沙、昆山、重庆等产业园先后启动46个智能制造"灯塔工厂"及智能产线项目。截至2021年8月，已实现了国内30个工厂5.5万个"三四五"终端连接、66万台产品端机器互联。

三一通过"灯塔工厂"的建设和推广，构建了一个精益卓越的运营体系，大幅提高了工艺流程自动化效率，缩短了产品制造周期，快速响应了市场变化。在提高经营效益的同时，三一也实现了从劳动密集行业到技术密集行业的转型。

2. 数据赋能和价值共创

（1）数据赋能优化客户服务

大多数企业还处于传统生产模式中时，三一就已经开始思考利用先进的互联网技术赋能客户价值，并且为之付诸行动。

三一的每一台工程设备上都装配智能传感器，采集和分析这些设备的运行工况、移动路径等信息，可以赋能研发、服务等产品生命周期的各环节，完善产品质量和使用体验，为客户创造更大价值。根据采集来的大数据可以预测故障，精准匹配对应的服务资源，将客户因停工造成的损失降到最低。

三一通过优质的客户服务，有效提高客户黏性，实现产品与客户需求的精准匹配。每台设备完成交付使用后，系统内都会自动生成保养订单，售后工程师会根据系统信息主动上门提供保养服务。此外，系统还会通过数据分析对设备所需配件进行损耗预测，并提醒配件更换。

（2）数据赋能反映经济形势

"挖掘机指数"是用来反映基础建设领域投资情况的指数。它是基于三一的工程机械设备的传感器和工业互联网大数据平台，采集和分析工程机械的销量、各地现有设备开工率、开工时间、零部件消耗速度等工况信息，以此来反映基建投资情况。该平台汇聚了几十万台挖掘机设备的第一线工况的庞大数据资源，不仅可以反映目前的市场行情，还能精准反映国家基建投资情况，从宏观层面对经济形势进行判断和分析。2017年7月，三一和央视每月定期联合发布《央视财经挖掘机指数报告》，"挖掘机指数"也被称为中国经济"晴雨表"。

3. 数字化转型新目标："再造一个三一"

2021年，三一公布了"十四五"数字化转型战略目标，也称为"三三目标"，即到"十四五"末，集团年销售额实现3 000亿元，蓝领工人减少至3 000人，工程师增加至30 000人。为了实现数字化转型战略目标，三一需要对组织、业务生态、产业链、营销方式、客户服务体系进行全盘思考和革新，实现技术、产品和运营模式的全面升级，如图2-9-1所示。

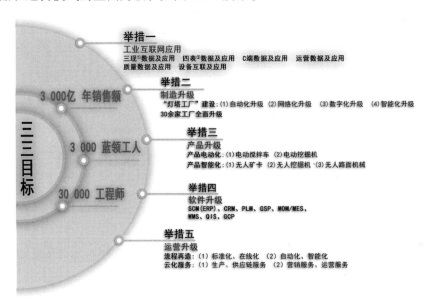

图2-9-1　三一的数字化转型战略目标

（1）加大研发投入，以创新降低成本

三一不断加大研发投入，致力于推进从劳动密集型企业向技术密集型企业的转型。三一决定，每年至少将销售收入的5%用于研发。

（2）立足主营业务，打造多元业务生态

如今，三一主营业务已从工程机械领域拓展到新能源、环保、金融等众多新领域。围绕工程机械主业，三一不断通过业务模式的革新，打造出一个多元化业务生态，以挖掘新的利润空间。

三一新能源目前已形成新能源投资、风电设计、风电建设、风电运维和分布式光伏等几大业务板块，

---

① 三现指现场、现物、现实。

② 四表指"水、电、油、气"四表。

覆盖风电项目前中后期的全产业链需求，是三一新能源和环保的主战场。

三一汽车金融有限公司的业务范围覆盖新机融资贷款、工程机械直租、工程设备保险领域，可以为经销商与客户提供从产品到服务再到金融的"一揽子"解决方案，有效降低了融资成本，从而提升了自身的市场竞争力。

三一孵化的树根互联旗下的根云平台，基于三一重工在装备制造及远程运维领域的经验，打造出工业互联网操作系统，可以提供多个行业工业设备物联接入、工业数据应用和智能服务等工业互联网应用场景解决方案，从而实现跨行业赋能，目前在农业机械、节能环保、特种车辆、保险、租赁、纺织缝纫、新能源、食品加工等多类行业都开展深度合作，已初步形成了工业物联网生态效应。

（3）探索互联网制造和关系营销，挖掘私域流量价值

互联网造车。三一在开发新能源重卡时，积极将互联网思维应用到生产制造中并取得成功。三一利用互联网，采取敏捷研发模式，主动向卡车司机调研，收集一线用户的需求数据，同时在社交媒体发布三一重卡的最新动向和造车思路，听取公众意见。三一采取"全民造车"的价值共创模式，三一重卡产品从立项到交付使用只用了一年多，相对于传统车企3~5年的开发设计周期，无疑创造了一个行业神话。

关系营销。三一搭建了机惠宝线上数字化营销平台，利用互联网作为连接，以老用户推荐新用户的方式开拓了私域流量，实现了精准高效的客户引流和流量转化，深度挖掘三一客户、员工、营销代表、供应商等私域流量价值。

资源服务平台。利用设备数据平台，机惠宝平台还可以提供资源对接服务，实现与设备主、工地承包商和机械设备机手的价值共赢。设备主可以在机惠宝平台发布"找机手"或"找工地"，平台可以精准匹配合适的机手，自动对接合适的工地承包商，让闲置设备大展"钱"途；工地承包商可以在机惠宝平台发布等待接活的工地信息，或通过"找设备"板块查看方圆数公里的挖掘机、吊车、泵车、搅拌车、压路机等工程设备的相关信息，直接预约合适的设备；机手空闲的时候就可以上机惠宝平台发布简历或查找招聘信息，向设备主申请工作或接单。

三、三一集团的数字化商业模式亮点和画布

（1）技术创新为基石。在5G、视觉传感技术、实时信息采集技术、设备控制中心、柔性制造等一系列核心技术资源的加持下，三一顺利推进智能工厂升级和"灯塔工厂"建设，有效提升了核心竞争力，巩固了其市场竞争地位，实现了从劳动密集型企业向技术密集型企业的转型。

（2）数据赋能。几十万台设备的连接产生的海量IoT（物联网）数据，是"工业大脑"高效运转的能量来源，也是企业进行业务创新和数字化转型的基础。数据赋能不仅让企业更加了解客户需求，生产出更贴合客户期望的产品，快速响应客户服务需求，还助力工业互联网平台业务创新。

（3）业务生态多元化。三一依托工程机械主业，积极进入新能源、环保、金融、平台服务等新领域，通过重要合作，不断延伸业务价值链条，实现业务生态的多元化，这也是对抗经济周期影响的有力措施。

三一集团的数字化商业模式画布如图2-9-2所示。

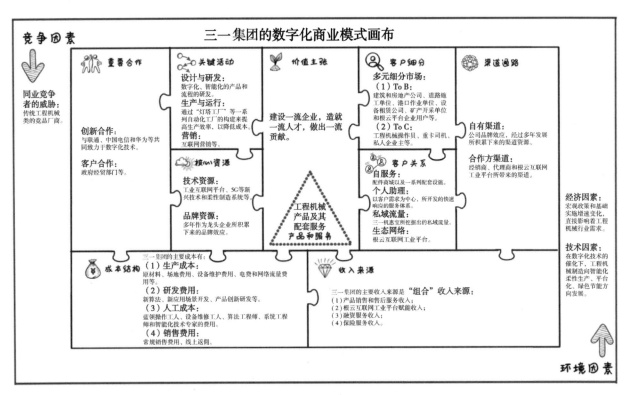

图 2-9-2　三一集团的数字化商业模式画布

（以上案例由冯林撰写）

智慧农业及水利领域

云洋物联：智慧农业的数字化种植、服务和营销领域的探索与实践

> 中国现代化离不开农业现代化，农业现代化关键在科技、在人才。要把发展农业科技放在更加突出的位置，大力推进农业机械化、智能化，给农业现代化插上科技的翅膀。
>
> ——习近平

一、云洋物联的品牌故事

北京云洋物联技术有限公司（以下简称云洋物联）是国内领先的智慧农业产品与解决方案数据运营服务商，自成立以来始终致力于"三农"新基建发展，并以"数据赋能农业，科技振兴乡村"为使命，推动农业农村转型升级。通过运用云计算、大数据、物联网、人工智能等数字化技术对传统农业生态链条进行改造，通过数字化技术实现农业生产的降本增效、提质增收，点燃农业农村高质量发展的"数字引擎"。目前，公司总部位于北京市中关村科技园，在武汉、山东、深圳和杭州等地均设有研发与生产基地。

云洋物联的发展历程大致可以分为三个阶段。

（1）2017年5月至12月，萌芽初期，定位智慧农业。成立之初，云洋物联定位为国内领先的数字农业产品与解决方案服务商和中国领先的智慧农业一体化运营服务商，先后在山东与河北开展智能温室推广业务。

（2）2018年1月至10月，不断前进，以合作促发展。云洋物联进一步发展，将市场由山东与河北一带扩展至山西、湖南、内蒙古和东北等地，并继续在原有市场深耕，增强客户黏性。2018年9月，云洋物联网大数据实验室产品AIoT（人工智能+互联网）操作系统上线，初步建立起智慧农业一体化体系。

（3）2018年11月至今，繁荣发展，政策助力增长。政策助推下的云洋物联进入高速发展期，已和中国电信、中国移动、京东农场、华为等达成重要合作关系，并建造了包括乡村政务、碳中和管理等业务在内的数字化管理系统。

二、云洋物联的数字化之旅

1. 机缘巧合，投身农业

2010年，云洋物联创始人赵洪启在春节假期回山东老家时，留意到家乡有很多种植樱桃的大棚。

这些大棚尽管能够让农民反季节种植蔬果实现增收，但也使农民面临着繁重的劳动和恶劣的工作环境。比如，大棚内部的温湿度高于室外，农民长期在大棚内劳作会影响身体健康，且地方狭窄，劳作十分辛苦。当时作为华为工程师的赵洪啟有了通过现代技术改造农业劳动的想法，他想要将自己学到的信息技术应用到生产实践。

为此，他首先实地考察了当时国内农业设施先进的寿光，发现在寿光也尚未普遍实现设施农业[①]信息化与机械化，智能化农业更是无从谈起，且已经实现的设施农业方面的精细化程度也不够。目前在设施农业的智能化和物联网化领域，国内尚数空白期，还没有数字化技术企业成规模进入。看到庞大的市场需求后，赵洪啟毅然在2013年联合创立云洋数据（云洋物联网的前身），兼任农业物联网大数据实验室主任，正式进入农业物联网技术领域，通过建立棚联网来提供设施农业软硬件一体化的服务，以满足细分客户的需求，并在后期确立了"一芯智农，一心益农"的价值主张。

2. 抓紧机遇，时不我待

我国大约有6 800万亩设施农业，主要生产蔬菜和水果，每年贡献的农产品产值超过2万亿元，附带的设施建设及农资市场规模超过5 000亿元。但是在设施农业数字化方面，中国与农业发达国家的差距较大，荷兰、美国、日本等农业发达国家的农业集约化水平和数字化水平都比较高。而我国设施农业生产方式粗放，智能化和物联网化程度显著偏低，缺少数字化技术支撑。

过去，我国引入以色列和荷兰的设施农业种植技术，但进入中国市场后"水土不服"，给技术的进一步推广和应用造成了不小的障碍。同时，因为价格昂贵，目前国内整套引进国外先进设备的主要是少数龙头企业和部分国家资金支持的示范项目，外来技术在国内很难真正实现市场化推广，这就给本土设施农业的发展提供了窗口期。

自2005年以来，信息技术与现代农业的融合就备受政府关注。2020年发布的《数字农业农村发展规划（2019—2025年）》指出：到2025年，农业数字经济占农业增加值的比重从2018年的7.3%增长到15%。在政策的推动下，京东和联想等国内大型企业分别依靠自身优势，抢占农业数字化先机。同时国内资本市场对此领域也跃跃欲试。

3. 深耕棚联网，成果初现

云洋物联抓住我国设施农业数字化发展的黄金时期，专注棚联网（如图2-10-1所示），以云洋物联自有知识产权的物联网设备矩阵为基础，助力关键活动实施，构建设施农业产业数字化基础设施。

在生产环节，云洋物联通过软硬件一体化服务赋能，实现环境实时监测、智能决策和科学管理，手机成了农民的新"农具"。棚联网通过各类传感器采集、监测环境数据和作物生长数据，将数据汇集到边缘计算的智能网关设备并上传到大数据云平台，再通过大数据分析和农业专家系统决策，自动控制温室内卷帘、放风机、湿帘、补光灯和水肥一体机等设备，调节种植区内的环境参数至满足农作物生产的最佳值。

---

① 设施农业是指通过科学技术手段，在环境相对可控的条件下，人为采用工程技术手段改变环境条件，创造优化动植物生长的环境要素而高效生产的现代化农业方式。

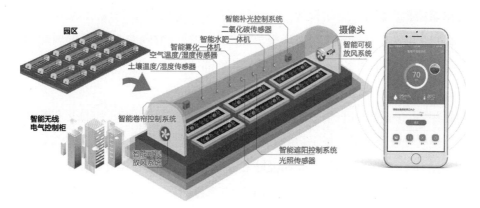

图 2-10-1 棚联网模型

在产地交易环节，云洋物联切入市集场景，通过软硬件一体化服务——"掌上称"蔬果交易系统，助推农产品交易环节的数字化升级，实现智能过磅、在线账本和在线支付，解决了过去产业链交易、结算和记账等方式的陈旧、数据碎片化与资金短缺等问题，保障了数据的核心资源的稳定性和安全性，并满足了客户从种到销的全流程需求。

棚联网以其先进的智能硬件、种植模型和交易数字化实现了技术制胜，并通过对数据资源的充分运用，稳居国内行业领先地位。

4. 顺势而为，再创佳绩

（1）构建"9+1"为主的软硬件产品矩阵

经过多年的积累，云洋物联已经形成两大业务板块：一是产业链科技服务业务，二是基于数字乡村建设政策的农业大数据平台服务和农业产业园建设方案。2021年，云洋物联构建起如图2-10-2所示的以"9+1"（9个软件平台、1个物联网平台）为主的软硬件产品服务矩阵。

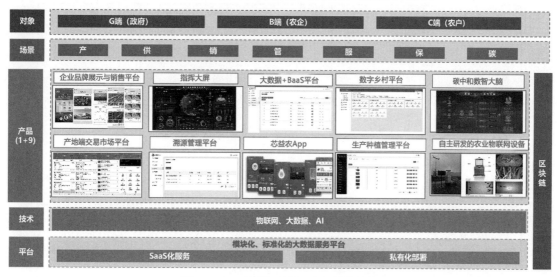

图 2-10-2 云洋物联业务流程整体构架

硬件设备上，云洋物联以引擎规则作为硬件核心，自主研发网关基站、放风机、控制器、气象监测仪、智能孢子捕捉仪和智能虫情测报灯等数10种智能硬件设备。软件平台上，云洋物联根据已积累的种植模型开发出智慧农业生产平台、IoT物联网管理平台、农产品溯源及追溯平台和可视化农业大数据平台等9类农业生产软件平台，为农企、政府园区和种植户等提供全方位的数字服务。

（2）多方部署的客户群体

在客户群体和收入来源上，云洋物联形成重点部署 B 端、兼顾 C 端及 G 端客户的发展模式。在 B 端农企以底层技术赋能获取服务费；在 C 端通过低价部署硬件，按照大棚的面积收取年服务费；在 G 端主要帮助园区搭建农业大数据平台，按项目制收费。

云洋物联现已建成包括中国（寿光）国际蔬菜博览会智慧农业系统、临淄区省级现代农业产业园大数据平台、宣化现代农业园区大数据平台和无锡智慧农业大数据云平台等在内的多个项目，并与华为、中国电信、中国移动、中国联通、京东、百度和霍尼韦尔等企业达成战略重要合作关系。业务已覆盖山东、广西、甘肃、宁夏及内蒙古等省（自治区），服务客户超过两万个。

未来，云洋物联将紧跟国家发展现代化农业和乡村振兴的方针政策，不断整合与迭代已有的农业大数据产业与服务，为全球农业数字化和智慧化进一步赋能。

三、云洋物联的数字化商业模式亮点和画布

（1）准确挖掘行业痛点，以技术能力打造核心产品，实现产品和服务与客户需求的精准匹配。云洋物联基于客户细分瞄准农业客户，利用数字化技术服务广大农业客户，聚焦设备农业产业发展的现实问题，精准解决行业痛点，切实帮助客户提质增收。

（2）从传统农业走向数字化农业，利用技术制胜取得领先地位。通过发展数字大棚，进一步提高了农业种植水平，从而实现了提质增收的效果。其先进的种植模型位居国内行业领先地位，呈现健康、稳定和可持续的发展态势。

云洋物联的数字化商业模式画布如图 2-10-3 所示。

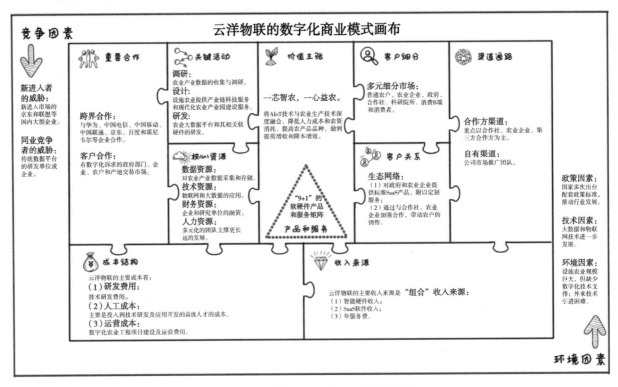

图 2-10-3　云洋物联的数字化商业模式画布

（以上案例由赵洪启、张银雪、林浩组织、调研与撰写）

智慧教育领域

西安交通大学"智慧学镇"

> 教育要面向现代化，面向世界，面向未来。
>
> ——邓小平

一、西安交通大学开启"智慧学镇"模式

西安交通大学是我国最早兴办的著名高等学府之一，是教育部直属重点大学。西迁以来，学校师资队伍中有两院院士45名，为国家输送了28万各类人才，2020年在中西部工作的毕业生比例已达55%以上。学校现有学生4万余名，涵盖理、工、医、经、管、文、法、哲、艺九大学科门类。现有在编教工6 000余人，包含专任教师3 000余人。学校师生矢志不渝地践行西迁精神，加快"双一流"建设，为西部发展和国家富强贡献自己的全部智慧和力量。

西安交通大学现有兴庆、雁塔、曲江和中国西部科技创新港（智慧学镇）四个校区。其中，智慧学镇2019年9月投入使用，成为全国首个智慧学镇5G校园。作为教育部和陕西省共建的项目，智慧学镇的建设是西安交通大学落实国家"一带一路"倡议和创新驱动发展战略的重要举措。同时，就学校自身发展而言，随着我国高等教育的普及化，西安交通大学的学生人数逐年增长。如何提高校园教学能力、服务质量和管理的有效性，成为西安交通大学当前改革的重要课题。

以信息、网络和数字为特征的经济时代加速而至，云计算、大数据与人工智能等技术深度融入我们的日常工作和生活，为校园数字化建设带来更多的便捷。然而，如果不能摆脱传统数字化建设模式下重视硬件叠加迭代和轻视服务体验的规划思想，如果不能将技术及数据的应用与学校建设管理深度融合，那么数字化建设将是"空中楼阁"。

在西安交通大学"十四五"规划的指导下，基于对校园信息化建设的痛点与需求的充分认知，学校努力构建线上线下全融合教学模式，加快建设完善统一的校园管理与服务体系。

因此，西安交通大学紧跟时代发展，从顶层架构的视角出发，以建立"无围墙大学"为目标，坚持"统筹协调、资源共享，适度超前、注重整合，开放服务、确保安全，讲求实效、业务融合"的数字化思维模式，以创新港为龙头，通过应用物联网、移动互联网、三维可视化和人工智能等技术，加大资源整合力度，带动三校区互联互通与资源共享，实现信息化建设弯道超车，构建了一种集校区、园区为一体的高等教育新生态。

二、漫步西安交通大学智慧学镇

大学不同于普通的企事业组织，它所服务的对象分散、庞杂，需求复杂多样。因而，大学更像是一个浓缩了诸多行业和管理体系的综合型城市，正是因为这种特性，西安交通大学引入了"智慧城市"的建设理念，借助数字化技术的能力，打造以"创新、开放、友好、平安、绿色"为主题的智慧学镇。

（1）创新学镇：协同众创，供需融合。智慧学镇以培养创新人才为核心，结合实验室与众创空间等进行科研供给侧改革，供需匹配，将科研成果转化、孵化；结合创新中心、创客中心与展示中心等，进行创新人才输出和创新成果转化，通过孵化和众创助力产业发展。

（2）开放学镇：资源开放，平台共享。西安交通大学融合已有的优秀教学科研系统，对内向部门间开放，对外向社会开放；通过平台共享、资源共享、经验共享、人才共享和成果共享，提供开放学镇综合服务。面向人才培养的全周期，综合教学管理、学习管理、实验实训、智慧测评和人才服务，形成教育大数据，建设教育生态应用系统，形成良性循环的教育生态链。

（3）友好学镇：以人为本，立体服务。智慧学镇面向学生、教师与管理人员等不同服务对象，通过移动 App 等渠道提供综合服务，能够智能化推送，化被动为主动；肖像化目标认知，由功能支持变为意愿驱动；身份化个性标签，按照角色和关注点提供场景化服务；泛在化服务随行，使教师和学生能随时随地享受友好服务。统一友好的综合服务连接现有系统，面向对象，结合场景提供全方位服务。

（4）平安学镇：动态监测，防患未然。智慧学镇集防、控、管、查于一体，保障校区平安与镇区平安。例如，多防融合，将人防、物防、技防与智防相结合，保障人、设备与数据的多维空间安全。

（5）绿色学镇：节能减排，科学运行。智慧学镇整合了食堂、教室、会议室和校区公共空间等空间场景的管理服务。结合实验室物理空间，通过物联网感知仪器设备和实验室环境，提升实验室服务和管理水平；结合公寓物理空间，单间用电和浴室用水按人记录，统一监控楼宇出入和设备状态；结合智慧路灯、智慧管网、智慧停车、智慧电梯、给排水和供配电等物联网智能设施，智能化、集约化地进行综合基础设施管理和服务。

下文将从资源利用、价值挖掘与技术整合三个视角，介绍西安交通大学通过智慧学镇五大主题成功重构的校园生态系统。

1. 强化核心资源优势，为教学赋能

借助数字化技术，智慧学镇为课堂与教学模式的改变奠定了坚实基础。为积极响应大学人才教育这一关键使命与活动，智慧学镇的价值主张为"营造随时、随地、随心学习的氛围，提升整体教学能力与成效，进而助力教育的国际化步伐"。

在拥抱数字化的时代，校园的数字化转型并非单纯地将线下活动转为线上活动，更不是盲目地将数字化技术嵌进传统的教学流程之中。西安交通大学聚焦教学的本质、目标、过程与资源等，通过广泛调研征集需求，运用数字化手段赋能教与学的模式、环境及成果转化等各个方面。

在教学模式上，作为"双一流"大学，西安交通大学拥有强大的师资力量，教师们丰富的教学经历及先进的实战管理经验是学校的核心资源优势。学校围绕"用信息化全面支撑大学现代化治理体系建设"的"十四五"信息化规划总目标，尝试借力数字化技术，共享核心资源，推动创新教育。例如，对内，学校每年录制上千门本科生和研究生课程的教学内容，为学生提供跨校区课程共享服务，实现

"时时、处处、人人"按需学习；对外，承接联合国教科文组织国际工程科技知识中心丝路科技分中心建设任务，学校为"一带一路"沿线国家留学生提供线上和线下工程科技培训服务，助推各国在文化、科技和教育方面的交流。通过应用数字化技术，西安交通大学最大限度地发挥学校核心资源的优势，在为师生提供跨校区服务的同时，也为国际化人才培养注入了新的活力（如图2-11-1所示）。

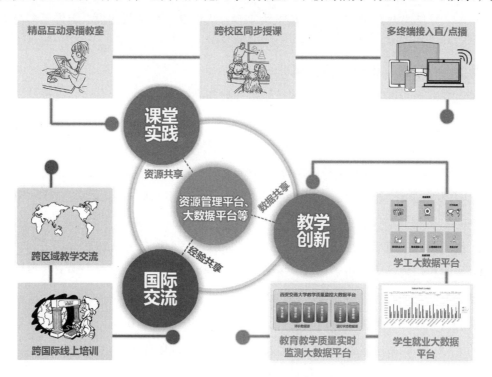

图2-11-1 西安交通大学智慧学镇的数字化教学模式

除了应用数字化技术改革教学模式，西安交通大学也不断尝试对教学过程、校园生活和学生就业等各类数据进行收集、建模与分析，从而"反哺"学校人才培养和综合管理，更为精准地提升日常教学、学生职业规划以及各项管理服务的效率。例如，在第一课堂中，借助教育教学质量实时监测大数据平台，西安交通大学能够对影响课堂质量的各类要素进行智能化分析，构建量化精准、常态持续、全面覆盖与实时动态的教学综合质量评价体系。学生通过平台能够随时查看考勤情况和测试成绩，知晓学业成绩走势与专业掌握程度；教师可以根据评教结果了解教学效果，并根据学生建议和平台数据优化教学方式与方法，提高课堂趣味性与互动性。在第二课堂中，西安交通大学借助学工大数据平台，一方面，可以全面掌握学生的课外活动和各类竞赛等情况，了解学生的性格特征和心理状态，及早识别在学业或心理上需要帮助的学生，并通过主动式的心理辅导，帮助学生保持心理健康，提升自信心，融入团体，更好地开展学习与生活；另一方面，依托学工大数据平台收集和分析生活消费数据，精准识别需要资助的贫困学生，主动开展帮扶工作，确保贫困生不会因为经济困难而影响学业。此外，结合学生就业大数据平台，学校能够实时掌握往届毕业生的就业状态，分析并识别具有相似画像的在校学生，从而有针对性地提出学习及未来职业规划方面的建议。

在教学环境上，西安交通大学经过交流与探索，最终确定建立智能、高效的智慧教室解决方案。智慧教室系统基于物联网技术，以软硬件一体化形式连接云端课堂与投影机、电子白板和高拍仪等设备，具有多屏互动、教室环境智能感知与设备智能控制等功能。不仅如此，通过互动录播教室，学校提供的移动点播系统能够支持学生随时随地进行学习，与传统课堂相比，具有更大的灵活性。西安交通大学通过完善教学基础设施服务，更好地保障了教学效果。

在成果的转化方面，为了更好地支撑国家实验室创新成果的转化，西安交通大学推进科研院所和研究院之间以及科研团队之间的虚拟团队协作，逐步构建以5G技术为支撑的科研成果转孵化平台，支撑理、工、医、社科四大方向29个研究院的大平台、大团队、大项目建设，促进更多交叉科研成果的产出。

2. 建设生态化学镇，促进价值共赢

西安交通大学打破校园物理空间，将智慧城市理念与高校相结合，旨在建立以智慧学镇为目标的创新型融合体。

通过将有线网、无线网和物联网与5G通信网络"四网融合"（如图2-11-2所示），西安交通大学建立起高带宽、高可用和立体化防控的基础网络服务，进一步打通"数据孤岛"，立足于"网络通"与"数据通"，逐步实现了"业务通"与"人人通"。例如，在校园生活方面，学校通过构建校园业务"入口统一、标准一致、数据共享、通知速达"的全新互动生态，近200项校园业务可以通过在线方式实现"最多跑一次"，极大提升了师生跨校区业务办理效率。同时，结合移动App等服务渠道的建设与优化，学校向广大师生提供门禁权限、班车信息、讲座活动、迎新系统、周边信息、图书资料和食堂订餐等多类校园生活服务信息的在线查询服务，还可以根据个性化需求快速提供校园位置导航和业务导引。通过整合现有教育系统和服务系统，西安交通大学向学生们提供学术讲座、大型仪器设备和图书文献资源等业务的无差别实时共享服务，打造"人人通"的资源访问服务体系。

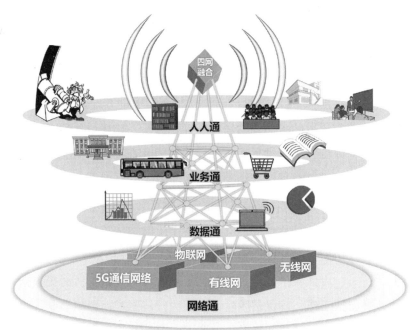

图2-11-2　西安交通大学智慧学镇的"四网融合"

3. 以技术助力整合，实现统一运营

庞大的校园运营与安全保障离不开技术支持。西安交通大学智慧学镇建设以构建统一的大脑与神经网络为指导思想，以形成完整的统一运营体系为目标，借助数字化技术整合校园各项运营管理系统，

从而整合资源管理与利用，营造安全、和谐、绿色的校园环境。

创新港校区一期建筑面积达160.4万平方米，校区师生有2万多人，各类物联网点位超过20万个。对庞大、无围墙的智慧学镇而言，传统的管理方式已经不能满足管理需求。为了统筹IT资源，衔接各个已建、在建及待建的平台和应用系统，西安交通大学在数字化技术变革中抢占先机，与领军企业开展重要合作，打破行业边界，连接技术与校园活动，建立起统一运营中心（如图2-11-3所示），全面加强安全保障、能耗管控与教学服务支撑。

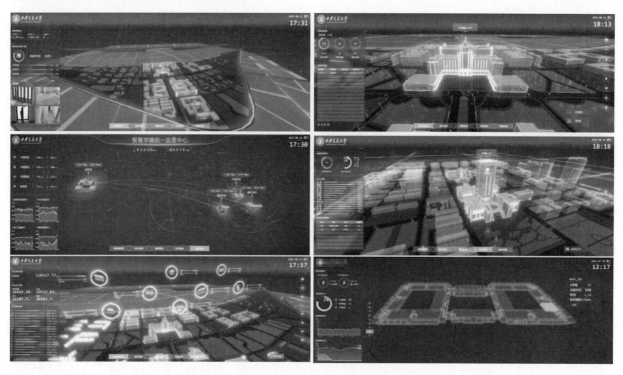

图 2-11-3　西安交通大学智慧学镇统一运营中心视图

统一运营中心以物联网、大数据、云计算、人工智能、移动互联和3D等技术为基础，对智慧学镇的人、车、资产设备和各业务系统进行统一管控指挥。运营人员能够以"所见即所得"的管理方式直观地看到各类资源的分布和运行状态，从而对校园基础设施进行集中管控和协同调度，实现数据全融合、状态全可视、业务全可管和事件全可控。

为了加强"无围墙大学"的安全保障，西安交通大学运用统一运营中心建立了科学的安防体系。统一运营中心能够采集智能终端数据，监测20余万个智能终端设备，并且进行反向控制。西安交通大学将智能教室的空调、照明和投影仪等多媒体设备接入系统，结合摄像头画面，能远程查询设备状态，根据信息进行控制。例如，某教室的烟感发生报警时，在人未到现场的情况下，可以快速感知，通过统一运营中心的3D可视化系统直接调用报警点附近的摄像头进行报警确认，判断处置方式。诸如此类的3D场景设计正在加速布局到宿舍和实验室等场所，这大大提升了智慧学镇运营管理的效率，也将是未来数字化校园的管理趋势。

同时，统一运营中心对食堂、教室、会议室和校区公共空间等空间场景的管理服务提供全面智能化支撑，结合实验室物理空间、公寓物理空间、智慧路灯、智慧管网、智慧停车、智慧电梯、给排水与供配电等智能设施的集约化管理，有效减少能耗。

三、本案例亮点：围绕立德树人根本任务，发挥自身优势，合作创新，以技术赋能共建创新、开放、友好、平安、绿色的智慧学镇

在数字化浪潮到来之际，教育数字化是必然的发展趋势。西安交通大学及时发现数字化转型中的挑战与机遇，突破瓶颈，构建全新的教学管理模式与校园运营模式。从 2015 年规划中国西部科技创新港建设到 2019 年建设完工并投入使用，西安交通大学借助数字化技术打造产、学、研一体化新校区，充分落实中央城镇化工作会议和陕西省"十四五"规划部署，紧跟时代发展战略，不断深化打造全国新型城镇化示范点。

回顾智慧学镇建设过程，我们可以发现以下几个值得借鉴的要点。

首先，西安交通大学聚焦"一带一路"倡议，围绕落实立德树人的根本任务，在充分调研校园管理运营人员、教师和学生等各方需求的基础上，结合对传统校园管理痛点的理解，明确自身通过数字化转型应实现的以"创新、开放、友好、平安、绿色"为主题的价值主张，为成功打造国内第一个智慧学镇奠定思想基础。

其次，西安交通大学深入挖掘师资底蕴、教学与科研能力、藏书和电子图书等核心资源优势，依托数字化技术走出校园，与社会携手发展，与各国在文化、教育和科技等领域深入交流，为国家不断输送优质人才。

最后，西安交通大学充分认识到技术创新与场景化应用是数字化转型的关键支点，以海纳百川、协作共赢的心态，与华为、中国电信和中国移动等行业龙头建立战略合作关系，联合优锘等诸多新兴技术公司，围绕创新、开放、友好、平安、绿色的智慧学镇主题，建立成熟的技术应用方案，共同探索应用场景，用技术与数据为校园教学、生活和管理等活动赋能，构建教学模式、社区融合与校园管理的新生态，在智慧校园的探索与建设上走出了一条全新的成功之路。

（以上案例由锁志海、徐墨、吴飞龙、李虎群、罗军锋、方华明、周海燕组织、调研与撰写）

中国国家图书馆：数字化思维重塑知识传播

> 知识已成为生产力、竞争力和经济成就的关键因素。
>
> ——彼得·德鲁克

一、中国国家图书馆的品牌故事

1909年9月9日，中国国家图书馆的前身——京师图书馆在清政府的批准下筹建，主要用于收藏文献典籍，缪荃孙为首任馆长。1951年，京师图书馆更名为北京图书馆，直到1998年经国务院批准，北京图书馆正式更名为中国国家图书馆（下文简称国图）。在同一时期，随着计算机和信息技术的发展，国家针对图书馆的数字化和网络化的建设规划了思路与方向，力图在网络建设、软件开发和数据加工等方面突破，国图由此开始了数字化转型之路。

截至2018年年底，国图的数字化建设已经趋于成熟，存储总容量已达到6 233TB。同时，建成了数字资源数据中心和同城异地灾备中心，通过存储虚拟化技术以实现异构存储系统的统一管理和调度，实现了数字资源的高效服务、有效存储和长期可用。

二、中国国家图书馆的数字化之旅

1. 顺应时代，开辟未来

20世纪90年代，计算机、网络和数据处理技术迅猛发展，图书馆作为重要的知识库和数据库，受到国家的重点关注。在长达10多年的转型研究和标准制定后，2005年国图的数字化项目作为国家信息基础设施的重要工程和战略发展方向逐步实施，向着建设"国内最好，世界领先"的图书馆方向奋斗。

本着"传承文明，服务社会"的宗旨和价值主张，国图的数字资源在采集、加工、保存、传播和服务等一系列过程中围绕着信息技术、信息资源、服务提升而展开，构建起全国性生态数字化图书馆服务网，让读者在任意图书馆都能体验知识和文化的共享服务。

信息化时代，随着人们对便捷性的要求越来越高，图书馆形成了一种泛在化模式，即无所不在。"无所不在"是价值共创的一种表现形式，也是创造价值的一种行为方式。它具有"8A"特征，如图2-12-1

图2-12-1　数字图书馆的"8A"特征

所示。数字化转型要求组织从观念和思维上发生转变,而数字图书馆的"8A"特征正体现了这一点,并展现出了一种拥抱变化的心态。

国图在服务提供和资源建设方面的模式上做了多方位的创新和变革,具体如下。

(1)便捷的资源服务

国图提供便捷的注册和登录系统,以及不同格式和语种的图书、期刊、视频、音频及图片等资源。

(2)全面的人群覆盖

国图为贫困地区、基层群众、残疾人群搭建数字平台和数字资源,不受空间、地域等使用限制,打通公共文化"最后一公里"。

(3)多元的服务方式

国图有面向大众的"国图公开课"线上教育平台及依靠图书馆数据资源为支撑的"中国政府公开信息整合服务平台"。馆内还设置了办证机、借还机、复印机等自助设备。无线网络、在线咨询、文献检索、休闲等综合、多元的服务方式可满足读者的多样化需求。

(4)虚拟现实技术

通过运用虚拟现实技术,国图对馆区的建筑结构和布局构造等物理环境进行环境模拟和准确建模,读者可以参观馆内虚拟的建筑和业务布局。

(5)智能架位系统

智能架位系统是图书馆智能化和人性化的设施之一,它向读者呈现生动、立体和精美的图书导航画面,帮助读者快速精准地找到目标图书。

在5G网络、大数据和云计算等数字化技术的赋能下,国图在出版传媒、网络传播、文化交流和高新技术等领域开放合作。2020年8月,国图与中国图书进出口集团和华为公司展开5G+战略合作,设立5G新阅读体验中心,以拓展读者触及知识的渠道,丰富读者的阅读体验。此外,国图还与新华书店、新华互联电子商务、阅文集团等进行合作,引领全民实现5G阅读的新方式。文化交流方面,国图与国内外相关行业进行合作或互动,参加或举办如国际文物展览、"中国之窗"赠书活动、海外中国文化中心图书馆推广、中华古籍保护计划和海外中文古籍数字化回归等活动。

2. 记忆栖息之地,国家文脉赓续之所

目前,国图作为国家的互联网信息战略保存基地试点工程,有针对书籍的战略保存,更有对中国各个历史时期最具代表性的文明成果和时代记忆的保存。这进一步明确了数据文化作为国图或中国文化核心资源的重要地位及其践行中国核心价值观的底气。

具有代表性的"中国战'疫'"记忆库项目,全方位收集和保存各种类型的资料和生动故事,客观反映了中国人民在疫情防控中展现出的中国精神和中国力量,同时,这段灾难时期的记录留存能为人类在对抗疫情的应对处理上提供关键的参考依据。

无论是史料还是民族和时代精神文化,本质上都是一种"数据"的传递,这类数据资源对我们的政治、经济、历史、文化都具有关键性的指导作用,这是通过数据展现的一种价值向上。

3. 智承,智变,智创价值

从盈利模式的成本结构和收入来源来看,国图是服务设施,属于非营利性机构,成本费用来源主

要由国家财政资金作为支持。围绕数字化商业模式，国图在价值主张的主导下间接产生盈利：一是通过数据驱动，让数据价值变现；二是通过知识转化，形成专利创新、国家决策依据等无形资产。

在大数据的技术支持下，对数据资源的整合、加工、处理和存储是数据产生价值的关键环节，通过分析与挖掘，提炼出有价值的内容，可以为公众提供更深层面与颗粒度更细的知识服务。同样，通过利用数据资源，国家数字图书馆还可以建立与数据库商、出版社、学术教育机构和图书档案界的重要合作，让数据产生价值，实现共建共享。

基于国家的战略发展和价值定位，国图的另一个重要任务就是研究和创新——塑造并促进在重点领域的研究创新，将成果向法律法规、政策制度、标准规范和技术专利等方向转化。纵观来看，国图的商业意义是在价值驱动下间接地提升国家与人民的综合实力和竞争水平。

三、中国国家图书馆的数字化商业模式亮点和画布

（1）以"价值向上"为第一指导原则，运用技术和数据进行综合赋能。国图秉持着"传承文明，服务社会"的价值主张，通过数字化技术将知识转化为数字资源，通过采集、加工、保存、传播和服务，让读者在任意图书馆都能体验知识和文化的共享服务。

（2）以数字化技术重新定义知识和文明的传播和存储方式。通过数字化技术进行知识和文明的数据资源整合，以数字化形式实现传播与存储。这不仅体现了数字化能力，还突出了数学化思维给社会带来的进步，是在获取知识的价值层面上打造的数字化模式。

中国国家图书馆的数字化商业模式画布如图 2-12-2 所示。

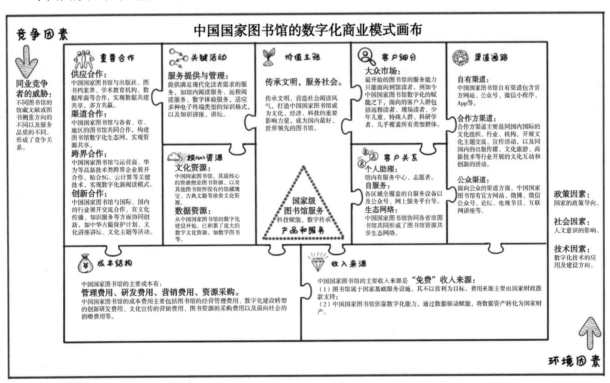

图 2-12-2　中国国家图书馆的数字化商业模式画布

（以上案例由杨博鑫、苏宗雷撰写）

松鼠 Ai：人工智能推进教育的数字化探索

> 天才的主要标记不是完美而是创造，天才能开创新的局面。
>
> ——亚瑟·柯斯勒

一、松鼠 Ai 的品牌故事

2014 年，中国最早采用人工智能技术进行自适应教育的企业——乂学教育诞生，作为领先时代的智能教育行业开拓者，乂学教育致力于借助人工智能技术颠覆传统的教育生态，为学生提供优质的教育资源。2018 年 6 月，乂学教育推出松鼠 Ai 智慧教育品牌。作为松鼠 Ai 的前身，乂学教育于 2020 年 7 月 10 日正式变更公司名称为上海松鼠课堂人工智能科技有限公司。

松鼠 Ai 基于进化算法、逻辑斯谛回归和神经网络，形成高效的算法模型，能够根据学生在学习期间的行为、习惯、个性和兴趣等海量数据，依据学生的反馈，绘制出多方位的学生画像，个性化地帮助学生规划出最佳的学习计划，在算法辅助下实现学习内容的智能推送，帮助老师和学校指导学生实现学习效率的最大化。松鼠 Ai 凭借其对教育领域的贡献，成为联合国教科文组织作为全球推广的案例，获得了人工智能创新大奖，并成功入选斯坦福商学院案例。

当前，据公开数据显示，松鼠 Ai 覆盖全国 1 200 个市县镇，服务 6 万余家公立学校，有超过 2 400 万的学生用户，占总用户的比例高达 75%，全国线下校区实现了从 0 到 2 000 多家的突破，C 端积累了 500 万学生用户，整体的学生用户数已达到了 3 000 万。

二、松鼠 Ai 的数字化之旅

1. 顺应时代趋势，助推智慧教育建设

进入 21 世纪，在人工智能技术蓬勃发展的背景下，松鼠 Ai 敏锐地意识到中国的教育行业仍然存在两大核心问题：一是高质量教育的缺乏，二是教育资源分配不均衡。

因此，松鼠 Ai 为了解决这两大问题，通过运用人工智能技术赋能传统教育，创造性的地提出了"Ai 智适应教育"的概念，其中的"智适应"是指以人工智能结合"自适应"学习的理念。在"Ai 智适应教育"理论下，松鼠 Ai 开发了智适应学习系统，既满足了高质量教育的需求和教育资源的合理分配，又能在学生学习、测试和答疑等教学过程中进一步实现个性化教育，提升学生的学习效率。

一方面，面对传统教育系统，老师由于精力限制难以做到对学生进行针对性辅导，松鼠 Ai 通过逻辑斯谛回归和神经网络，能够精准绘制出学生学习兴趣和习惯等内容和完善的学生画像，帮助老师

准确掌握学情，全面测评每一个学生的学习思维、学习能力，并采取相应的学习方法。

另一方面，松鼠 Ai 独创了纳米级知识点拆分、思维方式、学习能力和学习方法模型（MCM 系统），借助知识图谱技术，拆分不同学龄、不同学科的细节知识点，老师不必把时间过多地花在作业批改上，只需根据松鼠 Ai 系统提供的学情分析报告，就能及时掌握学生的学习情况，从而针对性地进行查漏补缺。

教育强则国强。作为教育从业者，松鼠 Ai 一直秉持的教育使命就是希望通过数字化技术赋能，为师生提供价值向上的服务和产品，让每个孩子成为更好的自己，让孩子爱上学习，成为国之栋梁。

2. 推动资源平等，筑梦个性化教育

改革开放以来，我国经济迅速发展，人均受教育水平逐步提升，但是一线城市与三四线城市之间和城市与农村之间存在着严重的教育资源分配不均衡的问题，因此推动教育资源均衡化一直是国家的重要教育指导方针。"十四五"规划明确提出了"推动义务教育优质均衡发展"，并强调了有关智慧教育建设的内容。

作为国内人工智能教育的先驱，松鼠 Ai 积极响应国家政策，通过智慧教育服务系统助力公立学校的信息化和数字化，致力于为政府教育部门和中小学提供包括人工智能虚拟老师、学情测评与教务管理等完善的服务方案，以人工智能技术赋能教育改革，着力推动教育资源均衡化发展。

此外，松鼠 Ai 不仅与钉钉、腾讯、英特尔和惠普等企业结成生态合作伙伴，开展价值共创，还通过与多地教育局和公立学校的重要合作，让松鼠 Ai 的人工智能教学方案以普惠的形式进入公立学校，以公益项目为抓手，致力于实现教育的公平化。

3. 联合生态伙伴，共促教育升级

（1）创新合作：建立技术领先地位

松鼠 Ai 从创建之初就积极寻求合作，着力打造一个完善的教育生态，聚集顶尖人才，集合软件与硬件综合服务，让松鼠 Ai 的智能教育服务覆盖更多的学校与学生。同时，松鼠 Ai 汇聚起全球机器学习之父——汤姆·米切尔（Tom Mitchell）教授在内的一批人工智能教育科学家，并与斯坦福研究中心和卡内基梅隆大学联合进行技术开发。于是，松鼠 Ai 拥有了百余项发明专利的授权或公开。此外，松鼠 Ai 首创了 MCM 系统，运用了错因分析重构知识空间理论、多模态学习分析模型和多维参数交叉训练算法等一系列 AI 智适应技术。

（2）渠道合作：撬动政府市场

松鼠 Ai 与腾讯和英特尔等企业建立合作，通过将松鼠 Ai 教学服务系统载入硬件，进入公立校园，为国内的诸多公立学校提供了普惠的智慧教育服务。目前，松鼠 Ai 已经为超过 6 万家中小学校、4 000 家教育培训机构提供服务，仅 2021 年一季度使用松鼠 Ai 系统服务的学生就超过 1 000 万人。

此外，松鼠 Ai 与钉钉建立生态合作伙伴关系，共同着力推进教育升级，使松鼠 Ai 教学服务系统搭建起了覆盖全国的智慧教育生态网络。目前，松鼠 Ai 和钉钉落户了国内多所公立学校，实现了整体最高完成率94%的反馈，备受师生好评，其服务网络更是广泛覆盖了城市及教育资源缺乏的农村、山区。

通过与钉钉、腾讯和英特尔等企业的重要合作，松鼠 Ai 与企业外部多个数字化组织形成了紧密的合作关系和互惠互利的共生关系，并通过形成生态化的商业环境，更快速高效地拓展了公立学校的

市场渠道，完美地体现了价值共创。

三、松鼠 Ai 的数字化商业模式亮点和画布

松鼠 Ai 多年来用技术创新和"以技术促进教育升级"的价值主张推动教育发展，其商业模式的亮点主要体现如下。

（1）以技术促进教育升级的价值主张为发展核心，抓住智慧教育发展先机。松鼠 Ai 积极响应智慧政策和国家关于教育资源分配均衡的相关政策，持续切入公立学校，为公立学校提供普惠的服务，帮助学校提升教学质量，并在发展中始终坚定以人工智能技术促进教育资源分配均衡，推动个性化教育。

（2）技术制胜，打造拳头产品。松鼠 Ai 坚持用技术赋能传统教育行业，并通过聚拢卓越的技术人才进行独创性的产品设计和开发，形成松鼠 Ai 智适应教育服务系统，实现了对教育行业的技术升级。

（3）持续拓展 G 端用户，聚焦用户需求。松鼠 Ai 的发展特色在于获取足够的 C 端流量后，基于客户细分重点切入公立学校，为公立学校和教育部门提供人工智能 SaaS 服务系统，在拓展市场的同时建立了良好的政企合作关系。

（4）注重生态作用，与合作伙伴进行价值共创。松鼠 Ai 与大型的智慧教育企业达成重要合作，携手生态合作伙伴共同创新产品和服务，构建起强大的教育生态，这充分体现了共生共荣、共建共享与共创共赢的企业发展思路。

松鼠 Ai 的数字化商业模式画布如图 2-13-1 所示。

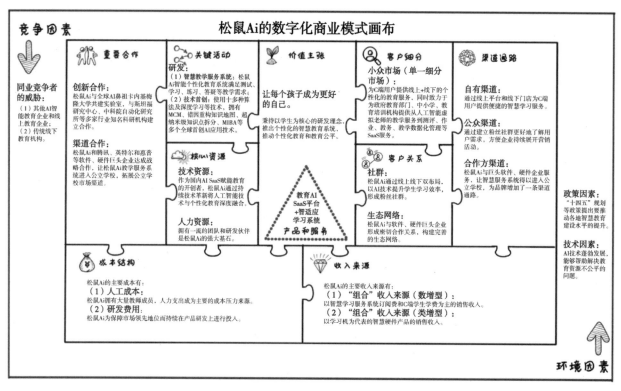

图 2-13-1　松鼠 Ai 的数字化商业模式画布

（以上案例由马舒叶、韩东撰写）

智慧医疗领域

平安好医生：建立零距离医患关系的数字连接

> 要创新需要一定的灵感，这灵感不是天生的，而是来自长期的积累与全身心的投入。没有积累就不会有创新。
>
> ——王业宁

一、平安好医生的品牌故事

医疗行业一直以来是一个专业性极强的行业，这就对医疗资源提出了极大的要求。毕竟人们一旦生病，无论大病小病，由于难以准确判断病症，就会去医院就诊。同时，以下两个原因也在加剧医疗资源的紧张：一方面，我国慢性病患者超过 2.6 亿人，需要长期就医；另一方面，随着人口老龄化加剧，老年人疾病随之增多，老年人看病和就诊的需求急剧增加。

综上所述，单一的线下医疗模式由于负载能力有限，难以满足人们日益增长的医疗需求。数字化时代带来了大数据和人工智能等数字化技术，这些技术赋能医疗领域后，使线上医疗应运而生。有学者提出，未来线上医疗将作为线下医疗的重要补充，以线上为辅、线下为主的新型合作模式逐步打通"医、患、药、险"的服务闭环业务链条，实现一体化管理服务。线上医疗亟待发展，平安好医生顺势而生。

2015 年 4 月 21 日，互联网健康管理产品——平安好医生正式上线。中国平安在平安好医生创立伊始就确立了医、药和信息"三网合一"的核心战略。公司主要提供医疗及健康服务，如家庭医生服务、消费型医疗服务、健康商城服务、健康管理与互动服务等。如图 2-14-1 所示，在线挂号和线上开药都是比较常见的服务。当前，平安好医生收入已突破 50 亿元，为 3.46 亿用户提供超 3 000 种常见疾病的诊疗，日均咨询量达 83 万人次。

图 2-14-1　常见的医疗及健康服务

二、平安好医生的数字化之旅

1. 荆棘丛生：挑战与机遇共存

刚刚进入数字化时代，平安好医生面临着许多问题和挑战。其一，各医疗机构间的数据共享不足，还涉及病患隐私和数据泄露等问题。同时，医疗机构间的数据互通互联程度不高，平安好医生难以获取充足的数据信息，无法针对用户情况制定相应方案。其二，传统的线下医疗依旧是病患主要的就诊渠道，病患对线上医疗并不了解，接受程度较低，使得平安好医生一开始的渠道推广面临不少的障碍。其三，行业内医疗和药品之间仍然没有合适的连接通路，平安好医生急需拓展药品企业的合作关系。对于刚刚创立的平安好医生来说，数字化道路上似乎荆棘丛生，是挑战也是机遇。

为了解决以上问题，平安好医生首先着手产业资源的整合，完善生态产业链。平安好医生通过与九州通的战略合作，用技术赋能基层医疗机构与药店，打通医疗与药品的产业联系，建立"互联网+医疗+医药"服务链体系。随后，平安好医生与华润三九达成战略合作，合作内容涉及平安好医生旗下家庭医生、健康管理和健康商城等多个业务板块。

这些重要合作让平安好医生拓宽了业务边界，形成了规模效应，吸引了更多客户资源与医疗资源，构筑了核心竞争壁垒，同时也带来了新型的客户关系。

2. 乘风破浪：数字化赋发展

以数据赋能医疗场景，为平安好医生带来了不同凡响的好处。获取和使用数据能够帮助企业通过数字化来建立知识图谱及复杂的神经网络。平安好医生对病患数据资料进行收集，并将其分享给内部员工、各子公司与保险客户群。

以数字化技术促进发展。2021年，平安好医生持续聚合顶尖人才，致力于技术革新，平安好医生基于拥有的专业医生资源及平台积累的超过11.8亿人次的在线问诊记录，结合平安集团AskBob智能平台和千万级数据量的五大数据库（包括疾病库、药品/医疗器械库、处方/治疗库、医疗资源和个人健康库，囊括了3亿医学概念和超过1.4亿医学关系），运用前沿的深度算法，在大规模集群中训练几十亿级别的数据量，并通过数据回流增加学习量，研发出独家AI辅助诊疗系统。在此基础上建立的一站式系统辅助医生问诊，不仅改善了用户的问诊体验，而且大幅提升了医生的工作效率。

以生态思维打造新型合作关系，平安好医生的发展过程中聚合了众多行业生态内的企业，建立了完善的医疗产业链条，与合作伙伴形成既竞争又合作的新型合作关系——竞合关系。同时，平安好医生逐步打通了与线下医疗机构的连接，并将线下医疗机构这一医疗服务的主要提供方视为重要合作伙伴，通过线上医疗7×24小时的及时响应，帮助线下医院的医生在院外对患者进行疾病全生命周期管理。

以数字化思维构建三大渠道通路，包括综合金融渠道、企业客户渠道和互联网医院渠道。

综合金融渠道指的是探索渗透平安集团的各综合金融渠道，打造具有更强协同性和更高价值的医疗+健康服务产品。例如，平安好医生在平安寿险重疾险保单上增加"臻享RUN"系列服务，保单用户购买重疾产品后，还可以体验到平安好医生的全面健康增值服务。

企业客户渠道就是发力B端客户。截至2021年，其已经累计服务超过3 800多家企业客户，覆盖近百万名企业员工。平安好医生从体检服务切入，根据企业客户的需求定制服务产品、内容和周期，并针对不同层级与不同岗位员工，设计出针对性的服务方案。

互联网医院渠道指基于平安好医生的线上优势，赋能线下医院，将服务链条进一步扩展。截至2021年，平安好医生已在10个城市获得自建互联网医院资质，并在天津获批京津冀地区非公医疗的首张互联网医院牌照，同时与205家各地线下医院达成合作，帮助线下医院建立智慧医疗服务平台。

数据、数字化技术的有效使用，以及竞争合作、渠道通路的有效实现，让平安好医生更加了解客户的需求，并通过研发设计等一系列关键活动，让客户更满意的同时，也大幅提升了医生的工作效率。

3. 大展宏图：构建健康生态体系

在数字化时代下，平安好医生深谙生态体系的意义，于2020年9月正式宣布其升级后的医疗生态圈战略，并着力从政府、用户、服务方和支付端等方面构建生态闭环（如图2-14-2所示）。

（1）政府合作：协同平安医保科技与平安智慧城市，强化与政府的联系，承接利好政策。

（2）用户端：以平安好医生为核心，为用户提供多元服务，包括健康管理、医疗服务、慢性病管理与重疾管理等。

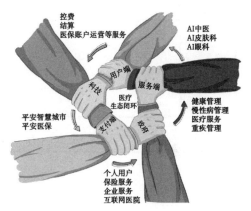

图2-14-2 平安好医生的生态闭环

（3）服务方：平安好医生不仅自建了庞大的医生服务群体，还建立起庞大的线下服务网络。除了服务个人用户外，平安好医生还为500多家企业个性化定制医务室。

（4）支付端：平安好医生牢牢抓住医保控费的行业痛点，目前已覆盖全国70%的城市和8亿多人，为全国20多个省、200多个城市提供控费、结算、医保账户运营等多样化服务，为医保支付制度改革添砖加瓦。

三、平安好医生的数字化商业模式亮点和画布

（1）数据与数字化技术双重赋能。一方面，利用数据实现"提前预防、早期诊断、科学治疗以及愈后跟踪"的全方面服务；另一方面，数字化技术辅助医生工作，提高了医生的工作效率，更好地服务了患者。

（2）重要合作为平安好医生发展数字化提供保障，是其拓展业务边界的得力助手。平安好医生与合作伙伴及客户之间的价值共创，构建了平安医疗健康生态圈，形成了完善的医疗生态闭环。

（3）聚焦用户需求，实现价值主张。平安好医生的业务规划和产品设计的核心都在于患者的需求，是其价值主张"患者健康守门人"的最好体现。

平安好医生的数字化商业模式画布如图2-14-3所示。

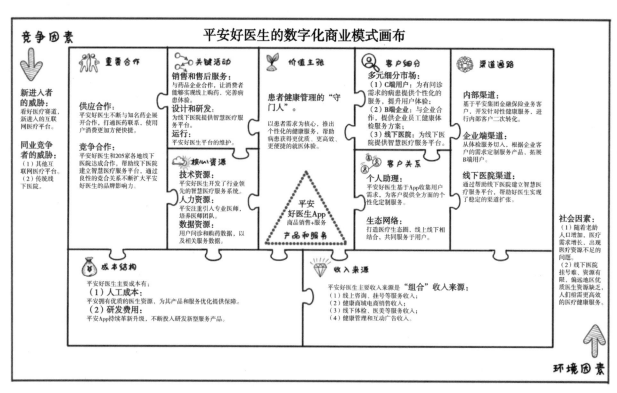

图 2-14-3　平安好医生的数字化商业模式画布

（以上案例由徐有聪、戚高翔撰写）

智慧文旅领域

数字敦煌：科技赋能与新文创下的文化保护与传承

> 让收藏在博物馆里的文物、陈列在广阔大地上的遗产、书写在古籍里的文字都活起来。
>
> ——习近平

一、数字敦煌的品牌故事：世界文化遗产的永续保存

1. 传承：世界文化遗产瑰宝——敦煌莫高窟

敦煌莫高窟（如图 2-15-1 所示）拥有世界独一无二的非物质文化遗产，这些资源具有巨大历史和人文价值，又受环境因素的约束，文物资源保护和利用之间一直存在着矛盾。面对传统经营模式的后继乏力，"科技赋能"和"新文创"为敦煌莫高窟的文化资产保护和可持续开发提供了助力。

敦煌莫高窟是中国首批纳入世界文化遗产的文物保护单位，也是当今世界上现存规模最大、保存最完好的佛教石窟艺术圣地。从公元 366 年开始创建，敦煌莫高窟先后经历了 10 个朝代和长达千年的连续创建，至今在 1 700 米长的断崖上仍保存了 735 个洞窟（包括南区和北区），有 45 000 平方米壁画和 2 000 多身彩塑，还曾出土大量的珍贵文献和艺术品。此外，敦煌西千佛洞和安西榆林窟也保存了为数不少的洞窟及数量可观的壁画和彩塑。所以，在提及敦煌莫高窟世界文化遗产时，通常都包括敦煌莫高窟、敦煌西千佛洞和安西榆林窟。

图 2-15-1　敦煌莫高窟

2. 危机：莫高窟世界文化遗产可能会消失

由于常年面临风沙的入侵、雨水的渗入、可溶盐的侵入、地质灾害等威胁及人为活动的影响，莫

高窟洞窟、彩塑和壁画等文物都存在保存难题，莫高窟世界文化遗产的永续保存面临着严峻挑战，如何完整地保存珍贵文化遗产成了亟待解决的问题。

3. 出路：科技赋能助力文化遗产的永续保存与利用

永续保存是永续利用的前提。在20世纪80年代末，敦煌研究院负责人樊诗锦就敏锐地意识到计算机图像技术所带来的技术变革和非凡的先进性，创新性地提出了利用数字化技术为敦煌石窟的彩塑和壁画建立数字档案，实现永续保存的构想。

非物质文化遗产传承和文化遗产保护是相互联系、相互促进的。作为中华民族生生不息、长盛不衰的文化基因，依托非遗物质文化遗产IP的强大的影响力，可持续开发文化遗产资源，广泛触达年轻消费群体，可以更好地实现文化遗产的传承，也会进一步促进文化遗产保护。

二、"数字敦煌"的建设历程

敦煌石窟文物数字化，简称"数字敦煌"，是利用数字采集、数字处理、数字存储、数字展示、数字传播等技术，使敦煌石窟建筑、壁画和彩塑通过转换、再现和复原，以数字化形态焕发新生，并通过新的技术助力敦煌石窟艺术的研究、保存和弘扬，建立敦煌石窟艺术的数字化管理机制，让伟大的石窟文化实现永久留存。

1. 科研先行：建立敦煌文物数字档案

敦煌研究院率先开启了文物界数字化保存和利用的探索，在数字化技术赋能敦煌壁画保存领域进行了实验。

从20世纪90年代开始，敦煌研究院开始为敦煌石窟的每一幅壁画建立精确的数字文物档案，构建敦煌壁画信息库，通过一系列的数字化试验项目，完成对文物信息数字化的技术路线的充分探索，并初步开展了应用研究。2006年4月成立的敦煌研究院数字中心，与国内外机构展开技术合作，建立了一套壁画数字化技术规范，并制定了多项不可移动文物的数字化技术行业标准，弥补了国内相关标准的空白。

数字文物档案为敦煌艺术研究提供了基础信息，也为制定壁画保存措施提供了可靠依据，同时还能为全世界敦煌艺术研究提供共享资源，促进敦煌艺术的发扬光大。

2. 众志成城：开发数字化文化遗产资源

为了更好地开发数字化敦煌文化遗产资源，敦煌研究院与国内外科研机构及院校、科技公司开展了一系列技术合作，并在行业内进行广泛交流。

（1）跨界技术合作

从1997年起，敦煌研究院和浙江大学开始了敦煌学的长期学术合作，合作范围涉及敦煌文物数字化采集与修复、敦煌学文献的整理与资源共享、莫高窟环境检测、文化遗产传承与利用等多个领域。

1998~2005年，敦煌研究院与国外学术机构美国西北大学、梅隆基金会共同开展技术合作，研发了一套平面壁画数字化方法，并完成了莫高窟22个典型石窟的数字化和5个虚拟漫游洞窟工作。

2019年3月，敦煌研究院与华为公司达成战略合作，共同成立文化遗产虚实融合技术实验室，持续推进敦煌研究院的数字化进程，同时依托河图文旅的平台为游客带来创新的数字文旅体验。

（2）行业资源整合

敦煌莫高窟、龙门石窟、云冈石窟先后于1987年、2000年、2001年被列入联合国教科文组织的世界遗产名录，在石窟寺地质灾害防护与文物保护、文物数字化测量、洞窟3D打印复制、数字化内容研发与展示技术研究等方面都有不少经验可以相互借鉴。

近年来，敦煌研究院与众多石窟寺博物馆一起探索石窟寺文化遗产保护、石窟展示新方式，合作开展石窟寺数据采集、加工、存储、管理等方面的标准规范制定工作，共同完成"让文物活起来"的重任。

数字资源共享的便利性也为文化资源的整合和产业资源的协同奠定了基础。2020年10月，敦煌石窟、龙门石窟、云冈石窟首次在河南洛阳博物馆举行艺术联展，打破了不可移动文物的物理空间限制。三大石窟的经典石窟艺术形象齐聚首，为观众带来了一场文化视觉盛宴。

3. 顺应时代：技术赋能实现价值共创

信息技术的快速发展、数字化基础设施的不断完善、数字化展示技术的不断成熟、社会对非物质文化遗产价值的认同，都为莫高窟等世界文化遗产的传承和活用提供了契机。

（1）数字化技术革新游客参观模式

虚实结合，提升参观体验。2014年，敦煌莫高窟数字展示中心开放后，游客参观莫高窟采取虚拟看窟与实地参观相结合的模式。游客先在数字展示中心虚拟观展，提前了解敦煌艺术和莫高窟背景知识，通过数字化设施身临其境地欣赏洞窟建筑、彩塑和壁画的细节后，再按照规划的路线参观实体洞窟。通过数字展示中心对物质文化遗产相关知识的"预热"，在有效提升参观体验的同时，还减少了游客在实体洞窟的参观时间。

精准调控，缓解矛盾。游客在实体洞窟参观时间的缩短，大大减轻了游客参观活动对石窟文物和遗址生态的不良影响。结合实时监控的空气动态监测数据和游客参观信息，工作人员可以动态调控洞窟内参观人数。因此数字展示中心开放后，莫高窟每日游客接待的最大容量从过去的3 000人提高到了6 000人，有效缓解了敦煌莫高窟文物保护和文旅开发之间的矛盾，促进了世界文化遗产活用。

（2）打造智慧文旅服务体验

便捷的信息服务平台。线上渠道提供了更便捷的自助服务。敦煌莫高窟数字展示中心开放后，取消了原来的景区门票销售点，游客可通过微信公众号平台，在线预约购买景区门票，还可以享受贴心的智慧导览服务。

沉浸式观展，提升客户体验。敦煌研究院利用"数字敦煌"的海量资源，为游客打造沉浸式观展体验，有效提升了参观体验。敦煌莫高窟的沉浸式数字影片《千年莫高》和《梦幻佛宫》，对敦煌莫高窟延续1 600余年的历史文化背景和莫高窟最具艺术价值的7个经典洞窟进行全方位的数字化展示，让观众通过数字化非遗物质文化产品，对莫高窟博大精深的佛教艺术有更深的了解和体会。2021年10月，敦煌研究院推出了虚实融合的"飞天"专题游，采取实体洞窟与虚拟体验有机穿插的展示方式，为游客提供互动式的参观体验。

"足不出户"的云看展。2016年5月，"数字敦煌"第一期平台正式上线后，全世界范围内的观众都可以登录"数字敦煌"资源库平台浏览图像和视频，访问三维数据和检索文献数据。游客可以通过PC或移动App、随时全景漫游跨越经典洞窟和精美壁画，可以全方位、多角度地欣赏洞窟、彩塑和壁画，还可以了解敦煌艺术品背后的佛教文化。疫情防控期间，敦煌研究院通过"云游敦煌"小程序，先后推出"数字敦煌"精品线路游、敦煌文化数字创意、精品展览等一系列展览产品，通过线上渠道与用户更好地沟通，促进敦煌文化的传播。

（3）新文创助力传统文化传承

"新文创"战略合作，提升客户触达。2018年，腾讯首次提出"新文创"概念，跟传统文创相比，新文创更注重体验和赋能，将互联网营销、数字技术与文创产业充分融合，通过更广泛的主体连接和更高效的参与，推动文化价值和产业价值的互相赋能。敦煌研究院积极与腾讯公司开展"新文创"战略合作，合作领域涉及游戏、程序开发、动画剧等领域，先后合作了包括数字供养人、"敦煌诗巾"和"云游敦煌"小程序、"点亮莫高窟"游戏等在内的合作项目，让优秀的敦煌文化受到了年轻人的青睐。在这些项目中，用户都可以参与各种互动和价值创造活动。例如，通过"敦煌诗巾"小程序（如图2-15-2所示），用户可以亲自设计和定制生产自己喜爱的丝巾等。

图2-15-2　"敦煌诗巾"小程序的界面展示

价值共创，实现双赢。"新文创"合作让敦煌研究院和腾讯公司实现了价值共创的双赢。敦煌研究院借助腾讯公司强大的创意内容研发能力、技术资源以及庞大的C端用户资源，系统打造文博数字化平台解决方案，让敦煌文化深入广泛的年轻消费者，更好地进行传统文化的活化和传承。腾讯公司也借助于与敦煌研究院的合作经验和数字化平台，打造出自身新文创、文博IP活化等领域的数字化方案，并与故宫、秦陵、长城等其他文化IP合作，在共建、共享的同时实现了共赢。

三、"数字敦煌"的数字化商业模式亮点和画布

（1）数字化技术赋能核心文化资源的拓展。文化遗产资源是不可再生的，随着时间的推移会逐渐消失在时空隧道中。数字化时代，新兴技术为莫高窟文化遗产资源的保存、呈现、活用和传承开拓了一片广阔天地。

（2）"科技+文化"提升游客体验。"科技+文化"让艺术有了更丰富的展现形式，游客可以在沉浸式文旅产品体验和场景化互动游戏中感知文化遗产的魅力，有效提升参观体验。

（3）"新文创"开拓文化传承渠道。通过跨界合作，将外部的科技资源优势与自身的文化资源

优势有效融合，进行数字化展览内容研发和互动游戏开发；利用外部公司的品牌影响力和触达能力，开发新的传统文化触达渠道，更好地实现文化遗产的活用和传承。

"数字敦煌"的数字化商业模式画布如图 2-15-3 所示。

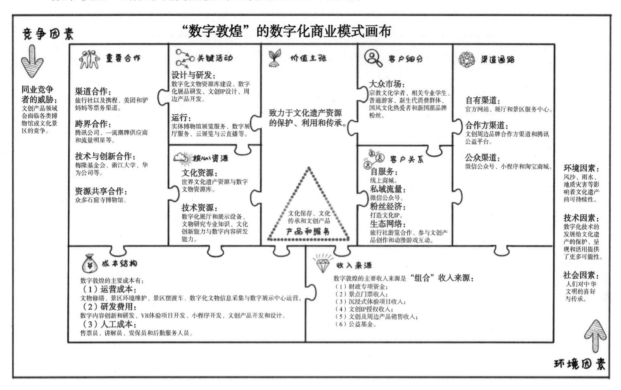

图 2-15-3　"数字敦煌"的数字化商业模式画布

（以上案例由冯林撰写）

哔哩哔哩：以用户为中心的数字化价值共同体

> 没有人能够永远年轻，但永远有人正年轻着。
>
> ——郭敬明

一、哔哩哔哩的品牌故事

哔哩哔哩（bilibili，以下简称B站），是中国年轻世代高度聚集的综合性视频社区，在2009年6月26日创建，被用户亲切地称为"B站"。2018年3月，B站在美国纳斯达克上市。随后于2021年3月29日，B站在中国香港上市。B站官方数据显示，截至2021年第二季度，B站月均活跃用户达2.37亿。经过11年的发展，B站提供涵盖音乐、数码、美食、游戏、电商、直播、付费内容、广告、漫画等众多业务模块的商业化服务，并在此基础上对电竞、虚拟偶像等前沿领域展开战略布局。在2021年发布的BrandZ™最具价值中国品牌100强榜单中，B站以99.59亿美元的品牌价值排名第31位，品牌价值同比提升293%。对于B站的发展愿景，B站董事长陈睿是这样描述的——哔哩哔哩最终会是一个文化品牌公司，正如迪士尼最早是一家漫画或电影公司，但最终它是一家文化品牌公司。

二、B站的数字化之旅

1. 客户群体：深耕"Z世代"客群，聚焦细分市场用户需求

2020年，全球受到疫情影响，宏观经济一直处于波动状态，各行业都受到不同程度的影响。然而，在这种态势下，B站实现了股价暴涨。深究其因，这与B站深耕"Z世代"客群密不可分。所谓的"Z世代"，简单说就是出生于1995~2010年的年轻人，他们一出生就与网络信息时代无缝对接，由于受数字信息技术、移动互联网、在线支付、智能手机产品等影响比较大，也被称为"网生代"。B站董事长陈睿多次强调，"Z世代"用户是B站的重要组成部分，他们年轻，有才华，有创意。"Z世代"用户通常教育水平较高，乐于尝试新鲜事物，对文化产品有强烈需求，引领着中国互联网潮流。"Z世代"的简要特点如下：

（1）兴趣爱好广泛，热衷于多元的娱乐方式，崇尚交互式娱乐体验；

（2）乐于拥抱数字产品给生活带来的巨大变化；

（3）分享意愿高，表达欲望强，通过内容创作展现自身才华，依托网络渠道寻求认同；

（4）倾向于"懒宅经济"、线上消费，对互联网技术带来的便利依赖性强。

B站以年轻一代为核心用户，重视年轻消费群体，精准地定位于"Z世代"客群，并根据其特点进行精细化营销，从而有针对性地推出特色服务，研发符合消费者需求的产品，月平均活跃用户数逐

年增加。

2. 价值共创：用户—UP主—内容构建的闭环PUGV生态，构成其核心竞争力

B站构建起了良性互动的内容生态，UP主①即内容创作者负责产出优质的内容，为B站提供90%的专业用户制作的视频（professional user generated video，PUGV），并成为吸引优质用户的关键核心。

B站深谙一个道理：只有凭借优质的内容才能形成有黏性的用户生态。因此，B站不断创新推荐机制，陆续推出"新星计划""创作激励计划"，鼓励UP主进行原创内容制作。这一措施一方面使得多领域的创作者进入B站，开辟出生活、科普、美食、美妆等多个新分区，丰富了内容生态；另一方面通过多元化内容，吸引更多用户进行互动和讨论，带动UP主进行持续而稳定的内容产出，最终构建起充满创意、良性循环的生态闭环。

此外，为了激励UP主创作，B站推出"绿洲计划"，通过第三方机构为UP主对接品牌商，实现广告推广与内容的无缝结合。

通过品牌方、UP主、用户三者之间的价值共创，使品牌方与用户之间建立深度关联，创造了其他平台不具备的价值与竞争力，包括内容的内生创造力、文化的塑造性、用户对平台的认同感和用户对UP主的信任感等（如图2-16-1所示）。

图2-16-1　B站的价值共创模式

3. 客户关系：独有的社区氛围且持续高质量的内容输出，保持极高的用户黏性

（1）设立准入机制，保障核心用户体验及良性社区环境

B站极高的用户黏性和用户忠诚度主要归于其良好的社区氛围。B站的会员体系包括注册会员、正式会员和大会员。其中，成为正式会员需要通过答题机制，答题机制设定了社区准入制，赋予用户一定的仪式感，又尽可能保持平台的调性。成为大会员需要付费，从而有权浏览专属特权视频。

---

① 指互联网上在向用户生成一类内容的网站上传视频、声音、图像等数据的人。UP即upload（上传），UP主的本义即上传者（uploader）。

（2）拒绝贴片广告，提升用户体验

B站以用户体验为首要目标。目前，B站广告加载率仅为5%。相比优酷、爱奇艺、腾讯、YouTube等竞争者，B站贴片广告植入少，更多以品牌广告、效果广告和原生广告为主，减少用户的等待时间，保证用户的使用体验。

（3）设置"小黑屋"与风纪委员会，强化内容社区治理

B站的"小黑屋"制度是指"风纪委员会"和管理员承担内容的监督职责，用户可以参与B站的内容社区管理，在分散B站自身内容监管任务、减少审核成本的同时，调动用户的参与热情，赋予用户责任感和使命感，形成自纠自查的社区治理氛围。

（4）"去中心化"的内容推荐逻辑，深度连接用户、UP主和B站

2018年10月，B站推出了"一键三连"机制，即点赞、投币和收藏。B站在内容推荐制度上区别于传统的播放量算法，而是依据用户的喜爱程度，判断创作内容的质量和互动效果进行推荐。通过让用户掌握视频的推荐权，B站更好地掌握用户需求，进行精准的内容推送，同时更好地筛选内容。

4. 数据赋能：借助数据做产品，借助数据做决策

B站的内容根据用户兴趣和偏好进行区分。举个例子，如果某个二级分类的内容区流量增长到某一定值，例如数码区、纪录片区等原本属于科技区的二级分类内容，在流量和关注增长后就会设立独立的数码和纪录片分区，而这些分区的生产者主要是UP主，他们人文素质高，创作力和表达力强，其内容创作也进一步吸引着对应兴趣圈层的用户。在用户数据主导之下，B站逐渐形成了囊括生活、游戏、音乐、舞蹈、数码、时尚、国创等多种分区的综合性视频社区。

此外，B站在2019年第一届跨年晚会上以"最懂年轻人"出圈，其市值凭借跨年晚会暴涨7亿元。B站基于站内的用户偏好和兴趣取向，从节目设置上精准聚焦"80后～00后"用户群体，并根据数据分析出用户感兴趣的节目类型，包括国风、日漫等，节目充溢着游戏、动漫及新潮网络文化元素。由此可以看出：B站在晚会中对产品的定位看似在感性地寻找客户的共鸣，实则是在理性地分析数据，从数据中洞察、识别、分析并提炼出信息，针对客户真正的需求定位产品，以支持业务决策。

三、B站的数字化商业模式亮点和画布

（1）围绕核心用户群和内容生态，聚焦高黏性用户，搭建场景，布局业务，从而建立内容延伸性消费模式。B站以年轻一代用户为核心，通过构建稳定且丰富的内容生态，利用社区氛围吸引并留住用户，建立内容延续性消费。

（2）挖掘用户行为数据，研究用户需求，并基于用户需求细化消费场景，促用户消费，扩大付费用户。B站借助数字化技术进行精准投放，更准确地掌握了用户需求，通过完善用户体验增强用户黏性。

（3）B站与UP主、用户共同建立的"B2U2C"社区，形成相互依赖、深度共鸣的价值共同体。B代表B站，U代表UP主，C代表用户。B站在构建起UP主自由表达和创作的资源平台的同时，为"Z世代"用户提供了更好的内容和服务，最终借助良性的生态互动，形成了统一的价值共同体。

B站的数字化商业模式画布如图 2-16-2 所示。

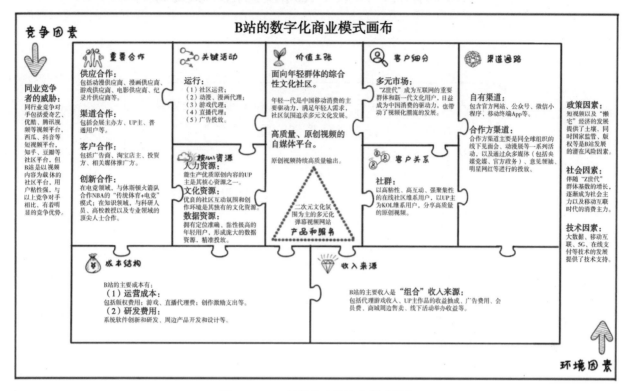

图 2-16-2　B 站的数字化商业模式画布

（以上案例由张园园撰写）

上海文交所：以数字化深耕文化产权交易

> 人类的聪明才智是一切艺术成果和发明成果的源泉，这些成果是人们美好生活的保证，国家的职责就是要保障坚持不懈地保护艺术和发明。
>
> ——阿帕德·鲍格胥

一、上海文交所的品牌故事

上海文化产权交易所（以下简称上海文交所）是上海市政府批准设立，中宣部、商务部、文化和旅游部、财政部、国家广播电视总局、人民银行、证监会等九部委重点支持的文化产权交易及投融资综合服务平台。上海文交所是以文化股权、物权、债权、知识产权等各类产业要素为交易对象的专业化市场平台，作为中央及地方文化企业国有产权指定交易机构，是党的十七届六中全会决议要求办好的重点文化产权交易所。

中央给予上海文交所一个战略定位、两个平台和三项职能。一个战略定位是立足长三角、服务全国、面向世界；两个平台指文化产权交易平台、投融资综合服务平台；三项职能包括文化产权交易（开展国有文化企业产权交易，文化品牌、商标、版权、冠名权等无形资产交易，文化产业项目融资交易和产权交易）、文化金融服务（为文化企业提供股权转让、增资扩股、私募引进、上市培育、质押融资、资产租赁等融资服务）、文化综合配套服务（建立和完善评估、登记、确权、托管、保管、信息发布、结算、鉴证、保险、信托、版权保护、资信评级等综合配套服务系统）。

上海文交所作为全国最具影响力的文化要素规模市场，正在全力打造文化数字资产和数据资产登记交易体系、文化资产区块链交易体系、文化资产评价体系、文化版权数字治理体系、文化交易跨境清结算体系等新功能，深度服务全国各类文旅产业高质量发展。

二、上海文交所的数字化之旅

上海文交所积极贯彻国家"十四五"规划提出的文化产业数字化战略，是完善国有文化资产管理体制机制的重要抓手和核心承载机构，是服务全国、面向世界的权益性资本市场，是国家文化体制改革的重要市场平台和上海国际金融中心建设的重要组成部分。

1. 深耕·引领

对于文化产业来说，传统的融资模式一直存在"高成本、低效率"的问题，特别是在资本与文化的对接问题上，更需要专业的平台以科学的新型方式解决。上海文交所自2009年成立以来，中央赋予了其创新的职责和改变目前文化产业融资难的使命。要真正做到文化产权的改革，就需要给文化产权交易市场带来全新的模式。

2011年，中央文化体制改革与发展工作领导小组办公室在《关于加强上海文化产权交易所建设的函》中明确要求上海文交所严格按照国发〔2011〕38号文、中宣发〔2011〕49号文的规定，在确保安全规范的前提下，对文化产权的交易方式、交易品种和配套服务等内容进行积极探索与积累经验。其具体内容包括：开展国有文化企业产权交易，文化品牌、商标、版权和冠名权等无形资产交易，文化产业项目融资交易和产权交易；为文化企业提供股权转让、增资扩股、私募引进、上市培育、质押融资和资产租赁等融资服务；同时还建立和完善了评估、登记、确权、托管、保管、信息发布、结算、鉴证、保险、信托、版权保护与信用评级等综合配套服务系统。

依靠成熟的数字化技术，上海文交所在版权登记确权和交易流通等版权全链条服务方面形成了较完善的体系。截至目前，包括文学、音乐、游戏、动漫、短视频、影视、文博和艺术等各行各类头部企业及大型文化园区管理机构等均与上海文交所达成了重要合作关系。在此基础上，上海文交所形成了中国文化资产登记中心、信息挂牌、转让鉴证、结算交割业务。

2. 安全·创新

数字文创规范治理生态矩阵（以下称"生态矩阵"）是上海文交所与新华网股份有限公司在国家有关部门的指导下联合行业领导机构发起构建的，共同推动和强化行业规范治理，引导数字文创、数字艺术、数字版权、元宇宙版权产业合理有序发展。其发起推动的版权交易保护联盟链将为优秀数字文创提供不可篡改、分布式、高可信的版权权属确认、版权数字化开发、信息发布、数字版权持有、版权价值管理、版权维权、认证评价、授权托管、流转鉴证等面向数字经济的版权产业综合服务基础设施。

北京众享比特科技有限公司（以下简称众享比特）作为版权交易保护联盟链的重要技术提供方，建立了一套不可篡改的数字版权认证体系，并结合智能化的版权运维机制，保护了版权原创者权益，主要包括：

利用区块链的链式数据结构和加密算法进行版权数据的存证，从而确保了版权信息的不可篡改性与版权信息的真实性；

利用智能合约自动处理与自动完成各类版权的交易活动，极大地降低了版权交易成本，实现了版权管理的自动化、智能化和透明化；

利用区块链技术基于过程的版权溯源机制，不仅实现了对原创作品的保护和对侵权行为的打击，版权拥有者还可以将作品的创作时间和原创内容上链存证，通过多点记录完成创作时间段的信息存证，从而映射整个创作过程，实现版权作品的全过程溯源，进一步推动版权保护模式从以作品结果为中心转向以创作过程为中心的全新保护模式；

在版权交易方面，经过对作品版权评估，上海文交所在区块链上创建版权数字资产，并在链上进行数字资产的交易流转，通过区块链技术赋能，保障了交易链条信息的公开透明与真实可信。

3. 生态·共创

随着我国对文化产业重视的不断提高和数字化时代的来临，文化与互联网的创新结合逐步成为国家在文化建设上重点支持的领域。

上海文交所作为文化产权交易和投融资综合服务平台，依托上海作为中心城市的区位特点，着眼于"立足长三角,服务全国,面向世界"的发展定位,以创新为本,引导"互联网+文化+金融"的深度融合,并以此为基础汇聚各类优质资源在上海文交所这一平台上进行交互、对接与整合,最终引领整个文化金融产业的健康发展。

为进一步实现"互联网+文化+金融"的有机融合,上海文交所在建立文化金融平台和互联网金融平台的基础上,辅助建立多种相关系统,保证数据在多个平台之间的流转和共享,真正实现"互联网+文化+金融"的生态圈。

三、上海文交所的数字化商业模式亮点和画布

(1)技术驱动业务健康发展。以区块链技术为引领,建立数字版权认证体系,保护版权原创者权益及版权信息的真实性,降低版权的交易成本,以技术支撑业务发展,开启了版权交易的全新模式。

(2)重要合作搭起数字化桥梁。通过联合各类文化组织、机构与公司,奠定了文化产权数字化交易基础;通过区块链技术支撑,不仅优化了自身核心资源配置,助力版权交易真实、有效地进行,还通过"互联网+文化+金融"的生态圈实现了价值共创。

(3)践行文化产权交易公共服务平台的价值主张,努力推动文化产权交易的价值向上。一方面,上海文交所为各类文化产权主体提供定价和资本进出通道,探索创建文化金融体系的新途径。另一方面,上海文交所还通过市场推动文化与资本的对接,促进各类文化产权跨行业、跨区域、跨国界、跨所有制与跨时界的流动,最终引领整个文化产业的蓬勃发展。

上海文交所的数字化商业模式画布如图2-17-1所示。

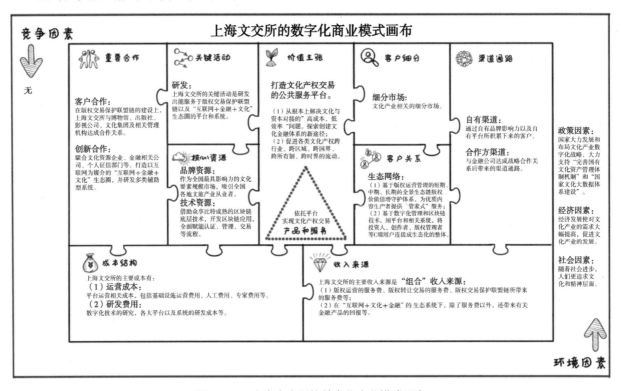

图 2-17-1　上海文交所的数字化商业模式画布

(以上案例由陈鸿刚、张银雪组织、调研与撰写)

阿克塞尔·施普林格集团：传统媒体的数字飞跃

> 倘若一个国家是一条航行在大海上的船，新闻记者就是船头的瞭望者。他要在一望无际的海面上观察一切，审视海上的不测风云和浅滩暗礁，及时发出警告。
>
> ——约瑟夫·普利策

一、施普林格的品牌故事

创办于 1946 年的阿克塞尔·施普林格集团（Axel Springer SE，以下简称施普林格）被称为"欧洲最大的报业康采恩"[①]。在报业昌盛的 20 世纪 90 年代，施普林格在德国出版发行 40 多种期刊，在世界范围内参与 90 多种报纸的出版，拥有 5 家大型印刷厂和 2 家图书出版社，还涉猎德国体育电视、收费电视 Premiere 和等电视公司及 7 家电台。

20 世纪 90 年代，报纸是施普林格的主要业务，其营业额占总营业额的 60% 以上。以 1995 年为例，德国出版的每 4 份报纸中就有 1 份来自施普林格。同时，期刊以占总营业额 25% 的份额成了施普林格的第二大业务。1995 年，施普林格以 1 008 名员工创造了 10.51 亿马克（约合人民币 115 亿元）的营业额。

近年来，施普林格将自己定位为一家媒体和技术公司，活跃于 40 多个国家。通过提供各种媒体品牌的信息（包括 Bild，Die Welt，POLITICO Europe 等）和分类门户网站（StepStone Group 和 AVIV Group 等），在全球拥有 16 000 多名员工。其 2019 年年报显示，营业收入高达 31.12 亿欧元，媒体收入占集团营业收入的 73.3%，利润占比超过 80%。事实上，从传统印刷媒体公司向欧洲领先的出版商的转变已经取得成功。施普林格的下一个目标是通过加速增长，在数字内容和数字分类广告方面成为全球市场领导者。

二、施普林格的数字化之旅

1. 风起云涌：时代变幻，大厦将倾

我们会对传统媒体持悲观的态度是因为其受到了数字化技术的冲击，但事实上传统媒体并非在数字化世界一无是处，最初万维网时代的传统媒体也纷纷构建自己的网页版，甚至施普林格是一个在 1995 年荣登全球十大互联网公司的企业。

[①] 康采恩是由"Konzern"音译而来，有"相关利益共同体"的意思，是垄断组织的高级形式之一，由不同经济部门的许多企业联合组成，包括工业企业、贸易公司、银行、运输公司和保险公司等，旨在垄断销售市场，争夺原料产地和投资场所，以获取高额垄断利润。参加康采恩的企业形式上保持独立，实际上受其中占统治地位的资本集团通过参与制加以控制。

真正对传统媒体产生巨大影响的可能是爬虫技术在万维网的应用，这就是我们非常熟悉的搜索引擎的技术基础。Google 正是搜索引擎的国际代表。2014 年前后，除美国外，Google 在欧洲拥有 90% 的市场份额，这一数字在澳洲是 93%，印度是 95%，泰国是 97%。因此，欧美的很多传统传媒公司都受到 Google 这一跨界竞争对手的严重影响，甚至在很长一段时间，Google 与欧美多数传统传媒公司保持着剑拔弩张的竞争关系，诸如新闻集团、时代华纳集团、论坛集团、华盛顿邮报集团等。

2015 年 4 月，欧盟对 Google 正式展开反垄断调查，这意味着 Google 可能被处以高达 60 亿美元的罚款及其产品有效性被永远限制。看似传统媒体在与 Google 的竞争中取得了暂时性胜利，但作为数字化时代的巨人，Google 已经在欧美成为数字化平台王者，因此，群起而攻之其实不能解决问题。欧洲传统媒体首先要解决缺乏数字化巨头或者说缺乏本土数字化巨头的问题。

传统媒体在解决"在新历史时期该怎么办"的问题上，主要采取了两种方式来应对技术进步对纸媒的影响。一种是传媒集团进行拆分，从而剥离报纸、杂志业务，实际上就是对报纸的全盘舍弃。另一种是走向融合，传统媒体和数字化巨头达成合作，以改变报纸走向衰亡的命运。

但是，上述两种方式可以打破传统媒体的困局吗？施普林格 CEO 马蒂亚斯·多夫纳（Mathias Döpfner）早在这一切发生的 10 年前似乎就给出了一个不一样的答案。他在奋起反抗 Google 压迫的道路上，主动出击，努力填平数字鸿沟，寻求新的发展方向。

2. 审时度势：报纸或亡，新闻不败

2002 年，经历互联网泡沫后，马蒂亚斯·多夫纳一上任就明确了自己的三项使命：第一，带领施普林格在一系列内部争斗之后重上发展的正轨，进一步壮大；第二，带领施普林格进行数字化转型；第三，带领施普林格走向国际，走向英语受众，因为他认为德语受众只有 1 亿人，而英语受众有 10 亿人，施普林格的未来在全球市场。

对于纸媒与数字化的关系，马蒂亚斯·多夫纳认为：以纸张为载体的报纸杂志没有未来，新闻却可以依托互联网长久存在。这就意味着报业或将消亡，新闻业仍然存续，只是换了一种形式（如图 2-18-1 所示）。

2005 年，施普林格参股了一家初创企业——求职网站 Stepstone，可以视其为施普林格数字化之旅的起点。随后，施普林格加大投资新商业模式，同时将资源集中在那些发展轨迹清晰且拥有巨大增长潜力的公司身上，并认为分类广告和营销是其必争的领域。

图 2-18-1　新闻的纸质载体正在被取代

施普林格的主要竞争对手——美国的 Classified Ventures 及挪威的施伯史泰德都是通过成立专门的业务部门来发展分类广告的，而施普林格则是不断地投资，购买各种类型的分类广告相关企业，从而打造施普林格的价值共创体系。

2006~2014 年，施普林格旗下已经形成 13 家分类广告模式的独立公司，它们几乎都是"单打冠军"，是细分市场中的领导者。施普林格坚信，只要方向正确，今天的巨额投资就会是明天的"金牛产品"。

通过构建价值共创体系，施普林格在数字化时代的转型之路上大获成功。由此我们可以发现，在创新或转型的过程中，企业更依靠内部建设。到了数字化时代，企业需要以"客户"为中心，这时仅仅依靠内部建设进行创新或转型会耗费大量的人力、物力、财力，得不偿失。施普林格的价值共创体系通过不断整合资源，将处于目标赛道的细分市场上有发展前景的企业变成自己的利益共同体，从而以价值共创的形式占有竞争优势。

3. 扭转乾坤：走向前沿，引领变革

自2014年起，施普林格就进入数字化的全盛时期。在2015年施普林格收购美国知名科技博客Business Insider[①]，使其一跃成为全球第六大数字出版商，名列CBS、赫斯特、康泰纳仕、时代公司、赫芬顿邮报之后，超越BuzzFeed（美国的新闻聚合网站）、新闻集团和BBC。

图2-18-2　数字新闻媒体

同时，数字营销媒体和数字新闻媒体（如图2-18-2所示）也呈现出强劲的发展势头。2018年10月，施普林格两家主要新闻媒体《图片报》（*Bild*）和《世界报》（*Die Welt*）的付费用户总数首次突破50万大关。其中《图片报》不仅在全球付费新闻应用中排名第五，更是成为非英语国家订阅人数最多的媒体。这两家媒体在数字新闻付费领域收入的上涨，有力地弥补了总公司印刷业务下滑带来的缺口。

说起《图片报》的成功，我们不得不提到2012年《图片报》的掌门人凯·狄克曼（Kai Diekmann）被派到硅谷学习了9个月。这么做的目的就是让施普林格的高管理解数字化的思维方式和行为习惯。事实上，我们深知，思维的转变远比策略的转变执行起来更难，施普林格在思维方式上的数字化就是通过高管的思维方式率先受到冲击，然后在上行下效的作用下，整个集团的传统板块都逐步实现数字化思维。

纵观近年来施普林格的年报数据，我们也能看到其出色的数字化营收能力。在2014年，53.2%的收入（超过16亿欧元）来自数字业务。同时，2014年的经营利润中有72.1%来自数字业务。2015年，总收入增长8.5%，数字收入占比达到61.7%，来自数字业务的经营利润占69.6%，其中来自德国之外的数字业务收入增长23.6%，在总收入中占比47.8%。施普林格2014~2019年数字化收入及其占比如图2-18-3所示。

---

① Business Insider 是美国知名的科技博客、数字媒体创业公司、在线新闻平台，是关注IT和创业的博客。

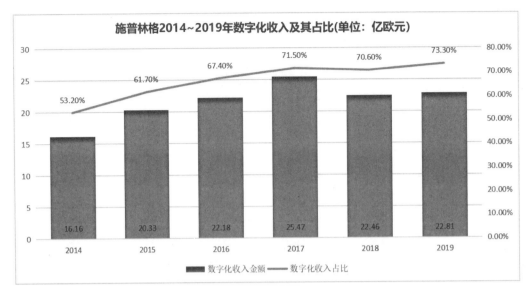

图 2-18-3　施普林格 2014~2019 年数字化收入及其占比

施普林格的业务趋势体现出以下特征：数字化业务强劲增长，传统业务持续下降，增长绝对值远大于下降绝对值。集团总体对线下印刷业务的依赖逐渐减轻，国际化、数字化战略得到有效推进。

而在施普林格转型成功的背后，还有一个重要原因，便是重要合作。2015 年，施普林格宣布与 ProSiebenSat.1 在数字领域联手合作。两家公司都在数字媒体方面投入了巨大的资源，合作目的是推进创新性的数字业务理念和实践的发展，改善德国数字市场的环境与地位。对施普林格来说，随着对印刷出版物需求的下降，传统广告基础正在萎缩，ProSiebenSat.1 稳定的广播电视业务收入具有吸引力；而对于 ProSiebenSat.1 来说，施普林格集团的数字业务远比自己成熟，如果两者联手成行，将造就一个独占德国广告市场四分之一份额的媒体巨头，这一合作可以促使两家企业通过价值共创实现更加良性的发展。

三、施普林格的数字化商业模式亮点和画布

施普林格的数字化转型之路可以说是传统企业数字化转型的典范。回顾其转型过程，我们可以发现它的成功之道在于进行了"三步走策略"。

第一步是在自身没有数字化能力的时候，尝试收购一个具有数字化能力的小公司进行试水。这种试水帮助施普林格颠覆了其传统的渠道通路，使其明确借助收购构建起全新的渠道，即数字化线上渠道，奠定了施普林格的数字化转型基础。

第二步是从不同垂直领域和不同国家收购优质的数字化公司，这决定了施普林格有别于其他公司的关键活动。施普林格不是通过成立新的业务部门来开展数字化关键活动，而是通过投资实现。

第三步是选择志同道合的合作伙伴共同打造数字王国，这代表着施普林格成为国际数字化巨头的雄心，也表明重要合作将成为施普林格进一步发展数字化的重要保障。

"三步走策略"实际上就是施普林格价值共创的实现过程，借助收购，不断地打通被收购者的渠道通路，掌握被收购者的关键活动，然后将新的渠道通路和新的关键活动用到集团传统的核心业务上。同时蹲守硅谷的学习策略也促使施普林格以"CEO 影响高管，高管影响中层，中层影响普通员工"的

形式成功地将整个集团的思维方式转变为数字化思维。

施普林格的数字化商业模式画布如图 2-18-4 所示。

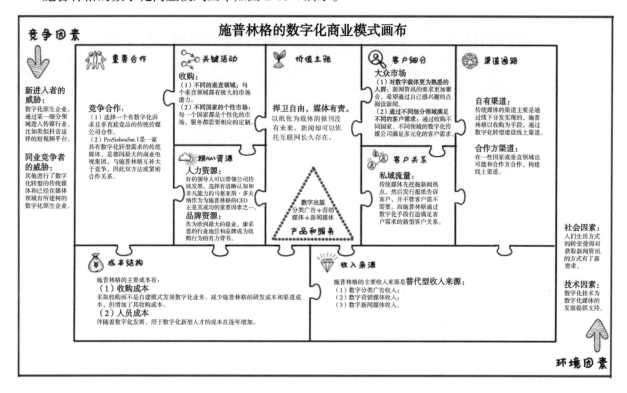

图 2-18-4　施普林格的数字化商业模式画布

（以上案例由张银雪撰写）

智慧社区领域

龙湖智创生活：以数字化技术为翼打造空间服务生态圈

> 科技可以改变人与空间的关系，突破物理空间的限制，并从根本上革新经营和管理的方式，提高资源利用效率和服务品质，从而改善客户使用空间和享受服务的体验。
>
> ——龙湖智创生活

一、龙湖智创生活的品牌故事

龙湖集团是一家创立之初就将"善待你一生"树立为价值主张与品牌使命的企业。在20多年的发展时间里，龙湖集团持续规范服务流程，不断升级服务标准，建立了先进的管理模式和人性化的高效服务体系，业主满意度连续13年超过90%。在此基础上，龙湖集团创建了龙湖智创生活这一智慧社区品牌。截至目前，龙湖智创生活已覆盖住宅、商业、写字楼、学校、医院、产城、市政配套和智慧城市等13大业态领域，建立了一个完整的多元化业务生态圈。

二、龙湖智创生活的数字化转型之旅

为了克服"人工成本高"和"盈利模式单一"等传统物业管理模式的痛点，从2013年起，龙湖智创生活便开始进行经营模式转型升级的探索，不断挖掘新的利润增长点。

1. 秉承"善待你一生"价值主张，打造高品质物业服务

（1）服务标准建设先行，活动作业标准化

龙湖智创生活是国内物业企业中最早实施服务标准化建设的，早在1998年就通过了香港品质保证局的物业管理质量体系认证。

龙湖通过持续修订和完善服务标准，不断提升物业服务关键活动的标准化程度，为打造卓越的运营模式夯实了基础。2012年，龙湖智创生活公开发布《龙湖物业服务标准白皮书》，这是国内首次由物业企业发布的物业管理服务规范，规范共涉及7个领域的2 578条标准，其中包括人力资源、服务流程设计、安全防护和园区环境等。

（2）细节之处见真"彰"，提升客户触点服务体验

抓好服务细节。为了提升服务体验，龙湖智创生活紧紧围绕业主需求，精心挖掘每个服务接触点的细节管理，从小事入手，为业主提供价值向上的服务体验。例如，龙湖要求每名安保工作人员在夜

间巡逻时都要垫上一双软鞋垫，以减少因巡逻造成的噪声与不安全感。

一键式生活服务。龙湖开发上线的U享家App通过对接物业内部ERP系统，使业主足不出户就能在手机上完成缴费、咨询和各类物业服务的预约；此外，通过U享家App，业主还可以与租售、装饰、保姆、保洁、旅游和社区新零售等增值服务提供者实现云连接。

（3）"满意＋惊喜"个性化服务，持续追求价值向上

在标准化的物业服务基础上，龙湖智创生活还深度洞察业主需求，研究并分析业主的生活方式，对业主进行精准画像，提供多样化的个性化服务与新的"惊喜"服务，从而提高业主的满意度。如为出游业主提供宠物看护服务，为深夜归家单身业主提供巡逻门岗园区陪护服务，暴雨期间主动帮助不在家的业主联络拖车服务或抢救车辆。

除了做好社区公共区域和公共设施的精心养护外，龙湖智创生活还将社区养护工作延伸至业主家中。从2011年开始，龙湖智创生活持续推行"善居计划"，不断为业主提供一系列便民服务，让社区得到精心养护和实现资产保值的同时，还营造了和谐的社区氛围，激发了业主参与社区共建的热忱，实现了龙湖智创生活和业主的价值双赢。

2. 打造精益卓越的物业服务运营模式

针对传统物业人力成本过高和信息流转效率低的问题，龙湖智创生活利用数字化技术赋能，主动发起业务变革，引领集团物业服务运营模式实现从劳动密集型向知识密集型的转型，建立了一种精益卓越的物业服务运营模式。

（1）物业服务自动化。龙湖智创生活持续引进机械化作业设备和智能化设备，如引入了电子围栏、自动清洁机械、微喷灌系统等，减少甚至替代人工作业，降低物业服务成本，提升业主的居住体验。

（2）物业管理智能化。在互联网和大数据等数字化技术的驱动下，龙湖智创生活完成了"智慧服务引擎"科技系统的搭建，在小区内实现了物业设施的互联和智能管控（如监控、预警和远程故障诊断），不断尝试在高频的人工物业服务场景用机器人服务代替人工服务，进一步降低物业服务的人工成本。

（3）物业决策数字化。龙湖智创生活通过自建的企业运营云端智慧大脑系统，对积累的业务数据和采集的智能终端进行数据分析和智能决策，不仅可以让经营决策从经验和流程驱动转向数据驱动和自动化，还可以智慧洞察龙湖业主的需求，主动识别服务的薄弱环节。随着计算机视觉技术、人脸识别、行为识别、轨迹跟踪等数字化技术在工地劳动安全管理和商场客流分析等单一应用场景中的落地以及数据基础和应用的进一步完善，未来龙湖智创还将实现更多的智慧化运营管理应用场景。

3. 打造空间服务生态圈

2018年年初，龙湖创新性地提出了"空间即服务"（Space as a Service，SaaS）战略，正式宣布进军城市空间服务，业务领域从居住空间和商业空间延伸至城市空间。该战略同时瞄准了空间和服务两个领域，通过以多样化的空间为抓手，致力于推动服务模式创新，以促进客户在不同场景空间内消费，进而形成全方位、多空间的新型消费生态，形成集聚效应与吸引力，有效提升获客能力和赢利能力。

2022年1月，龙湖物业服务品牌升级为"龙湖智创生活"，致力于打造"一个龙湖"的生态体系。

其中，"智"是指智能、智慧；"创"是指创新、创造；"生活"是指连接人与空间。

龙湖智创生活与龙湖集团各业务赛道实现了相互赋能。依托"一个龙湖"的生态体系，龙湖智创生活可以获取龙湖集团的各类"智能科技化"手段的支持，如产业互联网、物联网和人工智能等底层数字化技术平台和中台服务的支撑，并借助自主研发的各类新兴应用系统，实现空间服务的赋能。

在集团多元化发展过程中，龙湖智创生活的前身——龙湖物业服务，一直扮演着集团业务赛道"孵化器"的角色，如房屋租售和房屋装修两大新战略航道都诞生于服务航道。如今作为"空间即服务"战略下的服务力的集中体现，龙湖智创生活又成为各航道业务协同发展的新着力点。

（1）通过重要合作和跨界，打造多元化业务生态

在主航道业务外，龙湖智创生活围绕与地产主业的高度关联度和协同性，与相关领域的伙伴开展重要合作，不断开拓和盘活存量资产，持续打造和完善多元化业务生态圈，开展价值共创活动。

2018年9月，龙湖正式宣布创建"椿山万树"养老品牌，向一、二线城市群的养老产业全面进军。通过数据赋能和技术驱动，由点及面地布局康养产业，并实现了线下物业渠道与线上服务平台的融合。

2019年9月，龙湖智创生活以收购重庆佑佑宝贝妇儿医院为起点，成功开拓了妇儿医疗市场，提供了多元化的服务类型。通过社区服务和医疗业务的协同和相互赋能，有效提升了服务体验，增强了客户黏性。

2021年9月，龙湖集团正式宣布收购智能硬件公司百佑科技，成功地将百佑科技旗下的千丁智能公司纳入囊中，在"硬科技"赛道完成重要布局。通过将龙湖现有数字化平台与千丁智能化硬件对接应用，不仅在原有基础上无阻碍地适配了龙湖的各航道业务，还进一步推动了数字化社区生态圈的打造与生态圈内部的数字化联动。

（2）基于全场景化服务生态，有效践行价值主张

随着跨界与合作，龙湖智创生活已建立起全场景服务输出能力，并根据对客户的精准细分，使客户的触点可以覆盖各个生命阶段和各个生活场景，持续践行着"善待你一生"的价值主张。

①童年期：龙湖通过旗下的妇儿医院、幼儿园、学校，可以为儿童提供少儿期的关爱和守护。

②求知期：龙湖智创生活通过入驻的大学校园、图书馆和美术馆等知识中心，可以为学生营造安心的求知环境。

③职场期：龙湖智创生活通过入驻写字楼、产业园和交通枢纽等工作场景，可以为职场人士打造智能化、有温度的商务空间。

④置业期：龙湖通过提供租售、验收、装饰和保洁等全链条的地产服务与社区新零售、文化社团、定制化旅游、社区焕新和其他周边的增值服务，可以为业主提供惬意的生活空间。

⑤退休期：龙湖通过打造的颐年公寓、社区照料中心、持续照护养老社区和居家照护等全业态产品，可以为老人提供"银发无忧"的关爱。

（3）"龙民"跨界和服务生态赋能

迄今龙湖已经拥有200多万"龙民"，根据业态的不同，"龙民"的身份标签可以是业主、天街会员、冠寓租客、商家、养老会员……他们每天以不同角色和龙湖发生着各种连接。从2015年开始，龙湖智创生活每年都会举办"龙民节"，为数量庞大的"龙民"创造更多温暖的连接，加强"龙民"对自己

身份的认同感。同时，龙湖智创生活发挥旗下多元化业务资源优势，积极对接合作伙伴资源，专注于自身关键业务活动，为"龙民"跨界创造了充分条件。在活跃"龙民"资源的同时实现了服务生态赋能。

三、龙湖智创生活的数字化商业模式亮点和画布

当房地产告别高增长时代，发展红利由增量扩张转向存量服务，物业服务行业迎来了空前的发展机遇。

（1）贯彻价值主张。始终秉持"善待你一生"的价值主张，不断挖掘和满足客户服务需求，提供价值向上的贴心服务，令客户满意。

（2）科技赋能服务。借助数字化技术，完成运营模式升级，提高服务标准化和智能化水平，在降本增效的同时，也妥善地维护了龙湖与客户的关系。

（3）开展广泛合作。围绕地产主业协同性，与产业链相关企业展开广泛的合作，建设多元化业务生态，提高全场景化服务能力。

（4）服务生态圈赋能。以龙湖多样化的空间为载体，合理配置资源，建立紧密客户关系纽带，持续提高客户黏性，实现生态赋能。

龙湖智创生活的数字化商业模式画布如图2-19-1所示。

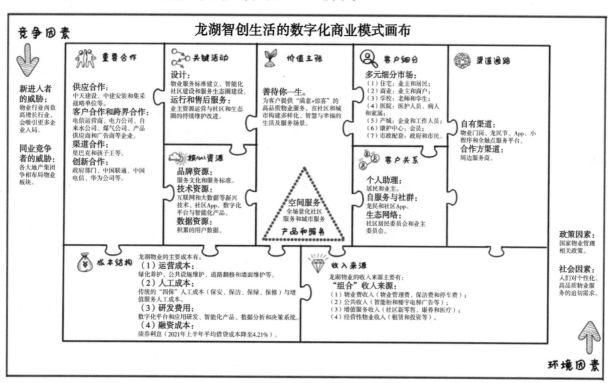

图2-19-1　龙湖智创生活的数字化商业模式画布

（以上案例由冯林撰写）

智慧家居领域

美的：跨越式发展背后的数字化经营模式

> 工业与真正的科学，两者互相依存，互相促进。这种联系是有好处的……如果真正的科学以自我意识来鼓舞和加强人民的独创才能，那么推广和壮大起来的工业就能够使人民各方面的独创才能得到发展。
>
> ——门捷列夫

一、美的的品牌故事

随着时代的发展，人们的生活质量越来越高，越来越多的人开始使用智能家居。美的作为智能家居的领军企业，始终秉持着"原来，生活可以更美的"理念，凭借其过硬的产品质量和极高的品牌口碑得到了消费者的肯定。那么美的又是如何通过数字化转型实现企业发展的呢？

美的集团股份有限公司（以下简称美的）1968年成立于中国广东，是国内第一批制造企业，经过多年的耕耘，于2013年9月18日在深交所上市。2016年，美的首次进入《财富》世界500强名单。2019年，美的全年营业收入就已经达到了2 782亿元，位居中国家电行业第一位，累计专利申请量已突破10万件。2020年11月13日，美的股价更是创历史新高，总市值已达6 657.72亿元。

如此优异的成绩，离不开美的对数字化转型的思考。2011年，美的家电业绩大幅增长，但在一片欣欣向荣中，美的发现虽然企业的营业收入增长稳定，但销售毛利率逐年下滑，净利润率持续徘徊在4%。同时，随着互联网企业进入传统的家电制造行业，以美的为代表的传统家电企业感受到了空前的转型压力。美的董事长及CEO方洪波也意识到：随着时代的发展，人们的消费水平逐渐升级，一方面，消费者对于智能化的需求迅速增长；另一方面，人力的成本也会越来越高。于是，美的迅速开启了数字化转型之路。

随着数字化转型的逐步开展，美的已经悄然成长为一家以数字化和智能化驱动的科技集团，并在数字化转型后进一步发展出五大业务：智能家居、机电事业、暖通与楼宇、机器人与自动化和数字化创新业务。

二、美的的数字化之旅

1. 人才变革：培养自上而下的数字化思维

在美的进行数字化转型之初，方洪波提出"转型本质上就是转人。团队结构不转，思维不转，知识结构不转，能力不转，转型就是空谈"。方洪波更坚定，技术并不是真正决定数字化转型成败的关键，决定成败的关键是人的思维意识的改变及组织方面的变革。

由于美的发展历史较长，企业高管都成长于工业时代，思维有些固化，因此要想成功地进行数字化转型，美的首先要着手建立一个文化和人才管理更具有弹性的高效组织，围绕用户导向和价值驱动两大核心营造文化氛围，并建立完善的数字化核心人才引入与培养的机制，以组建具有数字化思维的人才队伍。

为了给企业发展注入全新的数字化思维，美的在数字化转型过程中以数字化人才为核心，建立起培养数字化人才的体制，增强人才储备。2020年8月，美的发布新战略，成立了数字化创新业务，通过扁平化和去中心化的组织架构，对数字化人才进行授权并鼓励创新。同时，美的成立了高端招聘中心，专攻于高端数字化人才的招聘，并构建起全面并极具吸引力的薪酬体系。通过自上而下的思维上的变革，实现价值向上，并以数字化思维赋能美的变革。

2. 系统优化：从备货式生产到订单式生产

（1）IT系统统一化——整合资源

在过去，美的的IT系统就有100多套，使得内部流程、管理方式、数据都不统一。因此，美的决心打破信息壁垒，整合资源，确立了"产品领先，效率驱动，全球经营"的转型战略，并在2012年9月启动"632"战略，即6大运营系统、3大管理平台、2大门户网站和集成技术平台，致力于构建集团级、统一的业务流程及集团级的IT系统，为美的的数字化转型拉开序幕。2012～2015年，美的基于"632"战略稳步开展数字化建设和项目建设，实现了"一个美的、一个系统、一个标准"的目标。

（2）数据驱动的C2M——降本增效

2015年，美的通过消费端的数据驱动生产模式转型，从传统的"以产定销"转型为"以销定产"，用数据赋能智能制造，实现降本增效。

以往家电领域的企业都是提前生产备货，随后通过返利等营销方式促进经销商提前大规模进货。这导致制造商难以根据市场需求的变化快速响应或调整产品生产计划，同时也会造成大量的库存积压在经销商渠道。为了改变传统的层层分销模式，美的在内部全面推行C2M系统，由一线的消费者数据驱动企业生产。美的创新推出"T+3"模式（如图2-20-1所示），该模式极大地减少了库存积压，提高了效率。

图2-20-1 美的"T+3模式"

数字化转型之初，美的通过一系列关键活动整合IT系统。紧接着，美的聚焦于客户需求，推动生产方式的数字化，数据赋能生产，实现价值向上的同时进一步优化业务发展。

3. 全面改革：深化数字化转型

经过初步数字化转型后，美的具备了数字化基础之后，继续通过工业互联网、"灯塔工厂"、5G 工厂和智能家居的构建（如图 2-20-2 所示），深化数字化转型，从而进入迅速发展阶段。

图 2-20-2　美的数字化转型的四大板块

（1）工业互联网

基于美的强大的制造能力，2018 年年初，美的开始涉足工业互联网。随着物联网技术的成熟，美的看到了工业互联网未来的巨大潜力，精准聚焦智能家居细分市场，建立家居产品与客户的联系，实现价值共创。通过美居 App，空调和冰箱等家电产品可以连接到网络，消费者能在线方便快捷地操控。美的通过所采集的客户数据赋能企业，准确地了解和预测消费者需求，为客户提供优质服务。同时，工业互联网细分需求众多，为了更加高效准确地触及细分市场，美的与研发 AI 算法、图像识别和视频语音分析等数字化技术的专业机构合作，打造了未来工业互联行业的生态链条。

（2）5G 工厂

美的实行 C2M 之后，也带来了一些问题，例如订单逐渐碎片化，原本的大规模生产变成了小批量订单，美的每半年就要做一次工艺改造，这就使得美的面临极高的改造成本和漫长的周期。而 5G 技术能够提供高速无线传输，符合美的降本增效的业务变革方向。

2019 年，美的、华为和中国电信展开合作，形成渠道链条内的合作关系，共同打造了国内首批 5G 工厂。其中所有 5G 工厂由华为提供 5G 设备，中国电信做 5G 运营商，美的负责应用落地，通过重要合作打造 "5G+ 智慧工厂网络"。

（3）"灯塔工厂"

"灯塔工厂" 是由世界经济论坛（WEF）和麦肯锡咨询公司共同遴选的 "数字化制造" 和 "全球化 4.0" 的示范者。入选 "灯塔工厂" 主要围绕自动化、工业物联网（IIoT）、数字化、大数据分析与 5G 等技术进行考量。所以说，入选 "灯塔工厂" 也就意味着企业在数字化转型方面已经走到了世界的前沿。2020 年 9 月，美的广州南沙工厂首次入选 "灯塔工厂"，这意味着美的在数字化转型方面也得到了世界的认可。

（4）智能家居

通过 AI、安全技术和大数据等数字化技术，围绕 "用户端安全、健康、美食、便捷和个性" 五大需求，美的打造了多元智能家居业务场景，对 200 多个细分需求深入探索，为消费者提供个性化定制服务以及智能化的套餐服务，专注价值向上，不断满足客户的消费需求。

美的智慧家居解决方案包含智慧安防、智慧照明、健康用水、健康空气、智慧环境、健康饮食、智慧中枢、智慧影音与健康出行九大产品系统，用户通过美居 App 可以快捷方便地操控客厅、卧室、厨房、卫浴和阳台等生活空间，实现了高效舒适的生活体验。

三、美的的数字化商业模式亮点和画布

（1）思想上破旧立新。美的在数字化转型之初，坚持以数字化思维引导企业转型，通过引进并培养专业的数字化人才，引发业务思维底层逻辑的转变。

（2）重塑模式深化变革。美的颠覆了原有的经营模式，通过技术革新统一IT系统，引入C2M系统、以数据赋能精准聚焦用户需求。

（3）构建生态价值共创。美的在坚定技术持续革新的同时与华为、阿里、京东、OPPO 和 vivo 等建立生态伙伴关系，共同打造完善的智能服务链条，为用户提供全场景智能化的"超级入口"。

美的的数字化商业模式画布如图 2-20-3 所示。

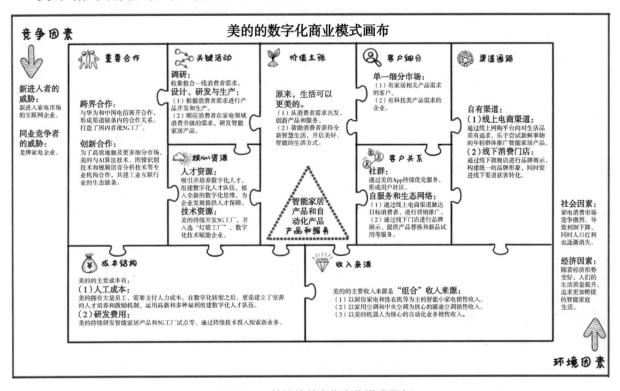

图 2-20-3　美的的数字化商业模式画布

（以上案例由徐有聪、戚高翔撰写）

小米：互联网基因助推企业数字化迭代

> 快速迭代，不断试错，逐步走向成功的彼岸。这是互联网时代的王道。
>
> ——雷军

一、小米的品牌故事

小米科技有限责任公司（以下简称小米）成立于2010年4月，是一家以智能手机、智能硬件和IoT平台为核心的消费电子及智能制造公司。米的拼音是"MI"，其第一层意思是"mobile internet"，代表着小米要做移动互联网公司；其第二层意思是"mission impossible"，表示小米要完成不可能完成的任务，用小米的产品征服世界；第三层意思则是创始人希望"小米"这个亲切可爱的名字可以成为每一位用户的好朋友。基于这种价值理念，小米以其独特的数字化思维持续努力创新，不断追求极致的产品和效率，致力于用科技改善大众的日常生活。

创业仅7年时间，小米的年收入就突破了1 000亿元；两年后，小米的年收入又突破了2 000亿元，成为最年轻的世界500强企业。截至2020年，小米的业务遍及全球90多个国家和地区，其手机出货量甚至一度超越苹果公司，成为世界第二的手机生产厂家，谱写了小米的增长奇迹。

作为一家以创新技术驱动的互联网公司，小米的数字化之路主要围绕生产制造端和遍布全球的网络销售端持续发展，并紧密围绕着战略和业务发展的不同阶段和需求而展开。而在不久的未来，小米将深度参与制造业，依靠互联网和互联网的方法论，在自研的大量高端装备的助力下，赋能制造业。

下面，让我们一起来回顾小米这十年来谱写的企业发展传奇。

二、小米的数字化之旅

1. 梦想的开端

小米创始人雷军曾说："优秀的公司赚取利润，伟大的公司赢得人心。"

2010年，面对诺基亚、摩托罗拉和三星等国际巨头的夹击，当时以"中华酷联"为代表的国产手机品牌不仅没有竞争优势，而且因为价格低廉、性能一般，被大多数人认为是"低端、老土"的代名词。

刚刚入局的小米，在创立之初便决定"做全球最好的手机，只卖一半的价钱，让每个人都能买得起"。这也正是小米"始终坚持做'感动人心、价格厚道'的好产品，让全球每个人都能享受科技带来的美好生活"这一伟大使命的由来，更是小米的立足之本。怀揣着与用户之间的深刻价值认同，小米于2018年首次公开募股（IPO）前夕，宣布了一项董事会决议："小米硬件综合净利率永远不超过5%，如有超出的部分，将超出部分全部返还给用户。"而这项决议正是小米创始人不忘初心、坚持使命的价值体现。

2. 互联网思维的降维打击

小米创始人雷军作为一个从来没有做过手机的外行，想做全球最好的手机，这谈何容易呢？彼时的雷军脑洞大开，他发现这些国际手机巨头都是硬件公司，于是他决定另辟蹊径，采用互联网模式，将软件、硬件和互联网融为一体，实现降维打击，就此开启了小米公司的数字化之旅。

小米自诞生之初，就颠覆了手机厂商以硬件为先的传统理念，先从软件开始，从操作系统开始；凭借着"专注、极致、口碑、快"的互联网七字诀，仅用两个月就开发出了小米的第一版 MIUI。与此同时，小米还建了一个论坛，招募志愿者来"刷机"试验，并最终将最初应召的百位勇士的名字做成了启动界面，这也由此打开了小米公司未来另一个极为重要的立足之本——客户关系。

3. 超强大的"米粉"经济

小米在数字化过程中与用户建立起了强大且令人羡慕的独特纽带，培养出了良好的客户关系——"米粉"文化。

自2010年第一代 MIUI 问世以来，在小米未做任何推广的情况下，上演了靠用户口口相传而声名大噪的业内神话，更有甚者在世界各国自发建立"米粉"社区，为小米种下了国际化的种子。

自此之后，小米确立了"和用户交朋友，做用户心中最酷的公司"的公司愿景，并进一步建设与"米粉"的沟通渠道，包括论坛、线上官网、微博、客服、粉丝社区和线下智能米家等；同时组织"米粉家宴""米粉爆米花活动""米粉 open day"与"小米社区交流"等一系列主题活动，致力于强化与"米粉"的互动。

这些形形色色的线上线下文化活动，不仅能够准确地收集用户的需求及反馈，帮助小米完善产品和服务，而且形成了极为良好的用户体验及消费闭环。此外，小米还基于"为发烧而生"的产品理念，创新地让60万用户及发烧友参与手机的开发与改进，通过赋予"米粉"参与感与使命感，进一步提升用户体验，实现价值共创。

2021年小米手机十周年之际，小米公司更是斥资3.7亿元向最早购买初代小米手机的18.46万用户每人返还了当初的1999元，这波营销造势之后，小米收获了"米粉"以及更多潜在用户的好感。

4. 人才是成功关键

作为一家科技企业，小米除了重视知识产权之外，更重视人才培养。在创始人雷军的眼中，小米成功的关键本质是人才！创立之初，面对2010年手机上下游产业链的巨头企业，小米认识到摩托罗拉的硬件、微软的软件、谷歌的互联网是顶尖水平，于是创始团队在第一年花了80%的时间进行人才招募，众多复合人才的加入也为小米带来了互联网的先进管理经验和运营方法论，为小米的长期发展打下了坚固的基础。

"企业找人不是三顾茅庐，要三十次顾茅庐！"小米为了挖掘合适的人才，有时会和对方交流10多次，正是这样的努力与坚持，才让小米铸就了一支素质高、技术强的人才队伍，而这也为小米的后期发展提供了人才支持。

5. 万物互联方成生态

智能手机的核心业务稳定后不久，小米敏锐地意识到手机市场越来越激烈的竞争压力，唯有联合手机的上下游生产商、渠道商和客户，形成一个以手机为核心，囊括手机周边、智能硬件和生活耗材的生态圈，并让三者通过小米手机进行连接，才能帮助小米持续拓展业务，不断焕发新的生机。

于是，小米在原手机供应链的基础上开始推进生态建设，通过强大的制造资源优势，着力寻找重要合作伙伴，凝聚先进的数字化技术，形成巨大的制造供应链资源池。2014年，小米正式启动了生态链计划，将自己的成功经验介绍给各类创业者，截至2020年，成功孵化了100多家生态链企业，生产出上千种优质产品。

生态建设让小米能够以更低的成本进入更多元的业务领域，而进入生态的企业也能够与小米共享客户群体和销售渠道，从而实现共生与共赢。除此之外，生态合作进一步整合了全球范围内的制造资源，让小米各类电子产品的整合速度、质量及效率远超同行。最后，小米又借助新产品的联网功能，收集更多用户的数据及反馈，反哺产品的升级和优化，形成了以小米手机为纽带的移动生态闭环。

6. 多元收入支持爆发增长

小米创立初期的收入来源较为单一，主要是手机及手机服务的销售收入，而在形成贯穿手机行业上下游的多元化生态布局之后，不仅核心的智能手机业务销售收入大幅增长，而且 IoT 与生活消费产品和互联网服务等成为支持小米持续发展的新增业务。小米2015～2020年的收入情况如图2-21-1所示。此外，2021年小米正式进军智能车市场，持续推进智慧车辆研发计划，并计划三年之内初步实现量产。

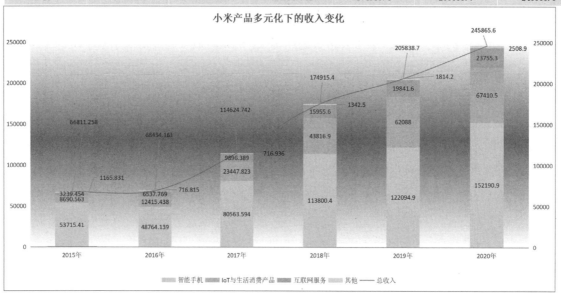

图 2-21-1　小米 2015~2020 年收入情况

多元化的收入结构使得小米实现了业务营收6倍以上的暴增,仅用10年就成为世界500强企业之一。

7. "持续创新"才有百年之计

小米创新地摒弃了传统手机行业的线下销售模式,全部进行线上营销,不仅节省了线下门店的经营成本,也让小米更精准地聚焦到了习惯网络购物的年轻消费群体,并引发了手机行业的销售模式变革。

雷军曾说:"创新决定我们飞得有多高,质量决定我们走得有多远。"小米保持市场竞争优势的核心关键正是持续创新。2020年,小米的研发预算就高达100亿元。在创新的过程中,小米还基于与60万"米粉"的价值共创,形成独特的共建共享的"米粉"文化,让"米粉"参与产品的改进与优化。同时,小米也致力于在其组织内部打造工程师文化,鼓励对于一切美好科技愿景的构思与实现,并为取得突破性技术的员工颁发小米内部的最高奖项——小米技术大奖,奖金是价值100万美元的股票。

三、小米的数字化商业模式亮点和画布

(1)小米是一家极具互联网基因的公司,自其诞生之日起,就凭借数字化思维,以线上销售渠道的方式革新了传统注重线下门店销售的手机市场,并将数字化思维融入了企业文化,形成了创新精神和工程师精神,并以数字化思维赋能企业创新。

(2)小米极为看重客户关系,其独特的"米粉"文化是小米公司长盛不衰的立足之本,也是其价值主张中最为重要的部分。

(3)小米的多元化生态战略,不但为其创造了大量的多元化产品,还为其赢得了大量的生态伙伴,通过形成重要合作进行价值共创,这使得小米不仅实现了数据的有效共享与资源的合理配置,还带来了持续增长的多元化收入。

小米的数字化商业模式画布如图2-21-2所示。

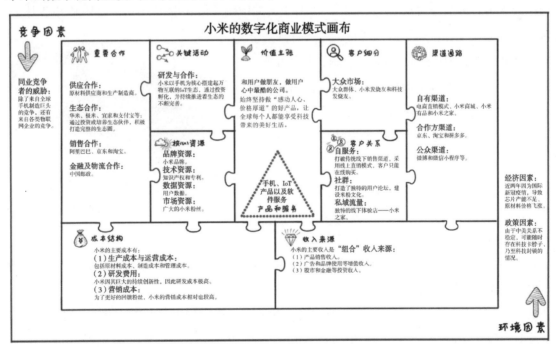

图2-21-2　小米的数字化商业模式画布

(以上案例由曹佳宁撰写)

智慧政务领域

中国建设银行:大行担当下的智慧政务

> 大国之大,也有大国之重。千头万绪的事,说到底是千家万户的事。民之所忧,我必念之;民之所盼,我必行之。
>
> ——习近平《二〇二二年新年贺词》

一、建行智慧政务的品牌故事

智慧政务即"互联网+政务服务",政府部门借助"云大物链智移"等数字化技术构建资源优化共享、流程简易便捷、部门畅通协作的新型智慧型政府,最终为群众提供更多的便利,构建智慧化的服务型政府。

中国建设银行的前身为成立于1954年10月1日的中国人民建设银行(后于1996年3月26日正式更名为中国建设银行,以下简称建行)。建行党委书记田国立指出:"金融如水,通过融合资源、汇合诉求、聚合能量,可以在助力数字治理中发挥独特作用。"建行积极响应国家政策号召,融合运用云计算、大数据、区块链、人工智能等技术,为各级政府搭建全事项、全流程、全覆盖、全场景应用的智慧政务综合服务平台,助力推进国家治理体系和治理能力现代化。为此,建行特别推出智慧政务品牌,如图2-22-1所示。

图2-22-1 建行智慧政务品牌

建行智慧政务品牌大致经历了三个发展阶段。

(1)春风浩荡,大幕拉起。2019年1月,云南"一部手机办事通"App上线,标志着智慧政务业务开启了新篇章。

(2)本末相顺,多点开花。在新冠肺炎疫情发生后,建行联合多个省、市级政府,基于智慧政务平台及时上线"防控专题",并推出"疫情动态""督查举报""免费在线问诊"等多项功能,以信息化手段在疫情防控时期助力政府的疫情防控和管理工作。

(3)百花齐放,欣欣向荣。近年来,建行与全国各地的政府部门开展合作,凭借团队强大的科技实力、高效的组织协作能力、领先的数字化思维模式和开放创新的生态理念，其智慧政务业务覆盖京津冀区域，并在13个省级、14个市级平台顺利上线运行，获得了政府与群众的肯定。

二、数字化背景下建行的智慧政务之路

1. 躬身入局：新金融理念为先，行智慧政务之路

从2011年开始，国内外金融环境依然严峻而复杂。同时，新技术、新应用迅猛发展，互联网金融冲击加剧，商业银行面临的竞争已趋白热化。面对市场环境的变化，建行党委书记田国立提出："银行不能继续陶醉于'灰犀牛'背上的狂欢，面对新时代经济社会矛盾的新变化，银行是时候该做出改变了。"同时，随着智慧政务成为中国智慧化建设的重要内容，建行希望通过创新的金融服务推进智慧政务战略，助力实现国家治理现代化，成为智治社会的建设者和参与者。

带着市场危机意识，以"成为智治社会的建设者和参与者"为使命，建行通过聚合全球科技和金融人才，融入大量数字化新技术，走上了用金融科技助力解决社会问题的发展新路径。

2019年1月10日，建行在云南上线"一部手机办事通"，通过线上平台整合云南省全境"省、州、县、乡、村"五级政府机构，通过部门的联合和资源的整合，优化业务流程，提升服务质量，解决了过去云南省在政务服务建设中出现的服务分散、资源浪费等问题，整合并优化了分散在8个App和11个微信公众号的功能，推出153项便民服务，包括线上户籍办理、线上养老保险查询等。"一部手机办事通"App受到了云南省人民群众的肯定，上线仅40天累计下载已达137.97万次，注册用户达91.29万人，上线点击量超204.2万次，办理了超过150万件群众业务。通过技术赋能智慧政务，建行打通政府与群众沟通联系的"最后一公里"，同时也让建行的服务深入社会群体。这标志着国内首个全省统筹、政府主导、银行参与、银行的金融科技公司开发的政务App成功走向社会、走进市场，不仅成为全国建行系统内首个与省级政府全面合作的范例，也开创了中国政银合作的"建行模式"。

建行以强大的数字化技术赋能智慧政务平台，通过转变思维，打破传统和常规，其最新的金融理念如一盏"孔明灯"，指引建行智慧政务前行的方向。

2. 开拓进取：金融科技为源，铸现代化平台之基

疫情防控期间，建行通过智慧政务平台为各级政府防控疫情工作发挥了积极作用，在确保平台平稳运行、及时准确发布疫情信息、助力政府疫情防控、辅助做好疫情决策、防范舆情次生风险等方面发力。例如，疫情防控期间，建行山西省分行利用"一部手机三晋通"App发布疫情防控信息，使政府第一时间触达城乡居民、深入社区。同时在山西省政府启动一级响应后，建行山西省分行第一时间上线App专栏，在发布疫情政策及相关信息的同时，将防疫宣传知识贯穿到3.4万个裕农通村口银行，有效增强了群众的自我防控意识和社会信心，同时设置"肺炎疫情防控投诉咨询"专栏，搭建山西省卫健委与群众的沟通桥梁，形成完整的"咨询—投诉—举报—反馈"闭环链。

"一部手机三晋通"App能及时发布医疗信息，涵盖省内11个地区共232所有发热门诊的医院名称、地址、联系电话及开诊时间等信息。此外，App还会发布群众关注的公共服务信息，如车站动态信息、国务院办公厅关于延长2020年春节假期信息等，为百姓及时了解疫情防控最新进展提供便捷渠道。

智慧政务在面对大风大浪之时临危不乱，通过设计研发等关键活动，与各地政府开展重要合作，积极服务国家战略，与国家共渡难关，关键时刻展现金融科技的优势与能力。

3. 日渐鼎沸：造福社会为本，架"优政惠民兴企"之桥

近年来，借助在智慧政务领域不断积累的经验，建行开始探索在宗教、学校、医院等不同领域做出贡献。陆续推出了善行宗教、建融慧学、建融智医等行业综合服务平台，将业务扩展到陕西、辽宁等地，开辟以金融科技改善民生的发展新路径。

平台以"金融科技＋政务服务＋政府管理＋行业服务台"的四大层级为整体架构，充分利用建行在"云大数智"上的技术资源，服务于多元化的智慧政务场景，帮助政府提升治理和服务能力，通过更好地整合政府和社会资源，推动资源的开放共享，推动智慧化的新型服务型政府建设，架"优政惠民兴企"之桥。

目前，建行共开发出13大个性化的创新产品，包括智慧政务综合服务平台、互联网＋监管、政务大数据应用产品、政务支付产品、数字营商平台、数字房产、智慧党建平台、农村土地流转交易平台、农村集体三资监管平台、善行宗教、安心养老服务平台、地方金融机构监管产品、数字会展，真正推动政府服务流程的简化，最大化便利人们的生活。

以数字营商平台为例，其主要功能是基于企业画像实现相关政策的极速匹配，为企业提供智能化、定制化服务，包含丰富的营商大数据产品。例如，建行联合云南省工商联建造个性化的"数字工商联"平台，联通20多家商协会，整合金融服务、电子政务、非公经济等多种业务场景，提供包括商会管理、在线办公、金融业务等在内的30多项具体服务，在平台的联通下，实现金融科技推动政务、企业、商会的战略合作。

三、建行智慧政务的数字化商业模式亮点和画布

（1）顺应时代趋势，转变传统思维，挖掘智慧政务业务契机。随着大数据、人工智能等新技术的发展，智慧政务建设是实现国家治理现代化的必由之路。作为国内首家开发智慧政务业务的企业，建行基于金融科技战略，利用金融服务助推政务智慧化发展，开发一站式的智慧政务服务平台，助力智慧政府建设。

（2）探索新型客户关系，打造全方位服务。从"B端赋能——做企业全生命周期伙伴"到"C端突围——做百姓身边有温度的银行"，再到"G端连接——成为国家信赖的金融重器"，建行的转型和重构正在重新定义新时代背景下银行的新功能与新未来。

（3）致力于打造最懂金融的科技集团。建行致力于打造最懂金融的科技集团，投入大量的研发费用，聚集顶尖人才，开发"新一代"核心IT系统，实现技术实力领先行业，成为技术的引领者，为建行后期开发智慧政务服务平台提供了坚实的技术支持。

（4）实现企业发展的价值向上，展现大行担当。从单纯的社会金融服务向智慧政务的发展，体现了建行人不断深耕客户服务，从生活的方方面面满足客户所需甚至是创造客户所需。同时，建行还承担相应的社会责任，助力实现国家治理现代化，成为智治社会的建设者和参与者。

建行智慧政务的数字化商业模式画布如图2-22-2所示。

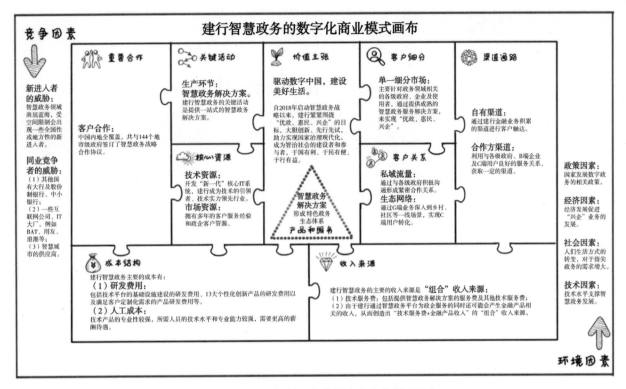

图 2-22-2　建行智慧政务的数字化商业模式画布

（以上案例由张银雪整理与编写）

智慧金融领域

招商银行：金融科技引领银行零售 3.0

> 当今世界唯一最巨大的力量是变革的力量。
> ——多伊奇

一、招行的品牌故事

1987年，招商银行股份有限公司（以下简称招行）成立于中国改革开放的最前沿——深圳蛇口。自成立以来，招行一直以"为中国贡献一家真正的商业银行"为使命，始终坚持市场导向、客户至上、科技驱动与专家治行，以自身转型发展推动社会经济持续进步。在完成零售引领 1.0 的转型后，招行也开始了数字化转型之路，大概可以分为轻型银行和金融科技银行两个发展阶段。

2013年开始，银行业面临宏观经济增速下滑、利率市场化加速、金融脱媒和异业竞争的冲击。为此，招行进一步明确"一体两翼"的发展战略，步入轻型银行 2.0 时代。通过零售、交易银行和托管等轻资本消耗业务的持续创新，招行进行了"二次突破"。

2017年，招行认为未来的业务发展将主要依靠金融科技，未来银行将由传统银行向网络化、数据化与智能化转变。因此，招行提出建设金融科技银行的战略目标。2018年，招行又正式吹响零售金融 3.0 转型的集结号，这是金融科技与零售金融的有机融合，强调"人+技术"的组合为核心内容，从而实现用专家创造价值，用科技传递价值。

二、招行的数字化之旅

1. 破旧立新：甩掉包袱，打造轻型银行

随着时代的变化，环境和竞争因素给银行业带来了巨大冲击，招行率先甩掉包袱，向轻型银行（如图 2-23-1 所示）转型。轻型银行的本质是指以更少的资本消耗、更集约的经营方式与更灵巧的应变能力，专注于其"以客户为中心，为客户创造价值"为价值主张的触达和传播，保障其关键活动的实施和核心资源的安全与稳定，实现更高效的发展、

图 2-23-1　轻型银行

更良性的成本结构和更丰厚的收入，具体体现在"轻资产、轻经营、轻管理、轻文化"四个方面。

①轻资产：构建具有"资本消耗少、风险权重低和风险可控"三大特征的业务体系与成本结构。

②轻经营：构建具有"集约化、内涵式与成本节约型"三大特征的业务经营模式，通过精准的获客模式以及卓越经营，实现轻资产。

③轻管理：在管理上删繁就简、注重实效，以"扁平化、集约化和专业化"为核心思想，依托于数字化技术，打造快捷高效的组织架构和管理流程，保障企业的关键活动和核心资源。

④轻文化：创新求变，清除或预防"大企业病"，保障企业以"价值向上"为指导原则的价值主张。

招行在确定走轻型银行的道路之后，紧接着明确了"一体两翼"的战略，即零售金融为"一体"，公司金融和同业金融为"两翼"。其中，零售金融的业务重点是财富管理、小微金融和消费金融，以"做大做强、扬长而去"为基本策略，实现最佳银行的价值主张；公司金融是要构建专业的交易银行体系和投资银行两大体系，以"剑走偏锋，打造特色"为策略，实现专业银行的价值主张；同业金融是依靠大资产管理和金融市场业务双轮驱动，以"厚积薄发，直扑前沿"为策略，实现精品银行的价值主张。

2. 扬帆起航：科技赋能，打造金融科技银行

招行认为未来银行的发展需要依靠金融科技，因此在 2017 年正式提出建设金融科技银行的战略目标，把科技变革作为未来 3~5 年的重中之重。招行这样定义金融科技银行：以科技敏捷带动业务敏捷，紧紧围绕客户需求，深度融合科技与业务，快速迭代并持续交付产品和服务，创造最佳客户体验，取得效率、成本与风险在更高层次的平衡。

对于未来发展规划，招行首先提出了网络化、数据化、智能化的数字化思维构架。

通过业务系统网络化和数字化技术赋能，把新功能快速应用到业务上，借用手机的进化动力，推动银行业自身关键活动的创新。

数据驱动运营模式良性发展，深度挖掘数据资源的价值，让金融产品颗粒度更小，更容易组合，变得更"聪明"。

将积累的场景数据资源和资深员工经验的资源转化为智能业务的基础，并用人工智能辅助甚至替代人脑，打造完美的金融服务，助力获客模式的持续优化。

招行为了实现这一目标，基于云计算等技术，建设了先进的金融科技基础设施平台，以提供优质的金融科技产品服务。紧紧围绕客户关系和数字化技术两大关键点，推动新的经营模式，包括从客户转向用户——重新定位细分银行服务对象和经营思维；从银行卡转向 App——重新定义银行服务边界和关键活动类型；从交易思维转向客户旅程——重新定义银行服务活动逻辑和客户关系维护；从依靠经验转向依靠数据——重新定义银行经营的依据与核心资源；从集中转向开放——重新定义银行科技基础和企业价值主张。同时，不断增强开放银行能力，全行统一对外服务的"Open API 平台"，支持 API 安全快捷输出和渠道通路的快速触达。

招行围绕"以客户为中心，为客户创造价值"和"因您而变"的价值主张，借助金融科学技术、金融经营数据和金融科技人才等核心资源，实现了其运营模式的转变和创新，为招行零售金融 3.0 的业务模式打下了坚实的基础。

3. 更进一步：数字加持，打造零售金融数字化体系

金融科技发展到一定程度后，招行正式开启了重塑零售金融数字化体系的旅程，明确提出将数字化获客、数字化管理和数字化风控作为零售金融数字化体系的核心。

（1）数字化获客

以招行App和掌上生活App为渠道通路，招行创建了独具特色的数字化获客模式。通过联名营销、联动营销、场景营销、品牌广告营销、自媒体粉丝营销和客户推荐客户（MGM）社交营销等方式，招行维护了客户关系，提升了自身价值，落实了价值主张，并且将价值主张传递给客户，以此打造新的获客增长点。在具体的策略上，招行通过"三环"经营扩展服务边界，分析市场，定位客户。所谓"三环"，其中内环由客户组成，中环与外环由用户构成，其目的是将更多的核心资源与战略重心转移至为客户提升效率与实现服务的价值向上。

（2）数字化管理

招行通过搭建风铃系统（如图2-23-2所示），连接行内20多个系统，从客户需求出发，共计整合3万余个埋点数据与1 200余项体验指标，形成了完善的零售客户体验监测仪表盘。此系统从多渠道通路出发，通过监测管理用户体验，提升了审批作业效率，优化了关键活动，推动了客户体验，有效地提升了维护客户关系的效率，从而达到运营模式的精益卓越。

图2-23-2　风铃系统

（3）数字化风控

商业银行面临的欺诈风险是不可避免的问题，近些年来逐渐体现出专业化、集团化、产业化与高科技等新特点，直接威胁客户财产安全，甚至阻碍了商业银行线上关键活动的拓展。为此，招行打造智能化风控系统——天秤智慧风控平台（如图2-23-3所示）。此平台7×24小时从客户的行为、设备和环境等多个维度，全面监控和保护客户交易，同时覆盖了招行全渠道的登录、转账和支付等电子支付场景，并根据不同的应用场景和风险级别，建立了密码、短信验证码、语音验证、动态问答、生物识别和人工外呼等多因素组合的身份认证的核心机制。

图2-23-3　天秤智慧风控平台

天秤智慧风控平台令客户安心、放心，并以此增强了客户黏性，也为获客模式提供了新的增长点。

三、招行的数字化商业模式亮点和画布

（1）在获客方面，招行通过搭建特色生态圈，在招行App和掌上生活App双渠道通路的基础上，打通线上和线下渠道，连接各类金融服务体系。通过一系列重要合作，合理协调社会核心资源，主动连接生活百态，不仅优化了获客模式，还实现了与客户的价值共创。

（2）在运营方面，招商银行通过"抓大放小"的思维理念实现更少的资本消耗和更集约化的经营管理。数字化技术赋能运营模式，打造开放型IT架构；建设数字化平台，为业务发展提供有效的运营保障。招商银行为合作的上百家企业提供技术支持，有效增强了企业的运营能力，同时以金融科技为支柱，以数据赋能为手段，优化业务流转、风险控制全流程。从客户全旅程视角出发，招商银行将客户体验转变为直观清晰的量化数据，构建"监测—分析—改进"的客户体验管理闭环。

招行的数字化商业模式画布如图2-23-4所示。

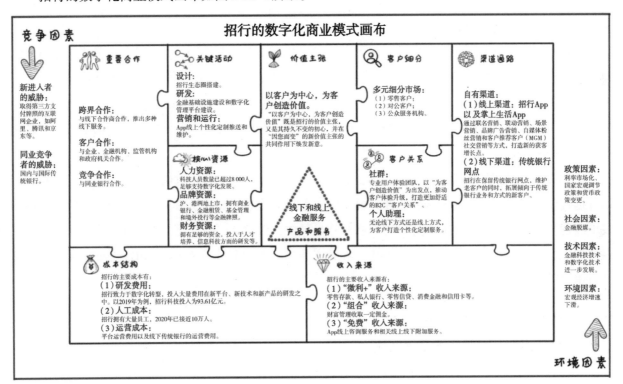

图2-23-4　招行的数字化商业模式画布

（以上案例由樊明汉、戚高翔撰写）

ING 银行：数字化焕发直销新生机

> 如果你要成功，你应该朝新的道路前进，不要跟随被踩烂了的成功之路。
>
> ——约翰·D·洛克菲勒

一、ING 银行的品牌故事

ING Direct 银行（以下简称 ING 银行），归属于 ING 荷兰国际集团，是全球最大的直销银行。它是随着 20 世纪互联网兴起后应运而生的一种新型银行运作模式，于 1997 年在加拿大开创，设立了首个零售直销银行——ING Direct Canada。至今，其直销模式已覆盖德国、西班牙、意大利、澳大利亚、奥地利。凭借着低成本的直销模式和全球化的布局战略，ING 银行成为世界最大的直销银行，存款规模超过 2 000 亿欧元，其业绩占据了 ING 集团的半壁江山。

直销银行取消了银行的营业网点，不发放实体银行卡，用户主要通过电脑、电子邮件、手机、电话等远程渠道获取银行产品和服务。在品牌建设和实践中，ING 银行强调与行业传统模式脱离，通过线下经营的 ING 咖啡馆来支持线上业务，在长年发展中，以简单、差异化的产品和鲜明的品牌特征，在海外多个市场取得了不俗的成绩。其中，经营于德国和奥地利的分支 ING-DiBa 是集团旗下最成功的直销银行。

二、ING 银行的数字化转型之旅

1. 打破僵局：为银行业带来新生

ING 银行初创期间，创始人阿卡迪·库尔曼（Arkadi Kuhlmann）在零售直销模式下提出价值主张的核心——做银行业的"沃尔玛"。其核心理念便是以客户为中心，向客户提供简单、公平的银行服务。

基于互联网渠道的直销形式，无论是品牌的打造或产品的推销层面，都有着低成本的优势。ING 银行的金融产品主打"高息存款、低息贷款、无手续费和年费"，其产品更具有简单、标准化的特点，如最初的两款金融产品——ISA（Investment Savings Account）和 GIC（Guaranteed Investment Certificates），其中，ISA 最初利率是 4%，比当时传统银行的利率高出 1%，且无任何手续费。除了产品本身的优惠服务外，还增设了保障服务的 7×24 小时呼叫中心，能够快捷及时地响应客户。

拥有更多的储户是银行赖以生存的基础。为此，ING 银行发力于获客模式的三个方面。首先，ING 银行秉持"以低价格出售简单的金融日用品"的营销主旨，通过对用户的生活习惯、资产负债、信用卡消费等情况的统计及分析，界定了用户细分特征，如下：

（1）大多为父母；
（2）年龄在 30~50 岁；
（3）接受过良好教育的上班族；
（4）收入水平高于市场平均水平；
（5）有自主理财习惯；
（6）接受线上形式的金融服务。

其次，ING 银行在营销渠道方面做了开创性的业务设计，在少数关键城市设立具有咨询服务的咖啡馆网点。它将馆内的店员培训为金融顾问，向客户提供咨询服务。客户不仅可以在此休息，还可以在这里进行一些账户的操作、金融业务的办理。咖啡馆网点模式（如图 2-24-1 所示）为客户提供了一种轻松温暖、别具一格的金融网点环境，这让 ING 银行的品牌更实体化，客户黏度更高。将产品与服务提升至有温度、有情怀的层面，就已经不再属于营销的策略范畴，而是一种价值的体现。

图 2-24-1　ING 银行的咖啡馆网点模式

最后，在品牌建设和宣传方面，ING 银行强调脱离传统银行，采用幽默、反传统的宣传基调，凸显自身。在客户关系方面，ING 银行以较高的客户满意度和口碑，增加了 40% 的新客户。ING 银行的获客优势如图 2-24-2 所示。

图 2-24-2　ING 银行的获客优势

2. 重整旗鼓：数字化助力 ING 银行转型

2010 年，ING 银行在制定发展战略时，意识到世界正在迅速变化，在这种技术更新快、行业竞争加剧、用户期望变化复杂的背景下，ING 银行引入了敏捷的工作方法，助力数字化转型。一是从组织的维度，改变传统的组织结构和绩效管理，让团队具备技术开发的灵活性和战斗力，在面对内外部环境的变化时能够迅速适应和调整；二是结合银行业数字化，在技术研发和数据分析方面加大投入，使得应用软件能够快速更新和迭代。引入敏捷的工作方法，是 ING 银行和数字化转型桥梁的关键点，而数字化转型是业务实现突破的必经之路。

ING 银行的敏捷应用过程是将"清晰和简单、随时随地、赋权客户、精益求精"作为战略驱动目标，针对工作方式、组织结构、开发运维、绩效体系的四个领域进行改革，其过程可分为 Agile → DevOps → BusDevOps 三个阶段。从 2011 年开始，仅有三四个人的开发团队使用敏捷的工作方法，到 2015 年，在 BusDevOps 阶段，转型规模已经拓展到 3 000 多人，覆盖开发、业务、运营、IT 基础设施等团队。在这个阶段，ING 银行管理团队发现，ING 银行并不是一个金融服务公司，而是一个金融科技企业，通过信息技术创造简单、使用友好、对客户有吸引力的服务和产品才能成为行业的杰出者。

智能终端的使用开始普及时，ING 银行的手机端应用程序也开始发展，App 上衍生了转账、付费、交易记录等多个功能和界面。这种领先的线上体验使得 ING 银行在苹果的应用商店获得了四星以上好评。要想成为行业领先，企业就必须保证团队的生产力，并且一定要跑在客户需求前面。ING 银行向谷歌、奈飞、声田等互联网企业学习，把握数据驱动的要素，从四个方面做了新的突破或创新。

（1）将动态客户数据作为渠道战略的核心发展建设；

（2）存储所有的客户信息，创建动态客户数据库；

（3）在内部渠道开放客户数据资料，并且保证数据实时可用；

（4）能够对客户数据信息分析，作为技术研发的输入。

此外，ING 银行与科技公司大力开展合作，并设立了两个金融科技孵化器：荷兰的创新工作室和比利时的金融科技村。作为全球性的金融资产管理机构，ING 银行的业务与合作范围还包括保险、地产、信托、基金等。ING 银行的业务特点如图 2-24-3 所示。

图 2-24-3　ING 银行的业务特点

3. 乘胜追击：优化商业模式

互联网直销模式在起步时盈利会弱于传统的网点银行，首创于加拿大的 ING 银行在成立六年后才实现了首次盈利，但随着互联网的覆盖范围逐渐扩大，这种盈利差距会迅速缩短。ING 银行的直销模式令银行无须在实体网点上投入场地租赁、人工、管理成本。利用缩减下来的成本，便可以在储蓄业务上给客户比同行更高的储蓄利率；在贷款的提供方面，ING 银行也向公司和个人给出比同行更低的贷款利率，所以在储蓄业务上，与同行相比较，ING 银行的产品竞争力是非常强的。那么 ING 银行这种高息存款、低息贷款的模式如何实现盈利呢？以"大规模效应，薄利多销"的策略，通过低息差实现高回报盈利，再加上低成本、产品优势和庞大的互联网用户规模，ING 银行在 2018 年总资产规模已达到 8870 亿欧元，净利润达到 47 亿欧元。

三、ING 银行的数字化商业模式亮点和画布

秉持互联网直销零售模式，明确客户需求和产品定位，紧密围绕价值主张进行数字化转型，实现低本高收。

（1）把握价值主张，实现服务提升和创新。依靠"以低价格出售金融日用品"这一营销主旨，ING 银行的产品、服务、渠道都紧贴客户需求，让客户愿意选择 ING 银行，并且购买 ING 银行的金融产品。所谓价值共创，除了以客户需求为中心的思想外，还要携手客户，与银行之间形成一种合作关系，实现服务的优化、提升和创新。

（2）创新合作，科技领跑。围绕价值向上的核心，数字化商业模式离不开关键的数字化技术与互联网，如建立科技孵化区，加强科技公司合作，应用敏捷与 DevOps 等管理实践，研发应用软件与智能平台等。ING 银行利用在金融领域既有的互联网直销优势，在金融数字化模式方面成为领跑者。

（3）数据驱动，赋能制胜。依靠信息技术构建智慧平台是远远不够的，数据才是科技产物的灵魂。ING 银行以数据推动业务，支撑业务决策；加强数据分析，以作为科技研发的输入。如今，人的需求和科技的变化速度是极快的，金融行业迎来的挑战和风险也是前所未有的，带动组织进行数字化转型，加速金融科技的更新迭代，才能更好地在数字化商业模式下实现价值共创、制胜与赋能。

ING 银行的数字化商业模式画布如图 2-24-4 所示。

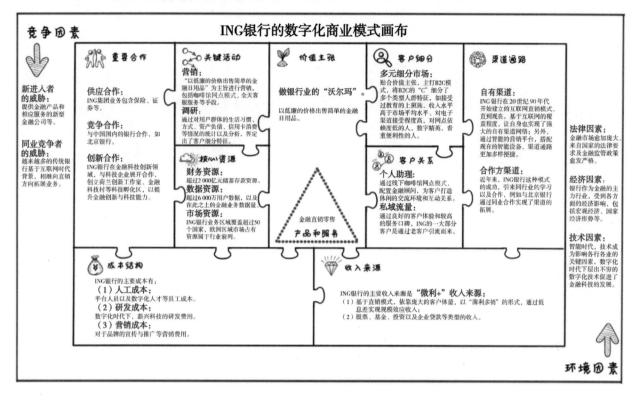

图 2-24-4　ING 银行的数字化商业模式画布

（以上案例由杨博鑫撰写）

山西证券：技术制胜加速证券业务数字化转型

> 投资的成功是建立在已有的知识和经验基础上的。
>
> ——罗伊·纽伯格

一、山西证券的品牌故事

近年来，在金融科技席卷行业的浪潮下，各券商纷纷确定金融科技发展战略，广泛运用云计算、大数据、区块链、人工智能和虚拟现实等数字化技术，推动传统业务转型，创新业务模式，提高管理效率，促进合规与风控智能化。据统计，已有超过50家券商利用人工智能技术，为客户提供智能客服、客户画像、个性化资讯、智能投顾和智能交易等服务。

山西证券股份有限公司（以下简称山西证券）成立于1988年7月，是全国首批证券公司之一，属国有控股性质，并于2010年11月在深圳证券交易所挂牌上市。经过30多年的发展，已成为作风稳健、经营稳定、管理规范、业绩良好的创新类证券公司。其经营范围主要包括财富管理、资产管理、投资管理、投融资、研究、期货和国际业务等。山西证券共设分公司15家，营业部124家，期货营业网点24家，覆盖山西省，并以国内主要城市为前沿，重点城市为中心，为全国200余万客户提供全面、优质和专业的综合金融服务。

近年来，山西证券持续推进差异化发展战略，积极推动数字化转型，在特定区域及一些细分业务领域已具备一定的品牌竞争力，先后获得中国证监会颁发的"账户规范先进集体"、深圳证券交易所颁发的"中小企业板优秀保荐机构"与"2019年优秀债券投资交易机构、优秀固定收益业务创新机构"和新财富评选的"最佳券商智慧金融实践奖"等荣誉。

二、山西证券的数字化之旅

为顺应市场形势变化，抓住政策发展机遇，打造差异化竞争优势，山西证券决心专注为客户及生态合作伙伴提供强有力的技术支撑与保障，制定适合自身的数字化转型战略目标，并持续加大金融科技投入，壮大金融科技队伍，全面提升自主研发能力和创新能力。

山西证券提出了"成为有特色、有品牌、有竞争力的一流券商"的公司愿景，以客户为中心全面推进数字化转型战略，聚焦FICC[①]和财富管理等优势业务，通过全面提升风险应对能力和证券业务服

---

① FICC业务，即固定收益（fixed income）、外汇（currency）和大宗商品（commodities）业务，是在传统固定收益业务基础上，对债券、利率、信贷、外汇和商品等业务及产品线进行的有机整合。FICC业务涉及经纪、自营、资产管理和投顾服务等多个环节，对证券公司业务转型具有促进作用。目前国内FICC业务尚处于起步阶段，业务开展以固定收益类为主。

务水平，以"新科技"的创新实力引领面向未来的"新金融"服务模式的转变，实现公司"金融+科技"的战略升级。

近年来，山西证券围绕FICC数字化、风控数字化、财富管理数字化和重要合作等方面推进数字化转型，积累了丰富的经验和成果，如图2-25-1所示。

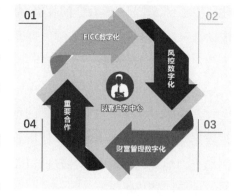

图2-25-1 山西证券数字化业务

1. 深度建设数字化平台，赋予FICC业务数字化金融科技能力

对于FICC业务的开展，数字化平台建设是关键。建设跨市场与多币种和全品种的前、中、后一体化交易平台，能提升FICC业务的交易效率、服务效率和管理效率，也能提升风险管理能力及客户体验，这已成为行业共识。

山西证券在FICC业务数字化方面，将金融科技与固收业务深度融合，建设了STC固定收益集中交易系统和智慧债券投顾平台等先进系统。通过科技赋能交易、投研、投顾、结算和风控等多个环节，形成了极具优势的固定收益科技核心能力，并成功地加入三大政策性银行2021年金融债承销团。

（1）STC固定收益集中交易系统

STC固定收益集中交易系统作为山西证券FICC业务数字化中的一项重要核心交易系统，定位于整合当前散乱的场外交易方式，通过打通与5家货币中介的标准化电子交易通道，完成交易，同时兼顾程序化交易，统一调度全部交易订单与持仓结存，减少交易过程中因人工出错和人力极限对交易的限制，从而提升固定收益的交易精准度和交易效率，逐步实现债券及衍生品的高速电子化交易。

系统可以进行数据整合、行情展示和数据存储，可在渠道管理限制下进行点价和报价操作。与此同时，系统也非常注重合规和风险的管理，支持识别、准确计量、持续监测和适当控制业务中的市场风险，以协助机构在合理的市场风险水平之下安全稳健经营。

随着系统的上线，固收业务的交易效率进一步提高，每日交易笔数及规模持续快速增长，交易量及活跃度均位于市场前列，以此巩固了山西证券固定收入业务在行业内的领先地位，同时助力规模和利润更上一层楼。2020年，山西证券在中债证券公司债券交割量排行榜中排第5位，在中债证券公司债券交割量现货排行榜中排第1位。

（2）智慧债券投顾平台

智慧债券投顾平台的功能覆盖投顾业务的交易、投研和客户服务的全链条。在交易方面，实现了投顾账户管理可视化、账户估值、数据对账及分析、电子指令推送和头寸管理；在投研方面，实现了对账户持仓汇总分析、各类研报、量化策略信号与策略净值走势等功能；在客户服务方面，实现了客户沟通反馈与客户行为分析等功能。

平台的主要用户为山西证券固定收入投顾团队及投顾重点服务的中小银行服务客户，有效解决了传统投顾服务效率低和服务内容过于单一等问题，该项目在人民银行和证监会开展的"2020年度金融科技发展奖"评选中荣获三等奖。

2. 以数据治理降险增效，提升数字化风控能力

山西证券通过持续完善自身的风控体系，自主研发风险管理领导驾驶舱和风控自动化日报等数字

化风控平台，规范风险数据的收集、管理、评估和监控等工作。利用数据可视化技术直观展现市场风险、流动性风险、操作风险和信用风险等管理视图，使风险管理人员快速了解各项风险指标情况，助力母子公司一体化风险协防。

（1）风险管理领导驾驶舱

数字风控是券商数字化转型的重要部分，传统的风控数据查看方式已无法满足高速增长的业务风控需求，例如查询烦琐，数据时效性较低，人工查询无法对风险及时进行预警及处理等。

风险管理领导驾驶舱（如图 2-25-2 所示）作为企业数字化的手段，可以汇总各业务条线重要风控数据（信用风险、市场风险、流动性风险、操作风险等），自动生成每日风控报表，实现数据形象化、直观化和具体化，达到企业运营情况的直观监测，为企业高层提供了一站式决策支持的管理信息中心系统。

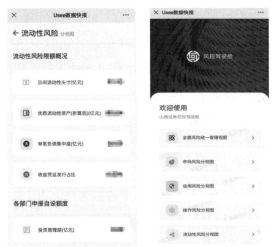

图 2-25-2　山西证券风险管理领导驾驶舱

（2）风控自动化日报

风控自动化日报基于山西证券数字化风控建设，覆盖各风险类型，对全公司各个业务条线数据进行结构化存储、清洗、梳理和汇总。它打破了系统孤岛，实现了同一业务和同一客户相关风险信息的集中管理，形成了每日定时推送的统一报告。

3. 打造自动化服务工具，实现财富管理转型探索

传统的投顾服务以人工服务为主，因投顾人员精力有限，所以只针对少部分的高净值人群提供服务，而对大量长尾的普通客户缺乏相应的财富管理服务资源。

一方面，山西证券将投顾人员知识和经验打造成自动化服务的工具，以高效率与低成本的服务方式帮助客户进行财富管理，让客户随时享受到专业的投资服务；另一方面，山西证券通过建立全面的客户画像指标体系，打造千人千面的差异化财富管理服务，提升了服务精准率和客户体验。客户聚类效果图如图 2-25-3 所示。具体应用场景如下：

（1）基金诊断

由于基金诊断功能能够帮助投资者减少学习成本和决策成本，因此挑选出优秀的基金产品具有重要意义。山西证券研发了对基金经理和基金公司的诊断工具，使得投资者遇到新发基金和缺乏历史业绩数据的基金时，便可通过对基金经理和基金公司的诊断，为其提供科学的决策参考。

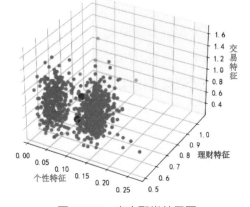

图 2-25-3　客户聚类效果图

（2）标签选基

标签选基应用主要是将基金画像的标签在服务终端（App、网页等）进行分类，平铺展示，客户可通过点击多个标签进行组合筛选，能定位到想要关注的基金池，进入基金池后可进一步通过基金诊断确定投资标的。

（3）基金推荐

山西证券将基金画像与客户画像相结合，基于内容的相似推荐算法为客户找到符合其理财偏好的基金，提供合适的财富管理服务。

（4）基金智投

随着FOF基金（基金中的基金）的推出，基金组合投资逐渐成为一种比较热门的资产配置方式。山西证券利用基金画像，为投资者提供"一篮子基金"的财富管理方案，并通过二次精选基金以及提供仓位配置和调仓服务，帮助客户分散风险，节省精力，实现财富的持续增长。

目前，山西证券财富管理累计支持23只基金精准营销名单输出，服务客户数超过25万。相比以往依赖人工经验的服务模式，其模型预测的客户命中率更高，且平均销售转化率提升10倍以上。未来将在智能推荐和智能投顾等领域进一步深入研究，利用大数据技术及AI算法提供更多的智能财富管理服务。

4. 价值共创，加速数字化转型

2021年6月15日，山西证券与腾讯签署战略合作协议。双方将在金融云核心能力建设、基于微信生态的财富管理模式创新和打造数字化组织架构等方面展开全面的重要合作。一是在技术上，山西证券将借助腾讯云打造具备弹性、安全与合规等特性的混合云和分布式基础设施架构，构建全栈云计算技术栈和敏捷技术机制，并联合开发AI数据模型及算法；二是在业务上，山西证券将借助腾讯重点开展基于微信生态的财富管理模式创新探索，助力财富管理业务发展；三是在协同上，山西证券将借助腾讯打造安全高效的组织在线模式，提升移动办公、远程办公体验和内部协同效率，实现价值向上。

山西证券董事长侯巍表示，基于新一代信息技术，提供专业化、智能化、数据化与个性化的金融服务，是金融机构建立未来核心竞争力的关键。山西证券将数字化视为核心业务战略，期待通过与腾讯的合作，借力腾讯在数字化技术上的领先优势、丰富的用户生态资源和数字化组织建设经验，加速自身数字化战略目标的实现。

三、山西证券的数字化商业模式亮点和画布

（1）通过"科技+金融"助推全面的数字化转型。在业务数字化方面，山西证券将金融科技与业务深度融合，聚焦用户核心需求，通过数字化技术赋能交易、投研和投顾等多个重要环节，形成了独具特色的科技核心能力。

（2）以数据赋能，完善用户体验。通过大数据与AI智能算法的赋能，在系统中对数据进行数据整合、行情展示、数据存储与控制数据风险，为客户提供更加智能和安全的投资决策与财务管理服务。

（3）通过创新合作，实现自身发展。通过与外部合作，借助其他优质企业丰富的资源与数字化组织建设经验，推动山西证券自身的数字化战略的发展，实现价值向上。

山西证券的数字化商业模式画布如图2-25-4所示。

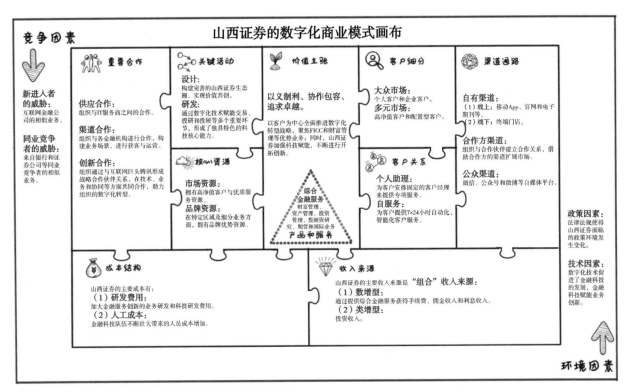

图 2-25-4 山西证券的数字化商业模式画布

（以上案例由林永峰、李禹汉、林浩组织、调研与撰写）

数字零售领域

沃尔玛：打造传统商超的全渠道新零售

> 世界上只有两种人：一种是观望者，一种是行动者。大多数人都想改变这个世界，但没人想改变自己。
>
> ——列夫·托尔斯泰

一、沃尔玛的品牌故事

沃尔玛百货有限公司（以下简称沃尔玛）由美国零售业的传奇人物山姆·沃尔顿先生于1962年建立。从创立之初至今，沃尔玛始终以"帮顾客节省每一分钱"为宗旨，坚持"服务胜人一筹，员工与众不同"的原则，致力于向所有普通大众提供超一流的服务体验。为此，沃尔玛通过加强直接采购、发展自有品牌、重视物流中心建设、自建运输车队、采用独特的"售后返租"物业模式等一系列策略为其低价策略的实现提供了保障。最终，客户能够在优质体贴的服务辅助下，以低价格获得高品质产品，这也是沃尔玛努力实现的价值主张。

经过数十年的发展，沃尔玛在全球超过20个国家开设了包括折扣店、山姆会员店、购物广场和社区店等形式在内的10 000多家门店，下设近百个品牌，全球员工总数超过200万人，每周光临沃尔玛的顾客约2亿人次。在美国《财富》杂志2021年公布的世界500强企业榜单中，沃尔玛以5 591.51亿美元的全年营业收入占据榜首，超过了排在第三的老对手亚马逊1 700亿美元。这已经是沃尔玛连续七年蝉联第一。

二、沃尔玛的数字化之旅

1. 错失良机："大象"亟待转身

沃尔玛一直非常重视数字化技术在业务发展与管理中的应用，其配送成本与销售额的占比能够远低于其他竞争对手，这在很大程度上得益于配送中心信息化等科技手段的应用。而脍炙人口的"啤酒＋尿布"商业智能应用经典案例也是发生在20世纪90年代初期的沃尔玛。可见，沃尔玛并非一家固守传统的线下零售的"老古董"。

然而，从20世纪90年代末期到2000年年初，沃尔玛错过了一个发展线上零售的最佳时机。当时，沃尔玛CEO曾邀请亚马逊创始人贝佐斯商谈合作。然而，已经开始接触电商业务的沃尔玛并没有真正认识到这种新商业模式所蕴藏的价值，最终合作没有达成。此后的20年间，世人都见证了亚马逊的高速崛起，以及电商巨头们引领的线上购物模式的兴起，而传统零售行业的线下市场则被快速侵蚀。在意识到电商的商业模式带来的威胁与其自身的价值后，沃尔玛也开始加大对线上模式的投入，然而巨头转型犹如大象跳舞。由于沃尔玛初期采用的是多渠道经营模式，线上线下彼此独立，资源不能整合运用，效率大打折扣。而两者的力量对比也在此消彼长中发生了逆转。2015年，亚马逊的市值超过了沃尔玛。

当然，沃尔玛并没有像"小人物逆袭，成就新霸业"桥段中的旧霸主那样彻底沦为陪衬。2015年，沃尔玛设定了新的发展目标：在全世界最大的零售企业内部建造一家互联网企业。"沃尔玛百货有限公司"也被颇有深意地改名为"沃尔玛公司"。

由此，数字化由一个局部策略一跃上升为沃尔玛整个公司的战略核心，这头"大象"开始了它的华丽转身。

2. 华丽转身：构建全渠道新零售

沃尔玛总结了其以往线上线下独立运营的经验与教训，加强了学习与合作，走上了以消费者为中心，为消费者提供无缝式全渠道购物体验（如图2-26-1所示）的零售运营新模式之路。

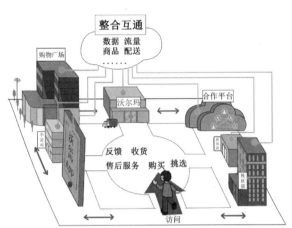

图2-26-1　无缝式全渠道购物体验

（1）在融合消费体验方面，沃尔玛立足于大量实体店的优势，将数字化运营融入门店的网络，从而优化消费者的到店体验。同时，基于会员与营销一体化的设计，通过沃尔玛平台整合会员数据，全方位打通线上线下会员的消费体验与运营管理。

例如，在2018年，沃尔玛中国与腾讯围绕购物体验提升、精准市场营销、全面支付服务和强大会籍增值等多个领域展开深度合作，推出了如"扫玛购"（如图2-26-2所示）等深受消费者欢迎的多款小程序。

"扫玛购"一经推出，仅在2018年就覆盖了全中国400多家沃尔玛门店，用户数超过1 500万，在门店的最高渗透率达到了38%。对于消费者而言，"扫玛购"提升了消费体验；对于沃尔玛而言，则有了更多的途径去深入了解消费者，深化与消费者的联系，从而实现精准化的营销。

沃尔玛首席执行官董明伦在一次评论中谈道："我们的全渠道战略旨在使客户以无缝、灵活的方式购物，以满足当前危机下和未来的客户需求。"

图2-26-2　"扫玛购"小程序

（2）在即时式消费场景方面，与电商仍然不能离开线下快递配送的支持相似，沃尔玛将解决"最后一公里"的线下配送作为即时消费的优化重点。同时，沃尔玛通过持续的科技研发，加强数字化对线下门店的赋能。

例如,在2016年,沃尔玛与京东深度合作,借助京东海量的线上用户以及强大的当日达物流网络,沃尔玛首创了以仓配一体化为核心的云仓。基于数据,沃尔玛分析消费者需求,识别热点商圈,选定云仓位置,使其既能够开设在门店未能覆盖的区域,同时照顾到附近消费者的购物习惯,从而为云仓附近3公里的消费者提供1小时送达服务。

而在美国,沃尔玛则推出了更为激进的物流服务方案——InHome Delivery。例如,针对生鲜食品,在获得消费者授权后,沃尔玛配送员会将订单货物配送到客户家中,并直接摆放到冰箱中。同时,沃尔玛为每位配送员都配备了有摄像头的背心,消费者可以实时监督送货的整个过程。

与此同时,为了增强线下门店的数字化服务能力,沃尔玛不断加大研发力度,提升门店的自动化服务能力。实际上,沃尔玛在机器人和无人机等技术方面的专利数量已经超过了亚马逊。

(3)在提升供应链效率方面,沃尔玛不断通过研究与创新技术手段,对其全链路进行赋能,以保障产品质量与安全,并避免不必要的成本。

例如,在2018年,沃尔玛与IBM联合开发了Food Trust方案。借助区块链技术不可篡改、可追溯的特性,解决了一直以来分散的食品供应生态系统数据割裂、缺乏透明度和效率低下的顽疾。以猪肉供应链的试点为例,通过应用Food Trust方案,猪肉的养殖来源、批号、加工厂、加工数据、到期日、存储问题等细节数据都在相应的环节被上传到区块链数据库中。利用区块链数据库的开放性,任何一位被授权的食品安全管理人员都可以随时查询数据库中的信息,在最短的时间内审视整个过程,识别错误,及时处置,确保消费者能够获得新鲜、可靠、安全的猪肉产品。而在提升安全性和效率的同时,供应链的各个环节也因此获得了不同的收益(如图2-26-3所示)。

图 2-26-3 基于区块链技术的供应链优化收益

3. 再接再厉:缔造创新生态

在数字化转型之路上,沃尔玛深知自己的优势与不足。所以,沃尔玛不断通过强强合作和收购成熟企业等方式,加快其业态创新、技术创新。与此同时,沃尔玛也很关注初创公司的创新力量。2019年,沃尔玛(中国)正式推出的一个专注于与中国初创企业共同快速成长的战略创新平台——Omega 8,共同探索包括人工智能的计算机视觉、物联网、机器人、大数据,食品创新等前沿科技在零售行业的应用,为解决零售痛点提供技术解决方案，从而更好地服务顾客。

为了加速这些初创企业与沃尔玛的协作，沃尔玛主动邀请他们的创始人亲临零售一线，通过"创客行"等活动分享经验，帮助初创企业更直观地了解零售业，了解业态需求和痛点，从而启发更多的技术创新。

基于 Omega 8，通过筛选、评估、概念验证测试（POC）等环节，将创新理念转化为最小可用产品（MVP）并投入市场进行验证，最终孵化出能够提升消费者体验、改善供应链的解决方案。

三、沃尔玛的数字化商业模式亮点和画布

沃尔玛在遭遇亚马逊等互联网电商的激烈竞争后，秉承其一贯对客户价值的认定和对科技的重视，毅然决然地投身数字化转型。在此过程中，沃尔玛的目标客户群体并未发生变化，但更为重视"Z世代"人群对消费体验和品质的价值主张，并以此为出发点，培养和提拔具备数字化思维和创新意识的管理人才，在其线下实体的巨大优势、多年经营打造的品牌优势、累积的消费数据优势等资源的基础上，与全球知名电商、互联网企业强强联合，扶植并协作新兴技术初创企业，进一步扩大沃尔玛的技术资源和数据资源等数字化转型的必要资源。依托这些核心资源和重要合作，在建造线上平台的同时，为线下赋能。一方面，强化客户关系，无论是线上或线下自助服务体验，还是基于需求推出的更为贴心的个人助理式的组合商品推送，抑或价值共创的生态网络，都要构建起让消费者不会有割裂感的无缝式全渠道购物新体验；另一方面，依托数字化技术的研发，进一步加强对全链路成本的控制，确保"天天平价，始终如一"。

沃尔玛的数字化商业模式画布如图 2-26-4 所示。

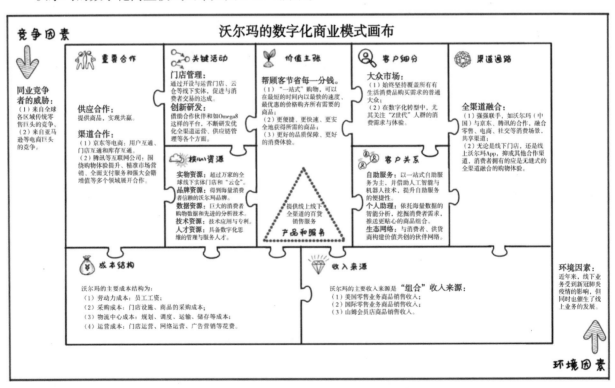

图 2-26-4　沃尔玛的数字化商业模式画布

（以上案例由方华明撰写）

乐高：跨界融合突破惯性发展

> 异想天开给生活增加了一分不平凡的色彩，这是每一个青年和善感的人所必需的。
>
> ——帕乌斯托夫斯基

一、乐高的品牌故事

创立于 1932 年的乐高玩具公司（以下简称乐高），是积木玩具行业的领军者，积木玩具类市占率达到 68.8%。自公司创办以来，在很长的一段时间内持续增长。但在 2003 年，公司产品销量一度呈现断崖式下跌，甚至濒临破产。一方面，电子游戏市场给传统玩具带来了巨大的冲击；另一方面，公司的大部分产品设计脱离客户需求，因此不能创造足够的利润来维持生存。

当时，在乐高新任 CEO 约恩·维格·克努德斯道普（Jorgen Vig Knudstorp）的主导下，开启了一系列变革。从 2004 年开始，乐高实现了飞速发展，到 2014 年一举超过美泰公司，成为世界上最大的玩具制造商。2020 年，乐高营收达到 437 亿丹麦克朗（约 452 亿元），净利润达到 99 亿丹麦克朗（约 103 亿元），成为全球最大的玩具公司之一。

让我们一起回顾乐高的发展历程，寻找其成功的关键。

在 2004 年以前，乐高一直是传统的玩具制造商。1932 年，创始人奥勒发明了木制玩具，建立了最初的乐高公司并开始了从木制玩具到塑料积木的探索（如图 2-27-1、图 2-27-2 所示）。奥勒的儿子哥特弗雷德研究出塑料积木凸起和孔的结合的塑料积木形态，并帮助乐高进军欧洲市场。

图 2-27-1　1935 年乐高木头鸭子玩具
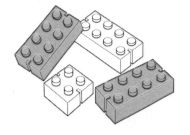
图 2-27-2　1949 年乐高塑料积木

到了 1954 年，哥特弗雷德受到一位玩具买家的启发，令乐高的所有元件都能够通过各种方式拼接在一起，形成了一个不断扩张的世界，构建了乐高的玩具生态。这正是乐高拼插的乐趣所在，它可以有变化无穷的造型。19 世纪 90 年代，乐高第三代接班人——凯尔（奥勒的孙子）发现了 IP 联名款玩具的商机，与卢卡斯影业合作推出乐高星球大战系列，"星球大战前传 1"上市后成为畅销产品，其销量超过了公司总销量的 1/6。

但是随着行业竞争的日趋激烈和电子游戏等娱乐形式对乐高的冲击，乐高开始出现财务亏损，公司不得不进行史上最大规模的裁员，裁员人数近千名。为了应对这一危机，2004 年，乐高任命约恩·维格·克努德斯托普为新任 CEO，他发现导致乐高困境的根本原因是急于创造出与众不同的新产品。克努德斯托普为此制订了共同愿景计划，帮助乐高摆托了困境，有效地提升了运营效率，提升了客户体验，还持续开拓新兴市场（中国）并打造乐高教育体系等新业务。因此，乐高的业绩得到了较大改善。截至 2020 年，乐高在全球积木玩具市场的市占率达到 68.6%。

二、乐高的数字化转型之路

乐高为了实现持续的业务创新，通过企业平台、创意平台、数字化产品、新媒体等方式寻找企业的第二发展曲线，为后期的数字化转型战略奠定了坚实的基础。

1. 创新增效：构建数字化平台与产品

（1）以数据赋能运营管理

乐高通过 SAP[①] 企业平台有效连接了供应链、企业融资、企业中心、市场和产品、社区、教育和直销等业务领域，优化了业务流程，实现了集团数据的集成和标准化及端到端业务流程。由于集成所有软件、硬件和连接，人员共同参与乐高的经营，极大地提高了日常运营效率。

（2）乐高与客户的价值共创

2008 年，乐高推出了乐高创意平台，鼓励客户提交玩具设计理念，被选中的设计理念会进行量产销售，理念提出者也会分得相应的版税。超过 100 万名客户提交了超过 2 万件产品创意，其中的 28 个系列产品得到了量产，极大地推动了乐高的销售业绩。

（3）开发数字化产品

乐高每年推出 60% 的新品，其中的产品会配备数字化增强功能，并与终端客户进行数字互动。乐高的产品组合已越来越多地将实体世界和数字世界连接在一起。例如 2011 年，公司推出了一款名为"乔治的生活"的游戏，包括一套实体乐高玩具和一款移动应用软件，通过实体游戏和数字游戏相结合的方式，激发孩子们解决问题的能力，也加快了产品上市的速度。

（4）新媒体营销推广

乐高通过社交媒体和网络工具，建立粉丝页面、群组和网络来发展并加强粉丝群，与客户零距离的互动创造了更大的商机。在线社区一旦开始增长，由 500~1 000 个粉丝组成的大型社交群就会从 10 个主要群增加到 500 多个不同的群。在 YouTube 视频网站上，乐高成为观看量第二大品牌，几乎所有内容都是由客户制作的。

2. 转变思维：开启数字化转型战略

2015 年 6 月，乐高首席执行官约恩·维格·克努德斯托普向全体员工发布了一篇博客文章，要求公司以相同的方式对待数字化和公司业务。明确将数字化作为乐高的四大战略重点之一。总结来说，乐高的数字化转型战略的主要成就集中在数字化思维构建和管理流程的优化上。

---

① SAP 中文名称是思爱普，是用于各大企业的企业流程管理软件。

（1）培养数字化思维

乐高为确保持续创造新产品与新服务，以及更好地运用数字化能力，建立了数据决策的企业文化。利用强大的互动平台，使同事及外部员工实现有效合作，采取多种举措培养新的思维方式和技能，包括开展数字化"新手训练营"，为员工重塑技能，举办"黑客马拉松"引入分析团队，以及开发新的绩效指标等。

（2）优化系统与管理流程

乐高依靠企业平台进行全球化管理，实现了业务的巨大增长。在系统优化方面，随着乐高与客户的互动更加频繁，新增了全天候的运行时间、全渠道访问及快速交付的新功能。在产品优化方面，通过数字化玩具，加强与客户之间的持续互动。在技术创新方面，要求现有技术变得更有趣。在产品创新方面，希望拥有足够强大的技术基础，能够率先识别机遇，并在开发新产品方面发挥典范作用。在生产管理方面，通过监控零售商的产品库存进行数码玩具的生产，降低库存压力。

三、乐高的数字化商业模式亮点和画布

（1）以和客户共同创造独特的产品和服务为核心。乐高能够实现持续增长的关键在于早期构建起"设计—生产—渠道"全产业链的运营能力，并围绕公司核心业务进行创新，成功建设乐高独特的产品生态系统并持续提升品牌影响力。

（2）以新媒体推广产品，让客户获得丰富体验。在线下渠道方面，乐高通过零售体验店与多渠道品牌营销快速抢占市场。在线上渠道方面，随着人们对数字化体验需求的不断提升，乐高在线上品牌旗舰店创新性地利用交互技术，如AR产品展示、直播等，以此提升客户的购物体验。

乐高的数字化商业模式画布如图2-27-3所示。

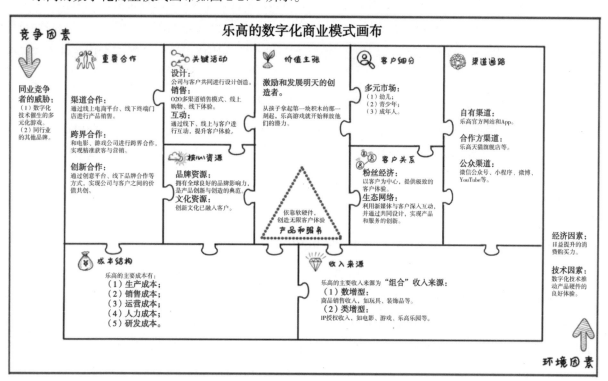

图2-27-3　乐高的数字化商业模式画布

（以上案例由林浩撰写）

古驰：重塑与数字化时代相融的时尚潮流

> 对我而言，Gucci 永远像是一个初创企业，才能保持品牌持久不衰。
>
> ——马可·比扎里

一、古驰的品牌故事

古驰（Gucci）是全球精品品牌之一，其以独特的创意和精巧的意大利工艺闻名于世。

它最早在 1921 年由创始人古奇欧·古驰（Guccio Gucci）创立于意大利佛罗伦萨，专门出售行李配件和品质精良的马具，并凭借马术在上层社会的影响力而名声大噪，迅速成为名流贵族喜爱的品牌。接着，第二任掌门人阿尔多·古驰（Aldo Gucci）接连在纽约、伦敦和巴黎开设分店，以规模占领市场，推动全球业务的发展，在他的执掌下，古驰成功跻身到全球顶级奢侈品牌的梯队中。但好景不长，随着家族内部纷争，古驰家族开始衰落，股权也遭到了剥离，最终于 1999 年辗转花落开云集团。而后在开云集团的卓越运营下，古驰逐渐显现出了往日的辉煌，并经过 20 余年的深入打磨提出了自身的价值主张"My Good Life——与古驰同行"。截至 2021 年，这个兼具当代设计与浪漫美学理念的奢侈品帝国刚好 100 周年。

本案例将从 2015 年这个变革时间点开始讲起，这一年，古驰在接连三个季度销售额下跌后，前首席执行官帕特里奇奥·迪·马可（Paztrizio di Marco）和创作总监费里达·贾尼尼（Frida Giannini）相继下台，而新任首席执行官马克·比扎里（Marco Bizzarri）和创作总监亚历山德罗·米歇尔（Alessandro Michele）的"相遇"促成了数字化变革，正式开启了古驰的转型之路。

二、古驰的数字化之旅

1. 重塑数字化时代品牌定位，撬动"Z 世代"市场

2014 年，全球奢侈品市场低迷，是自 2009 年后股市表现最弱的一年，而古驰也不例外，这一年古驰全年销售收入连续下降。

痛定思痛，古驰开始从重新定位重点客户，把千禧一代（1984～1995 年出生）和"Z 世代"（1995～2010 年出生）作为重点客户，不再仅仅聚焦于具有购买力的传统消费者。针对这一类客户的特点，自 2015 年开始，古驰开始奉行极繁主义，从性感与奢华的审美观跳脱，变得极致，性别模糊，充满浪漫美学和文艺复兴气息。这种设计一度让古驰的客户关系管理（CRM）系统以 50% 的增速发展，产品设计风格的变革成功开拓了新商机：渲染和吸纳年轻人，特别是被千禧一代和"Z 世代"接受并

逐渐建立了连接。

同时，为了更深入地了解新目标客户的需求，古驰在2018年与智库工作室建立了重要合作，这使古驰能通过智库的报告探索对不同领域话题及宏观趋势的看法，并且所有这些报告都在定性研究的基础上附上了定量数据作为根据支撑。

到2017年，古驰成为线上表现最好的高奢品牌，这要归功于古驰对数字项目的初探。在国际市场，2017年2月，古驰直播时装秀成为社交媒体Instagram讨论最多的话题；3月，古驰又推出以新腕表系列为主题、鼓励文化创作者和艺术家的创作项目，据统计，古驰因此累计获得约200万次赞，而同年Instagram粉丝也增长至2 000万。在国内市场，2017年，古驰拥有超过8亿用户的微信平台推出的小程序，这成了其快速和新消费者建立沟通的关键渠道。

古驰借势社交媒体平台的社交属性，通过数字化创意项目和数字化赋能营销手段，开始转型为数字化时代的内容创作者，获得更多年轻用户的关注，进而实现以低成本打开新流量入口，破圈拉新。

2. 完善数字化生态路径，激活全链路价值

古驰成功地建立了数字生态系统，在设计、生产、销售与传播的全流程活动中使用不同的数字化工具处理，为消费者提供价值向上的服务。

（1）设计方面，古驰通过大数据赋能，让设计师可以快速识别并不断迭代流行产品，引领新消费需求。

（2）生产方面，古驰对供应链进行了大量投资。2018年，古驰艺术实验室在意大利佛罗伦萨正式落成，以应对与日俱增的市场需求，这成功地将皮具和鞋履的制作流程整合在一起，不仅确保了制作工艺的专业性，还有效加强了对生产环节的控制，加速了内部作业流程，大幅缩短了交付周期。

（3）销售方面，除了直营店、批发零售和线上渠道外，数字产品正在创造虚拟世界的销售，为品牌拓展了一个全新的渠道通路，实现了收入来源的多样化。比如Roblox平台内一款虚拟的古驰包以4 115美元的价格转售，比实物高出近800美元；古驰和时尚科技公司——Wanna Fashion共同合作推出的数字产品Gucci Virtual 25鞋，需要付费才能试穿，如图2-28-1所示。

图2-28-1　古驰数字虚拟鞋和数字虚拟包

（4）传播方面，古驰全面布局数字化项目，建立了立体的触达体系。通过与数字领域经验丰富的公司合作，利用数字化技术，实现了一系列的数字化项目，涉及数字时装秀、游戏、数字化艺术品

和手机应用程序等,试图搭建一系列数字化场景,并以文字、图片和短视频等形式将品牌的历史、文化和产品在短时间内用高密度的信息方式传递给年轻消费者。

AR、VR 与 3D 技术模糊了虚拟世界和现实体验的界限,不仅为客户带来了全新的线上体验,线下体验也在不断突破。例如,古驰与崽崽 App(Zepeto)合作打造的梦幻别墅(如图 2-28-2 所示)使用户在虚拟世界中既可以购买古驰系列服饰、手袋和鞋履等单品,又可以同时游览别墅,感受个性化的虚拟世界体验,古驰通过建立实体数字化体验,无缝衔接地满足了消费者的需求。

图 2-28-2　古驰数字化体验——梦幻别墅

在社交媒体时代,话题意味着流量,流量能够转化为收益,古驰借势通过与社交媒体和电商平台合作,长效经营阵地,从认知、吸引、认同(购买)和拥护(忠诚度)路径为其带来更广泛的品牌效果;从商业流量、一次性转化与多次转化到深度互动,为其带来更显著的获客效果,进而持续带来品牌与获客的双重价值。古驰借势新媒体与中国消费者实现深入互动,例如微博、小红书和抖音等。2021 年七夕,古驰针对中国市场,特别推出七夕系列心苹果图案手袋,并发布热点话题,通过联动微博、抖音、网易音乐和知乎等多平台曝光 5 亿次,在巨大流量的带动下店铺核心款的销售额破百万。

数字化技术所创造出的虚拟世界带给了客户全新的数字化体验,充分满足了客户的需求,也帮助古驰增强了客户黏性。以重要合作为桥梁建立起的"立体"体系直接触达更多年轻用户和消费者,同他们建立了稳定的交互渠道。古驰又借助社交媒体和电商平台,获得了更好的品牌效应。最关键的是,古驰依托数字化技术及设计生产等关键活动,与客户共创了价值主张。

3. 深化数字化转型,迈向更加辉煌的未来

2021 年是品牌创立 100 周年纪念,古驰进一步深化数字化转型。

在产品方面,2021 年古驰开始摒弃繁复风,在产品分类上也做出了相应的调整,实现了 30% 的时尚产品和 70% 的经典产品的平衡状态,兼具满足客户渴望短期流行又关注经典核心产品的需求。

在生产流程和供应链方面,古驰将数字化转型贯穿从设计到销售的整个价值链,开发新的解决方案,例如共享成衣原型和采购平台。母公司开云集团将产品开发转向内部化,同时研究一系列的技术应对,包括将业务流程和人工智能相结合,改进算法和数字化物流及运营流程。

在业务方面,2020 年 10 月,古驰和二手奢侈品电商 The RealReal 推出网上商店,销售自己的服装配饰。通过此次重要合作,一方面,古驰成功地将转售列入关键业务,增加了新销售形式,从而促进了奢侈品领域的循环经济模式;另一方面,该转售平台曝光量的增加,也推动了古驰业务的发展。

在营销方面，古驰的营销活动频率将更多地采用实时在线的营销节奏，在门店销售、数字销售和快闪店等释放更多资源和更强大的创意合作，这其中也包括全球性的营销活动和特殊的地区性活动。据公开数据统计，2021年仅中国就安排了600场实体和数字活动。

三、古驰的数字化商业模式亮点和画布

（1）转变目标客户群，抓紧时代脉搏。古驰受到奢侈品行业和消费方式不断变迁与自身销售额持续下滑等诸多内外因素影响后，2015年开始大胆调整重点客户群体，拥抱更年轻的千禧一代和"Z世代"。同时，古驰紧抓时代脉搏，改变营销策略，深耕数字化转型，将品牌文化、品牌价值和品牌内容通过数字化渠道扩散到年轻消费者，既增加流量，又将消费者从认识到购买无缝衔接，推动了全渠道销量增长。

（2）基于重要合作，实现价值共创。古驰还通过重要合作搭建的数字化场景，涵盖线上和线下实体店，提升客户体验的同时，也推动了合作伙伴的业务发展，实现了客户及合作伙伴的价值共创。

（3）数字化技术赋能，致力多元发展。古驰以数字技术赋能让品牌和消费者以更频繁、更便捷与更多元化的方式交流，依托全新的数字平台，打造数字服装、数字时装周和虚拟时装等一系列数字化服务及产品，为客户带来了一系列全新的数字体验。

古驰的数字化商业模式画布如图2-28-3所示。

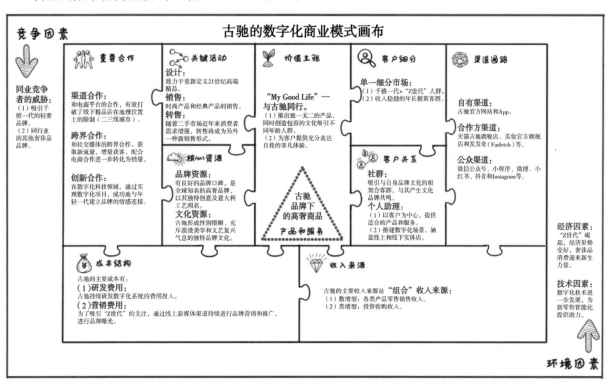

图 2-28-3 古驰的数字化商业模式画布

（以上案例由谢丽芸撰写）

数字企服领域

欧洲核子研究组织：基于 ITIL 的数字化服务体系

> 管理就是把复杂的问题简单化，混乱的事情规划化。
>
> ——杰克·韦尔奇

一、欧洲核子研究组织的品牌故事

说到欧洲核子研究组织（以下简称 CERN），可能知道的人并不多，但提到万维网，应该没有人不知道。而 CERN 恰恰就是万维网的发源地。CERN 是成立于 1954 年研究高能粒子的组织，同时运营着世界上最大的粒子物理学实验室。

1990 年年底，互联网之父蒂姆·伯纳斯·李（Tim Berners-Lee）爵士在 CERN 实验室研发出万维网。CERN 是世界上第一个网站、第一个网络服务器与第一个浏览器的诞生地。1993 年 4 月 30 日，CERN 宣布开放万维网给所有人使用，从此开始了网络时代，万维网科技的迅速发展深深改变了人类的生活面貌。

CERN 以协作和开放著称，它不断为国际科研组织提供科研资源的使用与协助服务，包括科学家研究实验需要的科研工具和实验室等。CERN 还建立了资料处理能力极强的大型计算机中心，为全球研究员提供实验数据分析的服务。

2013 年公开资料显示，CERN 实验室有 2 000 多名全职工作人员、1 000 多名兼职人员，以及 10 000 多名来自世界各国的协联成员和访问学者。在每天有数千名工作人员为各国学者现场提供各类服务的情况下，CERN 的服务管理显得尤为重要。那么，在过去的 10 年间，CERN 是如何使服务满足需求的呢？这得益于 CERN 的数字化发展，下面我们就来了解一下 CERN 的数字化演变过程。

二、欧洲核子研究组织的数字化之旅

1. 势在必行：千头万绪，急需转型

CERN 相当于一个万人小型城市的规模，工作人员为实验室提供线上的 IT 服务，服务人员为科学家、工作人员提供自行车租赁、商店、酒店和消防等线下实体服务。虽然现场服务都有各自的服务台（如图 2-29-1 所示），但服务台之间几乎没有关联。

一方面，初次到访用户不仅需要了解和记录多个服务台的联系方式、掌握和操作多种服务流程，还要耗费较多时间进行多方面的、繁杂的申请或处理；而对于多次来访的用户来说，仍需要不厌其烦

地重复以上流程。

另一方面，CERN 的工作人员和服务人员既要接受各种服务流程的培训，又要熟悉各种服务间的关联，但随着各类工作人员和服务人员的流动，人员能力和知识补充必然受到影响，在数以百计的服务运行的同时，服务之间的协调管理问题也层出不穷，由此，CERN 内部的运营管理难度可想而知。所以，CERN 迫切需要解决因人员流动性大、服务台缺乏协作与服务流程繁杂等引发的一系列运营管理问题。

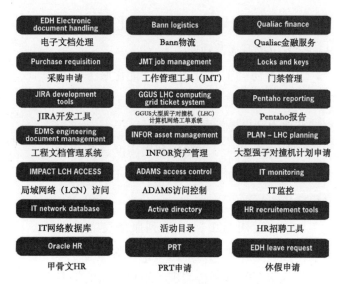

图 2-29-1　CERN 部分常用服务台展示

2. 步步为营：打造高效运转的实验室

2009 年，面对各类内外部因素引发的服务管理问题，CERN 开始了雷厉风行的组织重构和服务文化变革工作。CERN 以用户为中心，以提升用户体验、提高服务效率和实现卓越运营为目标，开启了服务管理的改革步伐。

为了彻底解决问题，CERN 探索能够满足以下两个方面的解决方案：

◇ 简化用户操作，优化服务流程及流程间协作，提升服务效率；

◇ 帮助 CERN 向用户交付服务，并根据用户需求调整服务或资源，实现服务管理运营能力提升。

CERN 在信息技术基础架构库（information technology infrastructure library，ITIL）及其最佳实践中获得了启发：CERN 发现 ITIL 可以为组织的服务管理实践提供客观、严谨与可量化的标准和规范，组织和最终用户可以根据自己的能力与需求定义自己所要求的不同服务水平。参考 ITIL 可以规划出服务管理的运营模式，从而确保运营模式能为组织的运作提供更好的支持，实现卓越运营。

由此，CERN 将从 ITIL 中提炼出的思想运用到新的服务管理平台的建设和运营中，并付诸行动。

（1）价值观和文化方面

CERN 将技术团队转变为服务支持团队，从用户的角度优化需求，以确保提供给最终用户的服务质量。

（2）服务架构方面

CERN 基于现有工具构建新的服务架构，整合一系列独立的服务，形成覆盖所有服务的单一服务台，并识别、策划与执行关键活动，充分利用当前资源来实现服务价值。

（3）用户与员工体验方面

用户仅用一个登录信息就能进入服务管理平台，简单快捷地获得自己需要的资源，获得最佳的用户体验；基于用户场景和需求对现有流程进行梳理和优化，为用户提供边界清晰与操作简单的服务流程，进而提高服务效率。

（4）卓越运营方面

①培训上，服务管理平台的服务人员只需接受 ITIL 相关的专业培训，其他人仅需要接受更简单的

非IT培训，甚至无须培训。实现差异化人员赋能，从而全方位提升运营管理能力。

②服务协调上，CERN通过优化服务流程间的关系，有效避免重复衔接，便于服务团队更精准地为客户提供服务。

③技术架构上，CERN利用高度自动化的工具代替部分人工服务工作，既减小工作量，又提高运营效率。

CERN运用ITIL的一系列服务变革，为其数字化转型提供了自上而下且可落地的方法论。新的服务管理平台实现了用户体验的提升和服务效率的提高，如图2-29-2所示。但是，CERN服务变革的过程中也面临两个问题。

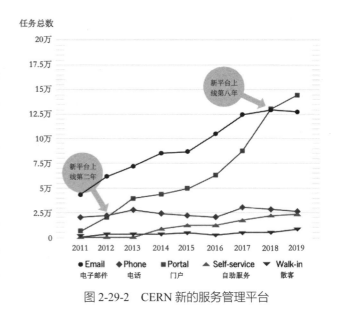

图2-29-2　CERN新的服务管理平台

- ◇ 部分用户仍习惯于访问旧的服务管理系统，他们想知道服务的交付进程，想与专业服务人员沟通以解决他们的问题。
- ◇ 部分用户不愿放弃旧方式，仍依赖电话和电子邮件。在新平台上线一年后，大部分用户已停止使用电话，但让大部分用户停止使用电子邮件，却用了八年时间。

为真正实现卓越运营，CERN持续以事件上报和请求流程为中心优化平台。

- ◇ 加强服务管理文化的宣传，加大平台使用的推广。
- ◇ 为用户提供浏览服务目录、报告和跟进问题、访问知识库与查看服务状态信息等服务。
- ◇ 为用户提供与专业服务人员沟通的渠道，以提供更加专业的支持。
- ◇ 对于特殊的业务领域，用户在表格内提供专业信息以辅助工单处理，通过系统自动分配至对应的流程和团队。

各种表单中隐藏了不同服务支持团队间的协作，这种工单流转的方式构成了CERN各团队之间协作价值流的基础，简化了用户端的体验感知。团队通过共同协作进一步为用户创造价值。

CERN意识到，用户无须关注各项服务背后复杂的概念或流程，也无须考虑一件事到底应该归为事件还是请求，而是应基于客户关系从组织内部做出改变，要时刻记得提供服务体验的初衷，关注平台的价值，并保持平台的简洁。这些思维的转变使得CERN有效地维护了客户关系，不断追求价值向上的用户服务与优化的运营模式。

3. 全面转型：向敏捷组织进化

CERN在技术制胜的时代下，改变服务意识，明确一切皆以用户服务体验为初衷，并将服务管理作为组织的一种业务；同时，通过ITIL的融合，运用IT服务管理但不止于IT的理念，在服务管理的持续发展中发挥了重要的作用。此外，CERN还利用最优的运营模式满足了用户需求，实现了运营的持续改进和价值向上。

我们可以将CERN的服务管理比作魔方，ITIL比作三阶魔方公式，CERN服务变革前像是待复原的魔方，通过一阶魔方公式优化客户关系，通过二阶魔方公式提升服务效率，通过三阶魔方公式提升运营能力，最终复原的魔方达到卓越运营，如图 2-29-3 所示。

图 2-29-3　ITIL 是 CERN 的通关秘籍

三、CERN 的数字化商业模式亮点和画布

CERN 商业模式最值得借鉴和学习的地方在于运用 ITIL 指导服务变革，优化客户关系，实现卓越运营。

CERN 作为一个国际化的大型服务组织，运用 ITIL 的理念，结合自身的服务文化，利用并借鉴 ITIL 中对于客户价值作用的关注，明确了以价值为核心、以服务为抓手的实施路径，以此解决了"内外部用户真正的需求是什么？为客户提供什么样的服务体验？服务能够产生什么样的价值？需要如何提升运营能力？"等一系列问题，完成了服务文化管理变革的数字化之旅。

CERN 数字化转型的过程中，ITIL 作为数字化转型的方法论，充分发挥了其体系化的价值，实现了 CERN 的卓越运营。在数字化时代，每个组织都是一个服务组织，而如今几乎所有服务都依托于平台进行运营，所以服务管理体现了一种特定的组织能力，最终以服务的形式为客户创造价值。

CERN 的数字化商业模式画布如图 2-29-4 所示。

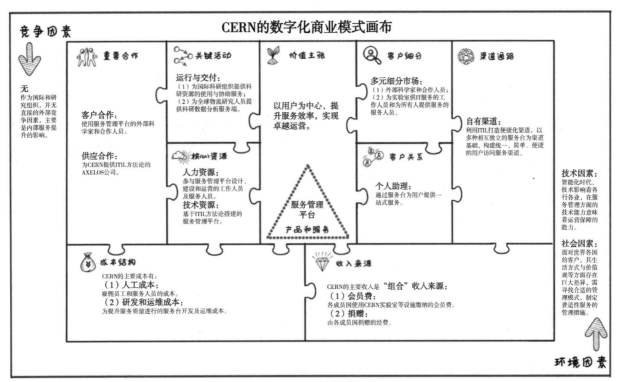

图 2-29-4　CERN 的数字化商业模式画布

（以上案例由孙雪婷、李天玉组织、调研与撰写）

海企通：数字化赋能多场景企业服务

> 没有成功的企业，只有时代的企业。
>
> ——张瑞敏

一、海企通的品牌故事

近年来，在人口红利消失及数字化为特征的时代背景下，企业对数字化产品和服务的需求逐渐成为主流。同时，同行业/同级别的企业市场竞争力已不明显，促销方式、应用技术和产品配置同质化严重，极易遭到竞争对手模仿。因此，企业须通过提升管理效率来降低成本，并利用科技手段增加核心竞争力。

与大型企业相比，我国中小企业 IT 信息化基础建设水平普遍偏低，更容易受到冲击。2019 年，我国企业主体数量达 3 858.3 万户，其中，中小企业占比超 90%。在这种情况下，庞大的中小企业用户成了数字化服务的主要需求方，我国企业数字化服务需求的空间也显示出巨大潜力。

不同行业和不同规模的企业商业模式灵活多变，业务场景复杂丰富，导致企业管理容易产生"孤岛效应"和数据安全等问题，构建紧跟时代要求的数字化管理机制成为企业当下转型升级的紧要任务。为了能解构人力、财务和法务等场景下的难题，助力企业转型升级，海尔集团建立起政企互联的创新模式，以多年管理经验为基础，以区块链为纽带，打造了企业数字化管理新范式，创建青岛海链数字科技有限公司（以下简称海企通），为企业提供数字化管理的解决方案。

海企通平台于 2020 年 10 月面向社会推广，截至 2021 年 11 月，海企通企业用户数已超 8 000 家，与青岛、烟台和东营等地人力资源和社会保障局共建的电子劳动合同签约平台已累计为 3 000 多家企业提供了 4.7 万次的劳动合同签署服务。

二、海企通的数字化之旅

1. 小试牛刀：数字化赋能企业服务

对于许多企业来说，员工会分散在全国各地项目部，但根据风控要求，每个员工合同到期后都需要回总部续签劳动合同。传统的合同签订流程耗时、耗财、耗力，每年合同签订完成都需要耗费一个月。在使用海企通研发的电子签之后，签订劳动合同简单便捷，大大地节省了时间和资金成本，提高了企业管理效率，节省了运营成本。

电子签劳动合同只是海企通人力服务的一环，海企通的人力服务还为员工提供了一站式体验——App 云端自助；为企业提供了线上 HR 云平台，实现了企业员工入职→发展→培训→薪酬的全流程智能化办理；法务服务实现了从招标到合同起草、签订、智能履约与归档的全流程线上化，并以区块链技术进行加密与存档。

针对传统企业的痛点，海企通结合自身丰富的管理经验，在数字化技术的赋能下，推出全流程企业服务，实现了海企通"为企业及其员工提供有广度、有深度、有温度的服务"的价值主张。

2. 众人拾柴：重要合作致力于价值共创

基于优势互补和合作共赢的原则，海企通与北京众享比特科技有限公司（以下简称众享比特）合作，积极探索合作模式。在合作的基础之上，基于海尔集团多年积累的丰富数字化管理经验，结合众享比特成熟的区块链底层技术和实践经验，共同打造了基于区块链的企业管理产品，并形成了针对不同行业的技术解决方案。

海企通运用数字化技术，依托合作伙伴在区块链技术上的研究和应用，从接入安全、通信安全、存储安全和交易安全四个维度构建"去中心化"的网络安全体系，从技术和系统层面保证了客户的信息安全。同时，通过区块链数据库应用平台——ChainSQL 和区块链应用平台——WisChain 的使用，海企通还实现了面向不同行业企业客户快速部署、可视化维护和多链连接，这一技术能力保证了海企通的企业服务平台高效稳定的运营水平。

通过和众享比特的重要合作，海企通能更好地实现技术赋能，区块链等数字化技术为企业服务奠定了重要基础，实现了与合作伙伴的价值共创。除了与科技公司的合作以外，海企通还积极与各地政府合作，收集分析数据资源，从而能更高效、更全面地服务于企业。

3. 由浅入深：多场景、多产品覆盖企业服务

海企通是一个开放的平台，不仅可以实现政企直连，还能与生态方实现并联，传统的 SaaS 平台为大家提供的是业务功能，也就是记账的能力，而海企通提供的则是服务的能力。

（1）在技术方面，海企通拥有 20 多项自主知识产权，拥有电子签名、电子印章、电子合同和电子授权等创新，实现了纸质转电子的合法合规。

（2）在安全方面，海企通拥有区块链、大数据和智能合约授权等技术支撑，保障服务端信息安全可靠。传统的 SaaS 平台通过保密协议来实现信息安全，而海企通平台通过区块链技术来实现信息保护，而且每个核心的使用方都可以成为联盟中的一个节点或平台生态中的共建者。目前海企通以标准化 SaaS 产品和私有化定制的形式向企业提供了公司管理、人力管理、商务管理和财税管理等多种服务，如图 2-30-1 所示。

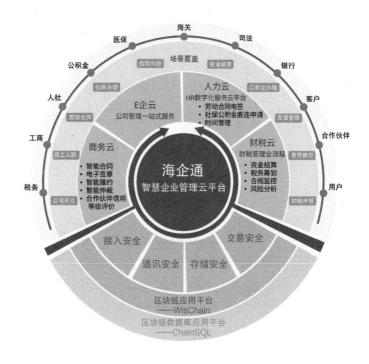

图 2-30-1　海企通平台

（3）在人力管理方面，涵盖从员工入职、背景调查和体检，到电子签劳动合同，到社保和公积金的缴纳，再到员工日常的考勤、培训、测评和绩效等全流程的人力资源管理服务，员工不跑腿，企业便能达到智能高效的运营水平。

人力资源服务部门跟公安、社保局、医保局和公积金中心等政府部门直连，实现了线上化、数字化和智能化，从手工到全自动，从多次跑腿到 24 小时即时办理。对于员工来说，实现了零跑腿、零等待和零证明；对于企业来说，则实现了人力资源管理的降本增效。

（4）在商务管理方面，以合同为切入点，针对上下游合作伙伴的谈判、电子合同的签署与履约及有可能发生的法律诉讼等情况，海企通提供了全流程的商务管理解决方案，实现了合同风险从事前规避到事后应对，使电子签实现降本增效。

海企通利用强大的合同模板及条款库的自由组合，从风险无法判断转变为风险事前防控。如果产生法律诉讼的话，从线下搜集各种证据再到司法认证，一般需要 1~2 年。而商务服务上的合同签订到履约都是在服务端存证的，并得到了司法和仲裁的认可。这种双认证体系不仅规避了法律纠纷，同时 CA+ 电子营业执照双认证体系还可以杜绝虚假合同，这样就使得诉讼结案周期缩短至 3 个月，节省了司法认证成本。

（5）在财税管理方面，对从资金结算和发票管理，到费用管控和纳税申报，再到税务风控和价值创造等全流程进行财税管理，实现电票（电子商业汇票）秒开、一键申报和降本增效的功能，并且使资金结算成本从 6‰ 降低至 2‰。

海企通基于设计、研发等关键活动，在重要合作的赋能之下实现技术制胜，打造出多场景的产品生态体系，全方位、高效地满足客户需求，解决客户痛点，增加客户黏性，保持与客户的良好关系。

三、海企通的数字化商业模式亮点和画布

（1）依托集团优势，精准定位目标客户，实现价值向上。海企通依托海尔集团的企业管理经验，发现大部分 B 端客户有数字化企业管理服务的需求。海企通基于这样精准的客户定位，结合海尔十几年的管理经验和成熟的数字化技术，打造出一个经验成熟的企业服务品牌。同样，这也是身为制造业企业的海尔谋求价值向上的一个方向，从主攻 C 端到覆盖 B 端。

（2）基于重要合作，打造技术优势，数据赋能未来发展。海尔谋求在企业服务领域有所发展的过程中，重要合作也是关键的一环。海企通通过和众享比特的合作，进一步巩固了自身服务平台的技术优势，使之在技术能力和安全方面都拥有较大优势；另外，通过与各地政府合作共创，可以了解更多的企业数据与现状。重要合作不仅帮助海企通实现了对公业务的便捷办理与企业管理的高效运行，还进一步共创了"为企业及其员工提供有广度、有深度、有温暖的服务"的价值主张。

海企通的数字化商业模式画布如图 2-30-2 所示。

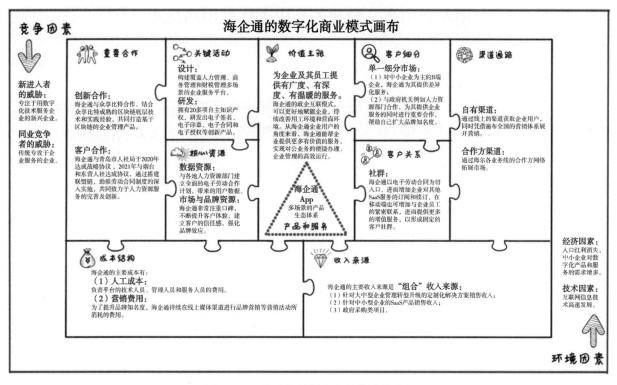

图 2-30-2　海企通的数字化商业模式画布

（以上案例由陈鸿刚、张银雪组织、调研与撰写）

用友云生态：企业服务生态化发展新征程

> 能用众力，则无敌于天下矣；能用众智，则无畏于圣人矣。
>
> ——孙权

一、用友云生态的品牌故事

创立于1988年的用友网络科技股份有限公司（以下简称用友），是中国和全球领先的企业与公共组织的云服务与软件提供商。致力于用创想与技术推动商业和社会进步的用友，通过构建和运行全球领先的商业创新平台——用友BIP，服务企业数智化转型和商业创新，成就千万数智企业，让企业云服务随需而用，让数智价值无处不在，让商业创新如此便捷。同时，在数字营销、智慧采购、智能制造、敏捷供应链、企业金融、智能财务、数字人力、协同办公和数智平台服务等领域，用友为客户提供了数字化、智能化、高弹性、安全可信、平台化、生态化、全球化和社会化的企业云服务产品与解决方案。

从用友1.0时代的电算化阶段到用友2.0时代的信息化软件时代，再到现如今数智化的3.0时代，用友秉承"用户之友、持续创新、专业奋斗"的核心价值观，一切源于为客户创造价值。用友发展历程如图2-31-1所示。

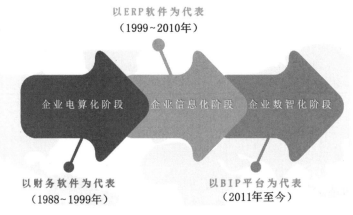

图2-31-1　用友发展历程

进入数智化阶段后，用友构建了以"商业创新，重构发展力"为关键价值的BIP平台。BIP是以ERP为代表的企业信息化向数智化发展的一次进化和跃升，是技术驱动的又一层次的商业革命。用友注重生态作用，基于自己的平台，与生态伙伴携手创新产品与服务，致力于发展优质的融合型产品，共建强大生态与一站式服务，进一步推动企业服务产业的整体发展，打造了独特的云生态体系。

二、数智化背景下，用友云生态的数字化之旅

1. 万象更新：数字化下企业服务的新征程

（1）ERP 何去何从？

在信息时代下，ERP 通过严谨的管理、核算和合规等流程，帮助企业实现降本增效与控制风险的目的。但进入数字化时代以后，商业生态也逐步"开源"，不再依托"节流"的方式实现企业的降本增效，这时 ERP 的局限性也逐渐显现出来，如何控制"开源"也就成为企业最为关注的商业问题。

用友早在 2010 年便意识到这个问题，当时云计算的数字化优势不断凸显，流程驱动的形式也逐渐走向数据驱动。2014 年，用友启动"全面进军企业互联网"战略，但当时国内市场上的技术空白是阻碍用友数字化转型最大的"绊脚石"。直到 2016 年，用友推出了友云采，其内核是 SaaS 模式企业采购互联网服务平台。它通过无缝对接企业 ERP 与电商平台，完整地贯通了计划、采购、到货、入库和付款等环节，并帮助企业通过互联网采购寻源做最佳采购决策和高效协同。此后，用友持续推进数字化转型与创新，推出 U8cloud，整合了友云采与友人才等一系列产品。

（2）BIP 平台的诞生

迈入数字化时代，随着商业环境的变化，中国企业也已经从以制造和营销为核心转变为以创新为核心，并且为了使企业有更强的竞争力及更长远的发展，企业需要快速响应客户的需求及市场变化。

商业创新对企业来说是一条充满荆棘的道路，企业应用数智技术开展商业创新，必须突破技术、商业和成本"三座大山"。企业更希望借助一个可以提供全面综合的企业服务平台来帮助自己翻越"三座大山"。2020 年，用友的商业创新平台——BIP 顺势而生，从 ERP 到 BIP，这是商业创新进程的一次进化和跃升，也是打造生态化服务的坚固"地基"。

BIP 平台是利用新一代数字化和智能化技术，实现企业产品与业务创新、组织与管理变革的综合服务平台，使商业创新变得简单、便捷、大众化和社会化，带给企业"商业创新，重构发展力"的关键价值。

进入数字化时代，用友在关键活动领域打造的 BIP 平台，为客户提供了一体化的企业服务，增强了客户黏性。数字化技术全面赋能用友，奠定用友数智化阶段的牢固基础。

2. 走向共生：携手生态伙伴走向数智未来

（1）生态伙伴抱团共赢，实现价值共创

为了让优秀的服务提供商抱作一团，在未来得到更好的发展，更好地服务于企业，自 2017 年起，用友提出"平台+生态化"的战略。紧接着，用友构建起云市场，设有 12 大分类（如图 2-31-2 所示），不仅聚合企业服务，还致力于不同服务间的深度融合。用友充分发挥技术优势，基于云平台，与生态伙伴无缝集成，全方位整合，以一体化产品更好地服务企业一体化应用，适应企业上云之后的一站式采购需求。

图 2-31-2　用友云市场企业服务的 12 大分类

随后，用友进一步将市场需求度较高的融合型产品实现组合销售，与用友的自有产品形成全场景解决方案，使生态产品横向打通，把最复杂的融合对接留给自己，而把简便的一体化应用服务于企业。此外，用友还推出七大数字化生态融合方案，涵盖数字营销、数字制造、数字人力、数字办公、数字财务、数据智能与平台基础等众多领域。

（2）携手生态伙伴，共创数智未来

确认生态化的发展路径之后，用友以更加开放的态度迎接生态合作伙伴。2019 年年初，用友表示将坚持"用户之友，持续创新，专业奋斗"的价值主张，与生态伙伴开展重要合作，创新产品与服务，构建强大生态、一站式服务客户，推动企业服务产业的整体发展。友信智通是一家与用友深度融合的生态伙伴，在其发展的道路上，遇到过没有足够场景开展业务、没有数字化技术支持研发工作、没有市场宣传支撑业务等一系列困难，在与用友深度融合之后，从开发前期到整合上线再到市场营销及推广，友信智通获得了用友的"保姆式"服务；同时，基于 YonBuilder 低代码开发平台，友信智通快速高效地完成了数据填报融合应用的开发。应用上线后，用友给予友信智通市场宣传及业务方面的支持。通过生态融合，友信智通达到了"降本、提质、开源"的目的；用友整合了优秀的供应商提供的优质服务，能更全面地服务客户。

3. 迈向蓬勃：云生态扬帆起航

为了能通过生态化发展与伙伴更好地融于一体，实现共生、共创与共荣，用友以"创新、加速、赋能"为核心理念，为 ISV（independent softeware vendors，独立软件开发商）伙伴打造了五大生态服务，使"一个 BIP 平台 + 五大生态服务"共同构成用友当前的关键活动。五大生态服务目前包含 ISV 集成与被集成服务、YonBuilder 低代码开发、YonBIP 开发者社区、YonStore 应用商城与摩天学习认证社区。

ISV 集成服务，以用友为主，将各行业创新型 ISV 伙伴原生开发成果及成熟产品成果进行深度集成，形成联合解决方案。被集成模式是基于用友各类丰富的云服务和开放接口，将用友强大的 PaaS 与 SaaS 能力输出给更多行业领先的 ISV 厂商，通过全方位支持和赋能帮助他们形成完整的行业云服务场景方案。

集成与被集成两种ISV服务模式在推动数智化产业快速发展上爆发出了1+1>N的能量（如图2-31-3所示）。

图 2-31-3　ISV 联合共创产品分发模式

在开发层面，通过 YonBuilder 低代码开发，伙伴可基于用友 YonBIP 平台，高效率地创新各类应用，并使开发成果通过 YonStore 线上商城与用友线下营销体系快速变现。用友从研发支持赋能到营销赋能的强大资源优势，给予了 ISV 伙伴最快捷方便的商业模式。

除此之外，构建开发者生态已在业界形成广泛共识，开发者生态的可靠性与丰富性对于企业客户而言至关重要。用友构建和运营的 YonBIP 百万开发者社区就是一座开发者与企业客户之间的桥梁，帮助开发者项目落地，对接市场流量和盈利变现，实现生态共赢。

2021 年，用友推出的摩天学习认证社区聚焦"数智化领域"，对标全球数智人才发展趋势，依托用友 YonBIP 平台，围绕当前企业急需的 10 类数智化人才需求，探索出"应用＋认证"这一新型的数智化模式，为 ISV 伙伴及广大客户带来全新的交付方式，并通过"应用＋知识学习一体化"，结合赋能并培养数智化人才，全面推动企业数智化转型与落地。从培训到认证，摩天学习认证社区为企业提供全方位的人才服务，如图 2-31-4 所示。

三、用友云生态的数字化商业模式亮点和画布

（1）数字化思维——满足客户所需，坚持价值主张。在内部，用友秉持"持续创新，用户之友，专业奋斗"的价值向上，自上而下地将思维模式"数字

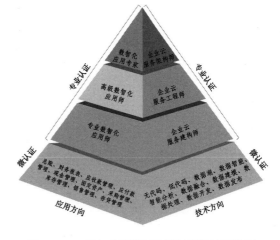

图 2-31-4　用友摩天学习认证社区的认证体系

化",全面满足客户的需求,这就是用友成功的根本因素。

(2)技术制胜——赋能平台建设,探索开放新生态。用友基于云计算、大数据、区块链和移动互联网等为代表的数字化技术,全面赋能平台建设。这不仅赋能企业服务,更为优秀的供应商提供全面支持。

(3)合作共建——携手构建生态,助推全产业成长。用友注重生态化发展,携手生态合作伙伴打造一站式服务,实现与客户及生态伙伴的价值共创。只有共享、共生、共融,才能带来共赢。

用友云生态的数字化商业模式画布如图 2-31-5 所示。

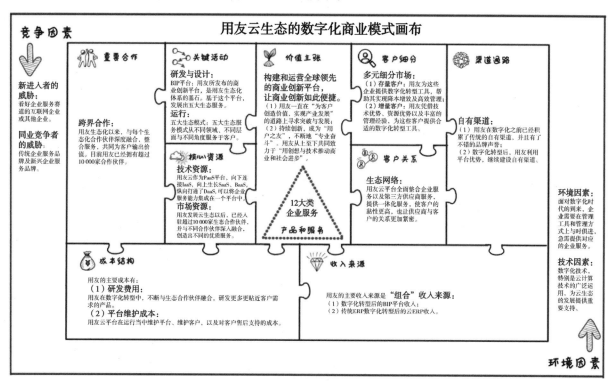

图 2-31-5 用友云生态的数字化商业模式画布

(以上案例由傅毅、张银雪、戚高翔组织、调研与撰写)

原生电商领域

小红书：挖掘价值空地，打造数字之城

> 有些人说："消费者想要什么就给他们什么。"但那不是我的方式。我们的责任是提前一步搞清楚他们将来想要什么。
>
> ——乔布斯

一、小红书的发展历程

2010年前后，我国出境旅游业迎来蓬勃发展的新契机，特别是在2013～2014年，我国出境游总人数超过1亿。出境游兴起与火热的同时，市场上也随之出现了大量的旅行公司或旅游信息网站，为游客提供出境游攻略。但是，有两个年轻人毛文超与瞿芳（小红书创始人）却发现很少有聚焦海外购物信息分享的平台，甚至有时会出现消费者一问难求的现象（如图2-32-1所示）。因此他们认为海外购物信息分享将带来巨大商机，于是决心在海外购物信息分享领域创业。

伴随着各互联网大厂的迅速发展，市场上留给新创业者的领域其实已经不多了。正如《全数字化赋能》一书中提到的"价值空地"，创业者要善于在商业竞争的某个领域中寻找空白地带，这个地带往往供不应求，新进入该领域的创业者或已经在该领域的小企业一旦发现并占领空白地带，就会占有市场甚至打败竞争对手。而毛文超和瞿芳关于海外购物信息分享领域具有重大商机的敏锐判断正是一次寻找"价值空地"之旅。

图2-32-1　客户对于海外购物攻略的需求

2013年，小红书顺势而生，这是一款分享生活方式的平台，主要分享消费经验和生活方式等。用户可以通过短视频、图文等形式记录生活点滴，分享生活方式，并形成互动。截至2019年10月，小红书月活跃用户数已经过亿，并持续快速增长，其中70%的用户是"90后"，准确的市场定位和独特的社区文化让小红书在竞争激烈的UGC领域占稳一席之地。小红书的发展历程如图2-32-2所示。

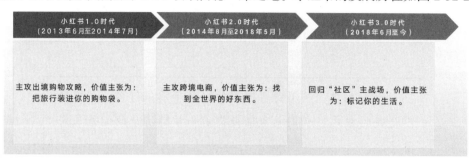

图 2-32-2　小红书的发展历程

二、小红书的数字化之旅

1. 缘起：挖掘价值空地，实现用户与平台的价值共创

（1）找到用户真正的痛点——提供用户未来想要的

小红书最初便瞄准了具备一定经济实力的都市年轻人，特别是女性消费者，因为她们有对高品质生活的强烈追求意愿。这类群体在购买海外产品时遇到了瓶颈，一方面由于信息不对称，国内用户在购买海外产品时并不能完全获悉购物资讯，另一方面，国内用户在获得信息后没有能力进行鉴别，从而使海外购物风险大幅提高，并对此产生了远超国内购物的担忧心理而放弃购买。小红书以此为切入点，成功开辟了市场。

（2）小试牛刀，初战告捷——提供出境购物攻略

小红书最初的产品形态是一份PDF文件的《小红书出境购物攻略》，放在小红书网站上供用户下载。2013年10月，这份PDF文档放在网站上不到一个月，就被下载了50万次。初战告捷的小红书迅速推出八大境外购物地购物攻略，为走出国门的中国消费者提供最基础购物指南。此时小红书还停留在自主发布阶段，未发展成用户自发提供内容的形式。

（3）用户与平台的价值共创——提供出境购物笔记

2013年起，移动互联网取代PC互联网，成为必然的发展趋势，几乎所有的互联网企业都在加速移动端的布局。小红书也不例外，创始人毛文超与瞿芳迅速做出调整，带领团队于2013年年底，在苹果手机应用商店上线了主打海外购物UGC分享的"小红书"App。此时，小红书用户自发进行内容分享的时代来临。在这里，用户开始分享和交流真实的境外购物信息，包括每个商品的详细信息，如品牌、包装、价格、购买地点和使用心得等，源源不断地为女性用户提供覆盖时尚、护肤、彩妆等领域的高品质笔记。

刚步入市场时，小红书明确了客户细分，挖掘到了价值空地，也把握住了数字时代的机遇，这正是小红书能"一炮而红"的根本原因。

2. 兴盛：把握行业机遇，实现数据赋能电商模式

（1）在"社区"之上生根发芽的"电商"

只做"真实"用户的购物分享策略，激发了用户在小红书社区分享信息的积极性。同时用户分享

的内容真实、精准、聚焦，使小红书在2014年作为专业海外购物分享社区，在业内声名鹊起，吸引了越来越多的高黏性用户的加入。截至2014年6月，短短1年时间，小红书便积累了1 500万用户，其中90%是女性用户。

用户在小红书社区长久驻足，会很自然地产生购买需求，而小红书本身只能逛不能买，就只能是用户购物时的消费决策平台。这就使得众多品牌看重小红书的影响力，想要在小红书社区投放广告。这本是同类社区平台驾轻就熟的变现套路，但小红书为了保护用户体验，一直没有开放广告的口子。最终，在满足客户即逛即买的需求且不影响口碑的情况下，小红书选择了一条更辛苦的路——跨境电商，实现"社区＋电商"双轮驱动（如图2-32-4所示）。

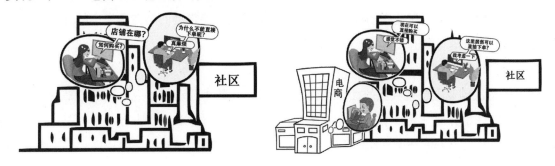

图 2-32-4　"社区＋电商"双轮驱动

（2）数据赋能与精准营销

前期1 500万用户的积累为小红书提供了两大优势：第一大优势是客户数据优势，小红书的跨境电商完美承袭其社区分享所积累的用户数据，不必通过营销手段来辛辛苦苦地获取客户数据；第二大优势是产品数据优势，小红书拥有丰富的社区分享积累的产品数据，电商团队只需要通过分析社区前端"有多少人发布，有多少人评论，有多少人点赞"的结构化数据，便可以进行精准选品，完成用户从发现商品到购买商品的体验闭环。

庞大规模的优质流量和商品的正品保障，让小红书通过"社区＋电商"模式找到了商业化变现的通路。2015年5月，福利社上线半年，在零广告的前提下，销售额突破2亿元；2015年9月，从郑州仓3月正式运营以来，小红书半年的销售额达7亿元。但随着跨界电商领域竞争的日益加剧，小红书的电商之路也并不是一帆风顺。艾媒咨询《2018年Q1中国跨境电商季度监测报告》显示，网易考拉、天猫国际和京东全球购等头部跨界电商聚集现象明显，三者共占到60%以上的市场份额，小红书的市场份额仅5.6%。

面对这一局面，小红书也调整了自己的盈利方向：从"小红书收入来源都是电商，社区不赚钱"变为"将探索广告变现的商业化路径，采用信息流广告形态"。由此可见，电商将不是小红书唯一的商业化通路。

3. 跃迁：立足差异化，实现B2K2C[①]与数字化营销

（1）不忘初心，建一座数字之城

小红书创始人在接受采访时曾说，小红书其实是一座城市，城市是由"城"和"市"组成的，"城"

---

① 品牌（brand）通过KOC（key opinion cusumer，关键意见消费者）在社区树立口碑去影响用户的消费行为，用户（consumer）通过分享消费体验，再反向影响品牌和其他用户，形成正循环。

是人民生活居住的场所，而"市"只是交易场所，没有"城"就没有"市"，"市"是建立在"城"的基础之上的。

因为超过2亿用户喜欢在小红书上分享生活，记录美好，了解世界，才形成了小红书社区这座"城"，有了小红书社区这座"城"，才有了电商这个"市"。如果居民弃"城"而去，"市"也将不复存在。所以说，小红书这个真实、多元、美好的UGC社区才是最大的优势壁垒，也是小红书得以生存的根基。商城只是小红书之城的一个组成部分，如果脱离社区单独存在，其与天猫、京东等电商巨头相比并没有任何优势，很难独立生存。

事实上，小红书的优势在于用户将亲身体验或真实的购物情况放在平台上进行交流，这可以通过用户口碑进行品牌积累，不仅能带动商品在小红书上交易，还能带动商品在全渠道的交易。因此，小红书同时兼具品牌营销与渠道交易两个核心价值。

（2）立足差异，发力品牌赋能

小红书的二次创业围绕视频化的社区进行2.0升级，在技术驱动的社区、用户与平台的链接、深化拓展多元生态三个方面开展，小红书的使命和愿景也变为"分享和发现世界的精彩"。这一使命和愿景的背后，是小红书开始强调其作为生活方式分享平台的角色，而支撑平台正循环的关键是小红书提出的"扶植KOC"、打造B2K2C闭环。

从闭环参与者的角度来看，品牌商极为认可小红书的品牌传播与营销价值，希望能参与其中，获得品牌价值和营销效果的提升。用户希望小红书能为他们提供更多品牌的真实信息。小红书作为生活方式分享和消费决策入口，品牌商和用户都是小红书城市生态必不可少的组成部分。发挥面向B端厂商的品牌传播与营销价值，进而获取商业价值，是小红书在电商业务之外的另一条商业化通路。

从数据整合能力来看，小红书于2019年整合内部的数据、社区与电商资源，上线更多的品牌赋能工具，为品牌商提供系统的广告与整合营销服务解决方案，帮助品牌商不仅在小红书平台上发现、触达、转化与留存用户，还帮助其在小红书之外创造持续有效的品牌价值。

三、小红书的数字化商业模式亮点和画布

（1）利用客户细分挖掘价值空地，实现客户群的精准匹配。小红书一开始就精准定位到生活在一二线城市的年轻女性，精致、品质、时尚是她们的追求，她们具有相应的消费能力，也习惯于移动购物方式，习惯于在社交中自我展现，代表了大众级市场消费群体。

（2）保持高客户黏性，与品牌厂商和客户之间形成良性价值共创。小红书的初心是打造一个具有"分享"精神，充满"美好""真实"与"多元"社区，无论产品与商业模式如何进化，小红书始终坚守价值共创，从来不会以牺牲用户体验为代价，这体现的不仅是对客户细分的坚守，也是小红书特有的克制与理想主义。

（3）基于核心资源构建局部优势，以数据赋能企业发展。对内，小红书利用数据资源提高了企业的运营效率、生产效率、产品和服务水平，能针对不同类型用户进行个性化营销及管理。对外，小红书通过对数据的分析和洞察，为服务于同类目标客户的B端企业提供数字化营销赋能，最大化地善用数据资产。

小红书的数字化商业模式画布如图 2-32-5 所示。

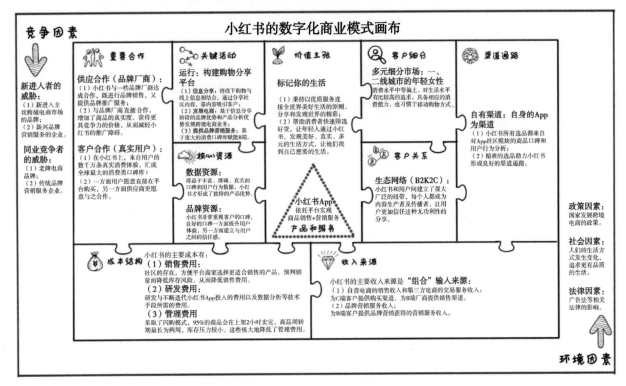

图 2-32-5　小红书的数字化商业模式画布

（以上案例由张银雪撰写）

拼多多：在红海中挖掘蓝海的"下沉市场"突围战

> 创新时代实际上是信息时代的天然的伴随物。尽管我们掌握了新的信息，但仍然有薄弱环节，它不是出现在信息的创造上，也不是出现在信息的贮存上，甚至也不在信息的获取上，而是出现在利用新的信息去做新的事情上。
>
> ——吉福德·平肖

一、拼多多的品牌故事

拼多多隶属于上海寻梦信息技术有限公司，是专注于C2B的第三方社交电商平台，也是国内移动互联网的主流电子商务品牌。

以"坚持本分"的价值观为指导，拼多多坚持聚焦于国内广大的低线城市、农村消费市场和众多的中小型生产企业及农户。自2015年9月成立起，拼多多在国内众多电商平台的包围中异军突起，用不到半年的时间取得单月成交额破千万的骄人成绩。先后获得腾讯、高榕和红杉等诸多资本融资后，拼多多于2018年7月登陆美国纳斯达克，当日市值达240亿美元。随后，拼多多持续爆发，其市值在2020年年底曾突破2 000亿美元。

凭借其在获客模式上的精准定位以及良好的运营，拼多多获得了资本与市场投资人的青睐，其商业模式也由此成了诸多企业，尤其是电商与零售企业研究与学习的经典案例之一。

二、拼多多的数字化之旅

1. 思路决定出路，时势成就英雄

国内电商经历了20多年的发展，市场格局都相对稳定，但随着拼多多的到来，平静的海面再次涌起了惊涛骇浪。

谈及拼多多的成功，众媒体都会提到它的"下沉市场"策略。通过成功定位低线城市的消费人群，拼多多成为一匹绝尘的"黑马"，这既需要思路，也需要时势。

（1）聚焦细分用户，"下沉市场"策略破局

拼多多创建之初有别于依托全而精的产品来赢得优势的"货—场—人"，也有别于依托大流量线上平台或黄金地段线下商圈来促销产品的"场—货—人"，而是将"人"作为其破局的核心。这个核心既包括"找对人"——对客户的细分定位，也包括了"知人心"——重视客户体验，挖掘客户需求，识别价值主张。

在对交易双方中买方的选择上，拼多多聚焦于拥有11亿人口基数的三线以下城镇和农村的消费群。据相关统计，六成的拼多多活跃用户位于低线城镇与农村，其中25~35岁人群过半，且女性居多，5 000元以下月收入人群占比超过七成。可见，其所定位的"买方"细分客群就是居家过日子、操持家务、需要精打细算的新一代人群。这部分人群既是社会财富的创造者，也是消费的主力军之一，性价比是她们在消费时考虑的重要因素。因此，"便宜且实用"成了最吸引她们的价值主张。

另外，不论年龄大小，人们大多有着强烈的社交心理需求。而数字化时代，互联网、社交平台与自媒体的快速发展进一步激发了人们的这种心理需求。拼多多在平台设计中创新式地融入了"拼团"和"砍价"等玩法，让消费者能够借助社交平台组团砍价，既增加了主题式的社交活动，又可以在收获砍价成就感的同时，与亲友分享。可以说，拼多多的"拼"式玩法（如图2-33-1所示）很好地满足了源自客户情感体验和社交体验的价值主张。

同时，平台中游戏属性的植入再一次为消费者在购物的同时提供了娱乐体验，进一步增强了平台的黏性。

图2-33-1　"拼"式玩法

（2）聚合卖方群体，缩减中间渠道

对于交易的卖方，拼多多基于对买家需求及价值主张的了解，将早期的商品集中在与基础生活密切相关的生活快消品上，这类商品的生产者包括中小型生产厂家和数量庞大的农户卖家。这些生产者大多缺少技术，资金有限，因此偏向于生产技术含量低的生活快消品。此外，他们大多缺乏稳定的营销渠道，又不具有品牌运营能力，因此，其产品多为"白牌"。只要减少中间渠道，他们的产品价格相比较大平台和知名品牌，能够更好地匹配拼多多所定位的"买方"的价值主张。

为了吸引和扶植这些卖家的入驻，拼多多在早期给予了入驻商家较大的流量支持，大幅降低营销成本，构建了与商家的协作共赢关系。

（3）顺应时代趋势，数字化技术赋能发展

找准了客户群体和价值主张，只是促成千亿拼多多的一个关键因素，而另一个关键因素则是拼多多抓住了数字化技术大发展所形成的"时势"。

①智能手机的普及提供了设备基础。2011年中国智能手机普及率达到35%。随着智能手机的技术升级和零件成本的降低，亲民价格的智能手机迅速渗透到县级城市和农村。

②移动网络的铺开创造了连接环境。2013年，工信部正式向三大运营商发放4G网络牌照，至2018年，4G用户普及率接近84%。

③移动支付的兴起提供了支付便利。2014年，微信支付正式开放，至2019年，使用微信支付收款的商家和门店已经达到了5 000万户。

④快递行业的壮大加速了商品交付。自2015年国家邮政局提出到2020年基本建设形成覆盖全国、联通国际的服务网络的规划开始，至2020年9月，全国乡镇快递网点覆盖率超97%。

拼多多始终将"价值共创"视为平台发展的一项核心动能。依托对"时势"的把握及对细分客户及其价值主张的精准定位，拼多多得以高速成长。但与此同时越来越多地面临劣质商品投诉等问题的困扰，如何实现更为长足的发展成了拼多多商业战略中的重点。

2. 品牌升级促进共赢，持续创新共筑愿景

（1）C2M模式革新，扶持上游生产商

拼多多上市后，为提升消费体验，加大了打击假冒伪劣商品的力度（如图2-33-2所示）。仅在2018年8月2日至9日，拼多多平台强制关店1 128家，下架商品近430万件，批量拦截疑似假冒商品链接超过45万条。此外，拼多多还成立了相关的技术团队，通过对海量数据的挖掘与分析，开发假货识别算法等技术手段，使得平台得以良性发展。

图2-33-2　技术打假

打击假冒伪劣商品的措施也使得部分有心规范发展却无力行动的小品牌和"白牌"生产者有了担忧。不少生产者由于在资金、管理、讯息或渠道上的"乏力"，游走在规范与不规范的边缘线上。

堵不如疏，拼多多在2018年12月宣布推出"新品牌计划"，计划扶持1 000家覆盖各行业的中小型生产企业，包括融入C2M（customer to manufacture，客户对工厂）模式，帮助生产企业有效地触达消费者的需求，并建立自己的品牌。

在C2M的应用上，拼多多充分考虑"量体裁衣"式的个性化定制对工厂柔性生产链的过高要求，没有将C2M简单地理解为"私人定制"，而是把重点放在"反向"上，通过数据赋能，为消费者在平台上的行为和消费数据建立计算模型，由此洞察消费者未感知的需求，指导工厂组织生产，从而实现供需的精准对接，帮助生产者、商家、平台和消费者实现共赢。

截至2019年9月，"新品牌计划"正式成员已达85家，超过800家企业在拼多多的帮助下参与到C2M运营中，累计推出超1 800款定制产品，订单量超7 000万，成为新生代本土品牌的主要发源地之一。

（2）品牌类型升级，扩展目标群体

在扶植中小型生产者的同时，拼多多开始升级其平台商品的品牌类型。2019~2020年，拼多多连续发起"百亿补贴"活动，通过流量补贴吸引大量中高端品牌入驻，在丰富平台内部的SKU（stock keeping unit，存货单位）供给的同时，也使得消费者改变了原本认为拼多多满是低端品牌和"白牌"的形象认识。由此，拼多多吸引了更多的消费群体，增强了消费者的黏性，增加了复购频次。

三、拼多多的数字化商业模式亮点和画布

（1）以客户为中心，努力构建多边共赢。无论是定位于下沉市场的买方，还是聚焦于能够满足买方需求的卖方，拼多多通过客户细分和对双方价值主张的剖析很好地匹配了双方的需求。而后，通过一路的扶持、补贴等投入，拼多多不断帮助双方获利与成长，使双方的需求进一步契合，以期实现更为长远的共赢。

（2）数据赋能，凝聚资源，业务创新。在努力构建三方协作共赢的生态式客户关系的过程中，拼多多重视数据分析与平台研发等技术投入，快速凝聚品牌、客户、数据等核心资源优势，挖掘需求，不断创新，达成价值向上。在"拼"式生态的成长中实现拼多多的发展目标与愿景。

拼多多的数字化商业模式画布如图 2-33-3 所示。

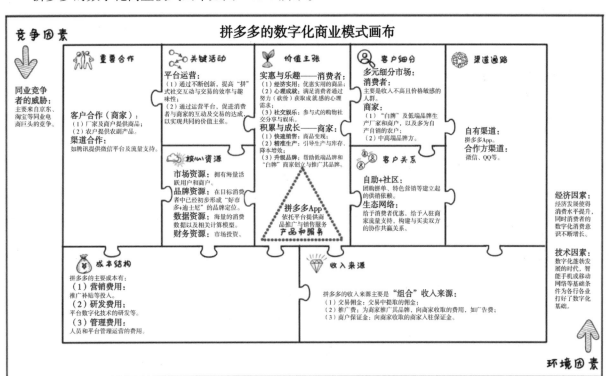

图 2-33-3　拼多多的数字化商业模式画布

（以上案例由方华明撰写）

智慧餐饮领域

西贝餐饮：餐饮企业的数字化破局与重生

> 餐饮赛道，科技与数字化是核心壁垒。
>
> ——李志宏

一、西贝餐饮的品牌故事

众所周知，餐饮行业是一个竞争激烈的行业，据统计，全国餐饮行业的从业户大概是960万家；此外，虽然每年都有数以万计的品牌诞生，但同样也有数以万计的品牌因种种原因退出了市场。西贝餐饮（以下简称西贝）能够在30余年里发展到现在的体量，不仅充分证明了它能够在如此激烈的竞争环境下存活，还说明了其运营在行业里是卓越且有效的。

1989年5月，贾国龙创立了西贝餐馆，餐馆的主营特色为传统的河套小吃，早期的价值主张致力于打造接地气的黄土坡风味小吃馆。1999年7月，贾国龙雄心勃勃带领西贝进军北京，将其正式更名为西贝莜面村（以下简称西贝），逐步扩大商业版图，确立"好吃战略"，向现代企业转型。从2017年年末，西贝正式开始数字化转型后，以大数据和互联网为基础，以消费者数字化为开端，开启了以线下堂食为核心、线上点餐和甄选商城业务为辅助的一体两翼业务的驱动模式。目前西贝旗下开设四个品牌：西贝莜面村、贾国龙功夫菜、九十九顶毡房和西贝海鲜。公开资料显示，西贝集团2019年的营业收入达到了62亿元，虽然2020年下降到50亿元，但在中式炒菜里仍稳居第一。

二、西贝餐饮的数字化转型之旅

1. 数字化助推线上新盈利

在数字化战略实施之初，西贝就坚定了"以消费者为核心，聚焦用户需求"的战略方向。2016年，西贝首先推进消费者数字化，通过数字化技术的支持，在点餐、支付和排队等多个场景，将单个门店顾客的消费者行为和模型储存到线上，并通过收集会员的数据，用数据和数字化技术赋能数字化转型，根据用户数据分析其行为轨迹和行为逻辑，从而帮助门店导流，精准细分顾客，这体现了技术制胜和数据赋能的数字化商业模式特征。

将线下客户转化到线上会员后，西贝开始尝试通过售卖西贝供应链产品的方式扩大收入来源，实现客户数据资源变现，因此"西贝甄选商城"应运而生。

此外，西贝基于生命周期理论，通过制定以客户细分为基础的针对性会员激活策略，为获客模式的精准匹配做出了贡献。其获客策略主要分为三个部分。

（1）客户细分——分析数据将顾客划分为5个等级

以会员的注册时间为基准，西贝按照生命周期理论将会员的生命周期分为引入期、成长期、成熟期、休眠期和流失期5个阶段，并按照会员在线上或线下消费的情况，通过公式对会员进行了精准细分，将会员分为新客、回头客、活跃客、沉睡客和流失客5种客户类型。

（2）客户维护——客户细分下对客户关系进行区别化维护

在对客户数据进行精准细分后，西贝以线上和线下的多渠道通路为纽带，为客户类型流失概率大的新客、回头客和沉睡客提供针对性的服务，以储值活动、满减券、优惠券和代金券等诸多无门槛方式进行刺激，增强了客户与门店的黏性。通过维护客户关系，显著地促进了会员复购、推荐和自服务等行为。其中，沉睡客是西贝重点关注的对象，针对他们，西贝不是简单地提供优惠措施，而是在进一步客户细分的情况下，采取多元化服务模式：唤醒沉睡的新客、唤醒沉睡的回头客和唤醒沉睡的活跃客。

（3）重点客户——为VIP会员提供价值向上的服务

2018年年初，西贝为增强客户黏性、稳定客户关系与丰富收入来源，通过数据赋能，将会员深层次划分为三个层级：顾客、普通会员和VIP会员。其中，VIP会员是西贝重点维护的对象，通过对回头客的深层利益绑定，为其提供了诸多体现价值向上的额外服务，不仅享有积分兑换和生日券等普通会员的权利，还享有会员价、线下的服务特权和线上甄选商城特权等多项福利。

通过聚焦不同周期用户的需求，对获客模式精准匹配，使西贝线上会员从2017年的200万迅速增长到如今的近3 000万，甄选商城的新业务在2019年突破了1亿元，其流量主要来自会员。

2. 首创中餐"智慧供应链"

完成了消费者数字化以及线上商城的构建后，西贝虽然迈出了数字化转型的第一步，但离实现西贝管理层心目中真正的数字化商业模式依然很远，这使得西贝对关键活动进行数字化转型势在必行。

实现数字化首先要有标准化的基础。在这方面，西餐一直做得比较好，特别是供应链标准化，如麦当劳和汉堡王等。对于中餐来说，标准化分解复杂且涉及众多的业务链条，再加上西贝是以炒菜为主的中式正餐企业，要想做到供应链标准化，难度可想而知。

2018年，西贝重新搭建技术架构与供应链系统，通过数字化技术驱动，打通从门店到采购、服务、仓储物流、供应商的全产业链条。此外，西贝选择磁云科技作为重要合作伙伴，协同打造智慧供应链的解决方案，并与阿里云协作，获得了关键的数字化基础设施，西贝根据自身特点打造智慧供应链，实现了"一切关键活动数据化"的阶段性目标。

2019年5月，"云原生"智慧供应链系统上线运行。该系统实现了从采购到顾客消费评价的全流程活动的数字化覆盖，这不仅为西贝实现了降本增效，还为顾客提供了价值向上的餐饮和服务。

3. 疫情促使数字化升级

2020年，餐饮业不仅面临闭店导致的营业收入下滑的困境，还面临员工工资、门店租金和食材储备等成本压力。于是，西贝调整了长久以来形成的商业模式，以用户端需求、商家端技术和产品端创新三个方面为抓手，开启了数字化转型的新征程。

（1）用户端：开发线上业务，拓展C端和B端用户。一方面，西贝通过企业微信将3万多名线下C端客户转为线上会员，并积极铺开外卖业务；另一方面，西贝积极拓展企业客户，为企业提供了团购订餐模式，开拓了全新的B端业务渠道。

（2）商家端：建设技术供给站，实现供应链互联网化。西贝与银行信用卡中心进行重要合作，将食材作为开卡回馈礼赠送给用户，挖掘潜在的用户，持续拓展业务。同时，西贝通过技术赋能，开发出了商城和微信外卖小程序，使顾客点击门店人员资料页就能找到购买入口进行预订，丰富了收入来源，提高了营业收入。

（3）产品端：借势发力，食品科技助力食品研发。为满足送货到家的消费市场需求，西贝另辟蹊径，推出了定位中高端的"贾国龙功夫菜"，创新性地以半成品菜主攻到家服务。此外，西贝也和一些高校或食品科研机构进行合作，使用其研发的电子鼻和电子舌等先进科技工具，把经验转化成可以度量与衡量的标准化数据。

西贝通过数据与数字化技术的双重赋能，化危机为转机，实现了数字化"自救"。

三、西贝餐饮的数字化商业模式亮点和画布

（1）始于消费者，以精细化运营实现价值共创。西贝的数字化转型从消费者数字化开始，聚焦消费者需求，通过挖掘消费者不同细分市场的消费需求进行精准定位，同时以价值共创为核心思考，通过建立会员制实现对不同消费者的精细化运营。

（2）发力技术制胜，通过数字化技术赋能业务变革。西贝在零售上以西餐标准化供应链生态为蓝本，通过与磁云科技和阿里云的重要合作，实现了从采购到顾客消费评价的全流程活动的数字化覆盖。同时，西贝建立研发中心，发展急冻锁鲜技术，打造冷链运输的功夫菜新产品，满足了用户的到家消费需求，西贝不仅实现了"换道超车"，还走出了一条富有西贝特色的数字化转型"破局之路"。

西贝餐饮的数字化商业模式画布如图 2-34-1 所示。

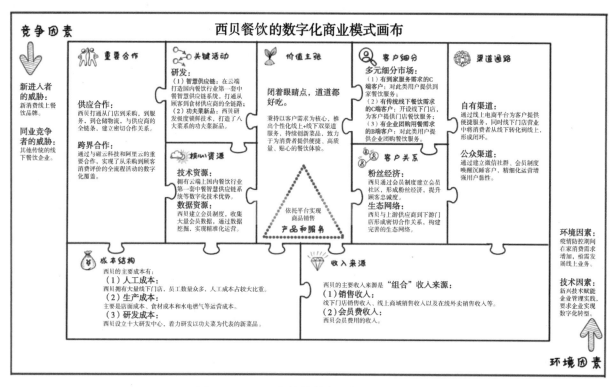

图 2-34-1　西贝餐饮的数字化商业模式画布

（以上案例由张园园、韩东撰写）

飞鹤乳业：数字化刷新民族乳业新高度

> 客户最关心的是质量、服务和价值。
>
> ——菲利普·科特勒

一、飞鹤乳业的品牌故事

黑龙江飞鹤乳业有限公司（以下简称飞鹤），创建于1962年，其前身——赵光农场是中国最早的国营奶粉企业之一，后经历企业转制，2001年正式成立。成立之后，飞鹤开创了与传统乳制品企业不同的道路，不将铺设销售渠道作为主攻方向，而是将奶源的安全与质量作为发力重点，通过建立全产业链工厂，实现了对牛奶生产到销售的全环节管控。飞鹤坚持"更适合中国宝宝的体质"的价值主张，不仅稳固了国内市场龙头的地位，更在国际上打响了名头。截至2018年，飞鹤奶粉营业收入已经突破了100亿元，成为营业收入突破百亿元的首个中国奶粉企业。

二、飞鹤乳业的数字化转型之旅

1. 全面数字化，实现企业质变

早在2010年之前，飞鹤就开始了数字化转型的初步探索，尝试在工厂端进行信息化布局；2012年，飞鹤进一步扩大数字化应用范围，初步在全产业链上线可追溯系统；2016年，飞鹤正式启动智能制造布局计划，通过顶端设计系统引领数字化规划，并持续推动工厂端的数字化改造。

2018年，飞鹤开始在全生态产业链进行全面的数字化升级转型，并根据以往的转型经验，明确了"3+2+2"的发展战略——"以三个IT项目为依托"，包含智能制造、ERP系统建设和智能办公；"以两个中台为支撑"，包含数据中台和业务中台；"实现两个核心业务目标"，包含支持新零售和智慧供应链。飞鹤通过发展战略引领，对关键活动、业务流程、关键触点与核心细节进行全面梳理，在全局的视角上进行组织变革，实现了运营模式的卓越运营。

一方面，为了更好地进行数字化转型，飞鹤和阿里巴巴开展重要合作，携手参与飞鹤的数字化建设。另一方面，数字化技术也在不断实践中成为飞鹤的核心竞争力之一，飞鹤在运营模式的改革上，通过5G、大数据、人工智能和物联网等数字化技术赋能，彻底改造了飞鹤企业的运营模式，保证了产品的质量与成本结构的合理优化。

不过，飞鹤的数字化进程也并非一帆风顺，企业不同部门和不同信息系统之间的壁垒逐渐显现出来，并成了数字化转型之路上的"拦路虎"。为了解决这一困境，飞鹤从员工和系统两方面出发，通过培训和调研，收集一线员工在日常工作中遇到的实际问题和相应需求，尽量将系统做得简单且易于操作，贴合了员工的日常习惯且容易上手，使各员工与各部门切实体会到数字化转型带来的便捷。

2. 服务再升级，用科技重塑品牌价值

飞鹤不光在"3+2+2"的发展战略上发力，更以奶源安全为关键点持续改善优化，不断借助数字化技术与国内外方法论，打造出了农、牧、工三位一体的婴幼儿配方奶粉专属产业集群，还在上游产业链的渠道运输上形成了准确的"2小时生态圈"，即牧场的新鲜牛奶通过真空管道运输，在农场经过10分钟的低温冷藏注入储藏罐，然后通过特制的低温牛奶运输车，在2小时内运达工厂制成奶粉。飞鹤形成了上游供应商和下游加工商的重要合作关系，建立了完善的奶粉生态链条；同时，在重要合作的基础上，不断满足消费者对新鲜、高质量奶粉的消费需求，赢得了消费者的信任，体现了价值共创。

保证产品新鲜度是实现价值共创的第一步，第二步则是生产透明化，飞鹤围绕消费者关注的安全问题搭建数字化追溯系统，真正形成了"透明工厂"，使消费者在全时段都可以通过"线下+线上直播"的形式实时监督每一罐奶粉的生产工厂、生产批次和工厂产线，全方位了解飞鹤奶粉的安全程度。

3. 以用户为核心，建立专属母婴服务生态

飞鹤集团副总裁魏静曾说："在这个时代，有海量数据是必然的，对海量数据的解读与运用才是关键。数字语言背后是用户与企业经营的真实故事。读懂这些故事，为用户带来体验感和价值感的提升才是最重要的。"

在数据赋能下，消费者的母婴服务需求逐步受到广大乳企的关注。飞鹤以消费者为中心，通过全面启动数字化升级，以多元渠道更方便快捷地触达更多客户，基于客户细分精准聚焦市场需求，致力于为广大消费者提供价值向上的产品与服务。

星妈会是飞鹤基于数据分析形成的对母婴服务需求精准把握的陪伴式育儿平台。在大数据的支持下，飞鹤精准定位，发现年轻妈妈们不仅关心产品质量与安全，还关心乳企是否能根据个人特点、需求与阶段提供个性化定制服务体验。在星妈会平台上，飞鹤不断提升服务质量，完善消费者体验，满足消费者的需求，妥善地维护了客户关系，增强了客户黏性，实现了价值向上。

4. 推动产业链升级，构建数字化共生生态

"十四五"规划纲要中提出当前数字化转型进入了深水区，这说明数字化转型不再单单是一家企业或一个行业就能解决的事，而是要让整个生态产业链协同发展，实现价值共创。对于飞鹤而言同样如此，唯有通过建立重要合作关系，与行业内的参与者共同做产业，才能形成数字化时代新的增长点。

自2007年，飞鹤就开始构建起以奶粉加工为中心的"共富产业链"，通过渠道内产业链条间的深度合作，带动全生态产业链的协同发展，实现了与上下游农场、牧场和工厂的价值共创。为了进一步构建数字化共生生态，推动飞鹤的数字化转型升级，飞鹤将推动上下游企业加快数字化进程。飞鹤建立重要合作的核心在于通过数字化技术和产业链的数据赋能，构建完善的奶粉生产、加工、运输和营销生态。飞鹤始终相信只有形成利益共生体，才能帮助飞鹤持续拓展边界，推动企业快速增长。

三、飞鹤乳业的数字化商业模式亮点和画布

（1）以消费者为核心，创新母婴服务生态圈。飞鹤以新鲜的高品质奶粉为基本点，在数字化技术使用和消费者数据积累的双重助推下，基于准确的客户细分，针对不同年龄段消费者的精细化与个性化的需求，为消费者提供全生命周期服务。

（2）组织进化，通过卓越运营赋能全面数字化转型。一方面，飞鹤基于全产品域的全生命周期运营的数字化升级，对关键活动重新进行梳理，并与供应链体系紧密结合，以全局视角去量身打造数字化转型，实现降本增效。另一方面，飞鹤的每一个员工都在实际应用中改变旧有思维，对数字化转型有了新的深刻理解，促进了组织的深刻变革。

（3）连通产业链条，建立重要合作。飞鹤搭建起以奶粉加工为中心的"共富产业链"，并带动全生态产业链的协同发展，实现了与上下游农场、牧场、工厂和大型的母婴连锁门店的价值共创，同时，建立了密切合作的渠道内产业链条间的深度合作关系。此外，通过重要合作伙伴，飞鹤构建起完善的奶粉生产、加工、运输与营销生态，这一关键措施也是飞鹤实现持续业务增长的重要保障。

飞鹤乳业的数字化商业模式画布如图2-35-1所示。

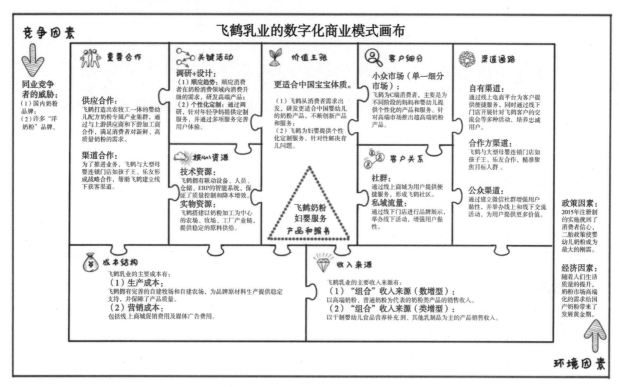

图2-35-1　飞鹤乳业的数字化商业模式画布

（以上案例由张园园、韩东撰写）

金融与实业并举的大型综合性跨国企业

中信集团：集团企业数字化转型的探索实践

数字化商业模式的核心价值是一个企业通过产品或服务满足用户或市场的需求，从而获得利润的过程。这不仅是企业的商业行为，更是一种品牌态度。在数字化时代，企业如何更好地提升自身能力，服务市场，提高用户体验，是企业努力把握行业潮流的必选题。中信集团建设了能够提供平台服务和数据服务的中信产业云网，培育了共创共建、共生共赢的多样产业生态圈，助力中国产业化能力的提升和经济转型升级，从"被选择者"转型为"产业组织者"。

一、品牌故事

2020年年初，中信集团入驻北京CBD的新地标中信大厦（中国尊），新总部正式启用。中信集团曾是中国经济改革试点和对外开放窗口，创造和引领了国内多个行业的"第一"。历经40多年，中信集团现已发展成一家金融与实业并举、总资产近8万亿元的大型企业集团。2014年，中信集团将2 250亿元净资产注入香港上市子公司——中信泰富，完成境外整体上市（00267.HK），创造了当时中资企业最大规模的跨境并购交易记录。近年来，随着数字化已成为多元化集团型企业的重要转型方向之一，中信集团旗下的多家不同领域的子公司，正在积极探索与实践如何将数字化与传统产业相融合，加速业务创新与发展。

二、转型蓝图

回顾2016年，正是"十三五"开局之年，中信集团于2016年8月29日在北京举行了"互联网+转型"战略发布会，时任中信集团董事长常振明在致辞中表示："中信成立30多年来，已发展成一家金融与实业并举的大型综合性跨国企业，但也同时面临中国经济增长方式的转变和产业结构调整带来的挑战，需要继续推进改革创新，以不断增强竞争力和可持续发展能力。产业互联网为中信集团在新时期推进供应侧结构改革、转型新的增长方式、做大集团整体价值提供了重要抉择和机遇。在后互联网时代，用户需求满足的模式正从线上向线下转移，产业互联网正成为新的风口。这是挑战，更是机会。"

"十三五"时期,中信集团积极应对复杂多变的外部环境,从优化存量、主动减量和发展增量等方面提升价值创造能力,在诸多领域进行了探索与创新,成功地开辟出一条通过转变数字化思维、引进数字化技术、聚合大数据、善用方法论为中国改革开放和现代化建设服务的创新发展之路,并取得了卓有成效的佳绩。2020 年 8 月 10 日,美国《财富》杂志公布 2020 年世界 500 强排行榜,中信集团以营业收入 5 189 亿元(折合 751 亿美元)名列第 126 位,在"十三五"期间上升了 30 位。中信集团的整体实力和竞争力进一步巩固,为"十四五"期间的跨越发展奠定了坚实的基础。

三、中信集团的数字化转型与创新实践

中信集团的转型之路令集团各领域实现了创新发展,同时找到独特的战略定位,提升了运营效率并强化了竞争优势。中信集团丰富的产业资源逐步向云迁移,推动了实体企业资源与能力的在线、集成、复用以及内外部资源的互联互通,形成了商业环境中的价值链,为集团各领域提供了能力支撑,且持续对外赋能。

在中信集团数字化转型与创新的实践中,数字化商业模式的四大赋能要素发挥着积极的作用,如制定"互联网+"转型战略,转变发展思维,用数字化技术助力业务创新,用数据治理实现数据赋能,用方法论提升运营效率。我们从集团众多转型与创新的项目中选取了具有代表性的案例,从数字化思维、数字化技术、数据赋能、方法论这四个方面进行阐述。

1. 数字化转型战略思维先行

数字化转型是一种实现战略目标的方法,企业通过不断创新来适配数字化时代。数字化转型是一次内在经营与管理变革,它需要有清晰的变革思维,让高层达成共识,形成坚定的数字化转型信念,并能在战略、人才、文化、管理、流程等各个层面进行系统的变革创新,并卓有成效地执行。

2016 年 2 月,中信集团设立了"互联网+"转型领导小组和工作小组。同年 8 月底,在北京发布"互联网+"转型战略,宣布将以开放和共享的理念,借助云计算、大数据和物联网等数字化技术,大力建设能够提供平台服务和数据服务的中信产业云网(如图 2-36-1 所示),培育由集团、子公司和客户共创共建、共生共赢的多样产业生态圈,助力中国产业化能力的提升和经济的转型升级。通过共生共享的理念,搭平台、做链接、聚用户、生数据,重构商业模式和企业模式,高效精准地为客户提供优质服务,推动产业发展。

中信云平台支撑着零售互联业务平台和产业互联业务平台的业务发展(如图 2-36-2 所示)。在此基础上,集团内部启动金融、制造、消费零售、工程建造、资源能源、消费零售等行业板块的示范应用开发,基于相互依托、对外开放的理念,构建了以"美好生活、智能制造、智能建造、智能仓储、智慧金融"为主题的创新应用产业生态。

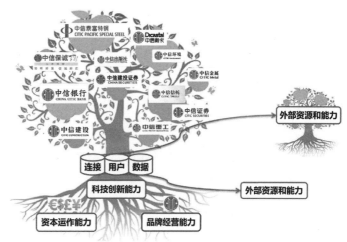

图 2-36-1 中信云示意图

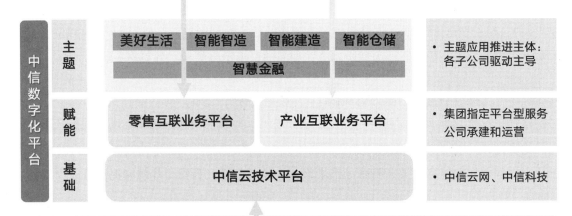

图 2-36-2 中信云平台的业务发展

在企业架构层面,中信集团成立了中信云网公司统筹整个转型步骤,负责和集团各子公司协调接口、数据、用户、支付和试点的具体事务,成为转型战略的核心抓手,这是中信集团围绕转型在建设、开发、运营、服务一体的运营模式上进行的全新探索。

数字化思维变革统一了各成员的思维意识,对转型的理论和实践起到了积极的作用。在数字化技术的推动下,各子公司转型升级,均取得了喜人的成果。

2. 数字化技术赋能新业务模式

随着数字化进程的推进,数字化技术将成为企业提升生产力和竞争力的核心动能。许多践行者已积极布局数字化转型,借助云计算、大数据、物联网、区块链、人工智能等数字化技术,全方位提升企业经营和管理能力。中信集团在"十三五"期间已开启了数字化进程。

首先,集团搭建了数字化基础设施平台(即中信云平台),聚合多方资源,提升科技服务能力。

◇ 集团数字化基础设施平台——"中信云"平台

"中信云"平台是业内首家采用云中介模式的混合云计算平台,聚合新一代数字化技术,为企业提供数字化服务,截至 2020 年 10 月,租户 301 家,供应商 91 家,产品服务 253 项。

总部管理系统全面上云,形成数据采集、共享和分析应用的基础体系,推动子公司应用上云,通过数字化技术赋能平台。"十三五"末总部上云率 100%,全集团云架构转型和上云率 74%。

◇ "中信产业云网"平台

平台聚焦产业数字化应用需求,聚合云网基础能力和 AI、大数据等中台复用能力,打造智慧敏捷、面向场景的智能数字化应用,提供集资源、能力、服务于一体的行业使能解决方案。协同集团子公司实际业务,促进数字生态培育,助力数字经济发展,共创新可能。

其次,基于"中信产业云网"及"互联网+转型"战略,各业务板块也加速开展新应用建设。集团搭建了零售互联业务平台和产业互联平台,发挥总部协同价值,确立经营网络化、产业生态化、管控智能化的发展目标。

- **经营网络化**：利用互联网和物联网技术及工具，实现线下资源要素的线上化，帮助企业降本增效，提高生产力，为构建产业生态和支持集团智能管控打下基础。
- **产业生态化**：拥有聚合各类产业资源和技术的独特优势，对产品、服务、物资、资金、人才等各类资源进行整体布局，增加有效供给，培育新的增长点；
- **管控智能化**：通过体验、感知和预测，提升集团和子公司的整体管理能力和协同能力。

（1）提升数字化服务价值

数字化的服务价值是企业在传统的服务价值基础上，通过数字化业务来创造更多价值，形成新的核心优势。

中信集团于2018年9月17日正式发布"中信优享+"品牌。这是连接中信集团内外部优质企业的品质生活服务平台，通过打通用户体系，以统一的数字身份为基础，提供会员等级互认、权益共享等服务，以"一个身份，万千可能"为价值主张，向用户提供便捷、优质的互联网生活体验。截至2020年7月，31家品牌企业入驻，累计注册用户已超过1亿。

中信集团打造的"中信优享+"品牌是连接中信集团内外部C端用户的互联网生态协同平台，为合作伙伴提高共享客户资源和提升精准服务用户的能力，为平台用户提供包括商旅出行、社区服务、智慧金融及新零售在内的四大精准智能化服务场景。这是通过数字化技术提升数据洞察及客户触达能力的典型代表，也是一次成功的数字业务探索。

中信集团运用区块链的技术，将旗下多类型企业及外部多领域合作品牌强力联结，让用户仅需注册一个数字身份即可获得跨行业、多领域的会员服务。"中信优享+"以数字身份为核心，以积分互通为抓手，深入挖掘与成员企业的多种合作模式，通过联合运营、数据合作、整合营销及多方协同合作，同步沉淀数据，构建起实现业务赋能及技术赋能的"优享+"平台架构，进一步向成员企业输出平台服务，为用户提供丰富的消费场景和权益体验。

（2）构建可信数字生态

人类的商业活动都是基于某种信任而建立的，但信任的建立需要一段时间。数字化时代，区块链等数字化技术实现了零距离的高效信任，促进了商业发展。中信梧桐港供应链管理有限公司（以下简称中信梧桐港，如图2-36-3所示）作为一家从事大宗商品数字供应链基础设施建设、运营的平台化公司，为中小实体企业提供多种供应链服务，为金融机构提供风险可控、流动性强的可信数字资产。

中信梧桐港是中信集团孕育的一家面向产业生态圈的企业，它秉承"开放共享"的理念构建起一个独具特色的新业态、新模式，通过区块链、物联网等数字化技术，打造可信电子仓单，重构大宗商品供应链信用体系。中信梧桐港在业务层、系统层、标准层、行业层已发挥出积极作用。

图 2-36-3　中信梧桐港

①业务层：中信梧桐港数字供应链综合服务平台有效整合仓储管理平台、仓单认证平台、中央控

制塔、货主门户、区块链技术应用平台，实现仓单的全生命周期管理。

②系统层：打造大宗物资的互联网集成平台、一站式数字化供应链平台，推动仓储物流云平台应用生态的繁荣和发展。

③标准层：参与行业标准讨论与制定，并积极推广物联网案例应用与技术方案实施，提升行业影响力与信息化程度，推动大宗物资供应链标准化建设。

④行业层：帮助制造类企业进行动态融资，提升了供应链金融运作效率，甄选相关领域的战略合作伙伴，夯实高质量、高信用的工业企业联盟，搭建起高效、可持续发展的供应链金融生态圈。

2022年，中信梧桐港已搭建起覆盖供应链上、中、下游的成熟系统，并为机械制造、化工、建筑工程、新材料、批发等行业提供了适配的可信金融服务方案。并通过供应链金融与产业互联网融合，打造供应链数字化，帮助企业实现降本增效与经济结构的转型升级。

（3）柔性化制造，实现降本增效

随着消费结构的升级，买方市场和客户的个性化、定制化、时效性等需求将不断涌现，满足"多样化、小规模、周期可控"的柔性化生产（如图2-36-4所示）、柔性制造将成为企业未来生存和制胜的关键。

中信戴卡是国内铝车轮出口量第一、全球汽车零部件100强第58名、全球最大的铝车轮和铝制底盘零部件供应商。2021年，中信戴卡秦皇岛铝车轮工厂凭借柔性制造等卓越的运营模式，在全球上千家

图2-36-4 中信戴卡柔性化生产

候选工厂中脱颖而出，成功入选"灯塔工厂"，成为全球汽车轮毂行业首个入选企业，标志着中信集团数字化转型的又一重要成果落地。

中信戴卡凭借"以效率为中心的卓越制造模式"，推动了人工智能、5G、大数据等技术与产业的深度融合，实现了增产降本、提质创效，并积极推进绿色制造。

中信戴卡借助数字化赋能的柔性制造系统，实现敏捷制造，将最小生产批量从300件降到1件，使"一件订单"的定制化生产成为可能，更好地应用到"千车千样"的车轮毂场景中。通过应用AI视觉检测和智能调机闭环以及X光无损探伤人工智能识别系统对轮毂进行检测-生产调节，实现了检测作业人员减少50%，效率提升40%，成为数字化质量管理进行大规模工业化应用的"首创性案例"。项目实现了生产成本降低33%，设备综合效率提升21.4%，产品不良率下降20.9%，交付时间缩短37.9%，能源使用效率提升39%。

在提升数字化生产方面，中信戴卡聚焦行业痛点，打造数字化精益管理平台，在生产线全线关键工序用智能调整系统代替人工调整维护，让生产线进行实时、精确地检测和自学习，实现生产线"无人值守"。

（4）数字化制造，实现精益化生产管理

自20世纪90年代至今，"精益生产"的理念已被大多数厂商所接受并应用。实施精益生产可以

提高机器利用率、减少浪费和优化计划,进而提高工厂的生产力和生产质量。

中信重工(如图2-36-5所示)作为国家"一五"期间兴建的156项重点工程之一,是中信集团旗下的境内A股上市公司。历经60多年的建设与发展,中信重工已成长为创新型企业和高新技术企业、中国重型装备骨干企业、全国领先的特种机器人研发及产业化基地。近年来,通过数字化技术,中信重工构建了精益化的生产管理体系,并推动着行业的发展。

图2-36-5　中信重工18 500吨自由锻造油压机组

中信重工的数字化设计云平台提高了设计质量,保障了加工制造的成品质量,降低了制造成本。另外,中信重工利用矿山装备工业互联网平台,构建了产品远程运维及智能化改造服务体系,从单纯的制造型企业向服务型制造的解决方案服务商转型,促进了"核心制造+综合服务"的新型商业模式的打造。

中信重工依托在行业内的影响力和引领作用,打造行业内首个矿山装备工业互联网平台,利用数字化云平台构建产品数字双胞胎,通过虚拟环境下产品设计思想的优化迭代提高设计交付质量,缩短研发周期,并以三维模型作为产品设计与加工制造之间的技术信息和数据交互载体,便于清晰解读设计意图和思想,保障加工质量,提高良品率。设计、工艺节省了40%以上的生产时间,产品研制周期缩短了50%,实现了图纸、工艺无纸化,每年节省约200万元。

另外,中信重工将生产制造业与工业互联网技术结合起来,通过对数据的实时采集、低延时传输、流式计算处理,完成对矿山设备和工艺生产线的数字化监控与智能化调度。实现信息快速检索、数据统一管理、大屏监控展现等多项功能,同时有效提高研发数据信息的安全性,大幅降低行业用户的生产成本。

数字化云平台构建了基于海量数据的采集、汇聚、分析和服务体系,赋能行业用户,形成产业协同共享、创新驱动的发展动力和矿山装备行业生态圈,推动中信重工向智能化、绿色化、无人化矿山的数字化产业发展。

(5)物联网创新,实现智能化管理

物联网技术的持续发展,逐步改变了我们生活和工作的方方面面。企业可以利用物联网等数字化技术,提升运营效率和客户体验,通过商业模式创新实现可持续发展。

中信和业作为中信集团新型城镇化板块的专业平台公司,聚焦城市更新、商业综合体及写字楼运营、客户服务、智能电气等业务领域,包括中信大厦(中国尊)(如图2-36-6所示)、国际大厦、京城大厦、信悦汇综合体等标杆项目,其中信大厦的智慧建筑云平台就是典型的应用案例。

中信大厦位于北京商务中央核心区，总建筑面积达 43.7 万平方米，建筑高度为 528 米，是北京市最高的地标建筑，集甲级写字楼、会议、商业等多种配套服务功能于一体，是一栋现代化的数字大厦。

中信大厦的运营管理面临着三个问题。一是信息孤岛、项目建设及协调的复杂性和艰巨性的问题。项目建设涉及 45 个专业和几十家单位，中信大厦智能化系统很难将所有专业的数据进行全方位收集。二是系统维护的复杂性问题。中信大厦拥有地面 108 层、地下 7 层，45 个数据专业，超 60 万的传感和执行点，复杂的管线，几千张地图，几十个应用服务和接口。当设备发生故障时，很难第一时间进行维护。三是数据分析的挑战。中信大厦系统每天有 4 亿条设备上报数据，如何进行合理分析是难题。中信和业通过物联网数字创新模式，解决了以上三大难题。

图 2-36-6　中信大厦（中国尊）

大厦搭建智慧建筑云平台，采用物联网技术连接大厦内的上百万个传感器和执行器，实现了设备设施的智慧化管理和协同管理，实际运维人员数量仅为行业标准的三分之一，大大提高了运维效率，降低了运维成本。

在中信大厦的建设中，使用了 BIM 作为设计和施工工具。通过制定 BIM 建模应用导则，使得各专业具备了统一的 BIM 建模规范，形成了 BIM 标准的竣工模型。在建成的综合监控、运维软件和 App 中，能利用建筑本体和设备对象的 BIM 模型和信息，使虚拟化对象和真实对象及空间相对应，降低了对维护人员素质的要求。有了 BIM 建模应用导则，BIM 竣工模型就是中信大厦建筑本体的数字孪生体。在这个基础上，监控和运维、运营才能结合空间进行管理。

图 2-36-7　数字孪生建筑

中信大厦是国内第一个真正的、完整的数字孪生超高层建筑（数字孪生建筑如图 2-36-7 所示），数字化覆盖了建筑本体、机电设备、控制器、网络设备、计算机等对象及这些对象所对应的各种数据，具备真正融合人、设备、信息三者的数字管理基础。项目实施安全、舒适、节能、高效，项目建设智能化、规范化，项目运维全面化、高效化、自动化，给外部其他同类智能化项目提供了重要的参考价值。

（6）"凌云"工程助力核心业务系统高效运行

银行系统国产信息化应用占比提升正在加速落地，数据库是这套系统的"魂"，在支撑系统高效运转中发挥着核心关键作用。

中信银行成立于1987年，是中国改革开放中最早成立的新兴商业银行之一，是中国最早参与国内外金融市场融资的商业银行。如今，中信银行已成为一家总资产规模超7万亿元、员工人数超5万名，具有强大综合实力和品牌竞争力的金融集团，在2021年英国《银行家》杂志"全球银行品牌500强排行榜"中排名第16位，其一级资本在英国《银行家》杂志"世界1000家银行排名"中排名第24位。

自2014年起，中信银行着眼于关键技术自主掌控和对支撑未来业务的快速发展，历时5年，成功研发了"凌云"系统，成功支撑了中信银行每天近亿笔的交易规模。

中信银行"凌云"系统是国内率先采用自主金融级分布式数据库的银行核心业务系统。早在2019年10月，中信银行已成功投产国内首个基于云架构的信用卡核心系统。"凌云"系统的投产成为中信银行金融科技创新的又一里程碑，它将为中信银行全力服务实体经济、积极防范金融风险、全面实施数字化转型提供强劲的新引擎。

在科技力量支持推动下，2020年成功落地63个一类创新项目，其中投产了国内大中型银行首个自主分布式核心系统——"凌云工程"，为实现金融业关键基础设施自主可控贡献"中信方案"，推动全行金融科技综合赋能能力全面升级。

"凌云"系统自2020年5月上线投产以来，分布式核心系统运行平稳，可根据业务需要快速横向扩展，各项运维指标表现优异。交易成功率稳定在99.95%以上，每秒交易量超2万笔，每日可支撑3亿笔交易，平均负载低于10%，日终批处理时间2小时左右，总体性能优于原IBM AS/400核心系统。"凌云"工程相比原IBM AS/400主机，软硬件成本降低近40%，人力和物力资源实现全系复用。相比2015年投产的新核心，建设成本下降50%以上，建设周期缩短40%以上，经济效益显著。

中信银行还加速推进AI、区块链等数字化技术研发应用，"中信大脑"落地300余项"AI+数据"精准模型，实时智能服务客户超千万户。区块链技术研发和应用保持同业领先，福费廷交易平台得到监管部门认可。

另外，作为中信集团最大的金融子公司，协同是中信银行放大中信综合优势的重要方式，也是支撑其战略发展的重要力量。中信集团长久以来形成的"金融+实业"的独特优势及国际化发展的特有基因，奠定了中信银行为客户提供"境内+境外"一站式综合金融服务的基础。2020年，联合中信证券、中信建投证券、中信信托、中信保诚人寿等中信集团金融子公司为客户提供的联合融资规模达10 782亿元，同比增长68%，首次突破"一万亿"大关。托管集团子公司产品规模达8 458亿元，同比增长20%，创造收入超3亿元；零售条线产品交叉销售规模达451亿元，为上年的2.4倍。

（7）智能云平台，助力证券科技创新

智能投顾（又称机器人顾问）已普遍成为投资者分析与决策的工具，可以根据现有产品与个人风险偏好与理财目标，通过后台算法为其提供合理的投资建议。

中信证券成立于1995年10月，是中国第一家A+H股上市的证券公司。中信证券业务范围涵盖证券、基金、期货、直接投资、产业基金和大宗商品等多个领域，通过全牌照综合经营，全方位支持实体经济发展，为境内外超7.5万家企业客户与1 000余万个人客户提供各类金融服务解决方案。目前拥有7家主要一级子公司，分支机构遍布全球13个国家，中国境内分支机构400余家，华夏基金、中信期货、金石投资等主要子公司都在各自行业中保持领先地位。中信证券收入和净利润连续十余年排名行业前列。

中信证券在智能云平台及"AI投顾"研发和应用方面，处于行业领先。

自2017年开始自主研发的中信证券智能云平台是中国证券业内最早一批针对人工智能应用建立的云平台。依托于智能云平台，中信证券在智能投资、智能投顾、算法交易、投研等领域的自主研发实现创造性突破。其中，智能投资框架，旨在运用人工智能算法，通过学习历史和实时行情数据、市场数据、舆情数据、交易数据等，训练机器建立投资组合，完成投资交易，实现智能投资、智能交易。投资交易决策主要由智能算法完成，并且机器会根据市场环境和账户持仓情况持续自主学习调整策略以适应新的市场环境。

"AI投顾"是中信证券人工智能团队基于智能云平台自主研发的智能投顾产品，目前7个系列的智能投顾组合产品覆盖了市场上主流的策略类型。2019年智能投顾产品累计服务客户989万次，日均服务客户2.7万次，主要服务公司中小客户。由于人工投资顾问的数量有限，成本高，质量参差不齐，大部分的中小客户很难得到满意的投资咨询服务，而"AI投顾"能提供专业、全面、透明、便捷的投资建议，开放专业机构级的投资策略给中小客户使用。目前国内市场上的智能投资投顾产品以传统量化模型为主，资产配置或者交易决策依靠人工专家经验为主、机器为辅，将投资自动化当成投资智能化。智能投资投顾策略实际上可以扩展到所有的策略类型和证券类型，业务类型涵盖财富管理、资管、自营交易等，服务客群包括长尾客户、高净值个人客户和机构客户。

综上所述，数字化技术已成为中信集团各领域转型升级的重要工具与手段，创造了越来越多的价值，加快推动了各领域的数字化变革。此外，作为第五大生产要素的数据，贯穿于商业模式的各个环节，结合数字化技术释放着新动能。

3. 数据驱动让业务实现精准智导

中信集团转型的第一阶段是"云化"，通过中台模式，建立产业生态圈内更广泛的关联、更自由的关联、更低的创新风险，达到全局共享，灵活搭配，组合创新，通过集团内外海量的互联网资源应对快速的业务发展变化，实现开放共享，共创共建，共生共赢。

转型的第二阶段是"数智"，将原始数据转换为有用的信息，将有用的信息沉淀为知识，最后将知识抽象提炼成智慧。云平台汇聚了集团各领域的海量数据，包括应用场景和用户业务等，具备了业务数据化、数据业务化的可能性。依托数据和算法，中信集团将海量数据转化为行动，推动全新的数字化商业模式，这是任何企业都渴望而很难实现的。

（1）数字营销，实现千人千面

"中信优享+"的用户可以通过一个账号体验到品牌联盟单位的线上和线下服务，还可以在联盟成员单位间实现互联互通，比如，消费者在麦当劳消费获得的积分，可转换为在亚朵酒店等其他成员单位的优惠权益。在此基础上，根据积累的海量用户数据形成丰富的用户画像，实现千人千面数字营销，提升客户服务体验。

2020年9月，在"中信优享+"两周年庆活动期间，平台集合品牌联盟企业的多元化权益，打造主题活动"就要亿起享"。让平台过亿的用户共同享受平台的权益，为用户带来覆盖金融、文娱及餐饮零售等多个领域的福利，还有包括国货大礼包、麦当劳优惠券及视频会员等丰富回馈。

另外，平台在不断发展的过程中，通过结合用户画像与洞察，针对当下热点定期策划多样化的整合营销活动。例如，2020年年底，平台以用户关注的"年终奖"为出发点策划年终庆主题活动。疫情防控期间策划"陪你一起"及"乐享云生活"等紧贴当下热点的系列主题传播，助力抗疫复工。整合营销活动的策划与传播，为平台用户带来更有价值的回馈，也进一步联动平台间成员企业资源，形成多向互动与有机平台体系。

（2）全周期的数字化管理

中信重工的矿山装备工业互联网平台打造了矿山装备全生命周期的数字化管理模式，以远程在线监控和故障预警为切入点，通过传感器、控制器、物联网网关等设备，采集现场设备的电流、电压、油温、转速、振动、噪声等参数值，接入互联网平台对海量设备运行数据进行统计和挖掘分析，实现对现场设备的远程监控、故障预警和在线诊断。

平台接入国内多家矿山龙头企业价值数十亿的248台核心矿山装备，整体接入骨料线、碎磨浮选线等多条产线，开发应用磨机智能控制、衬板磨损在线检测等17个工业App和36个工业机理模型，对外开放了38个工业微服务组件和52个API接口，为客户提供设备远程监测、预测性维护、备品备件服务以及工艺分析优化等智能化服务，有效降低了矿山大型装备的故障停机率和运维成本，设备运行更加平稳高效，能耗大幅降低。同时通过平台的大数据采集分析，帮助客户调整和优化运行工艺参数，提高生产效率和产能。基于平台化的综合服务应用实践显示，可提高磨机产能4.3%，系统作业率提高2.5%，设备能耗降低4.2%，促进了行业高质量发展，推动国家矿山行业智能化、绿色化升级。

数字化转型既要借鉴已有成熟的方法论，也要参考数字化时代新的标准和良好实践，最终形成独有的方法论。

4. 方法论让运营提质增效

近年来，出现了各种新的企业经营管理方法论，都旨在为数字服务的消费者增加价值，包括DevOps、敏捷服务管理、精益IT、数据治理等。企业在生产以及提供产品或服务的过程中，选择合适的方法论是很重要的。

数字化时代，有价值的数据资产能够给企业带来收益。数据是数字化转型的基础，只有做好数据治理，充分挖掘数据价值，才能更快、更好地推进数字化转型。在传统的关系型数据库时代，开展数据治理是为了能够解决数据质量问题，提升数据决策水平。而在数字化时代，除了需要保证数据质量之外，还必须更好地适应不确定性的需求，服务不断变化的业务创新，发挥数据更大的价值。

中信集团在建设总部数字化平台时，对数据层提出了建设目标，即建设数据管理体系，积累资产，加强治理，强化共享，实现数据大批量、实时采集和管理的能力。

智能分析系统实现了生产监控全过程一体化、精细化、可视化、数字化的管理，集成企业现有的设备系统，及时发现问题、解决问题，让生产与管理全过程透明简单化，提升了用户的体验度和管理。

中信泰富特钢（如图 2-36-8 所示）具备年产 1 400 多万吨特殊钢生产能力，工艺技术和装备处于世界先进水平，是目前全球钢种覆盖面大、涵盖品种全、产品类别多的精品特殊钢生产基地，产品品质卓越并具有明显市场竞争优势，产品畅销全国并远销美国、日本及欧盟、东南亚等 60 多个国家和地区，获得国内外高端用户的青睐。

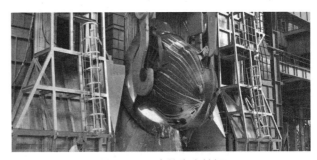

图 2-36-8　中信泰富特钢

中信泰富特钢良好的生产与运营管理是其成功的关键。

中信泰富特钢利用大数据分析、预测、挖掘，协助决策，打通企业与集团的管理决策体系，将业务管控数据下探到企业层级，将企业业务运行指标与集团整体绩效指标体系进行有机整合，形成统一的信息系统推广模式。

中信泰富特钢基于标准化私有云平台，整合集团、企业数据资源，建成涵盖财务、销售、采购、人力、绩效、铁前、安环等多个领域的经营类大数据平台。前端呈现分为三大板块，即决策大屏看板、移动应用看板、分析报表看板。构建决策大屏看板，借助大屏分析展示，为决策层提供便捷、及时的可视化数据展现，为数字化决策提供坚实的依据，支撑快速决策，推进管理思维的转变。决策大屏看板涉及综合经营业绩、生产运营能力、产品效益与竞争力、采购运营能力、安环管理能力、人才管理能力、客户运营能力、风险管理能力、科技与研发能力等数据分析主题，支撑经营分析，保障数据准确性，为高层领导决策分析提供辅助支持。移动应用看板按照数据分析框架逻辑进行数据展现，使用方便快捷，不受设备和地域限制，在移动端就能完成企业各种经营情况的查看，满足移动办公的要求。分析报表看板涵盖绩效管理、销售分析、采购分析、铁前分析、安环分析、财务分析、人力资源分析、公司统计、培训分析、研发分析等分析主题，根据实际业务情况为每个主题设计了核心分析模块，为各个业务部门的日常经营分析提供了平台。

数据能全面呈现集团投资、生产和运营的经营情况，支撑管理者自上而下地实时掌握企业经营状态，形成清晰的企业价值地图，还能量化企业经营状况，梳理企业价值来源，构建集团一体化管理，识别各级管理重点。

数字化商业模式的四大赋能要素，即数字化思维、数字化技术、数据赋能、方法论已在中信集团及其子公司中有相应的运用场景，这也说明不同的企业有着独特的商业模式，并通过中信集团的生态链获取能量，创造更多的价值。

5. 中信集团的数字化商业模式——平台协同模式

我们需要明确中信云技术平台和各领域业务之间的关系，集团不参与子公司的日常管理，而是通过技术平台搭建管理架构，实现"平台＋业务"的组合，形成集团搭平台赋能子公司业务创新商业模式，我们称之为平台协同模式。

协同是中信作为多元化企业的战略优势，也是其可持续发展的基础。"十三五"期间，中信业务协同成效明显，比如，在融融协同方面，各金融公司联合融资规模达 27 504 亿元，交叉销售总规模 14 700 亿元；在产融协同方面，中信 PPP 联合体的合同总金额超过 2 000 亿元。通过融融、产融合作，各家公司协同为客户提供综合服务，满足客户多样化的投融资需求。

2020年，集团进一步加强协同工作统筹管理，成立集团董事长挂帅的协同委员会，并在37个地区设立协同委区域分会。同时，集团的朋友圈和利益共同体不断扩大，已与19家大型企业集团和29家省市政府建立了战略合作关系。2018～2021年，中信集团在美国《财富》世界500强排名逐年提升，不断实现自我超越。

在复杂多元且快速变革的时代，未来不仅需要单一个体的带动，更要依托于各类发展资源的开放与协同，让隐性的价值显性化，让分散的价值链条关联起来，进而创造更大价值与更多新的可能。

四、中信集团的"十四五"规划——挑战与可持续发展

数字化转型不仅是技术的变革，更需要重新构建企业的价值理念、文化思维、生产工艺、管理流程、客户及供应商管理、员工思维及工作方式等。中信集团在做好集团自身数字化转型的同时，还要协调关联企业的协同转型。在转型过程中，企业必定会面临技术短缺、人才匮乏、大额投资等一系列挑战，但面向未来，企业必须转变观念，主动拥抱数字化，实现企业更加长远、更高质量的发展。

"十四五"期间，我国数字经济在GDP中的占比将超过50%，数字化、智能化水平将成为国际一流企业集团高质量发展的重要指标。中信集团始终坚持以数字化创新为中心，加强数字化顶层设计，积极探索并建立与数字化转型发展进程相匹配的决策机制、执行机制、投入机制、人才机制；加强数字化统筹管理，在集团层面设立统筹推进数字化创新工作的专门委员会。在"十四五"期间，提出"五五三"战略，通过数字化应用创新，打造"五大板块"数字化领军企业，加快传统业务数字化转型；赋能"五大平台"，推进集团管理体系和管理能力现代化，实现全业务流程数字化；以整合、协同和拓展的三种方式作为未来发展的重要抓手；大力建设"数字中信"，进一步释放数字化红利，致力于成为一家科技型卓越企业集团。

中信集团"五五三"战略，即深耕综合金融服务、先进智造、先进材料、新消费、新型城镇化等五大板块，构建金控、产业集团、资本投资、资本运营、战略投资等五大平台，以整合、协同和拓展的三种方式作为未来发展的重要抓手，力争在"十四五"期末实现"十百千万"的发展目标，即"十万亿资产、进入世界500强前一百、实现一千亿净利润和一万亿收入"。

中信集团明确"十四五"战略规划后，进一步制定综合金融服务板块的规划，提出将积极助力金融供给侧结构性改革，打造具有全球影响力和卓越竞争力的金融控股公司，致力于成为国际领先的综合金融服务引领者。集团将以此为契机，进一步强化中信综合金融服务优势，大力推进数字化转型，在集团总部和各子公司建立更广泛的连接、更多样化的协同；完善协同量化指标体系，加强协同工作的规范化和制度化；通过对内倡导协同共享，对外开放资源广泛合作，实现资源整合与产业协同，不断打破发展的边界，提升服务能力，满足客户需求，实现价值主张。

（以上案例由林浩整理与撰写）

数字化商业模式的19个核心观点

亲爱的读者朋友们，当你阅读到此，意味着全书将接近尾声。在我们结束这次数字化商业模式之旅前，一起总结一下本书的核心观点。

本书一共汇总了作者的19个核心观点（见下表）。希望这些观点能给读者带来启发和触动，并形成新的数字化转型观点。再进一步，希望将这样的学习扩大到一个组织，通过更多人学习、讨论，达成组织层面的对数字化商业模式的共识，形成一个组织的数字化转型宣言！这一点对组织设计适合自己的数字化商业模式非常有帮助。最后，祝愿大家在数字化转型之旅中能够披荆斩棘，重塑价值，赋能未来，再创辉煌！

序号	本书核心观点
1	【数字化转型是道必答题】 人类经历了工业化时代、信息化时代，正在经历数字化时代。组织在穿越时光隧道时，不适应时代变化的组织将止步于隧道中，消失在人们的视野里。
2	【数字化转变】 数字化转型在触及商业模式的数字化转变的时候才真正开始，数字化转型的核心价值在完成商业模式的数字化转变之后才真正得以呈现。
3	【数字化与生态化】 在万物互联的数字化时代，数字化是对组织自身变革，通过变革使得组织更好地与外界互联。在生态化的世界里，没有进行数字化变革的组织将与世界失联。
4	【四大赋能要素】 数字化思维、数字化技术、数据和方法论构成数字化商业模式的四大赋能要素，在思维、技术、生产要素和管理四个方面为数字化转型赋能。
5	【数字化商业模式三大特征】 价值共创、数据赋能和技术制胜是数字化商业模式的三大特征。这三大特征也是判断一个商业模式是否符合数字化商业模式的三个条件。
6	【业务生态化的九大特征和三大定律】 业务一旦进入生态化的发展阶段，业务的发展速度、关联性、复杂度都将成倍上升，深入认知生态化业务的特征和发展规律有助于你理解未来、驾驭未来。
7	【四大指导原则】 "价值向上""精准匹配""精益卓越"和"完美平衡"是设计数字化商业模式的指导原则。
8	【数字化时代的价值主张】 与生物一样，每个组织都有基因。基因是那些比愿景、使命和价值观更深层的东西，是组织的宗教精神。数字化时代的价值主张是在组织基因和数字化外部环境双重作用下提出来的。

续表

序号	本书核心观点
9	【客户细分】 "我的客户是谁？""我的产品是什么？""我用什么方式挣钱？"是组织生存与发展的"灵魂三问"，其背后是组织"自我""本我"和"超我"的思考。
10	【渠道通路】 中国企业从不缺乏能工巧匠，但可能输在渠道通路上。构建数字化的获客能力是企业数字化之旅遇到的第一道实操题。
11	【客户关系】 数字化时代，客户的需求变得更加细腻。准确的客户洞察、个性化需求的满足、极致的服务体验和精细化、数字化客户运营是数字化客户关系管理的关键。
12	【关键活动】 价值流——有价值增量的活动才是真正有意义的活动，通过价值流的方法能够抓住活动的本质，有效提升活动创造价值的效率。
13	【数字化运营管理体系】 一个组织做业务数字化转型时应同期考虑数字化的运营管理体系，做到管理与业务同步进入数字化时代。
14	【核心资源】 "万物皆资源"，数字化技术使组织可以运用的资源不再局限于组织自有资产，而是善于从生态中获取更广泛的资源。
15	【重要合作的分类】 在数字化时代，合作伙伴有了新的分类方法。区分"第一曲线"的合作伙伴还是"第二曲线"的合作伙伴，将有助于聚焦组织的转型。
16	【重要合作】 把共赢做到实处就是要一起价值共创，把价值共创落到实处就是平等的协商利益分配，各方收益的提升是长期合作共赢的基础。
17	【收入来源】 让企业财源广进的方式有三类——数增、类增和替代，通过创意营销、产品多元、战略升级、行业跨界、构建商业生态皆是寻求开源的方法。
18	【成本结构】 在数字化转型过程中，组织应拥抱成本结构上的变化，应聚焦在成本、费用的价值层面，平衡投入、产出与风险，用发展、辩证、客观、深入的眼光看问题，用"第二曲线"看当下的成本结构上的变化。
19	【数字化商业模式的评价】 评价是驱动事物改进的手段，数字化商业模式也不例外，评价的系统化程度越高，改进的系统化程度就越高。

24 讲：数字化人才的能力框架

第 25 讲：IT30 年

第 26 讲：数字时代 IT 部门的价值重塑

结束语